2010全球重要暨新興市場貿易環境與風險調查報告

2010 Survey on Global Trade Environments in Key and Emerging Markets

全球新興市場
覓商機

Opportunities in
Emerging Markets

作者◎台北市進出口商業同業公會

全球經貿商機正產生前所未有的重大推移：
從重要市場向新興市場轉移；從單一市場向區域市場轉念；
由國際貿易向國際企業轉型；由商品貿易向服務貿易轉換。

值此全球經貿板塊變動之際，貿易商應如何尋覓市場商機，進行
產品升級、經營模式轉型以及企業策略的重新定位？

本書透過對38個重要與新興市場調查，整合產、官、學多元思考
面向與實務經驗，提供貿易商一個全新的市場經營觀點。

台北市進出口商業同業公會
2010全球重要暨新興市場貿易環境與風險調查
審 查 委 員 名 單

理 事 長◆劉國昭

貿易政策委員會
主 任 委 員◆李世文

研 究 顧 問◆許士軍

計畫主持人◆呂鴻德

協同主持人◆蔡孟佳

審 查 委 員◆方文昌、王鉑波、李　茂、李永然
　　　　　　　杜紫軍、周京懷、林維邦、邱平和
　　　　　　　施中懷、施文斌、洪茂蔚、洪德生
　　　　　　　范良棟、郎世聖、凃如肯、高希雄
　　　　　　　陳達雄、黃志鵬、黃呈琮、黃振進
　　　　　　　黃教漳、黃俊國、楊炯浩、葉雲龍
　　　　　　　趙永全、蕭代基、賴杉桂
　　　　　　　　（依姓氏筆劃排序）

研 究 人 員◆李佩芳、周昭勝、林玟馨、柯元筑
　　　　　　　徐立斐、陳弘揚、陳雅如、傅偉程
　　　　　　　龔信瑜

研 究 助 理◆吳雅雯、林妤濃

〈出版序〉

深耕亞太、佈局全球　讓台灣發光發熱

　　台灣是個海島型國家，景氣榮枯與世界經濟高度接軌。全球景氣增溫，台灣經濟便高度成長；全球景氣下滑，台灣經濟就冷颼颼。這種情況，源自台灣內需市場不足，但也造就台灣擁有一流的代工製造與全球運籌能力。

　　這是台灣從環境中塑造出的競爭優勢，但隨著外在環境轉變，相對也成了一種劣勢。長期以來，台灣外貿市場過度仰賴歐美市場與中國大陸，重要外銷產品以代工製造為主，加上特殊的歷史環境讓台灣在區域經濟整合中缺席，這三項因素讓台灣的出口競爭力逐年流失。

　　根據統計資料顯示，與世界各主要貿易國家相比，台灣出口規模已從1992年的全球第12名，退步至2008年的第18名，甚至被俄羅斯、沙烏地阿拉伯、墨西哥、西班牙等國家超越。

　　這毋寧是個警鐘，值得政府與民間重視，特別當國際經貿環境遽變時，台灣對外經貿的各項風險也隨之升高。本會自去年首度發佈2009 IEAT《全球重要暨新興市場貿易環境與風險調查報告》後，便頗獲各界好評。主要原因是，該報告充分地反映站在國際經貿舞台第一線台商的意見，此外，它也提出國際經貿環境劇烈轉變、歐美日等成熟重要市場的經濟成長力減弱、而新興市場逐漸崛起時，台灣的貿易商應該要尋求的新策略與新定位。

　　自2008年中迄今，當世紀金融海嘯沖垮全球景氣，並讓全球經濟歷經衰退、震盪洗牌與復甦後，台灣更應積極定位自己，提升更高競爭力。因此，本會呼籲所有同業積極轉換經營思維，並從本身的核心價值、策略性資源、顧客關係及價值網絡，檢視未來經營模式的創新發展方向，提升自身在交易過程中的附加價值，以期在產業鏈裡扮演著價值貢獻者的角色。

　　2010最新《IEAT調查報告》共針對12個重要市場與26個新興市場進行貿易環境與風險評比。本會期望本調查除繼續為台灣貿易廠商揭露新興與重要市場的最新貿易資訊外，特別針對台灣貿易商提出「加速東協區域佈局，掌握整合貿易契機」、「加強中東地區拓銷，分享油元造富商機」等建議，希冀貿易商能夠「深耕亞太、佈局全球」，並照亮台灣。

　　危機即是轉機，能因應環境變化、制定正確經營策略者，就能在市場的激烈競爭中站穩步伐，持續領航前行。只要政府與工商企業能攜手同心、戮力佈局全球，並優化經營體質，相信台灣一定能在國際經濟舞台上持續發光、發熱！

台北市進出口商業同業公會理事長　劉國昭

〈出版序〉

變中求變　開創貿易新猷

　　世界在變、經濟在變、產業在變、環境與趨勢潮流都在變。在變動的年代，貿易界唯有掌握最新變動方向，重新定位自己，才能在變動中保持不變的競爭優勢。

　　本會去年首度發佈IEAT《全球重要暨新興市場貿易環境與風險調查報告》，針對台灣重要貿易夥伴，從貿易自由度、貿易便捷度、貿易難易度、貿易風險度等四度，進行綜合貿易競爭力排行，並選出極力推薦、值得推薦、勉予推薦及暫不推薦之貿易地區，提供給台商作為佈局全球、拓展市場的重要參考。

　　這份調查旨在提供台商企業佈局全球經貿版圖的策略與方向建議，希望貿易商開拓海外市場時，能知所進退，不致於盲目擴張，忽略了潛在的貿易風險。

　　本會為建立長期性研究的資料庫，以利縱貫式分析（longitudinal analysis），爰於今年再度發表《IEAT調查報告》，為使評比結果更周延，這份調查除延續原四度指標外，再新增「國家競爭力」指標而形成「一力四度」評估模式。

　　此外，列入調查的貿易地區更由34個貿易地區擴增為38個，透過「一力四度」之五個指標得出個別的「綜合貿易競爭力」得分，最後再轉換為「貿易地區推薦等級」。

　　本會希冀政府能藉此研擬有利台灣貿易商佈局重要暨新興市場的政策，也對台商全球佈局提出八大中肯建議。

　　這八大建議分別是：「積極佈局新興市場，掌握先佔卡位優勢」、「加速東協區域佈局，掌握整合貿易契機」、「加強中東地區拓銷，分享油元造富商機」、「開拓伊斯蘭教市場，聚焦清真文化利基」、「朝向服務貿易轉型，提高貿易附加價值」、「建立供需協同機制，強化貿易互賴關係」、「摒除單打獨鬥模式，創造策略聯盟綜效」、「善用公協會建置資源，延攬卓越貿易人才」。

　　宏觀而論，全球經貿環境固然變化激烈，但以台商的彈性、適應力、韌性與務實調整力而言，這毋寧也是個大好的轉型機會，有利台商大刀闊斧地佈局全球，以創新力尋找機會，開創貿易新猷。

台北市進出口商業同業公會
貿易政策委員會主任委員

〈推薦序〉

創新觀念 迎接全球經貿新時代

面對後金融海嘯全球產業與經濟結構重整的國際新局勢，政府宣示2010年的總體經建目標為：全年經濟成長率4.8％、每人GDP達1萬7,541美元、失業率控制在5％以下、全年消費者物價指數上漲率不超過1％。在全球經濟仍未有效復甦前，這是一項艱鉅的挑戰與任務，但也展現政府強烈企圖心與高度的自我期許。

根據環球透視機構（Global Insight Inc.）2010年3月估計，2010年世界經濟成長率可望達到3.2％，雖較2009年全年衰退至1.9％為佳，惟景氣復甦力道仍低於2000年至2007年之水準（平均經濟成長率3.3％）。在這樣的環境下，台灣要維持經濟榮景，除要提振民間投資、落實產業創新外，更要加強全球鏈結、健全經商環境，才有可能擴增就業機會，達成改善庶民生活的施政願景。

為使台灣在後金融海嘯時期的全球競逐中，持續掌握優勢，政府對內推動法規鬆綁、六大新興產業及智慧型產業；對外透過兩岸經貿連結國際、洽簽「兩岸經濟合作架構協議（ECFA）」、鎖定具發展潛力之產業及企業推動兩岸搭橋計畫；爭取參與東協區域經濟整合、洽邀重要貿易夥伴與我簽訂FTA；積極參與世界貿易組織（WTO）、亞太經濟合作會議（APEC）等國際經貿組織；強力拓展印度、俄羅斯等新興市場，以分散出口市場；推動「優質平價新興市場推動方案」，爭取新興市場龐大中產消費族群商機等。這些努力無非希望在全球經貿劇烈變化的局勢中，穩定開拓台灣經貿版圖，重建台灣全球營運的樞紐地位。

台北市進出口商業同業公會（IEAT）於2010年再次進行《全球重要暨新興市場貿易環境與風險調查》，針對與台灣有重要經貿關係的38個貿易地區，進行了詳實且深入的評比分析，相信對於廠商投資佈局全球市場有莫大的助益。

面對新變局、新時代，政府與民間都應積極面對、擴大佈局，用新觀念、新策略與新思維，勇敢迎戰全球經貿的新挑戰。謹以此與業界先進相互勉勵，希望大家共同努力，再創台灣經濟榮景。

行政院長

〈推薦序〉

傾聽台商競爭全球市場的企圖心

在全球化浪潮下，各國經貿互動愈趨密切，加速區域經濟整合趨勢。目前全世界已有247個自由貿易協定，簽約成員相互減免關稅。台灣對國際貿易依存度很高，如果不能與主要貿易夥伴簽訂自由貿易協定，在重要市場將失去競爭力。

為此，政府正積極洽簽「兩岸經濟合作架構協議（ECFA）」，並展望與重要貿易國簽訂自由貿易協定，以提升我國經濟競爭優勢，強化在亞太經貿體系中的關鍵地位。同時，立法院也積極審議促進經濟發展的法案，並鬆綁不合時宜的法令，密切關注民意的需求。

在台灣經濟發展的歷程中，廠商勇闖天下，從早期一只皮箱走遍各國，奮力接單的霸氣，到今日民間企業積極發展國際品牌、全球運籌平台與全球經貿分工模式等，在在展現台灣民間經濟的草根實力與企圖心。

台北市進出口商業同業公會（IEAT）針對26個新興市場、12個重要市場的主要經濟體，進行深入的觀察與精闢的分析，並對其未來潛在的發展機會，提出具前瞻性的見解與建議。能夠以民間之力，大規模地展開台商意見調查，費時、費力地完成「全球重要暨新興市場貿易環境與風險調查」，讓台商能掌握全球經貿版圖的推移趨勢，探尋商機，規避風險。這種民間自主性的調查研究，反映了台商佈局全球市場的高度與氣度，值得政府重視。

在2010《IEAT調查報告》中，台北市進出口商業同業公會提出多項建言，如建請政府建立因應東協區域經濟整合對策機制、協助企業取得國際重大工程標案、將貿易業整合納入「兩岸搭橋計畫」、提升服務貿易之比重與地位等。

這些建言是台商需求的民意，也反映了台商競爭全球市場的高度渴盼。值此企業瞄準全球，逐鹿新興市場，尋覓創富的新商機之際，政府除了傾聽這些聲音，更應前瞻地研議配套政策，共同協力提升台商的競爭實力。

本調查報告的付梓，為尋覓商機的台商提供服務，為國際化挑戰的台商提供更進一步的助力，尤具意義。未來國家的競爭力更需要民間與政府共同協力，政府定將作為台商堅實的後盾，協助台商強化產業競爭力，朝進軍競爭日益激烈的全球市場邁進。

立法院長

王金平

Opportunities in Emerging Markets 全球新興市場覓商機

VII

〈推薦序〉

國際化下本報告引申之政策涵義

　　由台北市進出口商業同業公會委託呂鴻德教授和他的團隊辦理的「2010全球重要暨新興市場貿易環境與風險調查」現已竣事問世，相信讀者和關心台灣經濟與產業發展的人都會發現，本報告所努力做到的，乃是就台灣貿易呈現全面而又顧到重點的發展趨勢。個人忝任顧問工作，在內容方面不擬有所辭費，但願對於當前台灣貿易在全球化情勢下所面臨的複雜情事，略陳淺見。

　　首先，台灣做為一個海島經濟體，本身天然資源匱乏，市場規模有限，因此過去數十年經濟發展，主要依賴對外貿易做為推動引擎，此點已不待言。但隨著全球化趨勢發展，投資亦已成為台灣產業必然走上的另一條途徑，如此方可利用世界上不同地區之有利經濟條件轉化為本身之競爭優勢。在此情況下，投資與貿易呈現某種程度之替代作用：企業可以一如往昔地在台灣從事實體產製，以有形貿易進出口原料、機械及成品，但企業也可將此等活動移往台灣以外更適地點進行。在此情況下，台灣對外有形貿易數量極有可能趨於減少，但此種減少並不能解釋為國內產業競爭力之衰退，反而代表全球布局之進展所造成。

　　真正應予關心者，乃在於企業在台灣是否能在製造活動之外，另行開創更具價值之活動，如研發、設計、行銷與金融之類服務。事實上，這種轉變也象徵了台灣經濟與產業的升級，反而可創造更高的價值，因此在全球化趨勢下，企業與政府應努力之方向，並非只專注於有形貿易形式的活動，為留住企業在台灣開創具有更高價值之活動，更應重視相關投資環境之改進。

　　其次，隨著產業全球化趨勢，有關競爭對手與市場占有率之計算，亦將隨上述產生微妙之改變；不再依單純出口貿易之地區別或屬地觀點，做為計算基礎。例如說，表面上，台灣在美國市場上可能與大陸或其他地區之出口處於競爭地位，但實際上，後者等地區之出口中可能有相當比例屬於台灣企業所擁有者。在此種情況下，未嘗不可視為台灣產業力量之延伸。對於此種複雜情況，究應如何定義市場競爭並自更宏觀角度發展對應策略，將與當前之思考方式有重大差異。

　　總而言之，在一愈趨全球化發展之現實中，對於上述問題，企業儘可依照個體經營法則，根據現實狀況進行投資或貿易，但自政府政策立場，僅憑單純之進出口貿易—尤其有形貿易—部分思考，未必能呈現完整而真實的狀況。

政府為了兼顧企業經營與政府政策間可能的分歧，似應集中力量於改善經營環境，並自全球化之宏觀觀點調和雙方利益。這應該是在本報告背後可能引申出的政策涵義。

本計畫研究顧問、元智大學講座教授

〈作者序〉

佈局新興市場・彩繪第二曲線

台灣屬海島型、淺盤型經濟結構，因此對外貿易依存度極高，向來只要國際經貿情勢詭譎丕變，台灣經濟必受衝擊，此源於多年來台商企業擅長整合中國大陸廉價勞工、廉價土地、廉價原料的「三廉」製造成本優勢，並將具有競爭力的產品出口至全球消費力最高的歐美市場，因而形成所謂「間接代工出口」的經濟發展模式。這種追求低成本及規模經濟，但缺乏自有品牌及自主通路的全球佈局模式，隨著後金融危機時代來臨，國際經貿版圖推移，全球經貿商機重組，如何「重新思考、重新定位、重新建構」台灣經貿發展新動力及企業全球分工新策略，已是產、官、學、研共同思索的重要課題。

投資、消費與貿易，是拉動經濟成長的三架馬車，台灣近年來由於企業國際佈局的動因，造成外移及外擴現象頻仍，因此，對內投資較為有限，加之受限於市場的胃納，導致消費拉動經濟的驅力較為薄弱，而長期以來，貿易就是台灣經濟成長牽動的主力，由於長期依賴歐美等重要市場，因此貿易商易形成「我執、自慢、固著」的經營慣性，而缺乏「開創、前瞻、鮮活」的策略思考，以致於金融風暴來臨之際，目標失焦、策略失據、行動失序。所謂「思想有多遠，就能走多遠」；「心有多大，舞台就有多大」；「只要找對了路，就不怕路遠」，面臨全球「逆局、變局、轉局」之際，貿易商如何秉持「格局、佈局、步局」的三局思維，積極掌握全球新興市場崛起的新契機，將能開創更寬廣的經營疆界。

2010年《IEAT調查報告》深感關鍵時刻使命的重要，除沿襲2009調查報告的研究模式及衡量指標外，特別建立評估模式，嚴選台灣十大重點拓銷市場（Opportunity 10），並對這十大市場的商機進行掃描與剖析，希冀能為台灣貿易商佈局全球之際，找尋第二條曲線。此外，2010年《IEAT調查報告》亦針對台灣十大出口產品全球佈局展望、十大服務貿易全球佈局現況以及十大貿易夥伴在台灣貿易供應鏈中所扮演的角色與地位，進行詳細的探究與深研，以為台灣貿易商全球佈局之參鑒。

值此研究成果付梓之際，提筆為序，深感責任之重大，若報告能夠對台灣貿易業掌握新興市場崛起之契機有所貢獻，相信所有參與此報告之成員將同享其榮，倘若報告無法達成此一使命，則研究團隊當秉策勵之心，更戮力於掌握全球經貿新情勢。感謝台北市進出口商業同業公會名譽理事長許勝雄與現任理事長劉

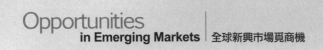

國昭的信任、黃俊國總幹事領導的公會菁英、審查委員的智慧奉獻、恩師許士軍教授的剴切指導、蔡孟佳教授的協同無間及商周編輯小組的精心編輯，方能使2010年《IEAT調查報告》順利發行，在此表達由衷謝忱。

計畫主持人 呂鴻德

全球新興市場 覓商機 |目錄|

Opportunities in Emerging Markets

第 1 篇 全球貿易新情勢 | 全球經濟復甦與貿易新情勢

第 2 篇 台灣貿易新形勢 | 台灣對重要暨新興市場經貿互動變遷

第 3 篇 貿易環境新局勢 | 2010 IEAT 38個貿易地區綜合競爭力剖析

Opportunities in Emerging Markets

CONTENTS

第 **4** 篇 | 貿易佈局新態勢 | 全球經貿復甦下台灣貿易業新展機

第 **5** 篇 | 貿易發展新趨勢 | 2010 IEAT報告結論與建言

第 **6** 篇 | 貿易資訊新時勢 | 2010 IEAT 38個貿易地區資訊揭露

第 **1** 篇

全球貿易新情勢

全球經濟復甦與貿易新情勢

Opportunities
in Emerging Markets

第 1 章

2010 IEAT報告
迎接全球經貿新局

　　2008年全球經歷金融海嘯的衝擊，造成各國股市重挫、失業率飆升、貿易量萎縮、經濟成長率下滑以及企業破產倒閉等困境，亦使全球經貿商機產生重大推移：從重要市場向新興市場轉移；從貿易市場向內需市場轉進；從單一市場向區域市場轉念；且由國際貿易向國際企業轉型；由加工貿易向自創品牌轉變；由商品貿易向服務貿易轉換。在金融海嘯席捲全球且貿易嚴重萎縮的情勢下，傳統貿易商生存空間日益受到擠壓，台灣經濟成長最重要的關鍵向為國際貿易，但由於台灣出口過度依賴高景氣循環相關的產品，且多屬中小企業、勞力密集、代工生產、出口貿易為主的企業型態，當外銷訂單驟減，必然導致整體出口動能受創，體質較弱的企業終究將被環境淘汰，故台灣貿易商在面臨全球金融危機之際，如何重新選擇最適宜之貿易地區、進行貿易產品升級、經營模式轉型以及企業策略重新定位，已是刻不容緩的議題。

　　台北市進出口商業同業公會（Importers and Exporters Association of Taipei；IEAT）值此全球經貿環境丕變之際，特於2009年首次進行《全球重要暨新興市場貿易環境與風險調查報告》並發行《貿易領航展商機》專書（*Toward a New World of Trade and Oppunitunities*）以擴散研究成果，藉此調查提供詳細及正確的全球貿易資訊，供企業全球佈局之參鑒，以節省貿易商之嘗試錯誤成本。台北市進出口商業同業公會名譽理事長許勝雄曾於2009《IEAT調查報告》記者會中指出：「該報告能作為台灣貿易業的衛星定位系統，除精準定位全球貿易市場的風險與機會外，並將成為振興產業的一股重要力量」；現任理事長劉國昭在2009《IEAT調查報告》序言中亦指出：「貿易業是經濟復甦的引擎之一，也將是台灣力抗這波景氣衝擊的動力。面對一波波危機浪潮的侵襲，貿易商相較於其他業者，擁有強韌的生命力與彈性的應變能力，因而具有更大的競爭優勢。此時，何嘗不是貿

易業者思索如何調整體質的最佳時機？只要能保持危機意識，謹慎因應，並且隨時勢而調整，進而累積實力，必能在逆境中，找出生存定位，轉危為勝」，顯見《IEAT調查報告》的時代使命及其重要性不言可喻。

2009年底，世界經濟在各國政府積極救市措施中隱現曙光，經濟成長率逐漸回升、各國對外出口貿易成長率亦由負轉正、升息預期亦逐漸上升，危機即是轉機，企業如何在變局中掌握未來機會佔有率，積極對新興市場的崛起，進行先佔卡位的佈局，將決定下一輪企業是否能夠掌握市場主導權的關鍵。2010《IEAT調查報告》除延引2009《IEAT調查報告》採用之「貿易自由度」、「貿易便捷度」、「貿易難易度」、「貿易風險度」等四度評估模式外，考慮到全球重要暨新興市場規模潛力及要素稟賦之差異，特別加入「國家競爭力」評估構面，而形成「一力四度」的衡量模式，此外，為拓寬企業國際佈局的視野，亦將調查貿易地區由2009年的34個，更增加了以色列、阿曼、卡達、奈及利亞等四個貿易地區，進而形成2010《IEAT調查報告》評估的38個貿易地區。

由於歐美等先進國家發展較早，向來都是全球貿易及投資的重要市場，然而隨著金磚四國、新興三地、展望五國、東協十國等新興市場的崛起，全球貿易與投資的重心亦在轉移，從重要市場向新興市場調整。國際貨幣基金會前主席Michel Camdessus（2008）指出：「由於受美國次貸危機所引發金融海嘯等連鎖反應，使得全球經濟成長衰退，但亞洲的成長將有助全球經濟免於衰退」；此外，英國《經濟學人》（*The Economist*）首席經濟學家Robin Bew（2008）亦指出：「2008年亞洲新興市場國家如中國大陸、印度、東協等將成全球經濟發動機，美國的經濟走勢疲軟，全球經濟舞台有逐漸往亞洲移轉的趨勢」，因此，2010《IEAT調查報告》的重心乃是在探析台灣貿易商未來最具有新興市場佈局潛力的商機，並達成下列《IEAT調查報告》的策略企圖。

■佈局新興市場，積極卡位提高佔有率

Van Agtmael（2007）於其著作《世界是新的：新興市場與爭鋒的世紀》（*The Emerging Markets Century*）一書中提及：「如果新興市場的經濟依照目前快速成長的狀況，全球的經濟重心將發生巨大變化，從已開發國家轉向新興市場」。由此可知，新興市場的成長潛力無窮，加之新興市場經濟迅速起飛、人民

所得提升、龐大內需商機，跨國企業無不積極佈局，Starbucks與Wal-mart先後搶占中國大陸市場，聯強國際與鴻海集團進入印度佈局，日本的Toshiba與Sony更看好非洲潛力積極拓展。近年來引起全球矚目的13億伊斯蘭教市場，更逐漸引起跨國企業的關注，位於亞洲、非洲、中東地區的伊斯蘭市場，隱藏著龐大的Halal清真認證食品商機，此展現了跨國貿易商對宗教貿易將成為未來潛力市場的敏感度。全球經濟板塊正移動中，新興市場逐漸崛起，台灣貿易商更應積極卡位新興市場，以先佔卡位策略，取得首動利益優勢（first-mover advantage）。

■加速推動兩岸ECFA，提升兩岸經貿力

歷史並非一齣固定的戲碼，它是一顆顆散落的珍珠，當真實世界遇到相似狀況時，你必須搜尋線索，串起可以鑑往知來的珍貴資產，而當前歷史巨輪的轉動已由全球化邁向區域化，在全球經濟區域化盛行之際，至2009年底全球已有294個區域貿易協定（Regional Trade Agreement, RTA）有效實施，台灣雖然已加入WTO，但卻不能與其他國家進行更進一步的區域經濟合作，享有「超WTO協議」（WTO Plus），此將造成台灣在與其他會員國進行貿易時，其競爭地位處於劣勢。目前政府積極推動「兩岸經濟合作架構協議」（Economic Cooperation Framework Agreement；ECFA），就是期望與中國大陸相互降低關稅及排除非關稅貿易障礙，也就是讓台灣商品免關稅進入中國大陸市場，擴大產品在中國大陸市場佔有率，但同時台灣也必須提高免關稅商品的比例，大幅開放市場給中國大陸，達成互惠雙贏的綜效。

如果暫不簽署ECFA，將對台灣造成四個層次的衝擊：(1)2010年1月1日，東協加一生效，東協與中國大陸間貿易關稅大幅降低，而台灣的產品仍將被課關稅，台灣產品受到中國大陸、東協商品的雙面夾擊；(2)在台灣生產製造，因無法享受零關稅，勢必造成成本增加，屆時外國公司來台設廠、投資將減少，甚至可能造成國內廠商外移出走潮；(3)2015年「東協加三」成立後，屆時中、日、韓三國與東協各國將以「零關稅」互相貿易，對台灣競爭地位將極為不利；(4)由於各國擔心破壞與中國大陸的政經關係，因此不會主動與台灣簽訂自由貿易協定，在全球興起以自由貿易協定提升貿易往來優勢的趨勢下，台灣對外貿易，將受到中、日、韓、東協等競爭者的威脅。

　　2010年3月16日，副總統蕭萬長在「2010年台灣投資論壇」表示：「台灣在區域經濟整合中不能缺席，當前全球貿易不是國對國，而是區對區，如果台灣沒有和中國大陸簽訂ECFA，企業會失去市場，無法生存」，可見兩岸積極簽訂ECFA已成為同時提升兩岸經貿實力的必要條件。

■整合貿易夥伴資源，完善全球價值鏈綜效

　　依2009、2010《IEAT調查報告》顯示，台灣貿易業遭遇之經營問題以「同業競爭」連續兩年居首，由於產品同質化競爭，以及出口市場的過度集中，同業競爭加劇勢所難免，以價格競爭為導向的紅海策略，將會被時代所淘汰，而善於發揮全球價值鏈整合優勢，塑造價值創新差異化的藍海策略思維，將是未來貿易業的主流。而產業整合的「體系競爭力」已取代企業個體的「核心競爭力」，因此，如何整合貿易商的優勢，發揮綜效已是台灣貿易業必須面對的課題。

　　台北市進出口商業同業公會貿易政策委員會主委李世文（2008）在接受《貿易雜誌》採訪時指出：「貿易商可藉由供應商、顧客與經營團隊三方面協調合作，建立長期的夥伴關係，以提升貿易商在價值鏈中的貢獻」。特力集團（Test Rite）董事長何湯雄表示：「現在貿易商提供的是全面服務（total solution），是一種價值而不僅是商品。因此，貿易商在為全球顧客創造價值時，必須與供應鏈夥伴合作，進而創造多贏局面」。綜合上述，台灣貿易業者如何善用各貿易地區的資源優勢，發揮價值鏈分工的整合綜效，將成為台商下一階段佈局全球的重要策略思考。

第 2 章

全球經貿復甦與經貿環境推移

　　全球經濟在經過2008年金融風暴洗禮後，世界格局悄然演變，群雄並起的時代已經過去，取而代之的是代表新興意識的中國大陸與代表帝國主義的美國，將聯手導引世界經貿環境。2009年4月世界銀行（The World Bank；WB）行長Zoellick和該行首席經濟學家林毅夫在《華盛頓郵報》上撰文指出：「沒有一個強有力的G2，G20將會失望，為使世界經濟重新振作，兩國必須緊密協調與合作，並且扮演好世界經濟燃料機的角色，成為推進G20的雙引擎」，在東方與西方齊心合作以求塑造更好未來的同時，全球經貿開始出現鼓舞人心的消息。

■2010年全球經濟成長率預測

　　儘管全球金融海嘯造成經濟大衰退，惟觀察2009年第2季起先進國家及新興經濟體實質面指標跌幅趨緩、領先指標止跌回升，以及金融指標回穩等種種跡象顯示，全球經濟正擺脫經濟衰退、步上復甦之途。據此，世界主要金融機構及研究單位紛紛調整2010年全球經濟成長率預測值，茲將主要研究機構的論點及預測值敘述如下：

1. **世界銀行（The World Bank）**：2009年6月22日世界銀行發布《全球金融發展》（*Global Development Finance*）報告，再度下修估計值至2.0％，世界銀行（WB）指出：「眼下金融市場尚未回穩，投資者信心依然脆弱，信貸形勢仍舊緊張」。2010年1月21日世界銀行公布《*2010 Global Economic Prospects*》，將2010年全球經濟成長率由2009年6月預測之2.0％上調至2.7％，世界銀行發展展望小組（Development Prospects Group）主任Hans Timmer認為多數國家復甦情形仍有限，無法抵銷經濟危機時所受到之損害，其亦強調：「生產力增加是全球維持復甦動能的方法，短期貨

幣與財政刺激政策是有限的,中期則必須增加生產力」。

2. **經濟合作暨發展組織（OECD）**：2009年6月24日OECD發布《*OECD Economic Outlook*》報告表示:「主要係因庫存消化近尾聲、商業信心逐漸恢復,以及各國政府經濟刺激政策發揮效益所致,預測2010年經濟成長率為2.3%」。2009年11月19日OECD於《*Global Economic Outlook*》上調2010年全球經濟成長率為3.4%,OECD首席經濟學家Jorgen Elmeskov指出:「由於金融市況快速好轉的速度超乎預期,我們看見經濟復甦來得較數月前預估更快,力度也更強」,且Jorgen Elmeskov認為以中國為首的亞洲新興市場帶動全球經濟局勢改觀,進而使2010年全球經濟得以更快的速度復甦。

3. **美林銀行（Merrill Lynch）**：美林國際經濟全球利率及貨幣研究部門負責人Riccardo Barbieri所領導的經濟團隊於2009年7月6日發布《*Global Economics Mid-Year Update*》指出:「2010年全球經濟成長率將由2009年5月預測之3.2%上調至3.7%」,主要原因在於各國政府及中央銀行的措施,已開始展現效果。2010年12月14日美林全球經濟研究團隊表示:「2010年全球經濟成長率為4.4%」,美林全球新興市場經濟策略執行長Daniel Tenengauzer認為在全球經濟逐漸復甦的同時,新興市場將扮演不可或缺的角色,推測2010年經濟成長的火炬將會傳遞至南美及東歐等地區。

4. **惠譽信評（Fitch Ratings）**：惠譽信評於2009年9月3日舉辦之「2009亞洲主權、金融保險展望研討會」指出:「在經濟成長方面,預計2010年全球經濟成長率為0.6%」,由此可見,相較於其他機構,惠譽信評對於2010年全球經濟成長持保守態度。

5. **聯合國（UN）**：2009年9月9日聯合國貿易暨發展委員會（UNCTAD）於《2009年貿易與發展報告》指出:「全球經濟的寒冬距退出還很早,金融市場回升並非真正復甦,2010年的全球經濟成長率不可能超過1.6%」。UNCTAD表示:「為防範全球金融與經濟危機重演,應加強金融市場管制與監督,並改革國際貨幣與金融體系,以降低投機和避免嚴重貿易失衡」。2009年12月2日聯合國於《*World Economic Situation and Prospects 2010*》表示:「2010年全球經濟成長率為2.4%」,值得注意的是,因為景氣復甦的力道仍十分薄弱,建議各國政府應繼續實施振興經濟措施。

6. **經濟學人智庫（EIU）**：2009年8月13日經濟學人《全球經濟展望》（*Global Outlook*）報告預測：「2010年全球經濟成長率為2.3％」；因全球經濟正持續改善，據此經濟學人於2009年9月10日發布《全球經濟展望》報告，上調2010年經濟成長率為2.9％。

7. **摩根士丹利（Morgan Stanley）**：2009年9月14日摩根士丹利發表《2011 *Growth Outlook First Cut*》表示：「全球經濟已在2009年第2季進入復甦階段，2009年下半年全球經濟成長率將超過4％，但2010年成長率將減緩至3.7％」。就其發布之內容指出，由於美國和歐洲汽車之產銷很可能會回落、失業使消費支出減少，以及銀行提高放款等限制將會使2010年經濟復甦的速度趨緩，摩根士丹利表示：「因為經濟成長還不足以達到自我持續的程度，故2010年全球經濟成長將略有減緩」。

8. **國際貨幣基金組織（IMF）**：IMF於2009年9月4日公布《世界經濟展望》（*World Economic Outlook*）預測：「2010年全球經濟成長率為2.9％」。2009年10月1日IMF於《*World Economic Outlook*》指出：「鑑於超過二兆美元的刺激經濟計畫挹注，加上亞洲的需求激勵，帶動全球經濟走出二戰以來最嚴重的經濟衰退。由於全球經濟復甦比預期來得快，故將上修2010年全球經濟成長率至3.1％」。2010年1月19日IMF於《*World Economic Outlook*》調升2010年全球經濟成長率為3.9％，值得注意的是，報告中指出，由於振興方案過早退場及振興方案所遺留的高財政赤字和負債，威脅經濟穩定，全球復甦仍面臨巨大風險。

9. **環球透視（Global Insight）**：環球透視機構2009年10月14日發布之《*World Overview*》預測：「2009年世界經濟成長率為-2.1％，2010年回升至2.6％」。顯示全球經濟谷底落在2009年第2季，且對全球經濟可望於2009年下半年轉趨和緩之預測更加肯定。2010年1月15日環球透視機構於《*World Overview*》表示：「預測2010年全球經濟成長率為2.9％」，較2009年10月預測更為樂觀，顯示2010年全球經濟將得以擺脫負成長困境。

10. **科法斯集團（Coface）**：信用保險與管理服務公司科法斯集團於2009年10月14日公布《全球經濟預測》指出：「2010年全球經濟成長率為2.3％」。科法斯大中華區董事總經理Richard Burton表示：「許多工業化國家失業率居高不下，拖垮復甦力道，不排除2010年出現W型復甦」，

因此科法斯對全球經濟復甦情形仍持謹慎看法。此外，科法斯指出：「2010年工業國家的經濟仍將以非常緩慢的速度復甦，特別是在美國、英國和西班牙。在亞洲或拉丁美洲，經濟逐漸恢復較快，因為貿易回穩、原物料價格上揚，有助促進經濟活絡」，顯示相較於工業國家於2010年經濟成長之表現，科法斯對亞洲及拉丁美洲較樂觀。

表2-1　2010年全球經濟成長率預測

	發布預測研究機構	前次預測		最新預測	
		時間	預測值	時間	預測值
1	世界銀行（WB）	2009/06/22	2.0%	2010/01/21	2.7%
2	經濟合作暨發展組織（OECD）	2009/06/24	2.3%	2009/11/19	3.4%
3	美林銀行（Merrill Lynch）	2009/07/06	3.7%	2009/12/14	4.4%
4	惠譽信評（Fitch Ratings）	–	–	2009/09/03	0.6%
5	聯合國（UN）	2009/09/09	≦1.6%	2009/12/02	2.4%
6	經濟學人智庫（EIU）	2009/08/13	2.3%	2009/09/10	2.9%
7	摩根士丹利（Morgan Stanley）	–	–	2009/09/14	3.7%
8	國際貨幣基金組織（IMF）	2009/10/01	3.1%	2010/01/19	3.9%
9	環球透視（GI）	2009/10/14	2.6%	2010/01/15	2.9%
10	科法斯集團（Coface）	–	–	2009/10/14	2.3%

資料來源：本研究整理

■2010年全球貿易成長率預測

在各國政府維持寬鬆貨幣政策，並採取大規模財政政策刺激經濟下，全球經濟衰退幅度逐漸減緩，依國際主要機構預測，全球經濟衰退可能接近尾聲，並可望於2010年復甦。主要機構最新預測報告2010年經濟皆可望由2009年衰退轉為正成長，方向一致，差別僅在於幅度、大小。惟目前金融市場仍呈疲態，投資信心依舊不足，失業惡化抑制消費，均為影響未來世界經濟復甦力道之不利變數。茲將各知名研究機構對於2010年全球貿易發展趨勢預測如後：

1. **世界銀行（The World Bank）**：世界銀行於2010年1月28日發布《2010年全球經濟展望》報告，指出全球經濟復甦將由新興經濟體帶動，預計將會提高國際貿易活動，2009年在全球貿易大跌14.4%之後，2010年將成長

4.3％，由先前預測之3.8％上修至4.3％。

2. **國際貨幣基金組織（IMF）**：國際貨幣基金總裁Dominique Strauss-Kahn表示：「全球景氣好轉，復甦可能更早來臨，只有在失業率下降時，全球經濟才算是完全恢復，這需要時間，經濟回溫與就業市場好轉有時間落差。因此，全球經濟應會在2010年上半年復甦，但失業率居高不下的情形還會維持一段時間」。此外，IMF也表示雖然全球景氣回升，但仍然呼籲各國政府別掉以輕心。而於2010年1月26日發布最新的《世界經濟展望報告》《*World Economic Outlook*》中表示：「全球經濟正在復甦，力度比預期更為強勁，但各地區復甦速度不相同」。2009年世界貿易量下降12.3％，但預計2010年和2011年將恢復增長，增幅分別為5.8％和6.3％。IMF表示，貿易低迷的形勢已經結束，對於2010年的全球貿易成長率與前次預測2.5％相比有明顯好轉。

3. **經濟合作暨發展組織（OECD）**：經濟合作暨發展組織初步判定，此次全球經濟衰退由亞洲 5國率先復甦，而谷底落於2009年2月，OECD地區谷底為2009年4月，G7谷底落於2009年5月，然而各地區都已自谷底逐步復甦。由於2009年全球貿易量衰退16.7％，創統計以來最低紀錄，惟2010年預估成長6.0％。OECD首席經濟學家Jorgen Elmeskov於2009年9月3日表示：「全球經濟復甦的日子可能較預期提早來臨，但目前還不能啟動退場機制」，顯示全球貿易情況可能已經觸底且正在回彈。

表2-2　2010年全球貿易成長率預測

	發布預測研究機構	前次預測		最新預測	
		時間	預測值	時間	預測值
1	世界銀行（WB）	2009/06/22	3.8%	2010/01/28	4.3%
2	國際貨幣基金組織（IMF）	2009/10/01	2.5%	2010/01/26	5.8%
3	經濟合作暨發展組織（OECD）	2009/06/24	2.1%	2009/11/28	6.0%

資料來源：本研究整理

■重要市場經濟體經貿復甦論

金融海嘯使世界經濟陷入低潮，重要市場經濟體更陷入「黑暗時代」，在後

金融海嘯時代，經濟態勢將逐步放穩，已開發國家經濟在2010年將有希望由負轉正，但令眾權威機構與學者擔憂的是失業率不斷的攀升，將使全球經濟再度產生逆向反轉。茲將主要研究機構、金融機構、經濟學者以及政府官員的經貿復甦論點敘述如下：

1. 研究機構

❶ **國際貨幣基金組織（IMF）**：2009年10月1日國際貨幣基金組織在其《全球經濟展望報告》中指出：「已開發國家美、歐、日等經濟體在2010年經濟成長率均將由負轉正。美國經濟將由2009年的-2.7％轉為1.5％；歐洲經濟將由2009年的-4.2％轉為0.3％；日本經濟則由2009的-5.4％轉為1.7％」，至2010年1月26日IMF最新的報告中指出：「有鑑於全球經濟逐步好轉，因此上調美國經濟由1.5％至2.7％；日本維持1.7％」，然而在失業率依舊攀升的危機下，就業市場的薄弱將有可能再次衝擊歐美經濟。

❷ **惠譽信評（Fitch Ratings）**：2009年10月2日惠譽信評發布最新全球主要經濟體的經濟預測：「美國、歐元區、日本及英國2009年平均成長率，從原先的-4.2％上調到-3.7％；2009年全球經濟成長率亦上調至-2.8％」，惠譽信評指出：「在各國紛紛採取降低利率措施、擴大公共建設支出後，已渡過時機最難的關卡。而要使景氣成長力道回來，則要看各國內需是否能夠重新成功刺激民間消費」。

❸ **國際勞工組織（International Labour Organization）**：2010年1月26日國際勞工組織發表《全球就業趨勢報告》（*Global Employment Trends*），並指出：「2009年全球失業率平均6.6％，全世界失業人口約2.1億人，比2007年暴增3,400萬人，儘管景氣略有起色，但全球可能出現『失業型經濟復甦』，已開發國家更是首當其衝」。而高失業率也連帶影響已開發國家的經濟發展，根據世界銀行（2010）與國際貨幣基金（2010）的預估：「歐元區與日本只有1％至2％成長，美國亦只有2.5％至2.7％」，與新興市場動輒6％以上增長率相比，滄海桑田、蕭瑟之感油然而生。

❹ **美國商業經濟協會（NABE）**：2010年2月22日美國商業經濟協會（*National Association of Business Economics；NABE*）根據48位經濟學者訪問做出的報告指出：「2010、2011兩年美國經濟增長幅度將達到3.1％，

原因在於美國企業投資增長勢頭看漲，並將取代消費者支出成為支撐經濟增長的主要動力」，而其協會發言人DeKaser亦表明：「經濟出現二次下滑的可能性顯著下降」，顯示美國經濟雖談不上生氣蓬勃，但經濟增長還是可進入稍好於平均速度的軌道。

2. 金融機構

❶ **美國銀行（Bank of America）**：2009年9月14日美國銀行執行長Lewis在對美銀美林部門東京會議時表示：「美國經濟復甦的表現可能優於預期，在個人儲蓄增加、庫存減少、家庭債務支出下降及待售房屋減少下，將可能帶動強有力的反彈」，其亦樂觀的表示深度的衰退後通常引發強勁的復甦，復甦的第一年將會有強勁的就業成長力道。

❷ **歐洲中央銀行（ECB）**：2009年9月28日歐洲央行行長Trichet在接受法國電視媒體採訪時表示：「目前實體經濟復甦優於預期，歐洲經濟有可能在未來數月內緩慢復甦，但要說勝利還言之過早」，Trichet更表明雖然歐洲央行不會永遠為貨幣市場提供強力支持，而會適時退出現行的擴張性貨幣政策，但在經濟尚未完全確認復甦之際，停止向經濟注入流動性或升息還為之過早，持續的關注市場與全球經貿走向是一刻不停歇的。

❸ **美國聯邦儲備理事會（Fed）**：2009年10月6日聯準會副總裁Fisher，在一場針對美國以及全球經濟情勢的演講中表示：「美國經濟復甦將回復到往常的水準，2009年下半年，經濟成長的年增率將回到3％，二次衰退出現的機率不太高」，然而Fisher亦憂心的認為高失業率、脆弱的金融系統以及消費力下降都將成為未來兩年的經濟挑戰。

❹ **野村證券（Nomura）**：2010年1月20日野村證券發佈《2010年全球經濟展望》，其在報告中明確的揭露「全球衰退已經結束」，但發達國家的經濟增長速度僅為2.0％，遠不及新興經濟體的6.6％，其更預期「已開發國家的復甦甚至無法填補衰退期間造成的產出損失」，顯示發達經濟體的增長將呈現疲軟復甦的情勢。

3. 經濟學者

❶ **諾貝爾經濟學獎得主Krugman**：2009年9月13日諾貝爾經濟學獎得主

Krugman在赫爾辛基舉行的一次研討會中表示：「儘管復甦勢頭將很緩慢且脆弱，但全球經濟萎縮趨勢可能已經觸底」，雖然未來經濟前景還是晦暗不明，但W型復甦趨勢將可能被U型趨勢取代，其更指出：「德國、法國與日本的經濟第二季度開始擺脫衰退」，顯示已開發國家開始奮力向上，一改2008年經濟頹勢。然而，在全球失業率逐漸攀升之際，Krugman表示（2009）：「聯準會不該急著緊縮貨幣政策，在未來兩年或更長時間，都應維持現有利率水準，或等失業率降到7％左右為止」，顯示經濟成長遲緩和失業率高漲之間的拉鋸思維將引導未來政策的走向。

❷ **摩根士丹利全球首席經濟學家Roach**：2009年9月15日摩根士丹利全球首席經濟學家Stephen Roach表示：「美國經濟目前的成長接近人們所說的『失速』狀態，並且缺乏緩衝保護。當意外情況發生時，美國經濟可能再次陷入衰退，任何從再次衰退中重新復甦的進程也都將是『貧血的』，因此目前美國經濟並不具備『V』型復甦的環境」。

❸ **美國聯邦儲備委員會前主席Volcker**：2009年9月16日美國聯邦儲備委員會前主席、總統歐巴馬經濟顧問Volcker，在比佛利山召開的金融會議上表示：「雖有跡象顯示美國經濟正處在『復甦的早期階段』，復甦之路將很漫長，也許要經歷數年時間，其間還可能面臨逆轉風險」。

❹ **經濟學人主編Franklin**：2010年1月18日《經濟學人》主編Daniel Franklin在《天下雜誌》所舉辦的「2010天下經濟論壇」（CWEF）中指出：「全球經濟將呈現不同走勢的格局，美國在薪資成長幅度趨緩、成長動能單靠政府投資的情況下，將出現U型走勢；歐洲則面臨前所未有快速上升的高失業率，因此將出現L型的疲軟復甦」，Franklin更警示，希臘因債信問題恐將成為下一個杜拜，而英國、愛爾蘭、西班牙經濟則因失業率問題高漲使前景荊棘滿布。

4. 政府官員

❶ **美國總統歐巴馬**：2009年9月20日美國總統歐巴馬在接受美國媒體CNN專訪時表示：「儘管美國失業率依舊相當高，經濟已經開始復甦。然而，為因應數十年來最嚴重的金融危機，全球必須建構復甦的架構」，過去數年間國際上的貿易架構多為歐、美等過度消費國家，中國大陸等亞洲新興國

家為過度儲蓄的單向傾斜貿易，未來新興國家必須將重心由外貿轉內需，才可再造全球經濟均衡的穩定貿易模式。

❷ **加拿大總理Harper**：2009年9月28日加拿大總理Harper在新布倫瑞克省聖約翰市舉行的新聞發布會上表示：「加拿大經濟復甦已初現端倪，但復甦的步伐和範圍仍存在不確定性」，為維護脆弱的經濟，加拿大政府將持續推進政府2009年1月初推出的兩年427億美元經濟刺激計劃。

❸ **美國財長Geithner**：2009年10月5日美國財長Geithner在伊斯坦堡舉行的七大工業國（G7）財長會議後發表聲明表示：「經濟復甦比預期來得強勁且來得更早。以美國為例，金融環境已大幅改善、房市亦持續回穩，但目前便執行退場策略尚嫌太早」，在美國同年9月份失業率為9.8％情況下，保證可持續復甦的條件還未達到，因此美國政府希望各國在經濟援助上不要太快踩煞車。

❹ **日本首相鳩山由紀夫**：2009年10月12日日本首相鳩山由紀夫在進行中、日、韓三國峰會時表示：「由於日本仍舊面臨失業方面的壓力，因此目前考慮實施退場策略可能言之過早」，其並引用中國大陸國務院總理溫家寶的話稱，過早退場策略可能對全球經濟造成損害。

■新興市場經濟體經貿復甦論

新興市場在中國大陸與印度雙引擎拉動經濟下，成長預測比主要工業化國家來的高，然而在全球化的思維下，歐美等消費大國的弱消費、低進口以及少投資，造成新興市場需求驟降，在唇齒相依的世界經濟格局下，茲將主要研究機構、金融機構、經濟學者以及政府官員的經貿復甦論點敘述如下：

1. 研究機構

❶ **聯合國貿易暨發展會議（UNCTAD）**：2009年9月8日聯合國貿易暨發展會議在《貿易暨發展報告書》表示：「印度2009年經濟成長率為5％，低於印度官方及中央銀行預期的6％至6.5％，但印度仍然是成長最快速的第二大經濟體，僅次於中國大陸」，在世界「經濟寒冬」仍然持續，全球經濟2009年萎縮了至少2.7％的情況下，印度經濟情況已顯示其逐漸復甦的力

道。

❷ **中國國際經濟交流中心（CCIEE）**：2009年9月22日中國國際經濟交流中心首席研究員樊綱在「全球經濟復甦與展望論壇」上表示：「中國大陸經濟復甦是具有持續性的，2009年實現8％經濟成長沒有問題， 2010年的GDP將繼續保持8％左右的成長」。

❸ **標準普爾（Standard & Poor）**：2009年9月25日亞太區首席經濟學家Gokarn發表題為《東協區域經濟放緩，但穩健復甦》報告指出：「東協經濟的谷底是在2009年首季，第2季即使下跌，但萎縮逐步緩和，表示第2季經濟已開始呈現復甦態勢」，Gokarn更表示全球物料需求穩定也幫助了東協國家工業產品及出口復甦，而中國大陸經濟與需求復甦，更直接刺激東協國家的出口，因此「中國因素」將緊繫東協經濟走向。

❹ **亞洲開發銀行（Asian Development Bank）**：2009年12月25日亞洲開發銀行發布《亞洲開發展望》（*Asian Development Outlook 2009 Update*），亞銀首席經濟學家李鐘和指出：「受惠於亞洲政府大規模刺激經濟支出、大環境景氣好轉、各國政府迅速祭出振興政策、以及中國大陸與印度經濟恢復活力的情況下，亞洲經濟呈現V型復甦」，不過亞銀也提醒振興政策的收回時機須審慎拿捏，以確保復甦嫩芽的持續力，同時避免通膨過熱及財政赤字過高。

❺ **世界銀行（The Word Bank）**：2010年1月21日在世界發佈的《2010全球經濟展望》報告中指出：「2010年發展中國家可望實現相對強勁的復甦，預計增長幅度將達5.2％」，然而，該報告亦警告，伴隨國際金融環境緊縮，企業將面臨國際資本流量減少、信用等級下降與借貸成本提高的問題。因此，在未來5至7年中，發展中國家的成長率將降低0.2至0.7個百分點。

❻ **國際貨幣基金組織（IMF）**：2010年1月26日國際貨幣基金組織在其《全球經濟展望》報告中指出：「在新興市場與發展中國家經濟復甦腳步相對快速下，拉抬了全球經濟整體的成長，使全球經濟復甦較預期為快速，其中中國大陸經濟成長將達10％；而東協五國『印尼、馬來西亞、泰國、菲律賓及越南』的經濟成長率也由原先的4.0％調整為4.7％」，不過IMF也

擔憂，現階段國際熱錢快速湧入新興市場，恐造成資產價格膨脹的憂慮，因此各國政府必須針對泡沫化危機提高警覺。

2. 金融機構

❶ **摩根大通（JP Morgan Chase）**：2009年9月28日摩根大通中國大陸證券和大宗商品部主席Ulrich表示：「中國大陸經濟尚未完全復甦，出口和製造業仍受全球經濟衰退拖累而痛苦掙扎，中國大陸政府不可能在2010年前取消經濟刺激措施」，Ulrich更認為中國大陸將繼續在基礎設施上增加更多支出，並且維持目前的寬鬆貨幣政策。

❷ **野村證券（Nomura）**：2010年1月20日野村證券發佈《2010年全球經濟展望》，指出亞洲經濟成長將非常強勁，並預測2010年全球GDP4.2%的成長率，有3.1%來自新興市場，其中2%要歸功於中國大陸與印度，也因此野村證券認為新興市場在2010年和2011年GDP將分別達到8.4%和8.2%，尤以中國大陸一馬當先（分別成長10.5%和9.8%），凸顯中國大陸成為亞洲經濟霸主的局勢儼然成形。

❸ **匯豐銀行（HSBC）**：2010年1月28日匯豐銀行全球同步發表《匯豐新興市場透視報告》（*HSBC Emerging Markets Report*），報告指出：「在中國大陸持續以基建專案為投資目標，使原物料價格得以維持，並推動『南南貿易』（South-South Trade，指開發中國家之間的貿易合作），讓許多新興市場受惠下，全球正由新興市場領軍開始擺脫危機，因此預估新興市場的經濟成長率在2010年將達6.2%，而已開發國家僅有1.9%」。在世界經濟重心由西方向東方轉移的時刻，匯豐集團行政總裁Geoghegan強調莫大的機遇在等待著亞洲，而中國大陸在全球企業的策略重心地位更無可替代。

3. 經濟學者

❶ **野村證券首席經濟學家孫明春**：2009年9月11日野村證券首席經濟學家孫明春在接受《中國證券報》訪問時表示：「中國大陸經濟復甦的腳步正在加速，『V』型復甦正如期實現，且通貨膨脹壓力依然溫和」，中國大陸2009年從1月至8月城鎮固定資產投資較2008年同比成長33.0%，商品零售總額成長率也超出預期，在私部門投資強勁攀升下，有助於減少因公共投

資所形成的拉動型復甦無法持續的擔憂。

❷ **世界銀行拉美地區首席經濟學家Delatole**：2009年9月30日世界銀行拉美地區首席經濟學家Delatole表示：「中國大陸和巴西有望率先擺脫金融危機影響實現經濟復甦，和中、巴兩國經貿關係密切的拉美其他國家將從中受益」，此外，其亦建議世界主要經濟體應調整經濟結構，美國要減少消費，擴大儲蓄和出口，其他主要經濟體則應考慮增加國內消費，適當減少儲蓄和出口，使世界經濟格局更加平衡。

❸ **亞洲開發銀行（ADB）首席經濟學家Lee Jong-Wha**：2009年9月30日亞洲開發銀行席經濟學家Lee Jong-Wha表示：「亞洲或許率先領導全球走出經濟衰退，然而其經濟成長前景在全球經濟情勢之中仍顯脆弱」，亞洲雖然在此波數十年來最嚴重的經濟衰退變得更有韌性，但亞洲的未來仍然維繫在主要出口的工業化國家身上。

❹ **高盛首席經濟學家O'Neill**：2010年2月10日提出金磚四國概念的O'Neill在接受香港獨家專訪時表示：「中國大陸將呈現『超級V型』的反彈趨勢，並認爲2010年的GDP成長將達至11.4％，2011年也將維持10％的成長」，但O'Neill亦表示目前中國大陸正面臨通貨膨脹風險，並且須提防美國二次衰退所導致的出口下滑。

4. 政府官員

❶ **巴西財長Guido Mantega**：2009年9月4日巴西財長Guido Mantega表示：「巴西經濟在2009年第1、2連續兩季萎縮後出現正成長。工業產值正有力成長，巴西經濟毫無疑問已克服危機，預計巴西2010年GDP將成長5％」，雖然巴西經濟持續走強，但Guido Mantega亦表示：「雖然反週期經濟政策取得一些功效，但在現今考慮撤銷這些措施可能爲之過早」，經濟成長依舊是目前各國所面臨的首要任務，必不能向市場發出錯誤的信號，以免才開始活絡的市場再遭受困頓。

❷ **印度財長Mukherjee**：2009年9月22日印度財政部長Mukherjee表示：「全球經濟正在復甦，印度在實施一系列有效、積極財政和貨幣措施之後，印度可望在2009、2010年實現6％至7％的經濟成長」，但目前全球經貿要恢復到以前的高成長，需要一個穩定的市場與國際貿易繼續保持開放，同時

儘快完成多哈回合談判。

❸ **俄羅斯財長Kudrin**：2009年9月29日俄羅斯財長Kudrin在VTB Capital的投資論壇上表示：「包括俄羅斯經濟在內的全球經濟，尚未走出危機，未來面臨的一個重要風險是房地產價格可能再度下滑，這場危機將繼續令我們擔心」，因此Kudrin明確表示俄羅斯在2010年仍將保持經濟刺激計畫，以進一步帶動需求，並表示「退場策略」是必然的，但現在不是時候，即使實施退場策略，也只能逐步、循序漸進的，只有在各種經濟刺激措施完全發揮作用時，才是談論最佳退場策略的時機。

❹ **南韓總統李明博**：2009年11月2日南韓總統李明博在接受中央社（Central News Agency）的訪問時表示：「雖然目前南韓經濟指標已逐漸好轉，但還不能說危機已經解除，從南韓的消費、投資與就業狀況來看，南韓經濟復甦扎根仍需要一點時間，因此南韓將持續實施有利經濟成長的財政和貨幣政策，直到全球經濟全面復甦」。

■各國政府及銀行救市與退市論述

雖經濟春燕已鳴出早春，但大規模的失業率卻讓經濟前景蒙上一層陰影，根據美國勞工部在2009年9月4日公布數據顯示：「2009年8月美國失業率高達9.7%，創下26年來最高」，此外，美國聯邦準備理事會前任主席Alan Greenspan（2009）與聖路易斯聯儲主席Brad（2009）紛紛預測美國失業率將會持續下探，並超過10%。而Decision Economics首席全球經濟學家Sinaie更指出：「美國將出現失業型復甦」，在雙面刃（失業率與通貨膨脹）之下，持續救市、計畫退市成為眾人所關注的議題，茲將各國政府及銀行救市與退市整理於表2-3所示。

■全球重要會議經貿主張與全球經貿復甦

自2008年金融海嘯衝擊開始，國際社會相繼藉由領袖會議來廣納各層面議題，產生多方整合的共識，期望透過「新架構」來建立一個平衡的多邊宏觀經濟政策評估機制，以持續推動世界經貿實踐永續、強而有力與制衡的復甦與成長。2009年則相繼舉行「G20高峰會」、「歐盟峰會」、「G8會議」、「APEC貿易部

長會議」、「G20財長會議」、「G20高峰會」、「G7財長會議」、「中日韓峰會」、「東盟高峰會」以及「歐美領袖峰會」，茲將相關會議及重要結論整理如表2-4所示。

■後金融危機之全球貿易復甦徵兆

後金融海嘯時期，「出口額成長」、「原物料需求成長」以及「貿易融資供給成長」使全球經濟出現「漸進式復甦」的跡象，根據金融穩定委員會（FSB）主席Mario Draghi在2009年6月時表示：「雖然全球經濟和金融體系依舊脆弱，不過復甦徵兆正在出現，四處都可見到經濟改善的前兆」。此外，國際貨幣基金組織（IMF）在2009年9月4日公布《世界經濟展望》報告中顯示：「在亞洲經濟體表現強勁，其他地區也呈現穩定或適度復甦跡象，全球經濟在2010年將實現3.1％的正成長」，在全球經濟逐漸復甦的情況下，全球貿易的成長將持續發展，全球貿易復甦徵兆可歸納如下：

徵兆一：全球貿易出現五年來最大增幅

2009年9月28日荷蘭經濟政策分析局（Netherlands Bureau for Economic Policy Analysis）藉由23個發達經濟體和60個發展中經濟體公佈的數據顯示：「2009年7月貿易總量較6月份成長3.5％，是自2003年12月以來最大單月增幅，且9月、10月與11月連續出現三個月的正成長」，此外，2010年2月10日美國商務部部長駱家輝發表聲明表示：「2009年12月美國出口上升3.3％，達142.7億美元，而12月進口增長4.8％至182.9億美元，截至12月，美國商品和服務的出口已經連續增長8個月」。而為實現美國總統歐巴馬所提出五年內美國出口額增加一倍的目標，美國國家出口計劃將重點放在改善貸款信用、增加貿易的宣傳與消除進入國外市場的貿易障礙。

無獨有偶，總部設在日內瓦的全球貿易信息服務機構Global Trade Information Services（2009）表示，2009年第二季度全球貿易額為2.58兆美元，較第一季度2.41兆美元的低點有所反彈，而凱捷管理顧問集團（Capgemini Group）則於2010年2月11日表示：「在已開發國家採取救市經濟政策下，促使全球經濟逐漸復甦，進而推升商品消費需求，因此在2009年第三季度全球23個主要經濟體貿易

表2-3 各國機構、學者與官員持續救市與計畫退市一覽表

單位	持續維持救市	現階段維持救市，但有計畫退市	已出現退市方案
機構	❖ OECD：政府還不到撤除振興措施的地步。 ❖ UNCTAD：任何提早讓政府計畫退場的舉措，都可能導致危機惡化 ❖ IMF：全球經濟復甦反彈微弱呈目信用呈現緊縮現象，各國政府必須維持救市經濟激措施。 ❖ JP Morgan Chase：中國大陸經濟尚未完全復甦，中國大陸政府不可能在2010年前內取消經濟刺激措施。	❖ Fed：雖美聯諸認為有必要在較長一段時間內實施寬鬆貨幣政策，但也必須準備好在經濟復甦趨向穩固之後收緊政策。	❖ 以色列中央銀行：為了在經濟復甦群與通貨膨脹間取得平衡，因此將其基準利率從0.5%上調至0.75%。 ❖ 澳洲中央銀行：澳洲目前通膨接近2%至3%，因此是逐步縮減財政振興措施的時機，因而澳洲央行將基準利率調高一碼。 ❖ 挪威中央銀行：挪威經濟復原的速度已快於預期明，而通膨也正捲土重來，因此挪威央行宣布基準利率從1.25%調升1碼至1.5%。 ❖ 中國大陸人民銀行：人民銀行行長周小川(2010)表示：「通貨膨脹已經顯現，然仍在低點，但中國必須對目前形勢保持警惕」，因此在2010年2月12日將存款準備率提高兩碼，由16%上調至16.5% ❖ 美國聯準會：由於美國消費者物價指數不斷上漲，因此2010年2月18日美國聯準會提高重貼現率1碼至0.75%。
官員	❖ 英國首相Brown：全球經濟處於關鍵時刻，各國領袖有必要繼續維持救市措施至2010年。	❖ 盧森堡首相Junkerg：歐洲經濟正開始回穩，2011年是開始實施「退出策略」的時間。	❖ 馬來西亞總理Razak：2010年馬國政府將預算亦字縮減至2009年國內生產毛額的7.6%，以逐步收復市場應有的自由機制。

表2-3　各國機構、學者與官員持續救市與計畫退市一覽表（續）

單位	持續維持救市	現階段維持救市，但有計畫退市	已出現退市方案
官員	❖ **日本首相鳩山由紀夫**：由於日本仍面臨失業方面的壓力，因此目前考慮實施退市策略可能為之過早。 ❖ **加拿大總理Harper**：為了維護脆弱的經濟，加拿大政府將持續427億美元經濟刺激計劃。 ❖ **南韓總統李明博**：南韓將持續實施有利經濟成長的財政和貨幣政策，直到全球經濟全面復甦。 ❖ **國際貨幣基金副總裁John Lipsky**：「經濟復甦停滯風險」在短期內仍可能再次降臨，撤銷刺激景氣措施仍過早，退場計畫應審慎為之。 ❖ **歐洲央行行長Trichet**：經濟尚未完全確認復甦之際，停止向經濟注入流動性或升息還為之過早。	❖ **俄羅斯財長Kudrin**：2010年俄羅斯仍將保持經濟刺激計畫，以進一步帶動需求，並表示「退場策略」是必然的，即使實施退場策略，也只能循序漸進。	—
學者	❖ **2008諾貝爾經濟學獎得主Krugman**：聯準會不該急著緊縮貨幣政策，在未來兩年或更長時間，都應維持現有利率水準，或等失業率降到7%左右為止。 ❖ **2007諾貝爾經濟學獎得主Maskin**：全球經濟復甦還有很長的路要走，因此全球寬鬆貨幣政策的推出還有相當長的時間。	—	—

表2-4 全球重要會議經貿主張

舉辦日期	會議名稱	與會國家或經濟體	會議議題	會議重要結論
2009/04/12	G20高峰會	歐盟、巴西、印度、印尼、南韓、中國大陸、阿根廷、澳洲、南非、墨西哥、俄羅斯、沙烏地阿拉伯、土耳其、G7	合作因應對百年金融危機、並遏制保護主義	❖ 對金融機構、金融工具和金融市場實行更嚴厲的監管，包含不受監管的投資工具對沖基金。 ❖ 制定新的原則規範主管人員的薪水和獎金。 ❖ 給予新金融穩定委員會更大的授權。 ❖ 要求信用評級機構遵守國際操作規範。 ❖ 積極消除各國的貿易保護主義，繼續努力完成以實現國際自由貿易為目標的多哈回合談判。
2009/06/18	歐盟峰會	捷克、丹麥、德國、希臘、法國、荷蘭、波蘭、芬蘭、瑞典、英國、比利時、愛爾蘭、保加利亞、奧地利、葡萄牙、賽普勒斯、西班牙、匈牙利、愛沙尼亞、義大利、馬爾他、拉脫維亞、立陶宛、盧森堡、羅馬尼亞、斯洛伐克、斯洛維尼亞	制定全新的泛歐金融監管體系	❖ 在宏觀層面上，由歐盟各國央行行長組成「歐洲系統性風險管理委員會」。 ❖ 在微觀層面上，由成員國相關監管機構代表組成的3個監管局將分別負責歐盟銀行業、保險業和證券業的監管協調。
2009/07/08	G8會議	加拿大、法國、美國、英國、義大利、德國、日本、俄羅斯	面對全球性問題提出解決方案	❖ 自2009年開始3年提供發展中國家200億美元農業投資，提高糧食生產。 ❖ 積極促進多哈會談的進行。
2009/07/21	APEC貿易部長會議	澳洲、紐西蘭、中國大陸、日本、南韓、俄羅斯、馬來西亞、台灣、汶萊、新加坡、加拿大、香港、印尼、巴布亞紐幾內亞、菲律賓、泰國、墨西哥、美國、智利、秘魯、越南	因應經濟危機，為復甦作準備	❖ 承諾抗拒保護主義，推動多哈回合談判。 ❖ 加速亞太地區持續成長與經濟整合。 ❖ 促進貿易融資並成立額外的雙邊再保協議。 ❖ 促進經濟與技術合作之經驗交流。
2009/09/04	G20財長會議	歐盟、巴西、印度、印尼、南韓、中國大陸、阿根廷、澳洲、南非、墨西哥、俄羅斯、沙烏地阿拉伯、土耳其、G7	對經貿情勢做出共識	❖ 全球經濟將救助從金融體系轉移至維護宏觀經濟體系在復甦中正常運行。 ❖ 世界主要經濟體在「退場策略」上，時間上要有一致性，共識上要有協調性。 ❖ 國際金融機構必須進行系統性的規範改革。 ❖ 加強對銀行業的規範的管理，對銀行高管實行薪酬限制。

表2-4　全球重要會議經貿主張（續）

舉辦日期	會議名稱	與會國家或經濟體	會議議題	會議重要結論
2009/09/24	G20高峰會	歐盟、巴西、印度、印尼、南韓、中國大陸、阿根廷、澳洲、南非、墨西哥、俄羅斯、沙烏地阿拉伯、土耳其、G7	對全球經貿局勢進行積極討論和廣泛磋商	❖ 提高新興市場經濟體發言權，並將G20峰會示久機制化。 ❖ 將國際金融機構在資本要求以及槓桿率納入監管範疇。 ❖ 定期公布完整、準確和及時的石油生產、消費和庫存數據，提高能源市場透明度和穩定性。 ❖ 拒絕保護主義並促進全球貿易與投資。 ❖ 將努力促成於2010年完成多哈回合談判。
2009/10/03	G7財長會議	加拿大、法國、美國、英國、義大利、德國、日本	積極推動強勢美元	❖ 美元和人民幣將維持匯率彈性有重要性，對未來全球經濟穩定具有重要性。 ❖ G7將與G20進行更緊密的合作。 ❖ 建立新的經濟框架以實現持久均衡的經濟成長。
2009/10/10	中日韓峰會	中國大陸、日本、南韓	維護亞太區的和平、穩定和繁榮	❖ 中韓同意考慮簽署自由貿易協定（FTA）。 ❖ 將「東亞共同體」作為區域整合的長期目標。 ❖ 退市計畫將採行統一的步調。 ❖ 擴大三國間的人文交流，並尊重彼此的文化差異。
2009/10/24	東盟高峰會	東協十國、中國大陸、日本、韓國、印度、澳洲、紐西蘭	為「東亞共同體」創造形成條件	❖ 東盟研究在2015年前建立類似歐盟的經濟共同體。 ❖ 東盟將研究擴大自由貿易區範圍及尋求更多合作夥伴，預計涵蓋印度、澳洲及紐西蘭3國。 ❖ 日本支持將美國納入此經濟共同體。 ❖ 中國大陸與印度同意擱置同體爭議，加強戰略夥伴關係。
2009/11/03	歐美領袖峰會	美國、歐洲	加強雙邊經濟整合與防止貿易保護主義	❖ 會後歐美雙方共同發表「領袖宣言」，表示會遵守G20峰會的承諾，避免對貿易與投資實施新限制措施。同時歐美兩國承諾支持WTO與其他國際組織，提升全球貿易透明度，並對貿易障礙措施進行盤查。
2009/11/14	亞太經合組織（APEC）	亞太地區21個經濟體的領導人	促進持續增長，密切區域聯繫	❖ 推動更廣泛的貿易投資合作，以加快亞太區域經濟一體化。 ❖ APEC成員繼續採取經濟刺激政策，直到持久的經濟復甦得到明顯鞏固。
2010/01/28	達沃斯經濟論壇	中國大陸、美國、法國、德國、南非、墨西哥、加拿大、瑞士、英國、日本	改善世界狀況：重思、重設和重建	❖ Roubini、Soros預告全球二度衰退。 ❖ 加強國際合作穩固復甦趨勢。 ❖ 促使各國加強減碳協商。

額成長8.5％，達到1.5兆美元。其中，美國在2009年第三季度貿易額季成長率上升8.6％、德國上升8.6％、法國上升8.5％、英國上升7.7％，金磚四國亦上升超過7.5％」，種種跡象顯示全球貿易的供應鏈又將重新鏈結，美國達特茅斯學院（Dartmouth College）貿易問題經濟學家Douglas Irwin（2009）認為：「種種貿易數據顯示2008年時最危急的情況已急轉直下，如今已開始穩定下來」，因此，全球貿易重回正軌之路，似乎是可待之事。

徵兆二：全球貿易載貨需求湧現

在全球貿易持續改善，以及大西洋運貨船隻供不應求的情況下，由波羅的海航海交易所用來衡量國際海運情況以及反映國際貿易情況的領先權威指數（BDI），於2009年11月18日連續15日收紅後，達4,643點，漲幅達5.98％，創下2009年新高點，2009年進入11月以來，BDI漲幅已經高達70.2％，相較於2009年年初時的773點，BDI指數在2009年的漲幅已高達436.76％，而巴拿馬極限型運費指數（BPI）與超輕便極限型運費指數（BSI）亦同樣創下2009年最佳紀錄，分別收4,339與8,243點。

BDI指數能創下如此佳績與下列因素有關：(1)焦煤、燃煤、礦砂、磷礦石等基礎工業原料需求量逐漸攀升；(2)進入寒冬季節，歐美國家對煤炭的儲備需求增加；(3)中國大陸房地產市場旺盛，帶動鐵礦石的需求增加。中國遠洋（2009）表示：「隨著需求旺季的來臨，現貨市場供需緊張局面將會浮現，市場信心將逐漸增強，2009年下半年市場將好於上半年，且2010年市場行情應該要好過2009年」，2009年9月10日中國大陸總理溫家寶更表示：「中國大陸不可能、也不會改變政策」，暗示著將維持規模空前龐大的政府支出，在全球鐵礦砂最大消費國中國大陸的支撐下，BDI指數將持續扶搖直上，在全球經濟成長率領先指標BDI在前景看好情況下，國際經貿將有好轉的趨勢。

徵兆三：全球貿易融資逐漸改善

融資等於全球貿易的血液，一旦乾涸，全球貿易會停止。全球貿易在金融海嘯的威嚇下，2008年11月的貿易缺口達1,000億美元，貿易融資不足，制約著全球經濟的發展，也阻礙著脫貧與可持續性發展的運行。因此，在2008年11月華盛頓G20峰會以降，國際社會為地區貿易融資作出積極性的承諾：(1)世界銀行下屬

之國際金融公司（International Finance Corporation）於2009年4月提出全球貿易流動性計劃（Global Trade Liquidity Program），透過商業銀行撥出60%的資金，國際金融公司提供40%的資金來恢復已阻斷的貿易融資管道；(2)區域多邊開發機構獲得資金援助，2009年1月12日中國大陸正式加入由美洲國家組成，向拉丁美洲國家提供信貸資金的區域金融組織泛美開發銀行（Inter-American Development Bank），並分別向泛美集團下屬的泛美開發銀行、多邊投資基金、泛美投資公司分別捐資2億美元、7500萬美元和7500萬美元，為該地區發展貿易融資創造良好的貿易環境；(3)亞洲開發銀行（Asian Development Bank）於2009年4月宣佈將貿易融資項目擴大到10億美元，並允許貸款期限由2年延長至3年，透過對貿易提供擔保與融資，促進發展中國家的貿易。

　　在國際社會的努力下，世界貿易組織（WTO）秘書長Pascal Lamy在2009年9月16日表示：「在全球金融海嘯時不斷惡化的貿易融資情況已開始有所改善，特別在亞洲地區更有長足的進步」，世界銀行（The Word Bank）負責國際資本流動的首席分析師Dailami（2009）亦表示：「在金融海嘯初期，貿易融資的短缺是很大的問題，但現在已經得到明確的緩解，甚至對主要經濟體來說，貿易融資似乎已經不成問題了」，在全球擴大貿易融資的態勢下，貿易融資將呈現好轉的格局。

徵兆四：採購經理人指數（PMI）逐漸攀升

　　製造業採購經理人指數是衡量全國製造業活動的一個重要指標，當PMI高於50表示製造業活動處於總體擴張態勢，低於50則反映製造業出現萎縮。而自金融海嘯爆發以來，全球製造業採購經理人指數（PMI）在2008年8月創下最低點至33.2點，但全球各國央行和政府聯手推出力度空前的財政刺激計劃和金融救援下，自2009年2月起全球採購經理人指數開始止跌回升，2009年12月製造業與非製造業全球採購經理人指數，創下該年度新高，分別為56.6點與57.5點，此意味著，過去一段時間全球大量削減庫存的進程即將告一段落。根據美國供應管理協會（The Institute for Supply Management；ISM）資料顯示：「2010年1月的美國製造業採購經理人指數為58.4，創下自2004年8月以來最高」，而歐洲市調機構Market Economics於2010年1月29日公布調查結果顯示：「歐元區2010年1月製造業採購經理人指數為52.4，創近兩年最快增幅，顯示經濟持續擴張」，此外，2010年2月1

日中國大陸物流與採購聯合會（CFLP）的報告顯示：「2010年1月份製造業採購經理人指數爲55.8％，雖低於2009年12月的56.6％，但已經是該指數連續第11個月位於50％以上的水平」。

其他國家製造業採購經理人指數在2010年1月亦有相當亮眼的成績，例如：日本爲52.9，並爲連續7個月指數高於50以上；德國爲53.4、法國爲55.4、義大利爲51.7。在各區製造業採購經理人指數均處在50水平之上，宣告著製造業將持續擴張，並連帶使全球貿易形勢穩中求升，且是具有可持續性的回升，在全球貿易持續穩定回升下，將導引全球經貿走向更加穩健的道路。

第 3 章

全球貿易復甦
與台灣對外貿易回溫

以出口貿易做為生存命脈的台灣，與全球經濟緊密相連，因而在此波金融海嘯中，所受的衝擊不亞於位於震央的美國，但隨著國際經貿環境逐步改善，台灣對外貿易開始呈現逐步回溫的情勢，根據經濟部國際貿易局於2009年10月5日所公布的《經濟趨勢預測季刊》中顯示：「全球經濟在2010年將復甦，成長率為2.5％，台灣經濟將由負轉正至4.84％，並預期進口將成長15.88％，出口將成長15.07％」，在外在環境好轉之際，沉寂已久的台灣貿易，將再奏凱歌，揚帆遨遊國際。

■2010年台灣經濟成長率預測

隨著全球需求的上升，世界三大經濟體前景漸為樂觀，台灣的出口下滑亦逐漸趨緩，世界主要金融機構及研究單位紛紛調整2010年台灣的經濟成長率預測值，茲將主要研究機構的論點及預測值敘述如下：

1. **國際貨幣基金組織（IMF）**：IMF於2009年10月1日發表最新《全球經濟展望報告》指出：「全球經濟開始擴張，主要因亞洲經濟體表現強勁以及其他地區經濟復甦等，因此提高亞洲國家之經濟成長率預測，而台灣2010年之經濟成長率預測也提高至3.7％」。

2. **經濟學人智庫（EIU）**：2009年11月5日經濟學人智庫的最新世界經濟展望報告中指出，估計全球2009年的經濟成長率約為-4.1％至-1.1％，但受到美國資本市場逐漸反彈，歐洲和日本等國家領先指標放緩，以及其他新興國家等持續擴張，進而帶動台灣經濟復甦，EIU更將2010年台灣經濟成長率由-3.6％上調至3.5％。

3. **台灣花旗（Citibank）**：2009年11月25日花旗首席經濟學家鄭貞茂指出，兩岸關係穩定後，資金可能回流台灣，企業可藉此積極擴張，加上兩岸MOU與ECFA的實際效益將對整個金融市場提供加分作用，且市場價格已經反映出看好台灣未來經濟發展，因此預期台灣2010年經濟成長率將可望達到4.3％。

4. **瑞士銀行（UBS）**：2009年12月2日瑞士銀行公布2010《亞洲經濟展望報告》中指出，2010年台灣經濟成長率將由2009年「-3.6％」成長至「4.4％」、出口將由2009年衰退28％轉為成長10％，亦同樣認為台灣2010年下半年成長動能將轉弱，預計即使央行升息，幅度亦不大。

5. **渣打銀行（Standard Chartered）**：2009年12月3日渣打銀行於2010年《全球經濟展望報告》中表示，受惠於更緊密的兩岸關係以及中國大陸內需不斷成長，加上隨全球科技產業週期性需求回溫所引導的企業支出增加及陸續開放中國大陸投資與擴大兩岸直接交流，有助於中長期持續刺激台灣經濟增長潛力，因此上調台灣2010年經濟成長率至4.0％。

6. **瑞信證券（Credit Suisse Securities）**：2009年12月6日瑞信證券表示，由於全球景氣持續復甦，中國大陸市場持續成長且兩岸關係越趨緊密，將帶動台灣經濟進一步成長，加上看好電子產品的換機潮與回溫的出口需求，因此調升2010年台灣經濟成長率至4.8％。

7. **寶華綜合經濟研究院**：2009年12月10日由寶華綜合經濟研究院舉辦「2010年經濟展望」記者會中指出，2010年內外需回溫，加上比較基期較低，使經濟成長可望回復正常水準，脫離2009年低迷停滯狀況，加上中國大陸、東協六國加速成長，皆有助於提升台灣對外貿易表現，因此上修2010年台灣經濟成長率，由原先預期之4.1％上修至4.57％。

8. **亞洲開發銀行（ADB）**：2009年12月15日亞洲開發銀行（ADB）首席經濟學家李鐘和指出：「亞洲經濟呈現V型復甦，除各國政府迅速祭出振興政策回應外，中國大陸與印度經濟恢復活力也是關鍵。」且受惠於亞洲政府大規模刺激經濟支出及大環境景氣好轉，台灣2010年經濟可望好轉，因此上調2010年台灣經濟成長率至3.5％。

9. **中華經濟研究院**：2009年12月15日中華經濟研究院舉行「2010年全球經濟

展望研討會」，經濟展望中心主任王儷容表示，隨著消費者信心上升、批發零售及餐飲業營業額創近期新高，11月進出口亦轉為正成長，預估2010年台灣經濟成長率可望成長至4.66%。

10. **台灣綜合研究院**：2009年12月18日台灣綜合研究院舉辦「2010台灣及主要國家經濟展望」研討會中指出，隨國際景氣復甦，台灣對外貿易可望逐漸增溫，加上勞動市場及實質基本面回穩，帶動民眾消費信心，預估2010年台灣經濟成長率可達4.45%。

11. **聯合國貿易暨發展會議（UNCTAD）**：2010年1月20日聯合國貿易暨發展會議發布《2010世界經濟情勢和前景》報告指出，台灣出口產業受惠於歐美日經濟成長，獲得成長動能，加上中國大陸快速成長，且兩岸關係持續發展，對於台灣經濟成長提供進一步支持，台灣2010年經濟成長率可望達3.9%。

12. **摩根大通（JP Morgan）**：2010年2月10日摩根大通證券台灣區研究部主管賴以哲表示，在台灣整體經濟面佳、企業獲利續增、兩岸關係有所進展等三大動能支撐下，出口訂單、產業製造、庫存與出貨量比率、國內組合投資等各項數據皆能看出台灣經濟復甦的力道，預期2010年台灣經濟成長率可望達到6.3%。

13. **行政院主計處**：2010年2月22日行政院主計處召開2010年國民所得統計評審委員會中指出，隨國際景氣好轉，各國政府積極推動擴張政策與減稅政策，終於擺脫2008年金融海嘯的陰霾，加上新興市場對於科技產品之接受度提高，連帶使得依賴出口的台灣經濟隨之好轉，因此上修2010年台灣經濟成長率，由原先4.39%上調至4.72%。

14. **環球透視（GI）**：根據環球透視於2010年2月22日的最新預測報告指出，由於全球經濟情勢好轉，國際大環境明顯轉佳，加上科技產品推陳出新，將為台灣科技產業帶來可觀商機，維繫台灣外貿動能，2010年台灣經濟成長率可望達至4.9%。

表3-1 2010年台灣經濟成長率預測

序號	發布預測研究機構	前次預測		最新預測	
		時間	預測值	時間	預測值
1	國際貨幣基金會（IMF）	2009/01/30	3.10%	2009/10/01	3.70%
2	經濟學人智庫（EIU）	-	-	2009/11/05	3.50%
3	台灣花旗（Citibank）	2009/08/29	3.70%	2009/11/25	4.30%
4	瑞士銀行（UBS）	2009/09/25	3.20%	2009/12/02	4.40%
5	渣打銀行	2009/06/09	3.10%	2009/12/03	4.00%
6	瑞信證券	2009/06/19	4.00%	2009/12/06	4.80%
7	寶華綜合經濟研究院	2009/09/22	4.10%	2009/12/10	4.57%
8	亞洲開發銀行（ADB）	2009/09/23	2.40%	2009/12/15	3.50%
9	中華經濟研究院	2009/10/16	4.65%	2009/12/15	4.66%
10	台灣綜合研究院	2009/06/24	3.00%	2009/12/18	4.45%
11	聯合國貿易暨發展委員會議	2009/09/08	1.60%	2010/01/20	3.90%
12	摩根大通（JP Morgan）	2009/08/22	5.50%	2010/02/10	6.30%
13	行政院主計處	2009/11/26	4.39%	2010/02/22	4.72%
14	環球透視（GI）	2009/10/14	4.30%	2010/02/22	4.90%

資料來源：本研究整理

■2010年台灣貿易成長率預測

　　2009年受到全球金融風暴的影響，台灣進出口年增率都出現罕見的負成長，然而，隨著全球金融風暴的逐漸趨緩，世界各主要金融機構及研究單位大多預期全球景氣最壞的時刻已經過去，各國經濟將逐步好轉。茲將各研究機構對於2010年台灣進出口年增率整理如下：

1. **中華經濟研究院**：2009年10月16日中華經濟研究院指出：「預估2010年全年經濟成長率4.65％，且由於國際景氣復甦，國外需求隨之增加，進而拉抬台灣國內需求的成長。其中，民間消費成長1.91％，國內投資成長5.16％，為近6年來新高，其中民間投資成長8.16％，實質財貨與服務出口成長率為9.72％，而進口成長率則為8.47％，淨輸出金額約2.44兆元，年增率約13％，對經濟成長有相當貢獻」。

2. **台灣經濟研究院**：根據台灣經濟研究院2009年11月5日「2010台灣總體經濟預測」新聞稿表示，隨著國際景氣的復甦，以及亞洲新興國家持續發展且維持擴張，多數國家的經濟領先指標已見好轉，台灣商品出口需求可望逐漸回溫。台灣經濟研究院預估2010年出口成長10.45％，進口成長10.26％，全年貿易出超可望達到333.11億美元。

3. **行政院主計處**：行政院主計處國民所得統計評審委員會於2010年2月22日上午召開第208次會議，對2010年經濟情勢做出預測。主計處表示：「揮別2009年，國際景氣終於脫離金融海嘯的陰霾，緩步邁向復甦。對外貿易方面，國際大環境明顯轉佳，電子書、LED電視、觸控、雲端及3D等科技產品推陳出新，將為台灣產業帶來可觀商機，維繫台灣外貿動能，預測海關出口增加20.91％；進口隨出口延伸需求亦增25.67％。合計商品與服務貿易並剔除物價因素後，預測全年輸出及輸入分別成長13.84％及17.66％，貿易順差307億美元」。

表3-2　2010年台灣貿易成長率預測

序號	發布預測研究機構	時間	進口年增率	出口年增率
1	中華經濟研究院	2009/10/16	8.4%	9.7%
2	台灣經濟研究院	2009/11/05	10.2%	10.4%
3	行政院主計處	2010/02/22	17.7%	13.8%

資料來源：本研究整理

■後金融危機之台灣貿易復甦徵兆

台灣在高科技產業訂單逐漸回籠、兩岸互信機制建立，以及在全球經濟出現復甦契機、中國大陸2009年第2季經濟成長由第1季的6.1％提升至7.9％的情況下，各研究機構對於台灣2010年的經濟情況紛紛持正向成長的觀點。茲將台灣貿易復甦徵兆歸納如下：

徵兆一：2010年1月出口金額創16個月新高

自金融海嘯肆虐以來，台灣出口貿易受到嚴重的衝擊，2009年1月更創下-59.0％的降幅，經濟部（2009）數據更顯示：「2009年1至12月出口總額累計

2,037億美元，較2008年同期減少20.3％」。但寒冬總會見初春，晦暗不明總會尋得柳暗花明，根據財政部統計處於2010年2月8日公布的2010年1月進出口概況顯示，1月台灣出口總值達217.5億美元，較2008年12月增加17.2億美元，是連續3個月超過200億美元，並為近16個月以來的新高，與2009年1月金融海嘯最慘的期間相比，成長76％，創1976年8月以來最大增幅，也是史上第6大，各項數據足以顯見台灣貿易最壞情勢已過去。

而1月出口成績如此亮眼的原因有以下3點：(1)國際經貿情勢逐步好轉，庫存產品逐步消化、外銷訂單回溫、出口動能重新啟動；(2)季節性因素影響，2008年春節在1月，工作天數較少，2010年春節在2月，假期又長，有可能提前出口；(3)兩岸關係改善加上2008年上半年基期較低。而財政部統計長林麗貞（2009）更有信心的表示：「此般單月高成長情勢，在2010年上半年將會持續出現。經濟部更樂觀的認為，在2010年2、3月對外出口貿易就有希望『光復』，將回到金融海嘯前出口盛況；經建會（2010）更預估，2010年下半年會一月比一月好」，而對外貿易發展協會董事長王志剛在2010年1月11日出席外貿協會年度記者會時表示：「台灣2009年上半年受到金融海嘯衝擊太深，出口衰退幅度較韓國大，然而下半年後，出口情況好轉，甚至在9月開始，成長力道超越韓國，未來的出口將會越來越好」，台灣在出口大幅改善激勵下，2010年出口的成長力道將是可期的。

徵兆二：2009年12月台灣對中國大陸貿易順差成長率達122.2％

根據經濟部國貿局在2010年2月2日公布的數據顯示，自2008年9月受全球金融風暴衝擊，台灣對中國大陸（包含香港）的貿易順差衰退，2009年1月貿易順差大幅衰退64.1％，其中出口衰退59.0％、進口衰退51.5％；而2至6月貿易順差衰退減緩至26％至38％之間；時至10月出口恢復正常，成長率由9月的負0.3％轉正至8.7％，貿易順差更轉正至19.7％；12月在出口強力反彈，成長率高達91.2％的情況下，貿易順差正成長爆衝至122.2％。累計2009年全年台灣與中國大陸（包含香港）的貿易總額達1,093.2億美元，其中進、出口分別為256.3、837.0億美元，貿易出超580.7億美元。在中國大陸4兆擴大內需方案政策所衍生之商機績效陸續到位，與金融海嘯威力持續減弱，全球開始向中國大陸下訂單，而台灣出口商品有25％是再進入中國大陸進行加工等因素影響下，台灣對中國大陸出口表現已恢復相當水準，且持續加溫當中。

徵兆三：**2010年1月台灣採購經理人指數創26個月以來最高增幅**

2010年2月1日匯豐銀行委託獨立調查公司Markit Economics發表台灣採購經理人指數（PMI）調查報告，報告中顯示：「在產出與新業務保持上升趨勢，全球經濟持續復甦，帶動對美國、歐洲、中國大陸和日本的出口訂單，在整體新訂單量升幅超越產量升幅下，致使工作量進一步增加，使得2010年1月份台灣製造業採購經理人指數為61.7，不但創下26個月以來最高增幅，更創下該調查歷史以來最強勁的紀錄」，對於高度依賴出口的台灣而言，製造業恢復成長，將帶動新增出口訂單。PMI指數得以屢創新高有下列數項原因所致：(1)金融海嘯的爆發使全球縮減產能並盡量減少庫存，隨著成品庫存下降與業務量的上升，使製造業訂單大量湧入；(2)製造商預期原物料將大幅度上漲，因此增加庫存，大量釋出訂單。匯豐亞太區高級經濟師Frederic Neumann（2010）表示：「台灣經濟持續強勁復甦，自2008年12月以來，所有經濟指標均呈現高速成長，且海內外新訂單持續增加，代表台灣經濟將步向另一波的蓬勃成長」，在製造業帶動貿易業的態勢下，台灣貿易復甦跡象將愈趨明朗。

徵兆四：**2009年12月份外銷訂單創下史上單月最大年增率**

2010年1月20日經濟部統計局公布2009年12月外銷訂單，其數據顯示，12月份外銷訂單為317.3億美元，較2008年12月外銷金額207.9億美元相比，12月份呈現年增率52.63％的格局，寫下史上單月最大年增率新高紀錄。雖然2009年全年外銷訂單較2008年減少292.8億美元，達3,224.4億美元，但2009年第4季較2008年同季相比，則增加28.03％，與2009年第3季相比則增7.98％，此與金融海嘯發生期間的2009年1月減幅達41.67％相比，有明顯回升之趨勢，顯示台灣已走向復甦之路。經濟部（2010）認為外銷訂單可以如此暢旺，主要有下列原因所致：(1)受新興市場需求的帶動與微軟Win7推出影響，預估NB、消費性電子、面板等產品需求暢旺，因此訂單暢旺；(2)智慧型手機與網通等產品表現突出，使資訊與通信產品表現亮眼，在外銷訂單屢創佳績情況下，經貿局勢將逐步穩定。

第 4 章

全球重要暨新興市場
對台灣貿易障礙分析

「得道多助，失道寡助」是貿易自由化的基本信念，然而，貿易保護主義的「種子」往往容易催生於經濟危機之後，1930年的全球關稅戰使全球貿易規模在1929至1934年間減縮了約66%，便可看出端倪。2009年世界貿易組織（WTO）預測：「2009年度全球將發起高達437件的反傾銷案件，較2008年增加2.1倍」，WTO秘書長Lamy在2010年2月24日參與布魯塞爾智庫「歐洲政策中心」（European Policy Centre）時表示：「2009年全球貿易衰退幅度高達12%，寫下二次大戰以來跌幅最嚴重的一年，並表示2009年世界貿易特點之一就是貿易保護主義抬頭」；獨立監測機構「全球貿易警報」（*Global Trade Alert*；*GTA*）（2009）更表示：「自2008年11月G20華盛頓金融峰會以來，僅G20成員便實行了121項貿易保護主義措施，並有134項在醞釀中，全球90%的商品貿易受到不同程度保護主義的限制，包括提高關稅、補貼出口、限制移民及其他特別救濟措施等具體作為」，在各國紛紛自掃門前雪的危機時刻，連自詡為自由貿易的積極維護者美國，都在經濟刺激計劃中宣佈「購買美國貨」條款，全球貿易戰也在此刻，步向一觸即發的危機當中。

■貿易障礙種類

在金融海嘯爆發之後，各界均呼籲不可助長貿易保護之勢，但各國政府為保護該國國民確保就業率以及本國資金的流出，因而採取對外貿易保護措施，連將自由貿易奉為圭臬的美國，也藉口「維持正常貿易規範」，對中國大陸輪胎實施特別保護制裁，導致貿易障礙以燎原之姿席捲全球。在國際貿易保護主義蠢蠢欲動，各國採取的貿易救濟手段越趨明顯之際，全球貿易保護主義比想像中的情形

更為嚴重。茲將各機構對於貿易障礙的種類歸類如下：

1. **經濟部國際貿易局**：(1)關稅；(2)非關稅；(3)標準與符合性；(4)檢驗與檢疫；(5)關務程序；(6)原產地規定；(7)智慧財產權；(8)政府採購；(9)競爭政策；(10)服務業；(11)投資；(12)人員移動。

2. **美國貿易代表署（USTR）**：(1)進口政策；(2)標準、測試、標示及認證；(3)政府採購；(4)出口補貼；(5)智慧財產權保護；(6)服務貿易障礙；(7)投資障礙；(8)反競爭措施；(9)反電子商務之貿易障礙。

3. **中華經濟研究院（台灣WTO中心）**：(1)關稅；(2)非關稅；(3)服務業；(4)投資；(5)爭端調解；(6)智慧財產權；(7)政府採購；(8)關務程序；(9)標準與符合性；(10)競爭政策；(11)檢驗檢疫；(12)自然人移動；(13)原產地證明；(14)通關程序；(15)檢驗制度。

4. **80年代世界銀行（The Word Bank）報告**：80年代世界銀行對於非關稅措施作整理，分為五大類(1)進口數量限制，包含配額、管制進口、裁量式與條件式之進口許可證制；(2)自動出口設限；(3)價格管制，包含差異金、最低價格、自動出口價格設限；(4)關稅型式之措施，包含關稅配額、季節關稅；(5)監視措施，包含價格及數量之調查及監視、反傾銷稅及平衡稅之課徵。

本研究根據前述，茲將貿易障礙種類彙整如下：

表4-1　貿易障礙種類

序號	貿易障礙	說明		
1	關稅	①進口關稅	②出口關稅	③特別關稅
2	非關稅	①進口數量限制　②自動出口設限　③價格管制 ④關稅型式之措施　⑤監視措施		
3	標準與符合性	對進口產品適用不合理的技術法規、標準，設計複雜的認證、認可程序		
4	檢驗與檢疫	對進口產品設立苛刻且不合理的檢驗標準與檢疫程序		
5	關務程序	通關環節壁壘，如各種程序性障礙，或不合理的進口稅費		
6	智慧財產權	對智慧財產權的保護力度		
7	政府政策	①政府採購	②國民待遇	
8	服務業	在服務貿易進入方面設置不合理的限制		
9	投資障礙	對外國法人的直接投資是否構成限制與困難		
10	自然人移動	①工作居留效期	②商務簽證手續	③入境簽證效期

資料來源：本研究整理

■重要市場對台灣貿易障礙分析

以出口貿易為生存命脈的台灣，在全球貿易保護主義與貿易戰的烽火之下，各種貿易障礙如風暴般，鋪天蓋地而來，依據WTO（2009）的統計：「全球已經有16個國家對台灣出口課反傾銷稅，這些數據尚不包含調查中或調查後不課稅的統計」。而由於台灣重要市場國家多為倡導自由貿易，因此較不敢明目張膽使用以主導價格限制為主的「關稅」，然則，在非關稅貿易障礙上，反傾銷的提出、限定自然人移動的法令政策、為了保護消費者權益以及維護生態環境的規定與限制，對台灣貿易造成了強烈阻礙。而本研究根據中華經濟研究院（台灣WTO中心）於2008年資料，與國貿局2009年新聞蒐集資料，將2010IEAT調查報告屬於重要市場的貿易地區對台灣貿易障礙統計表彙整於表4-2：

表4-2 重要市場對台灣貿易障礙統計表

單位：件數

國　　　家	對我國貿易比重	關稅	非關稅	標準與符合性	檢驗與檢疫	關務程序	智慧財產權	政府政策	服務業	投資障礙	自然人移動	總計
日　　本	12.91%		1		1					2		4
香　　港	6.89%				2						1	3
新 加 坡	3.33%									2		2
德　　國	2.66%										1	1
荷　　蘭	1.39%									2	1	3
英　　國	1.12%							1			1	2
美　　國	11.51%		16		1			3			1	21
澳　　洲	2.37%									1		1
義 大 利	0.82%										3	3
加 拿 大	0.73%	1	3									4
西 班 牙	0.47%							1			1	2
總　　計	45.01%	1	20	0	4	0	1	4	5	2	9	46

資料來源：中華經濟研究院（台灣WTO中心）（2008）、國貿局（2009）、本研究整理

註：法國由於未列入台灣WTO中心資料庫，因此暫不列入表內。

綜觀上述11個國家對台灣採取之貿易障礙，可分成下列三大類探討與分析：

1. **「非關稅」為重要市場對台灣貿易障礙主因**：根據世界銀行（The Word Bank）於80年代對非關稅措施的界定，一共分為：進口數量限制、自動出口設限、價格管制、關稅性措施、監視性措施，其中又以監視性措施中的「反傾銷稅」（anti-dumping tariff）對台灣所造成的威脅最大，所謂反傾銷稅是指，出口國將產品以低於該產品之正常價格銷售至進口國，致使進口國相關產業遭受實質損害，在此項目上對台灣貿易比重達11.51%（2008）的美國便採取了16項相關措施，對台灣的鋼鐵與化工相關產業造成相當大的損失；而加拿大更為了保護國內自行車產業，自1992年起對台灣自行車課徵反傾銷稅，2007年6月26日加拿大國際法庭（Canadian International Trade Tribunal）在進行第三次落日條款複查後，依舊對台灣部分自行車課徵高達64%的反傾銷稅，並延續至2012年，創下了加拿大自1906年以來課徵反傾銷稅的最長紀錄，此般過度保護國內產業的政策，實有違自由貿易的精神。

2. **「自然人移動」阻礙台商貿易便捷性**：在1994年關稅暨貿易總協定（GATT）烏拉圭回合第一次服務貿易談判時，限制自然人移動之保護措施便被廣泛的討論，根據WTO於2005年1月1日提出的自然人移動界定，一共可分為：跨國企業內部調動人員、商業行為、履約人士、獨立專業人士提供履約服務、其他（藝術師、運動員、從事公開表演服務者時尚模特兒和特殊職業者等），其中又以商業行為中的簽證申請取得困難為主要貿易障礙，台灣貿易據點遍佈全球，對於商務人士而言，出入境他國所需的簽證取得與能夠停留該地的時間是很重要的，然而在政治議案下，台灣受到諸多不平等的待遇。以美國來說，其於1986年便啟動免簽證計劃（Visa Waiver Program），其宗旨為「允許特定國家的旅遊或商務的需要，前往美國境內最多90天無需事先申請簽證」，該項計畫目前已有35國參與，其中經濟實力比台灣不足的斯洛維尼亞尚可於2004年獲准錄取，而身為亞洲四小龍的台灣至2009年仍未獲同意，其中之不公，一目了然。

3. **「金融服務業」不符國民待遇原則**：台灣服務業中最具重要性的莫過於金融服務業（financial services），其業務範圍則涵蓋銀行、保險及證券等。然而，金融業因手握大筆資金，其發展容易影響社會的安定與否，因此各

國對金融服務業的管制嚴格也是無可厚非的，然而，若以此為藉口，列為不符國民待遇的原則，便令人難以信服。以澳洲為例，其規定澳洲當地居民在該等外國銀行首次開戶，金額不得低於25萬澳幣，有關存款文件如存款證明、對帳單、開戶申請書等單據均需註明「該存款不受澳洲銀行法保護」，因此限制台灣兆豐國際商銀、台灣企銀在澳吸收存款與貸放能力；此外，荷蘭政府對台灣在荷蘭分行所要求的資本適足率（bank of international settlement ratio）為12％，也較巴塞爾協定（Basel II）所規定的8％高出4％，且外國銀行的總行資本不得計入其在荷分行的自有資本，導致在荷營運所須投入的資金成本較高，也削弱了台資銀行的放款能力。

■新興市場對台灣貿易障礙分析

由於新興市場各產業不若重要市場如此發達，因此(1)為持續扶持國內產業順利發展；(2)及在金融海嘯威脅陰影下保護國內產業，因此各種貿易障礙便裝扮在法律規則下粉墨登場，尤以非關稅障礙對台灣影響最為嚴重，因此台灣經濟研究院院長洪德生（2009）表示：「非關稅貿易障礙之排除，比關稅減讓還更重要」，根據中華經濟研究院（台灣WTO中心）於2008年資料，與國貿局2009年新聞蒐集資料，將IEAT新興市場對台灣貿易障礙統計表彙整於表4-3：

1. **231項「非關稅障礙」對台灣貿易業形成巨大阻力**：在26個新興國家中便有11個經濟體運用「反傾銷稅」來對台灣形成貿易壁壘，其中印度的19個反傾銷事件、土耳其13個反傾銷事件以及中國大陸9個反傾銷事件是前三大國家，其課稅的產品多為鋼鐵、化學以及紡織等相關品項。除此之外，印尼與菲律賓運用「數量限制」來作為貿易障礙的手段，其中尤以印尼對台灣實施174項包含紡織品（79項）、鞋類（5項）、電子產品（20項）及玩具等進口數量限制最為嚴重；而墨西哥、阿根廷與沙烏地阿拉伯以「進口許可」作為阻礙台商產品進入市場的方式。在新興市場各國積極使用各項貿易障礙維護國內產業、排擠國外產品之際，積極與所在國之商會保持密切聯繫，以便當該國家提出非關稅障礙時，可集結各方力量研擬多面向對策，以期損失降至最小。

2. **60項「關稅」增加貿易成本**：在26個新興國家中便有9個經濟體運用「關

表4-3　新興市場對台灣貿易障礙統計表

單位：件數

國家	對我國貿易比重	關稅	非關稅	標準與符合性	檢驗與檢疫	關務程序	智慧財產權	政府政策	服務業	投資障礙	自然人移動	總計
中國大陸	19.81%		9		1	1	1					12
阿聯大公國	1.24%					1				1		2
韓國	4.41%	10	2		2							14
沙烏地阿拉伯	3.26%		1							2	1	4
馬來西亞	2.47%	11	6						2		1	20
俄羅斯	0.73%			2					2	1		5
印尼	2.19%		134	1			2		2			139
越南	1.85%	11				1	1	1	4	8	1	27
泰國	1.64%	6	2	1		2			3	3		17
墨西哥	0.49%		18	1								19
菲律賓	1.42%	2	3					2		8		15
南非	0.46%		4							1		5
印度	1.08%	4	19									23
巴西	1.00%	1										1
智利	0.47%		1									1
土耳其	0.31%	9	13							1	1	24
埃及	0.18%		1									1
匈牙利	0.13%		1			1	1					3
阿根廷	0.09%	6	16	10					1		1	34
奈及利亞	0.22%										1	1
卡達	0.28%										1	1
阿曼	0.25%									1		1
以色列	0.21%		1									1
小計	46.11%	60	231	15	3	6	5	3	14	26	7	370

資料來源：中華經濟研究院（台灣WTO中心）（2008）、國貿局（2009）、本研究整理

註：科威特、波蘭、柬埔寨均無資料，因此不列入表內。

稅」來造成成本的直接增加，使台商商品失去競爭力，其中以馬來西亞與越南的11項關稅保護、韓國的10項關稅保護為對台灣實行關稅障礙的前三大國家，其關稅包含的品項有化學、紡織、汽、機、腳踏車與相關零組件以及石化相關產業，而印度與越南更對速克達全車課徵100％的關稅，在關稅如此沉重之下，台商的應對方式便為赴當地設廠製造，以減少因關稅導致成本增加的威脅，以台灣三陽工業（SYM）為例，在透過自有品牌以及與通路合作下，銷售一片長紅。由此案例雖可看出危機便是轉機的道理，但如果各國持續使用關稅壁壘，那麼全世界的貿易將岌岌可危，最著名的案例為發生在1930年代美國經濟大蕭條期間所出現的《斯姆特-霍利關稅法案》（Smoot-Hawley Tariff Act of June），該法案對3,000多項進口商品課徵的關稅高達60％，而其他各國亦紛紛群起效尤，最後下場便為1934年全球貿易總值僅有1929年的三分之一，因此為了使貿易能夠自由化、公平化，新興市場各國應逐步降低對台灣的關稅，以期貨暢其流、物盡其用。

3. **26項「投資障礙」增加拓銷壓力**：在26個新興市場中共有9個經濟體，透過投資法規的訂定，直接或間接影響台灣廠商在該地的活動，其中以越南與菲律賓為對台灣實行投資障礙最嚴厲的國家。越南由於基礎建設與教職訓練尚未完備，因此缺水、缺電甚至於罷工的盛行，都讓台商嘗試到資源短缺的困擾；此外，自2009年1月1日起，越南政府為了保障國內薪資所得，因此大幅調漲企業最低薪資，其中外資企業調漲幅度為15％至20％，而越南內資企業更高達28％，另外並要求雇主支付失業保險費與工會組織運作費1％，並自2009年7月起雇主應負擔醫療保險費率由2％提高為4％，以此計算，2009年度雇主勞動成本將增加19％至24％，對許多在越南設廠的台商來說，人事成本將大幅上升。而菲律賓除了經營零售業資本額需250萬美元以上門檻過高之外，其對限制外資投資項目與比例過高也造成台商投資意願低落，例如其對公共工程及人力仲介業外資比例上限為25％、廣告業外資比例上限為30％等。大體上投資者會尋找潛在的向上動能，並在從事改革的經濟體中找到這股動能，然而越南與菲律賓的諸多規定，使國際投資客因而躊躇止步，在國際評等上，亦不被看好，根據2009年9月9日世界銀行旗下國際金融公司（IFC）所發表的《2010年全球最佳

經商環境報告》顯示，越南在183個經濟體中排名第93位、菲律賓則占第144位，由此觀之，其投資障礙也造成國際對其不青睞。

4. **阿根廷未開放台灣的驗證機構**：阿根廷政府要求進口汽車安全零組件、玩具及鋼鐵製品等產品時，需分別提送諸多證明文件，舉例來說：(1)汽車零組件的進口，需經過阿根廷工業技術局或阿根廷標準協會（汽車技師暨工程師協會），以及聯合國社會暨經濟委員會在29/343號文件附表所列舉之組織的認可；(2)玩具的進口需經過阿根廷標準協會（IRAM）、阿根廷工業技術局（INTI）、國際品質認證機構（International Quality Certification）或與上述機構簽署相互認證協議之國際驗證機構的認證；(3)建築用鋼鐵製品的進口需經過IRAM、INTI、IGA（Instituto del Gas Argentino）或與上述機構簽署相互認證協議之國際驗證機構的認證。然而台灣卻沒有任何國際驗證機構與阿根廷IRAM或INTI簽訂相互認證，使台灣外貿商品無法先行檢驗，增加了外貿商品可能不符合標準的風險，除此之外，出口阿根廷的貨物檢驗必須全面委外，增加了協調與溝通成本。

■《2010 IEAT調查報告》歸納十大貿易障礙類型

根據前述重要市場以及新興市場對台灣的貿易障礙，《2010 IEAT調查報告》歸納出全球金融危機後，各國實施的十大貿易障礙類型，茲分述如後：

障礙一：關稅障礙

根據關稅暨貿易總協定（GATT）於1995年表示：「關稅經常構成嚴重貿易障礙，故應以互惠互利為根基進行談判，促使進出口國關稅與其他各類收費有相當程度下降，因此締約國得於間隔一段時間開啟此種談判」，照此規定可了解GATT並不要求各國直接放棄關稅，而是透過各種談判，依照互惠原則，相互減讓關稅，且透過其所承諾之關稅稅率，產生拘束之責任。然而在金融海嘯的襲擊下，各國經貿產生了相當大的變化，為了保護產業持續生存的條件，因此運用關稅的提升，降低國外產品的競爭力，避免市場被過度瓜分。2009年伊始，美國對中國大陸相繼實施「輪胎特保案」、「鋼鐵產品案」，以及印度對中國大陸採行的「汽車曲軸案」、「扁軋鋁製品和鋁箔案」等，均以「懲罰性關稅」作為提高

關稅的手段，其中，輪胎特保案更成為舉世注目的焦點，也開啟了美中一系列的「貿易戰爭」。由於關稅升降直接觸動各國敏感的神經，因此如果不謹慎運用，1930年代所出現的《斯姆特—霍利關稅法案》將可能再次出現，屆時全球剛復甦的經貿格局將一舉灰飛煙滅。

障礙二：非關稅障礙

由於在世界各重要論壇中，在避免關稅提升上有相當程度共識，因此為避免遭受他國非議，保護主義措施更多是採用非關稅壁壘的形式，它們不是稅收，卻能有相同的效果。而在諸多非關稅障礙中，尤以「反傾銷」使用的頻率最高，根據世貿組織秘書處於2009年11月28日統計數據顯示：「截至2009年10月28日，WTO成員共發起171起反傾銷調查，其中第三季度發起的反傾銷調查數量較2008年同期相比增長23％以上」，而在金融危機發生之後，反傾銷調查和反傾銷措施增加有兩方面的原因：(1)WTO的「反傾銷協議」為反傾銷調查和反傾銷措施提供了機會，其規定外國公司在一個出口市場以低於國內或其它出口市場的價格銷售其產品並對出口目的國的國內行業造成負面影響時，可以進行反傾銷調查或實施反傾銷措施；(2)各國為了保護國內行業免受國外競爭，即使在外國競爭者沒有傾銷產品時，該國也可能會使用反傾銷措施，而這兩種情形便形成了直接非關稅貿易壁壘。

此外，「補貼」的使用亦是各國運用較多的手法，由於提供補貼的效果與提高進口關稅相差無幾，因此在經濟危機導致需求不振時，許多國家會採用該方式來提高特定公司的競爭力。以汽車業來說，在金融海嘯造成全球車市一片蕭條的情況下，工業化國家為汽車工業提供了總計430億美元的支持。其中美國政府提供通用（General Motors Corp）與克萊斯勒（Chrysler）174億美元資金；日本為其跨國汽車廠商提供了相當於51億美元的貸款；瑞典為其汽車業提供了總計30億美元的貸款和信用擔保；法國提供其汽車製造商60億美元的援助；加拿大為其境內的美國汽車製造廠提供總計40億美元的貸款；英國提供33億美元以支援汽車產業開發綠色技術。總結觀之，「反傾銷」可以阻擋降低國外商品競爭力；「補貼」可以提升國內商品競爭力，然而，卻都雙雙違背自由貿易的精神與期望。

障礙三：標準與符合性障礙

　　由於各國風土民情不同，因此在物品的使用上擁有各自的標準與符合性，而商品貿易在國與國間流通時，最直接受到的影響是輸入國的檢驗措施，而檢驗的標準是什麼，以及何種商品可以符合其標準，是業者最關切的問題，因此世界貿易組織便訂定技術性貿易障礙協定（Agreement on Technical Barriers to Trade；TBT）處理這類措施。TBT協定對標準、技術性法規（強制性產品檢驗規定）及符合性評鑑程序（產品符合規定的程序）等資訊的透明化有明確的規範，並要求各國：(1)在制訂標準時應儘量採納國際標準，或國際標準組織所公布的相關建議或指導文件爲基礎；(2)各國實施新的措施或修改現有措施，應提出通知文件，不僅提供其他國家表達意見的機會，也讓相關的業者能夠提前因應。然而，如果貿易雙邊無法訂定相同的檢驗標準與規範，將造成出口國的成本增加與不便，以阿根廷爲例，其要求進口電子、電器等十餘種產品需提送經認可驗證機構出具之產品品質符合證明、工廠品管評鑑合格證明及相關聲明書與證明文件，供海關查驗，但台灣卻無與阿根廷簽訂產品驗證合作，與相互認證協議，使台灣廠商在出口相關物品時，便需到阿根廷相關部門再行檢驗，不僅增添有形的檢驗成本，亦增加無形的溝通成本。

障礙四：檢驗與檢疫障礙

　　由於各國天然地理環境不同，生物構造適應物品的能力亦有所差異，加之中國大陸陸續爆發毒奶粉、毒玩具等事件，使全球對物品的檢驗與檢疫愈趨嚴格，然而如果藉此形成貿易壁壘，那麼便失去了保護人類健康的初衷。有鑒於此，WTO《食品安全檢驗與動植物防疫檢疫措施協定》（Agreement on the Application of Sanitary and Phytosanitary Measures；SPS）中明定：「會員有權爲保護人類、動物或植物的生命或健康需要，採行各種檢驗與防疫檢疫措施，惟該等措施需有充分科學證據，亦不得造成恣意或無理的歧視」。

　　然而，在2009年1月美國取消所有家禽類產品進口憑證，美國農業部食品安全檢驗局（U.S. Department of Agriculture Food Safety and Inspection Service）要求含少量肉類、禽類或者蛋製品成分的食品必須在美國檢驗機構或者經認可的國外食品管理機構監督下生產，否則將不能進入美國，並於同年6月22日正式實施，此外，法國、德國、泰國、瑞典、哥倫比亞、赤道幾內亞、奈及利亞、查德、喀

麥隆、蒲隆地、加彭、衣索比亞、蘇丹、利比亞、緬甸等15個國家更明確規定禁止收寄中國大陸製作的月餅，根據廣州商業總會發布《2009年廣州市中秋月餅市場行情預測報告》（2009）表示：「2009年廣式月餅出口情況嚴峻。然而在有關方面大力推動內需之下，出口部分的缺口應能從內銷市場得到彌補，但是大約僅能增加10％左右」，由此案例可看出檢驗與檢疫的要求，將可直接否決產品的進入，尤其在未來大家對產品的把關將更為嚴格的情勢下，「綠色障礙」是否會逐步高漲，是可以持續觀察的。

障礙五：關務程序障礙

貨物通關的程序多寡與手續繁複程度，將直接影響廠商的運輸成本與時效性，其中較著名的案子便為2007年美國911委員會所通過的法案，要求所有到港的船舶貨櫃與航空運輸貨物，在出口港埠便需進行掃描的規定，然而，歐盟委員會（2008）卻表示：「美國的掃描措施是一種專斷措施，並且違反世界關稅組織（World Customs Organization；WCO）的SAFE標準架構，而該標準架構是透過風險管理系統的方式，管控貨品的安全威脅」，美國掃描措施因為進行全面性的掃描，反而會造成一種安全上的錯覺，這使得歐盟出口美國的產品必須承受額外的大筆成本，並且造成運輸期間的延滯。關務程序的障礙，產生市場競爭扭曲的效果，也因此降低社會福利的水準。

障礙六：智慧財產權障礙

智慧財產權可以確認產品的核心競爭力、商標持續保有價值，而智慧財產權落實最為嚴格的便是美國，其更以源自1974年貿易法修正案的301條款（Trade Act of 1974 Section 301），來作為美國為保護其遍及於世界各地之智慧財產，根據2009年4月30日，美國貿易代表署（the Office of the United States Trade Representative；USTR）針對77個貿易夥伴進行檢討後，發布新一波的貿易觀察名單，其中：巴拉圭屬於程度較為嚴重的「306條款監視名單國家」（Section 306 monitoring）；加拿大、中國大陸、俄羅斯、智利、印度、印尼、泰國等12個國家屬於「優先觀察名單」；白俄羅斯、玻利維亞等33國則被列入「觀察名單」。由於加拿大(1)並未實踐2年前對著作權法進行改革的承諾；(2)未參與美國於1997年簽署的世界智慧財產組織網路條約（WIPO Internet Treaties）；(3)加拿大邊界保護智財權措施的執行成效不彰，已對智慧財產權人造成嚴重影響，因此加拿大首度

被列入「優先觀察名單」。而台灣由於(1)成立智慧財產法院開始點對點對侵權事件起訴；(2)立法院在2009年4月21日完成著作權法之修訂，因此，首次將台灣從特別301報告觀察名單中除名。智慧財產的保護不利，將使不肖廠商有誘因去從事侵權行為，將間接造成出口品的損害，對他國來說亦為貿易障礙，因此，智慧財產權的保護將是自由貿易的基石，才可使貨品真實的顯現其價值。

障礙七：政府政策障礙

政府身為人民的公器，在「屬人主義」的理念上，因謹守比較利益原則，讓其國民可以享受物美廉價的物品；於「屬地主義」上，因抱持國民待遇，避免內、外資在投資優惠上有過度落差，顯示政府在國際貿易中扮演重要角色。在WTO中的政府採購協定（Government Procurement Agreement；GPA）更可確保各會員不會過度保護國內廠商，而損及外國廠商之權益，因此2009年9月10日美國財政部美中戰略經濟對話事務高級協調人David Loevinger表示：「美國將與中國大陸重啟雙邊投資條約（Bilateral Investment Treaty；BIT），並要求中國大陸簽署WTO政府採購協定」。在中國大陸簽署GPA後，中國大陸必須將許多政府採購案透明化，使全球均可參與政府的標案，一來可透過比價關係，獲得較為便宜的商品，二來也可以符合國際自由貿易的正當性。

障礙八：服務業障礙

屬於服務業的金融業，由於容易在短時間內就造成國家的動盪，因此各國對金融業無不嚴加控管，而多重的規定也成為服務業障礙的來源，舉例來說：(1)澳洲居民在外國銀行首次開戶，金額不得低於25萬澳幣，且有關存款文件如開戶申請書、存款、對帳單證明等均需註明「該存款不受澳洲銀行法之保護」，在缺乏國家背書情況下，自然增加了潛在存戶的戒心；(2)俄羅斯規定外資銀行占俄國銀行總資本之上限為50%，此外，外資銀行50%的管理階層、75%雇員必須為俄籍。此外，國家就某些特定產業的限制投資，也形成了服務業障礙的來源，例如：(1)欲在印尼從事律師業務者，限印尼國籍者始得為之；(2)在越南電信業為特許行業，市場尚未完全開放；(3)在泰國現行政策中不傾向允許新設外商銀行等。

而相較於商品貿易與材料貿易，服務業貿易所包含的面向更廣、更大，未來發展的空間與規模也相對有延展性，因此美國貿易談判代表Ron Kirk在2009年

10月13日的全球服務業峰會（Global Services Summit）中指出：「目前為止多哈回合談判的焦點大多著重於農業和非農業市場進入（Non-agricultural Market Access；NAMA）議題，現在應是將重心轉移至服務貿易以及其他國際貿易等相關規章進行協商的時候」，由於服務部門是最不受全球經濟衰退影響，因此促進服務貿易的契機，與活絡服務貿易是自由貿易所應當追尋的目標。

障礙九：投資障礙

在投資障礙上，最為常見的便為限制外人直接投資（Foreign Direct Investment；FDI）比例，舉例來說：(1)阿曼明定除在特定自由區、或特殊重大投資案外資可擁有100％股權外，正常情形下外資股權不得超過49％；(2)菲律賓公共工程及人力仲介業外資比例上限為25％、廣告業外資比例上限為30％等。此外，公司內是否有當地人的規定，亦為常見的投資障礙，譬如：(1)泰國規定外資在當地設立子公司需僱用一位具泰國公民或永久居民身分之董事，並持有一定比率之股權；(2)沙烏地阿拉伯規定各工商機構聘僱沙籍員工最低限額為員工總數之30％、醫院及診所員工達50人以上者最低須達15％，50人以下者10％。由於外資進入當地市場，運用當地的資源，政府保障當地人工作的權利本就無可厚非，然而，如果限制過當，便明顯是為築起貿易障礙，阻絕外資投入，以阿聯大公國為例，其規定唯有阿聯大公國的公民，及100％由阿聯大公國公民所投資的公司才享有外國公司代理資格。

障礙十：自然人移動障礙

由於各國家經濟條件不同，先進國家為了避免發生非法停留打工或其餘法規不允許的事件，因此會審核自然人的移動。然而，要是為了保護國內人民就業，而增加簽證與工作證取得的困難，那便是「自然人移動障礙」，舉例來說：(1)西班牙工作居留證的申請需耗時半年，徒增作業時間；(2)沙烏地阿拉伯規定商務人士申請進入沙國，需事先取得沙國公司邀請函，並經相關工商會驗證，亦須上沙國外交部網站取得申請Visa案號後，方得申請簽證；(3)土耳其申請核准工作及居留證時間超過一個月以上。由上述案例均可看出，其透過申辦時間的冗長與嚴格，消極的阻隔他國的貿易意願。

第2篇

台灣貿易新形勢
台灣對重要暨新興市場經貿互動變遷

Opportunities
in Emerging Markets

第 5 章

台灣對外貿易依賴度及貿易結構分析

　　台灣是典型缺乏天然資源的島國，且國內市場較小，內需市場無法撐起成長動能，故早期以出口稻米與糖來維持國際收支平衡，1950年後，台灣產業結構從農業轉型為勞力密集的紡織與塑膠工業，爾後，紡織業為台灣創造可觀的出口額並賺取大量的外匯，使台灣於1965年達到貿易收支平衡；1970年代邁入資本密集的塑化工業、1980年再升級為技術密集的高科技產業、1990年台灣已成為全球高科技產品的代工重鎮，在產業結構不斷調整過程中，出口表現屢創新高，也造就台灣的經濟奇蹟，同時被譽為亞洲四小龍之首。歐美市場一直是台灣出口的主要動力，隨著台商大舉西進中國大陸投資設廠，台灣對中國大陸的出口額與貿易依賴度隨之提高，同時形成「台灣接單、中國生產、歐美外銷」模式，在此模式運作之下，台灣對歐美的直接與間接貿易依賴度也大大提高，然而，過高的貿易依存度將增加經濟成長的不穩定性。

　　根據WTO（2009）統計顯示，與世界各主要貿易國家相比，台灣出口規模從1992年的全球第12名，退步至2008年的第18名，已被俄羅斯、沙烏地阿拉伯、墨西哥、西班牙等國家超越，主要原因有三：**(1)過度依賴歐美市場**：由歐美市場引起的金融危機導致其國內需求銳減，而影響台灣出口貿易；**(2)產業結構以代工製造為主**：在生產方面，台灣始終未能掌握技術核心，且2008年服務貿易僅有340億美元，排名全球第28名，故只能靠代工賺取低附加價值的微薄利潤；**(3)在區域經濟中缺席**：相較於區域經濟內的優惠關稅，台灣的出口競爭力勢必被削弱。因此，在金融海嘯之後，全球貿易版圖重新洗牌，台灣未來貿易結構的轉型，必是下一個重要課題。

■台灣對外貿易依存度變化

國際貿易的榮枯對於全球經濟成長有很大的影響力，尤其是貿易依存度較高的國家。「貿易依存度」（existence degree of foreign trade）是指：「一國對外貿易總額與國內生產總值（GDP）的比值」，爲能更明確分析一國對於貿易的依賴程度，又可分爲「出口依存度」與「進口依存度」。

貿易依存度是衡量一個國家對外經貿開放程度的重要指標之一，同時也反映一國參與國際分工與國際經濟合作的程度。一般而言，貿易依存度可分爲三類：**(1)經濟大國**：這一類的國家，其進出口貿易發達，但國內消費與投資足夠支撐很大比例的國內生產總值（GDP），故貿易依存度相對較低，約爲20％至30％左右，諸如美國及日本；**(2)資源有限但國內市場發達的國家**：貿易依存度約爲50％左右，諸如德國、英國、法國、加拿大、義大利等已開發國家；**(3)資源缺乏國家**：這類型的國家，其國內市場需求相對較小，進出口貿易就成爲這些國家經濟成長的重要動能，其貿易依存度非常高，都在100％左右，甚至更高，多數的新興國家是屬於這一類型，諸如：台灣、馬來西亞、新加坡、泰國、阿聯大公國、越南等。

隨著各國朝全球化發展，國際貿易在各國經濟的比重逐年增加，從各國貿易依存度逐年提升，便可略知一二。從貿易依存度的公式來看，影響貿易依存度高低，取決於二個關鍵因素：貿易成長率與GDP成長率，通常貿易成長率會高於GDP成長率，故貿易依存度長期會呈上升趨勢。自2004年開始，台灣貿易依存度達到106.08％，且有逐年上升的趨勢，截至2008年止，已連續五年超過100％，顯示台灣是非常依賴國際貿易的小型開放經濟體。因此，當國際經濟情勢不佳或國際間發生重大情事時，台灣經濟相對會受到較嚴重的衝擊，相較於2008年的貿易依存度，2009年爲96.47％，下降30.31％，主要是由於國際貿易活動疲軟，造成台灣貿易依存度大幅下降，但仍屬於高貿易依存度的國家。

表5-1　2000-2009年台灣對外貿易依存度一覽表

年份	GDP	貿易總額		出口總額		進口總額	
	百萬美元	百萬美元	依存度	百萬美元	依存度	百萬美元	依存度
2000	321,230	292,681.7	91.11%	151,949.8	47.30%	140,732.0	43.81%
2001	291,694	234,284.9	80.32%	126,314.3	43.30%	107,970.6	37.02%
2002	297,668	248,561.9	83.50%	135,316.7	45.46%	113,245.1	38.04%
2003	305,624	278,610.6	91.16%	150,600.5	49.28%	128,010.1	41.88%
2004	331,007	351,128.0	106.08%	182,370.4	55.10%	168,757.6	50.98%
2005	355,958	381,046.0	107.05%	198,431.7	55.75%	182,614.4	51.30%
2006	366,357	426,715.4	116.48%	224,017.3	61.15%	202,698.1	55.33%
2007	384,768	465,928.5	121.09%	246,676.9	64.11%	219,251.6	56.98%
2008	391,278	496,076.5	126.78%	255,628.7	65.33%	240,447.8	61.45%
2009	392,200	378,361.7	96.47%	203,698.4	51.94%	174,663.3	44.53%

資料來源：財政部統計處（2010）、行政院主計處（2010）、本研究整理
註：2009年GDP為初估值。

　　2009《IEAT 調查報告》顯示，台灣貿易商所面臨國際市場前十大主要競爭對手依序為：中國大陸、香港、韓國、越南、美國、日本、新加坡、馬來西亞、印尼與澳洲，將台灣與這十個國家相比，根據世界貿易組織（WTO）與國際貨幣基金（IMF）的資料計算，2008年新加坡（361.64%）、香港（354.40%）、馬來西亞（160.83%）與越南（159.55%）的貿易依存度皆高於台灣（126.78%），其中，新加坡與香港因為國內需求較少，主要仰賴國際貿易來支撐其經濟總量，再加上地理位置優越而成為國際主要的轉口貿易轉運站，故其貿易依存度相當高；馬來西亞是典型的外向型經濟，早期高度的投資比例持續壓縮國內消費，且過度投入的電子元件產品致使國內市場無法吸收，只能依靠外部市場，因而導致貿易依存度過高；越南得益於東南亞經濟的崛起與發展，再加上近年來三千多家台商前往越南投資，使得越南的出口貿易與投資快速拉高經濟成長，同時也拉高了越南的貿易依存度。另外，韓國（92.27%）的貿易依存度也是屬於較高的國家，其國內消費與投資比重較低、出口高度成長，再加上原油等原物料價格高漲使得進口額激增等，都是導致其貿易依存度高的主要因素。

　　不同的GDP結構，將直接影響貿易依存度的高低，而各國GDP結構大不相

表5-2 2000-2008年台灣十大主要競爭對手之貿易依存度一覽表

經濟體	2000	2001	2002	2003	2004	2005	2006	2007	2008
新加坡	293.74%	277.57%	273.54%	317.70%	339.42%	355.26%	366.81%	336.90%	361.64%
香 港	246.41%	235.95%	250.27%	291.32%	324.58%	333.17%	346.66%	347.48%	354.40%
馬來西亞	192.12%	174.46%	172.47%	170.60%	185.81%	185.19%	185.82%	173.66%	160.83%
越 南	96.62%	96.07%	103.86%	114.77%	128.61%	130.74%	139.03%	156.45%	159.55%
韓 國	62.38%	57.78%	54.62%	57.89%	66.25%	64.59%	66.70%	69.42%	92.27%
中國大陸	39.57%	38.47%	42.70%	51.86%	59.77%	63.60%	66.24%	64.29%	59.19%
印 尼	65.85%	59.07%	49.85%	45.27%	48.89%	56.86%	50.47%	48.79%	51.87%
澳 洲	34.72%	34.57%	33.35%	30.22%	30.59%	32.44%	34.78%	33.69%	38.26%
日 本	18.40%	18.38%	19.24%	20.21%	22.15%	24.40%	28.10%	30.51%	31.45%
美 國	20.51%	18.55%	17.79%	18.20%	19.75%	20.86%	22.05%	22.61%	24.00%

資料來源：WTO（2009）、IMF（2009）、本研究整理

表5-3 2000-2008年台灣十大主要競爭對手之出口依存度一覽表

經濟體	2000	2001	2002	2003	2004	2005	2006	2007	2008
新加坡	148.63%	142.14%	141.71%	171.56%	181.13%	189.87%	195.30%	179.27%	185.87%
香 港	119.84%	114.69%	123.29%	144.23%	160.08%	164.32%	169.89%	168.73%	171.92%
馬來西亞	104.73%	94.85%	93.27%	95.01%	101.41%	102.14%	102.31%	94.68%	90.03%
越 南	46.46%	46.21%	47.60%	50.93%	58.27%	61.29%	65.36%	68.31%	70.03%
韓 國	32.30%	29.81%	28.21%	30.11%	35.16%	33.66%	34.20%	35.41%	45.42%
中國大陸	20.79%	20.09%	22.40%	26.71%	30.72%	34.08%	36.46%	36.03%	33.01%
印 尼	39.51%	35.70%	30.25%	27.30%	27.54%	30.43%	28.41%	27.31%	27.22%
澳 洲	16.38%	17.22%	15.75%	13.34%	13.51%	14.88%	16.34%	15.53%	18.49%
日 本	10.27%	9.85%	10.64%	11.16%	12.28%	13.07%	14.82%	16.31%	15.93%
美 國	7.86%	7.09%	6.51%	6.50%	6.90%	7.16%	7.74%	8.26%	9.01%

資料來源：WTO（2009）、IMF（2009）、本研究整理

同，如人口較多的國家，其國內的民間消費與投資就能貢獻GDP很可觀的數字，諸如1.3億人口的日本、3億人口的美國、11億人口的印度及13億人口的中國大陸，如此龐大的內需市場已足夠撐起該國GDP的成長，其貿易依存度通常不至於太高，然而如同台灣這樣人口相對較少、貿易依存度高的國家，國內生產總值受國際貿易影響很大，進出口貿易一旦衰退，經濟將不易有好的表現。

　　受2008年金融危機影響，已開發國家的經濟衰退對貿易依存度高的新興市場造成極大的衝擊，然而，後金融危機時代，各國爲了保護國內就業與國內產業，必然會掀起貿易保護主義浪潮，屆時將進一步加深對新興市場經濟的衝擊程度。

■台灣貿易結構分析

　　回顧台灣40年的貿易史，台灣共發生五次貿易危機：第一次是1974年的石油危機，剔除通貨膨脹因素後，當年度台灣實質出口衰退6.60％，次年度的出口仍持續下滑；第二次是在1982年的第二次石油危機，經濟成長率驟降至3.47％，同時出口貿易也大幅度衰退；第三次是在1998年由泰國貨幣危機所引發的亞洲金融風暴，致使台灣出口貿易衰退9.42％，同時也使經濟成長率跌落至4.55％，創下16年來的新低紀錄；第四次是發生在2001年的全球網路泡沫化危機，由於台灣出口產品中有四成以上是電子產品，因此，所受影響甚深，同年美國發生911事件，造成台灣對美國2001年出口大幅衰退20.50％，當年度台灣整體出口貿易衰退幅度高達16.87％，同時首度出現50年來的經濟負成長爲2.17％；最近一次是2008年由美國兩房危機所引爆的全球金融海嘯，各國經濟景氣迅速下滑，外貿需求大幅縮減，導致台灣自2008年9月份出口衰退1.64％開始至2009年10月份，連續14月出口負成長，其中2009年1月份出口衰退幅度高達44.11％。然而，伴隨著亞洲地區復甦的強勁力道及台灣政府提出刺激景氣方案奏效，再加上兩岸經貿互動頻繁的加乘效果，終在2009年11月份走出金融風暴的陰霾，出現2008年9月以來首度正成長，且相較於2008年12月份之出口額，2009年12月份出口成長率爲這一年度劃下美麗的句點，同時爲下一年度開啓嶄新的一頁。

　　各國爲提振國內經濟，不斷投下救市猛藥，諸如：中國大陸2008年11月9日公布的「振興經濟十大措施」投入四兆人民幣（約5,860億美元）；美國2009年2月17日公布「美國復甦與再投資法」（American Recovery and Reinvestment Act；ARRA）投入7,870億美元等。在各國振興景氣方案逐漸奏效後，也反映在全球的貿易表現，根據荷蘭經濟政策研究局（Bureau for Economic Policy Analysis）（2009）編制指數顯示：「2009年7月份全球貿易量成長3.5％，成長幅度是2003年12月以來的最高水準」；同時，倫敦資本經濟（Capital Economics）首席國際經濟學家Julian Jessop（2009）亦表示：「全球供應鏈恢復正常，對於日本和德國等

表5-4 2000-2009年台灣貿易結構變化一覽表

年份	貿易總額		出口總額		進口總額		出（入）超總額	
	百萬美元	成長率	百萬美元	成長率	百萬美元	成長率	百萬美元	成長率
2000	292,681.8	24.58%	151,949.8	22.80%	140,732.0	26.56%	11,217.8	-10.52%
2001	234,284.9	-19.95%	126,314.3	-16.87%	107,970.6	-23.28%	18,343.7	63.52%
2002	248,561.8	6.09%	135,316.7	7.13%	113,245.1	4.89%	22,071.6	20.32%
2003	278,610.6	12.09%	150,600.5	11.29%	128,010.1	13.04%	22,590.4	2.35%
2004	351,128.0	26.03%	182,370.4	21.10%	168,757.6	31.83%	13,612.8	-39.74%
2005	381,046.1	8.52%	198,431.7	8.81%	182,614.4	8.21%	15,817.3	16.19%
2006	426,715.4	11.99%	224,017.3	12.89%	202,698.1	11.00%	21,319.2	34.78%
2007	465,928.5	9.19%	246,676.9	10.12%	219,251.6	8.17%	27,425.3	28.64%
2008	496,076.5	6.47%	255,628.7	3.63%	240,447.8	9.67%	15,180.9	-44.65%
2009	378,361.4	-23.73%	203,698.2	-20.31%	174,663.2	-27.36%	29,035.0	91.26%
2008/9	42,782.1	3.69%	21,845.1	-1.64%	20,937.0	9.90%	908.1	-71.24%
2008/10	38,574.7	-7.92%	20,799.4	-8.32%	17,775.3	-7.44%	3,024.1	-13.14%
2008/11	31,950.5	-19.02%	16,770.4	-23.32%	15,180.1	-13.67%	1,590.4	-62.90%
2008/12	25,403.1	-43.22%	13,633.6	-41.93%	11,769.5	-44.64%	1,864.1	-15.91%
2009/1	21,336.2	-50.07%	12,369.9	-44.11%	8,966.3	-56.47%	3,403.6	121.92%
2009/2	23,509.1	-30.01%	12,588.5	-28.57%	10,920.6	-31.59%	1,667.9	0.41%
2009/3	27,728.7	-42.65%	15,562.7	-35.79%	12,166.0	-49.54%	3,396.7	2531.06%
2009/4	27,555.7	-37.63%	14,843.3	-34.28%	12,712.4	-41.14%	2,130.9	115.77%
2009/5	29,180.6	-35.09%	16,169.5	-31.46%	13,011.1	-39.11%	3,158.4	42.12%
2009/6	32,141.6	-31.86%	16,945.8	-30.38%	15,195.8	-33.44%	1,750.0	16.06%
2009/7	32,513.2	-29.32%	17,263.5	-24.48%	15,249.7	-34.11%	2,013.8	-809.83%
2009/8	36,043.0	-28.46%	18,998.4	-24.64%	17,044.6	-32.29%	1,953.8	5327.22%
2009/9	35,586.6	-16.82%	19,066.2	-12.72%	16,520.4	-21.09%	2,545.8	180.34%
2009/10	36,432.0	-5.55%	19,843.9	-4.59%	16,588.1	-6.68%	3,255.8	7.66%
2009/11	37,920.8	18.69%	20,016.3	19.35%	17,904.5	17.95%	2,111.8	32.78%
2009/12	38,413.9	51.22%	20,030.2	46.92%	18,383.7	56.20%	1,646.5	-11.67%

資料來源：財政部統計處（2010）、本研究整理
註：2008年9月至2009年12月之成長率，採用前一年度同期為比較基準。

出口依賴型國家是個好消息」。這些新的指標及預測對於以國際貿易爲生存命脈的台灣而言，猶如看到一道復甦的曙光，同時也反映在近幾個月的貿易表現，出口衰退幅度自2009年1月份的負成長44.1%達到階段性高峰之後，衰退幅度逐漸縮小，並於2009年11月份開始負轉正。

根據世界貿易組織（WTO）（2009）統計資料顯示，2000年至2008年台灣的出口貿易在全球200個經濟體的排名中，從第14名逐漸退步到第18名，出口金額佔全球出口總額之比重也呈逐年下降趨勢。反觀金磚四國的中國大陸、俄羅斯、巴西及印度，其出口佔全球的比重已逐年上升，尤其是中國大陸，從2007年開始，已正式超越美國成爲全球第二大出口國，由此可見，金磚四國崛起已嚴重影響到台灣出口競爭力。

表5-5 2000-2008年台灣主要競爭對手及金磚四國之出口排名

經濟體	2000 比重	2000 排名	2001 比重	2001 排名	2002 比重	2002 排名	2003 比重	2003 排名	2004 比重	2004 排名	2005 比重	2005 排名	2006 比重	2006 排名	2007 比重	2007 排名	2008 比重	2008 排名
中國大陸	3.86	7	4.30	6	5.01	5	5.78	4	6.43	3	7.26	3	7.99	3	8.71	2	8.86	2
美 國	12.11	1	11.78	1	10.67	1	9.55	2	8.88	2	8.62	2	8.55	2	8.30	3	8.06	3
日 本	7.42	3	6.52	3	6.42	3	6.22	3	6.13	4	5.67	4	5.33	4	5.10	4	4.85	4
俄 羅 斯	1.64	17	1.65	17	1.65	17	1.79	17	1.99	15	2.32	13	2.50	13	2.53	12	2.93	9
韓 國	2.67	12	2.43	13	2.50	12	2.55	12	2.75	12	2.71	12	2.68	11	2.65	11	2.62	12
香 港	3.14	10	3.09	10	3.11	11	3.01	11	2.88	11	2.78	11	2.66	12	2.50	13	2.30	13
新 加 坡	2.13	15	1.97	15	1.93	16	2.11	14	2.15	13	2.19	14	2.24	14	2.14	14	2.10	14
台 灣	2.34	14	2.03	14	2.08	14	1.98	16	1.98	17	1.89	16	1.85	16	1.76	17	1.59	18
馬來西亞	1.52	18	1.42	18	1.45	18	1.38	19	1.37	18	1.34	19	1.33	19	1.26	20	1.24	21
巴 西	0.85	28	0.94	27	0.93	26	0.96	25	1.05	24	1.13	23	1.14	23	1.15	24	1.23	22
澳 洲	0.99	26	1.02	25	1.00	25	0.93	26	0.94	27	1.01	27	1.02	26	1.01	27	1.16	23
印 度	0.66	32	0.70	31	0.76	31	0.78	31	0.83	30	0.95	29	1.00	28	1.05	26	1.11	26
印 尼	1.01	25	0.93	28	0.91	28	0.85	30	0.77	32	0.83	31	0.85	31	0.84	32	0.86	31
越 南	0.22	50	0.24	49	0.26	48	0.27	50	0.29	50	0.31	49	0.33	49	0.35	50	0.39	51

資料來源：WTO（2009）、本研究整理

註 [1] ： 「比重」為該國出口總額佔全球出口總額之比重（單位為%）。
　　[2] ： 「排名」為該國名列WTO資料庫中的200個經濟體之出口總額排名。

第 6 章

2010 IEAT調查報告 38個調查地區組成分析

2008年以前，世界經濟的運轉以歐美等已開發國家爲中心，這些重要的工業國也貢獻全球經濟總量很大的比例，茲將全球重要市場經濟版圖分述如下：**(1)歐洲聯盟（EU）**：1957年3月由法國、西德、義大利、比利時、荷蘭與盧森堡組成歐洲共同市場，前後歷經六次擴張，發展至2009年3月份時，成員國已達27國；**(2)七大工業國（G7）**：1975年由法國、美國、西德、日本、英國與義大利組成G6，並於1976年加入加拿大而形成G7，後續於1998年俄羅斯加入後形成G8（八大工業國）；**(3)亞洲四小龍（T4）**：由1960年代到1980年代經濟快速成長的台灣、新加坡、香港、韓國組成；**(4)北美自由貿易協定（NAFTA）**：1992年由北美洲的美國、加拿大組成，1994年加入中美的墨西哥。

在金融海嘯發生之後，西方國家相形失色，取而代之的是新興市場崛起。英國經濟學人智庫（EIU）國家預測服務主任Laza Kekic（2009）表示：「新興市場2009年吸引的外資金額將首次超越已開發國家」，根據EIU統計，2009年新興市場的外國直接投資（FDI）金額約5,339億美元，超越已開發國家的4,413億美元。另外，根據摩根史坦利資本國際公司（Morgan Stanley capital International）成立的MSCI新興市場指數，2009年最後一天創下2008年8月11日以來的最高點，2009年累漲達75％，是1988年有這項紀錄以來最大的年漲幅，然而，已開發國家市場的「MSCI世界指數」的漲幅僅有27％。由此可見，新興市場已累積龐大的能量，蓄勢待發。茲將全球新興市場經貿版圖分述如下：

1. **東協十國（ASEAN）**：1967年由印尼、馬來西亞、新加坡、菲律賓與泰國組成東協五國，經過四次擴張，陸續加入汶萊、越南、緬甸、寮國與柬埔寨，於1999年4月終形成東協十國。2009年8月中國大陸與東協簽署中國—東盟自貿區《投資協議》後，擁有19億人口、6兆美元GDP與4.5兆美元

貿易總量的「東協加一」正式成型。另外，預計2012年南韓加入與2018年日本加入後，形成的東協加三將成為全球人口最多的自由貿易區。

2. 金磚四國（BRICs）：2003年由高盛集團（Glodman Sachs）首席經濟學家Jim O'Neill提出金磚四國（BRICs）的概念，BRICs包含巴西（Brazil）、俄羅斯（Russia）、印度（India）與中國大陸（China）。金磚四國在能源、天然資源與資本將扮演重要角色，且擁有8億的中產階級人口，其消費總額將超過美國、西歐與日本，成為全球重要的消費市場。其中，(1)巴西擁有1億8千萬內需市場與豐富穀物產量及礦物蘊藏量，高盛預測（2003）巴西將於2036年超越德國與英國；(2)俄羅斯擁有世界最多天然氣蘊藏量與產量及全球第二多諾貝爾獎得主，高盛預測（2003）俄羅斯將於2028年稱霸歐洲；(3)印度25歲以下年輕人是台灣人口的20倍再加上經濟維持高度成長，高盛預測（2008）印度於2030年將成為全球第三大經濟體；(4)中國大陸擁有13億龐大勞動人口與內需市場，同時吸引全球投資者爭相湧入，高盛預測（2005）中國大陸將在2040年超過美國成為全球第一大經濟體。Jim O'Neill於2009年6月表示：「這波全球金融危機之後，許多新興國家如中國大陸與印度的經濟將快速發展，並趕超已開發經濟體，並預估在未來20年內，金磚四國的GDP總值將超越七大工業國（G7）之總和」。

3. 新興三地（MTV）：2006年台灣經濟研究院引述東元集團的「seven stars計畫」指出，中東（Middle Eastern）、土耳其（Turkey）與越南（Vietnam）等新興三地將是繼金磚四國之後的佈局重點。

4. 展望五國（VISTA）：2006年，日本《經濟學人》（*The Economist*）刊載一篇〈VISTA五國為何能成為有潛力的國家〉文章中，由金磚四國經濟研究所負責人門倉貴史首度提出展望五國（VISTA）概念，VISTA五國包含：越南（Vietnam）、印尼（Indonesia）、南非（South Africa）、土耳其（Turkey）與阿根廷（Argentina），其豐富的天然資源、勞動力的增加、外資的引進、穩定的政情以及具有購買力的中產階級抬頭，是VISTA五國經濟快速成長的五大引擎。門倉貴史（2009）表示：「未來50年內，VISTA五國的國民生產總值將成長28倍，屆時將超越七大工業國」。

5. 新鑽11國（N11）：2006年高盛以各國人口總數及發展潛力為標準，選

出韓國、印尼、越南、菲律賓、孟加拉、巴基斯坦、埃及、奈及利亞、土耳其、伊朗及墨西哥等11個新興國家，同時高盛預測新鑽11國（The Next Eleven；N11）中多數國家，到2025年的國民所得可突破3,000美元，其中，南韓到2050年的國民所得可望達到5.5萬美元，是N11國家中表現最強的經濟體。

6. **金賺14國（RDEs）**：2008年美國《商業周刊》（*BusinessWeek*）將阿根廷、巴西、智利、墨西哥、中國大陸、印尼、馬來西亞、泰國、印度、埃及、匈牙利、波蘭、俄羅斯及土耳其等14個國家，列為快速發展經濟體（Rapidly Developing Economies；RDEs），其快速上揚的購買力足以帶動全球經濟成長，根據美國波士頓顧問集團（BCG）從14個RDEs國家中選的100大企業，其2007年採購總金額約5,000億美元，另外據BCG（2009）發布的《2009年100家新全球挑戰者》報告指出，在14個新興市場國家中的100家上榜公司中，中國大陸佔36家、印度佔20家、巴西佔14家、墨西哥佔7家，俄羅斯佔6家，由此顯示新興市場國家的企業已成為世界經濟舞台不可忽視的一股力量。

7. **中印聯盟（Chindia）**：2004年由印度商工部次長Jairam Ramesh將China與India組合而成Chindia複合字，其隱含的是24億人口的龐大消費力量，金磚四國報告主筆Roopa Purushothaman亦表示：「未來金磚四國的發展，最值得觀察的將是中國大陸和印度」。里昂證券（CLSA）（2008）表示：「預估到2020年，Chindia的經濟總量會再成長五倍以上達到16兆美元，屆時Chindia將成為全球第二大經濟體」，Chindia的成長速度，已逐漸威脅到許多已開發國家，前美國總統布希（2006）發表國情演說時指出：「在變化快速的全球經濟中，我們看到新的競爭者：中國大陸與印度」。

8. **中美經濟共同體（Chimerica）**：2007年美國哈佛大學經濟史學家Niall Ferguson教授在《洛杉磯時報》撰寫〈買下中美經濟共同體〉一文指出：「中國大陸與美國已成為經濟共生的G2（兩國集團），過去一直是全球最大消費國的美國與最大儲蓄國的中國大陸應互利共生」，中美經濟共同體（Chimerica）複合字就此產生。Niall Ferguson教授認為：「中國大陸與美國可視為全球經濟系統核心的經濟共同體，此共同體擁有全世界13%的大陸面積、1/4人口、1/3 GDP總量，兩國合作必然成為世界經濟發展的發動

機」。

9. **亞洲鐵三角（Chindonesia）**：2009年7月雅加達里昂證券（CLSA）首席 Nick Cashmore 創造「Chindonesia」複合字，涵蓋中國大陸、印度和印尼。Chindonesia代表著次貸危機之後，「全球貿易流」將轉向「區域貿易流」發展。里昂證券認為，世界最大的燃煤出口國及最大的棕櫚油生產國的印尼，GDP在未來八年內可望成長　倍，而亞洲鐵三角（Chindonesia）的GDP成長率也會高於7％，預估2015年亞洲鐵三角GDP可以達到10兆美元。

10. **兩岸經濟整合平台（Chiwan）**：2009年5月30日，《朝鮮日報》以〈凶猛追擊的Chaiwan〉為標題，指出南韓面臨莫大的壓力，認為兩岸經貿合作對南韓企業造成強烈的威脅與衝擊。「Chai」代表著中國大陸13億的內需市場，「Wan」代表著台灣的管理經驗與創新研發能力，再加上兩岸地理、文化及語言等微妙與巧妙的聯結，兩岸攜手必能發揮綜效。另外，在新政府上任後，兩岸交流日漸頻繁且愈趨密切，台灣政府提出許多政策協助企業積極爭取中國大陸內需商機，諸如新鄭和計劃中的「逐陸專案」及兩岸搭橋計劃等，另外，中國大陸企業也對台灣企業大手筆採購，為兩岸的貿易與經濟貢獻漂亮的數字。

11. **新七大經濟體（NG7）**：2008年高盛集團發布一篇標題為〈*Incomes in India to be close to global average by 2030*〉文章指出，隨著金融風暴重創全球經濟後，已開發國家及新興國家的經濟消長，世界經濟強權將重新洗牌，全球經濟勢力版圖將隨之挪移，1980年代的G7到2050年時將變成中國大陸、美國、印度、巴西、俄羅斯、印尼及墨西哥等新七大經濟體（NG7）。

12. **新星四力（CITI）**：2009年10月，花旗銀行台灣區首席經濟學家鄭貞茂，提出涵蓋中國大陸、台灣、印度與印尼的「CITI」新概念。全球人口數最多的中國大陸，其經濟在全球慘淡的時期仍保有兩位數成長；台灣有MOU與ECFA雙引擎加持，且陸資來台投資後所創造的商機令人期待；擁有11億人口的印度猶如十年前的中國大陸，全國有五成以上的30歲以下年輕人；被譽為第五金磚的印尼，是棕櫚油最大國家，在全球金融危機之際仍表現亮眼。

　　2010《IEAT調查報告》延續2009《IEAT調查報告》依據「重要市場」、「新興市場」、「台灣前十大重要貿易夥伴」以及「台灣重點拓銷市場」等經濟版圖為主要的調查地區，同時擴大調查貿易地區結構，由原34個擴大為38個調查貿易地區，主要增加的經濟體是年度重點拓銷市場的奈及利亞與中東地區的以色列、阿曼及卡達。

　　2010《IEAT調查報告》38個調查貿易地區主要分成兩大類：**(1)重要市場**：包括七大工業國（G7）、歐洲聯盟（EU）、北美自由貿易協定（NAFTA）、亞洲四小龍（T4）中的美國、加拿大、英國、日本、德國、法國、義大利、香港、新加坡、澳洲、荷蘭及西班牙等12個經濟體；**(2)新興市場**：主要為東協十國（ASEAN）、金磚四國（BRICs）、新興三地（MTV）、展望五國（VISTA）、新鑽11國（N11）、金賺14國（RDEs）、中印聯盟（Chindia）、中美經濟共同體（Chimerica）、亞洲鐵三角（Chindonesia）、兩岸經濟整合平台（Chiwan）及新七大經濟體（NG7）的中國大陸、俄羅斯、巴西、印度、沙烏地阿拉伯、阿聯大公國、科威特、土耳其、越南、南非、韓國、墨西哥、埃及、印尼、菲律賓、馬來西亞、波蘭、匈牙利、智利、泰國、阿根廷、柬埔寨、奈及利亞、阿曼、卡達、以色列等26個經濟體（表6-1）。

　　如前所述，貿易依存度高的台灣受到國際間重大情事影響甚深，以下茲將2010《IEAT調查報告》38個調查貿易地區分成12個重要市場與26個新興市場，探討2000年至2009年台灣對其貿易依賴度的變遷。

■台灣對12個重要市場之貿易依賴度

　　根據表6-2所示，2009年台灣對於12個重要市場整體貿易依賴度為44.96％，低於50.00％，主要是因為受金融海嘯的影響，造成國際貿易大幅度衰退。2000年至2008年之貿易依賴程度均維持在60％左右，其中，台灣對美國、日本與香港平均有15.16％、15.06％與9.79％之貿易依賴度。台灣對於美國由於進口依賴度高，拉高台灣對美國整體的貿易依賴度；而對日本的貿易依存度高之主要原因是因為台灣從日本大量進口技術與機械器材；然而，台灣對香港則是因為出口依賴度高才造成貿易依賴度高，主要是因為早期台商西進中國大陸投資，導致許多原物料需經由香港轉口貿易至中國大陸，隨著兩岸經貿關係逐漸轉好，轉口貿易的必要

表6-1 2010 IEAT 38個調查地區組成分析

	經濟體		2009 IEAT調查貿易地區	2009未列入	2010新增
1	歐盟	EU	波蘭、匈牙利、西德、荷蘭、法國、西班牙、義大利、英國	比利時、盧森堡、丹麥、希臘、葡萄牙、芬蘭、瑞典、奧地利、愛沙尼亞、拉脫維亞、立陶宛、捷克、斯洛伐克、斯洛維尼亞、馬爾他、塞普勒斯、羅馬尼亞、保加利亞	—
2	七大工業國	G7	美國、加拿大、英國、日本、德國、法國、義大利	—	—
3	亞洲四小龍	T4	新加坡、香港、韓國	台灣	—
4	北美自由貿易協定	NAFTA	美國、加拿大、墨西哥	—	—
5	東協十國	ASEAN	新加坡、馬來西亞、泰國、印尼、越南、柬埔寨、菲律賓	汶萊、緬甸、寮國	—
6	東協十國+1	ASEAN+1	新加坡、馬來西亞、泰國、印尼、越南、柬埔寨、菲律賓、中國大陸	汶萊、緬甸、寮國	—
7	金磚四國	BRICs	巴西、俄羅斯、印度、中國大陸	—	—
8	新興三地	MTV	中東(阿聯大公國、沙烏地阿拉伯、科威特)、土耳其、越南	—	—
9	展望五國	VISTA	越南、印尼、南非、土耳其、阿根廷	—	—
10	新鑽11國	N11	韓國、土耳其、墨西哥、埃及、印尼、越南、菲律賓	孟加拉、伊朗、巴基斯坦、奈及利亞	奈及利亞
11	金磚14國	RDEs	土耳其、中國大陸、馬來西亞、巴西、波蘭、墨西哥、匈牙利、智利、埃及、印度、印尼、阿根廷、俄羅斯	—	—
12	中印聯盟	Chindia	中國大陸、印度	—	—
13	中美經濟共同體	Chimerica	中國大陸、美國	—	—
14	亞洲鐵三角	Chindonesia	中國大陸、印度、印尼	—	—
15	兩岸經濟整合平台	Chaiwan	中國大陸、台灣	台灣	—
16	新七大經濟體	NG7	美國、中國大陸、印度、巴西、俄羅斯、印尼、墨西哥	—	—
17	新星四力	CITI	中國大陸、印度、台灣、印尼	台灣	—
18	十大貿易夥伴	TOP 10	中國大陸、美國、香港、韓國、新加坡、日本、德國、沙烏地阿拉伯、馬來西亞、印尼	—	—
19	重點拓銷市場	Focus 10	日本、韓國、印度、越南、俄羅斯、巴西、印尼、中國大陸(含香港)、中東地區	埃及	以色列、阿曼、卡達

資料來源：本研究整理

性已不復見，造成對香港的出口依賴度明顯下滑。

表6-2　2000-2009年台灣對12個重要市場貿易依賴度一覽表

	經濟體	2000	2001	2002	2003	2004	2005	2006	2007	2008	2009	平均
1	美　國	18.95%	15.96%	15.33%	14.25%	15.27%	14.13%	15.02%	15.23%	14.60%	12.93%	15.16%
2	日　本	17.28%	13.36%	13.35%	14.77%	17.38%	17.18%	17.08%	16.08%	16.37%	7.79%	15.06%
3	香　港	10.93%	10.55%	11.72%	10.73%	10.64%	10.15%	10.72%	10.35%	8.74%	3.42%	9.79%
4	新加坡	3.32%	2.61%	2.75%	3.00%	3.35%	3.65%	3.93%	3.97%	4.22%	10.63%	4.14%
5	德　國	3.27%	3.02%	2.80%	3.03%	3.16%	2.99%	3.04%	3.18%	3.37%	0.67%	2.85%
6	澳大利亞	1.67%	1.53%	1.49%	1.52%	1.72%	2.00%	2.20%	2.43%	3.00%	2.64%	2.02%
7	荷　蘭	2.20%	1.99%	1.78%	1.81%	2.12%	1.82%	1.84%	1.87%	1.77%	1.55%	1.87%
8	英　國	2.04%	1.66%	1.46%	1.43%	1.56%	1.40%	1.44%	1.44%	1.42%	1.07%	1.49%
9	法　國	1.09%	1.14%	0.91%	0.95%	1.12%	1.12%	1.03%	1.06%	1.03%	0.92%	1.04%
10	義大利	0.90%	0.81%	0.79%	0.85%	0.93%	0.91%	1.02%	1.01%	1.04%	0.80%	0.91%
11	加拿大	0.99%	0.89%	0.84%	0.84%	0.86%	0.85%	0.86%	0.92%	0.93%	0.40%	0.84%
12	西班牙	0.36%	0.34%	0.33%	0.37%	0.41%	0.43%	0.42%	0.52%	0.60%	2.12%	0.59%
	平　均	5.25%	4.49%	4.46%	4.46%	4.88%	4.72%	4.88%	4.84%	4.76%	3.75%	─
	加　總	62.99%	53.84%	53.55%	53.54%	58.51%	56.63%	58.61%	58.06%	57.09%	44.96%	─

資料來源：財政部統計處（2010）、行政院主計處（2010）、本研究整理
註：2009年為初估值。

　　根據表6-3顯示，台灣對重要市場的出口依賴程度約在30％至40％之間，整體
而言，有逐年下降趨勢，從2000年的35.19％下降至2008年的24.30％。從每個國家
來看，台灣對新加坡、德國、澳洲、法國、義大利與西班牙等六個國家出口依賴
度持平或上升之外，其他六個國家都呈逐年下降趨勢，尤其在金融海嘯之後，台
灣對12個國家的出口依賴度都有明顯下滑。在兩岸經貿開放之後，台商不再需要
透過香港做轉口貿易，故台灣對香港出口依賴度逐年下降；而新興市場崛起，加
上區域經濟成為當代顯學後，導致台灣對歐美等主要國家的出口依賴度呈現逐漸
下降趨勢，更將出口重心轉移至更具發展潛力的新興經濟體。

表6-3　2000-2009年台灣對12個重要市場出口依賴度一覽表

	經濟體	2000	2001	2002	2003	2004	2005	2006	2007	2008	2009	平均
1	香　港	10.19%	9.84%	11.07%	10.10%	9.94%	9.56%	10.20%	9.87%	8.35%	7.51%	9.66%
2	美　國	11.08%	9.65%	9.19%	8.69%	8.69%	8.18%	8.83%	8.34%	7.87%	6.01%	8.65%
3	日　本	5.26%	4.47%	4.15%	4.07%	4.17%	4.25%	4.45%	4.14%	4.49%	3.70%	4.31%
4	新加坡	1.75%	1.45%	1.55%	1.73%	2.04%	2.26%	2.53%	2.73%	2.98%	2.20%	2.12%
5	德　國	1.54%	1.56%	1.31%	1.40%	1.39%	1.25%	1.37%	1.34%	1.46%	1.20%	1.38%
6	荷　蘭	1.54%	1.46%	1.29%	1.38%	1.45%	1.24%	1.20%	1.15%	1.17%	1.08%	1.30%
7	英　國	1.43%	1.16%	1.00%	0.96%	1.04%	0.92%	0.96%	0.94%	0.93%	0.76%	1.01%
8	澳大利亞	0.57%	0.47%	0.54%	0.62%	0.69%	0.67%	0.74%	0.84%	0.89%	0.60%	0.66%
9	義大利	0.46%	0.43%	0.42%	0.48%	0.53%	0.50%	0.60%	0.63%	0.63%	0.46%	0.51%
10	加拿大	0.59%	0.54%	0.52%	0.49%	0.50%	0.47%	0.48%	0.48%	0.47%	0.37%	0.49%
11	法　國	0.52%	0.41%	0.38%	0.42%	0.48%	0.41%	0.43%	0.44%	0.44%	0.35%	0.43%
12	西班牙	0.26%	0.23%	0.23%	0.26%	0.29%	0.30%	0.31%	0.40%	0.48%	0.29%	0.31%
	平　均	2.93%	2.64%	2.64%	2.55%	2.60%	2.50%	2.68%	2.61%	2.51%	2.04%	─
	加　總	35.19%	31.66%	31.66%	30.59%	31.20%	30.01%	32.11%	31.30%	30.16%	24.51%	─

資料來源：財政部統計處（2010）、行政院主計處（2010）、本研究整理
註：2009年為初估值。

表6-4　2000-2009年台灣對12個重要市場進口依賴度一覽表

	經濟體	2000	2001	2002	2003	2004	2005	2006	2007	2008	2009	平均
1	日　本	12.02%	8.89%	9.19%	10.71%	13.21%	12.94%	12.63%	11.94%	11.89%	9.24%	11.27%
2	美　國	7.87%	6.31%	6.13%	5.56%	6.58%	5.95%	6.19%	6.89%	6.73%	4.63%	6.28%
3	德　國	1.74%	1.47%	1.49%	1.63%	1.77%	1.74%	1.67%	1.84%	1.91%	1.45%	1.67%
4	澳大利亞	1.09%	1.06%	0.95%	0.89%	1.04%	1.33%	1.46%	1.59%	2.11%	1.52%	1.31%
5	新加坡	1.57%	1.17%	1.20%	1.27%	1.31%	1.39%	1.39%	1.25%	1.23%	1.23%	1.30%
6	法　國	0.57%	0.73%	0.52%	0.53%	0.63%	0.71%	0.61%	0.62%	0.59%	0.45%	0.60%
7	荷　蘭	0.66%	0.53%	0.49%	0.43%	0.67%	0.58%	0.64%	0.72%	0.60%	0.47%	0.58%
8	香　港	0.74%	0.70%	0.64%	0.63%	0.70%	0.59%	0.51%	0.47%	0.38%	0.29%	0.57%
9	英　國	0.61%	0.50%	0.46%	0.47%	0.53%	0.48%	0.49%	0.50%	0.49%	0.31%	0.48%
10	義大利	0.44%	0.37%	0.37%	0.37%	0.41%	0.41%	0.42%	0.38%	0.42%	0.47%	0.41%
11	加拿大	0.40%	0.35%	0.32%	0.36%	0.36%	0.37%	0.37%	0.44%	0.46%	0.29%	0.37%
12	西班牙	0.10%	0.11%	0.10%	0.10%	0.11%	0.12%	0.11%	0.12%	0.12%	0.11%	0.11%
	平　均	2.32%	1.85%	1.82%	1.91%	2.28%	2.22%	2.21%	2.23%	2.24%	1.70%	─
	加　總	27.79%	22.19%	21.88%	22.95%	27.31%	26.62%	26.50%	26.76%	26.93%	20.45%	─

資料來源：財政部統計處（2010）、行政院主計處（2010）、本研究整理
註：2009年為初估值。

■台灣對26個新興市場之貿易依賴度

　　台灣對外貿易結構似乎已經有所轉變，從對於重要市場的貿易依賴，漸漸轉向新興崛起的ASEAN、BRICs、MTV、VISTA、N11、REDs等新興經濟體，從表6-5、表6-6與表6-7便可略知一二。2000年台灣對於26個新興市場整體的貿易依賴度僅有21.53％，到2005年已成長一倍至42.37％，而2008年成長近三倍達58.43％，已超過台灣對12個重要市場的出口依賴度，這表示正在快速發展的新興地區，將成為台灣未來經濟成長的重要引擎。然而，由於金融海嘯影響各國之貿易往來甚廣，造成2009年台灣對新興市場的貿易依賴度下降。

　　從各別國家來看，台灣對於中國大陸之貿易依賴度從2000年至2008年成長八倍之多，雖然，受到金融海嘯的影響，2009年貿易依賴度下降至20.06％，然而，平均貿易依賴度亦有14.79％，在26個新興市場中排列第一名。台灣對中國大陸於2000年的出口依賴度僅有3.31％，經過短短三年，到2003年出口依賴度就成長至二位數11.09％，到2006年再成長一倍至20.91％，台灣對中國大陸的出口依賴度以驚人的速度攀升，主要原因是台商西進中國大陸所帶動的效應。若從十年平均出口依賴度來看，台灣對中國大陸平均出口依賴度為9.75％，然而，台灣對其他25個新興市場的平均出口依賴度加總仍無法超越中國大陸，表示台灣的出口貿易高度集中於中國大陸，也隱含著高度的風險與機會。

　　目前，中國大陸與東協已形成擁有19億人口的東協加一經濟體，若台灣順利與中國大陸簽定ECFA之後，台灣便可以中國大陸為踏板，將台灣產品拓銷至東協各國，但從另一個角度來思考，過高的貿易依賴度也表示台灣的經濟發展很容易受中國大陸影響。被喻為帶領全球經濟復甦領頭羊的中國大陸，正不斷透過政策來擴大內需，刺激消費，屆時，台灣對於中國大陸的貿易依賴度勢必再加深，故政府制定的貿易政策與企業佈局的貿易策略擬定，除了妥善運用中國大陸的優勢之外，也應適度分散風險，避免將雞蛋放在同一個籃子裡。另外，台灣對沙烏地阿拉伯的貿易依賴度從2000年的0.96％成長至2008年的4.13％，成長四倍之多，然而從出口依賴度來看，皆低於0.20％，主要是由於台灣從沙烏地阿拉伯進口大量的石油，推高了進口依賴度，也推高貿易依賴度。

表6-5 2000-2009年台灣對26個新興市場貿易依賴度一覽表

	經濟體	2000	2001	2002	2003	2004	2005	2006	2007	2008	2009	平均
1	中國大陸	3.31%	3.70%	6.21%	11.09%	16.05%	17.91%	20.91%	23.50%	25.12%	20.06%	14.79%
2	韓國	4.06%	3.46%	3.93%	4.40%	5.22%	5.37%	6.05%	5.97%	5.59%	4.54%	4.86%
3	馬來西亞	2.81%	2.53%	2.48%	2.60%	2.91%	2.67%	3.00%	3.01%	3.14%	2.20%	2.73%
4	沙烏地阿拉伯	0.96%	1.06%	0.92%	1.52%	1.81%	2.23%	2.81%	2.90%	4.13%	2.14%	2.05%
5	菲律賓	2.10%	1.87%	1.94%	1.83%	2.14%	2.00%	1.98%	1.87%	1.79%	1.76%	1.93%
6	印尼	1.48%	1.37%	1.37%	1.46%	1.82%	1.94%	2.10%	2.26%	2.77%	1.66%	1.82%
7	泰國	1.69%	1.50%	1.53%	1.64%	1.84%	1.88%	2.15%	2.29%	2.08%	1.54%	1.82%
8	越南	0.67%	0.74%	0.93%	1.03%	1.23%	1.35%	1.56%	2.05%	2.34%	1.06%	1.30%
9	科威特	0.33%	0.41%	0.46%	0.68%	0.87%	1.24%	1.40%	1.53%	2.10%	0.09%	0.91%
10	阿聯大公國	0.44%	0.53%	0.45%	0.56%	0.73%	0.77%	1.16%	1.29%	1.57%	0.71%	0.82%
11	俄羅斯	0.49%	0.30%	0.40%	0.53%	0.88%	0.76%	0.68%	0.70%	0.92%	2.38%	0.80%
12	印度	0.39%	0.39%	0.41%	0.46%	0.59%	0.69%	0.74%	1.27%	1.36%	0.10%	0.64%
13	巴西	0.42%	0.35%	0.36%	0.45%	0.62%	0.63%	0.64%	0.78%	1.26%	0.20%	0.57%
14	南非	0.43%	0.39%	0.37%	0.43%	0.52%	0.47%	0.52%	0.54%	0.58%	1.20%	0.54%
15	墨西哥	0.56%	0.50%	0.44%	0.40%	0.42%	0.35%	0.41%	0.54%	0.62%	0.89%	0.51%
16	智利	0.27%	0.20%	0.24%	0.25%	0.38%	0.38%	0.52%	0.55%	0.59%	0.32%	0.37%
17	土耳其	0.17%	0.11%	0.22%	0.25%	0.36%	0.38%	0.36%	0.43%	0.40%	0.22%	0.29%
18	以色列	0.27%	0.22%	0.21%	0.21%	0.30%	0.30%	0.30%	0.29%	0.27%	0.29%	0.27%
19	波蘭	0.08%	0.08%	0.09%	0.09%	0.11%	0.14%	0.18%	0.22%	0.22%	0.69%	0.19%
20	阿曼	0.13%	0.05%	0.18%	0.04%	0.15%	0.22%	0.29%	0.22%	0.32%	0.23%	0.18%
21	卡達	0.02%	0.03%	0.03%	0.06%	0.07%	0.22%	0.33%	0.19%	0.35%	0.41%	0.17%
22	匈牙利	0.10%	0.10%	0.12%	0.10%	0.11%	0.15%	0.18%	0.23%	0.17%	0.39%	0.16%
23	奈及利亞	0.15%	0.15%	0.13%	0.15%	0.14%	0.05%	0.06%	0.14%	0.28%	0.37%	0.16%
24	埃及	0.07%	0.07%	0.07%	0.08%	0.07%	0.08%	0.15%	0.22%	0.22%	0.08%	0.11%
25	柬埔寨	0.06%	0.07%	0.07%	0.07%	0.08%	0.10%	0.13%	0.11%	0.11%	0.19%	0.10%
26	阿根廷	0.09%	0.07%	0.06%	0.09%	0.08%	0.09%	0.09%	0.10%	0.11%	0.12%	0.09%
	平 均	0.83%	0.78%	0.91%	1.17%	1.52%	1.63%	1.87%	2.05%	2.25%	1.69%	—
	加 總	21.53%	20.25%	23.61%	30.45%	39.52%	42.37%	48.69%	53.21%	58.43%	43.84%	—

資料來源：財政部統計處（2010）、行政院主計處（2010）、本研究整理

註：2009年為初估值。

表6-6 2000-2009年台灣對26個新興市場出口依賴度一覽表

	經濟體	2000	2001	2002	2003	2004	2005	2006	2007	2008	2009	平均
1	中國大陸	1.37%	1.68%	3.54%	7.49%	10.98%	12.26%	14.14%	16.22%	17.09%	13.83%	9.86%
2	韓國	1.25%	1.16%	1.33%	1.54%	1.70%	1.65%	1.95%	2.03%	2.22%	1.86%	1.67%
3	馬來西亞	1.15%	1.08%	1.08%	1.04%	1.27%	1.20%	1.35%	1.40%	1.41%	0.98%	1.20%
4	越南	0.52%	0.60%	0.78%	0.88%	1.04%	1.15%	1.33%	1.78%	2.03%	1.04%	1.11%
5	泰國	0.83%	0.75%	0.80%	0.86%	1.00%	1.07%	1.25%	1.35%	1.25%	1.53%	1.07%
6	菲律賓	0.98%	0.76%	0.71%	0.82%	1.22%	1.22%	1.22%	1.28%	1.22%	0.82%	1.02%
7	印尼	0.54%	0.51%	0.49%	0.50%	0.57%	0.66%	0.68%	0.76%	0.91%	0.65%	0.63%
8	印度	0.23%	0.22%	0.22%	0.25%	0.33%	0.44%	0.40%	0.61%	0.77%	1.13%	0.46%
9	墨西哥	0.39%	0.35%	0.32%	0.29%	0.30%	0.25%	0.29%	0.39%	0.47%	0.16%	0.32%
10	阿聯大公國	0.25%	0.26%	0.25%	0.26%	0.33%	0.30%	0.31%	0.39%	0.40%	0.15%	0.29%
11	巴西	0.24%	0.20%	0.16%	0.15%	0.22%	0.29%	0.35%	0.43%	0.70%	0.08%	0.28%
12	土耳其	0.14%	0.08%	0.14%	0.20%	0.28%	0.36%	0.33%	0.39%	0.32%	0.09%	0.23%
13	南非	0.19%	0.17%	0.16%	0.18%	0.20%	0.20%	0.25%	0.24%	0.25%	0.04%	0.19%
14	沙烏地阿拉伯	0.11%	0.12%	0.11%	0.12%	0.13%	0.14%	0.14%	0.19%	0.25%	0.17%	0.15%
15	俄羅斯	0.06%	0.09%	0.09%	0.10%	0.13%	0.15%	0.16%	0.21%	0.24%	0.26%	0.15%
16	匈牙利	0.05%	0.07%	0.09%	0.08%	0.08%	0.11%	0.16%	0.21%	0.14%	0.28%	0.13%
17	波蘭	0.05%	0.06%	0.06%	0.07%	0.08%	0.13%	0.15%	0.20%	0.18%	0.28%	0.13%
18	以色列	0.14%	0.11%	0.09%	0.10%	0.12%	0.12%	0.13%	0.14%	0.13%	0.02%	0.11%
19	柬埔寨	0.06%	0.06%	0.07%	0.07%	0.08%	0.09%	0.13%	0.11%	0.11%	0.10%	0.09%
20	奈及利亞	0.04%	0.05%	0.05%	0.06%	0.05%	0.05%	0.05%	0.05%	0.07%	0.36%	0.08%
21	埃及	0.07%	0.06%	0.06%	0.06%	0.07%	0.08%	0.12%	0.11%	0.12%	0.02%	0.08%
22	智利	0.07%	0.06%	0.06%	0.06%	0.06%	0.07%	0.07%	0.07%	0.08%	0.07%	0.07%
23	阿根廷	0.07%	0.06%	0.02%	0.04%	0.05%	0.05%	0.06%	0.07%	0.08%	0.06%	0.05%
24	科威特	0.02%	0.02%	0.03%	0.03%	0.03%	0.03%	0.03%	0.03%	0.04%	0.17%	0.04%
25	卡達	0.01%	0.01%	0.01%	0.00%	0.00%	0.01%	0.01%	0.01%	0.02%	0.10%	0.02%
26	阿曼	0.01%	0.01%	0.00%	0.00%	0.00%	0.00%	0.01%	0.01%	0.01%	0.06%	0.01%
	平 均	0.34%	0.33%	0.41%	0.59%	0.78%	0.85%	0.96%	1.10%	1.17%	0.93%	—
	加 總	8.82%	8.56%	10.69%	15.25%	20.33%	22.08%	25.09%	28.68%	30.52%	24.28%	—

資料來源：財政部統計處（2010）、行政院主計處（2010）、本研究整理

註：[1] 2009年為初估值。
　　[2] 台灣對於26個新興市場皆有實質出口，部分金額過小，經過百分比運算後，呈現0.00%。

表6-7 2000-2009年台灣對26個新興市場進口依賴度一覽表

	國家/地區	2000	2001	2002	2003	2004	2005	2006	2007	2008	2009	平均
1	中國大陸	1.94%	2.02%	2.68%	3.61%	5.07%	5.64%	6.76%	7.28%	8.02%	6.23%	4.93%
2	韓 國	2.81%	2.31%	2.60%	2.86%	3.52%	3.72%	4.09%	3.94%	3.37%	2.68%	3.19%
3	沙烏地阿拉伯	0.85%	0.94%	0.81%	1.40%	1.68%	2.09%	2.66%	2.71%	3.88%	1.16%	1.82%
4	馬來西亞	1.67%	1.45%	1.40%	1.56%	1.64%	1.47%	1.65%	1.61%	1.73%	1.32%	1.55%
5	印 尼	0.94%	0.87%	0.87%	0.96%	1.24%	1.28%	1.42%	1.50%	1.86%	0.23%	1.12%
6	科 威 特	0.31%	0.39%	0.43%	0.66%	0.84%	1.21%	1.37%	1.49%	2.06%	0.68%	0.94%
7	菲 律 賓	1.12%	1.12%	1.23%	1.01%	0.93%	0.79%	0.76%	0.59%	0.57%	0.41%	0.85%
8	泰 國	0.87%	0.75%	0.73%	0.78%	0.84%	0.81%	0.91%	0.94%	0.83%	0.41%	0.79%
9	俄 羅 斯	0.43%	0.21%	0.31%	0.43%	0.75%	0.62%	0.52%	0.49%	0.69%	0.56%	0.50%
10	巴 西	0.17%	0.15%	0.20%	0.30%	0.40%	0.34%	0.29%	0.35%	0.56%	2.21%	0.50%
11	阿聯大公國	0.20%	0.27%	0.20%	0.30%	0.40%	0.48%	0.85%	0.90%	1.18%	0.00%	0.48%
12	南 非	0.24%	0.22%	0.21%	0.24%	0.32%	0.26%	0.27%	0.30%	0.33%	1.16%	0.35%
13	印 度	0.16%	0.17%	0.19%	0.20%	0.26%	0.24%	0.34%	0.66%	0.60%	0.04%	0.29%
14	智 利	0.20%	0.14%	0.19%	0.19%	0.32%	0.32%	0.45%	0.47%	0.52%	0.01%	0.28%
15	越 南	0.15%	0.15%	0.15%	0.15%	0.18%	0.20%	0.23%	0.27%	0.31%	0.63%	0.24%
16	阿 曼	0.12%	0.05%	0.17%	0.04%	0.14%	0.22%	0.28%	0.22%	0.30%	0.04%	0.16%
17	以 色 列	0.14%	0.11%	0.12%	0.11%	0.19%	0.18%	0.17%	0.15%	0.13%	0.20%	0.15%
18	卡 達	0.01%	0.02%	0.03%	0.06%	0.07%	0.21%	0.32%	0.18%	0.33%	0.27%	0.15%
19	墨 西 哥	0.17%	0.14%	0.12%	0.11%	0.13%	0.10%	0.12%	0.15%	0.15%	0.13%	0.13%
20	奈及利亞	0.10%	0.10%	0.08%	0.09%	0.09%	0.00%	0.02%	0.09%	0.21%	0.09%	0.09%
21	土 耳 其	0.02%	0.03%	0.09%	0.05%	0.08%	0.03%	0.03%	0.05%	0.08%	0.33%	0.08%
22	埃 及	0.01%	0.01%	0.01%	0.02%	0.01%	0.01%	0.03%	0.12%	0.11%	0.34%	0.06%
23	匈 牙 利	0.05%	0.04%	0.03%	0.02%	0.03%	0.04%	0.02%	0.02%	0.02%	0.23%	0.05%
24	波 蘭	0.02%	0.02%	0.03%	0.02%	0.03%	0.02%	0.02%	0.02%	0.03%	0.13%	0.03%
25	阿 根 廷	0.02%	0.01%	0.04%	0.05%	0.04%	0.04%	0.03%	0.03%	0.03%	0.02%	0.03%
26	柬 埔 寨	0.00%	0.00%	0.00%	0.00%	0.00%	0.00%	0.00%	0.00%	0.00%	0.02%	0.00%
	平 均	0.49%	0.45%	0.50%	0.58%	0.74%	0.78%	0.91%	0.94%	1.07%	0.75%	—
	加 總	12.71%	11.69%	12.92%	15.20%	19.19%	20.30%	23.60%	24.53%	27.91%	19.56%	—

資料來源：財政部統計處（2010）、行政院主計處（2010）、本研究整理

註：[1] 2009年為初估值。

[2] 台灣對於26個新興市場皆有實質進口，部分金額過小，經過百分比運算後，呈現0.00%。

第 7 章

台灣對重點拓銷市場
貿易結構變遷

　　經濟部國貿局自2005年開始，每年評選出較具發展潛力的國家，以集中台灣貿易業者的力量，並將資源做最有效率的運用，《IEAT調查報告》將台灣2010年的十大重點拓銷市場稱為「Focus 10」，根據表7-1顯示，2005年台灣首次提出的重點拓銷市場分別為：日本、韓國、印度、越南、俄羅斯、巴西、泰國、孟加拉與阿根廷等九國，其中，2005年至2010年皆列入台灣重點拓銷市場共有六個國家，包括：日本、韓國、印度、越南、俄羅斯與巴西。從各個國家與台灣貿易關係來看，日本是僅次於美國的台灣第二大技術輸入國，每年預估金額約為200億台幣；韓國為台灣第五大貿易夥伴，但台灣對韓國長期處於逆差狀態，未來以改善貿易逆差為目標；印度具有高消費力的中產階級人口有3億多人，其內需市場龐大，且正處於快速發展的階段，對於基礎建設工程需求大；越南自2006年起已連續三年經濟成長率超過8％，全國擁有65％的35歲以下具消費潛力的族群，內需市場龐大；俄羅斯是東歐消費市場之首，但其國內產出僅能滿足四成的需求，故需仰賴大量的進口；巴西是南美洲工業化程度最高的國家之一，對於工業設備的需求龐大，而工具機、機械與其零配件等，正是台灣出口的利基產品。基於各國的特色與台灣的利基產品考量，使得這六個國家連年上榜。

　　相較於2009年的重點拓銷市場，2010年聚焦的市場大多數延續前一年度之拓銷地區，唯將拓銷馬來西亞與奈及利亞的資源轉向埃及地區，2010年國貿局將資源妥善運用於五大地區的十個市場，包括：①亞洲：中國大陸、日本、韓國、印度、印尼、越南；②美洲：巴西；③歐洲：俄羅斯；④中東地區；⑤非洲：埃及。

　　根據表7-2所示，台灣對重點拓銷國之出口額佔台灣整體出口額約六成，且有逐年增加之趨勢；在出口成長率的部分，每年皆維持兩位數穩定成長，惟2008

年全球金融海嘯的影響，才使成長率萎縮至3.79％；在出（入）超的部分，台灣對重點拓銷市場的出超金額，每年皆有100％以上的成長率，2007年更高達222.84％，由此可見，經濟部國貿局之重點拓銷策略已取得不錯的成果。然而，全球經濟板塊不斷在改變，具有高成長潛力的新興市場已悄然崛起，區域經濟也在中國大陸加入東協十國之後，成為當代顯學，故2010年重點拓銷市場的評選，將成為台灣貿易業者所關注的焦點。

表7-1　2005-2010年台灣重點拓銷市場

年份	2005	2006	2007	2008	2009	2010
1	日　本	日　本	日　本	日　本	日　本	日　本
2	韓　國	韓　國	韓　國	韓　國	韓　國	韓　國
3	印　度	印　度	印　度	印　度	印　度	印　度
4	越　南	越　南	越　南	越　南	越　南	越　南
5	俄羅斯	俄羅斯	俄羅斯	俄羅斯	俄羅斯	俄羅斯
6	巴　西	巴　西	巴　西	巴　西	巴　西	巴　西
7	泰　國	泰　國	南　非	印　尼	印　尼	印　尼
8	孟加拉	南　非	馬來西亞	土耳其	中國大陸	中國大陸
9	阿根廷	―	土耳其	西班牙	中東地區	中東地區
10	―	―	―	馬來西亞	馬來西亞	埃　及
11	―	―	―	―	奈及利亞	―
總計	9	8	9	10	11	10

資料來源：經濟部國際貿易局（2010）、本研究整理
註：中國大陸含香港。

表7-2　2005-2009年台灣對重點拓銷市場貿易結構一覽表

經濟體	年份	出口			出（入）超		貿易總額	
		百萬美元	佔總出口比重	成長率	百萬美元	成長率	百萬美元	成長率
Focus 10	2005	112,674.91	56.78%	12.50%	2,488.36	11.75%	222,861.46	12.51%
	2006	128,280.83	57.26%	13.85%	5,039.63	102.53%	251,522.04	12.86%
	2007	144,690.26	58.66%	12.79%	12,878.11	155.54%	276,502.40	9.93%
	2008	150,201.89	58.76%	3.81%	2,577.83	-79.98%	297,825.94	7.71%
	2009	124,217.11	60.98%	-17.30%	17,965.85	596.94%	230,468.37	-22.62%

資料來源：財政部統計處（2010）、本研究整理
註：【1】「FOCUS 10」包括：日本、韓國、印度、越南、俄羅斯、巴西、印尼、中國大陸（含香港）、中東地區（含沙烏地阿拉伯、科威特、阿聯大公國、伊朗、伊拉克、土耳其、卡達、阿曼、以色列、巴林、阿富汗、塞普勒斯、約旦、黎巴嫩、敘利亞、葉門）、埃及。
　　【2】為求比較基準的一致性，2005年至2009年皆以上述10個市場作為統計之基礎。
　　【3】重點拓銷市場始於2005年，故從2005年開始統計。

根據上述對於台灣2000年至2009年的貿易依存度與貿易結構變遷的分析，2010《IEAT 調查報告》將台灣這十年來的貿易趨勢歸納爲：一個依舊、二個衰退、三個轉向、四個上升。

趨勢一：貿易依存度依舊高

2,300萬人口與面積3.6萬平方公里的台灣，天然資源不豐，加上內需市場不足的條件下，促使台灣必需仰賴國際貿易，同時也透過貿易創造經濟奇蹟，此亦顯示台灣是貿易依存度非常高的國家，2008年的貿易依存度爲126.78％，且呈現逐年遞增的趨勢，即使受到金融海嘯的影響，2009年仍然維持在96.47％的高貿易依存度，由此可見，國際貿易對台灣而言，是相當重要的一環。然而，台灣卻從亞洲四小龍之首逐漸退居末位，相較於貿易依存度遠高於台灣的新加坡（2008年爲361.64％）與香港（2008年爲354.40％），僅有400萬人口及面積659平方公里的新加坡與680萬人口及面積1,080平方公里的香港，這樣的彈丸之地，可以發展成爲亞洲金融服務中心與世界主要貨櫃港，然而，地理位置不亞於香港與新加坡的台灣，更應該善用台灣的優勢，將台灣格局做大。

趨勢二：順差大躍進而進口衰退

根據財政部（2010）統計，2009年順差金額達290.35億美元，較2008年成長91.26％。從國內生產總值（GDP）的支出面公式來看，GDP＝消費＋投資＋政府支出＋（出口－進口），貿易順差增加必然會提高GDP總值，而貿易順差提升有二種可能：(1)出口總額增加；(2)進口總額下降，綜觀台灣在金融海嘯之後的貿易結構變化，進口衰退幅度更甚於出口衰退幅度，於2009年1月份更出現單月衰退達56.47％，由此可知，台灣的大量順差是由於進口大幅度衰退所造成。然而，進口衰退透露出兩點隱憂：(1)民間消費緊縮及(2)國內投資減少，根據行政院主計處公布的資料來看，台灣的消費者物價指數自2009年2月份至9月份，已連續八個月下滑，由此可見，民間消費依然疲軟；在投資的部分，由於台灣是以代工模式爲主，缺乏高附加價值的自創品牌與服務貿易，故在全球經濟停滯之際，台灣產能驟減程度更加嚴重。因此，政府單位除了力求出口競爭力提升之外，貿易結構轉型、民間消費擴大與國內投資增加，亦是極爲重要的議題。

趨勢三：出口規模佔全球比重衰退

　　根據世界貿易組織（WTO）（2009）公布的資料顯示，台灣在全球的商品出口比重逐年下降，在1985年至1987年間，台灣出口排名為全球第11，2000年滑落至第14名、2003年再掉至第16名，到2008年僅排第18名。反觀香港、韓國與新加坡，在1985年分別以第12、第13與第19名緊追在後，自2003年起，這三國的出口額便超越台灣，使台灣在亞洲四小龍中敬陪末座，而2008年韓國、香港與新加坡分別以第12、第13與第14名之勢，將台灣遠拋在後，另外，台灣與中國大陸相比，1987年的中國大陸出口在全球排名第16，於1992年中國大陸正式超越台灣一名，成為全球第11大出口國，並於1997年擠進全球前十名之列，台灣與三小龍及中國大陸比較，可見彼長我消之嚴重程度。此外，台灣的服務貿易出口值也從2000年的第18名，下滑至2008年的28名，而中國大陸、香港、新加坡與韓國在2008年的服務貿易出口排名分別是第5、第12、第14與第16名，故台灣應同時加強在商品貿易及服務貿易的競爭力，以奪回昔日在國際貿易舞台上的光彩。

趨勢四：西潮轉向東望

　　過去台灣主要出口地區以歐洲與美洲等西方國家為主，隨著新興地區市場崛起後，國際貿易的焦點逐漸轉向東半球。根據財政部統計處（2010）資料顯示，台灣對於歐盟、七大工業國、北美自由貿易協定等歐美國家之出口比重，從2000年至2008年皆呈現明顯的下滑趨勢，反觀台灣對於東協、金磚四國、展望五國、金賺14國等東半球國家的出口比重，在十年期間皆呈現逐年上升。然而，美消亞漲的拉鋸戰在金融海嘯之後，將更加明顯，未來，經貿環境健全且穩定的西方國家，已不是台灣貿易商追逐的焦點，反而是高度風險與龐大商機並存的東半球國家，成為兵家必爭之地，故台灣貿易商轉向東望之際，台灣政府應成為貿易業者的後盾，提供適當協助與風險評估。

趨勢五：世界貿易轉向區域貿易

　　以簽訂貿易優惠協定或自由貿易協定（FTA）等方式，來提升國家本身的貿易利益蔚為風潮，過去都是以一對一的貿易往來為主要的探討與分析對象。如今，在NAFTA、歐盟、東協，甚至是東協加一、加三與加六等區域經濟興起後，改以整個區域的經貿利益做為考量的基準，尤其是區域經濟內的國家可享有優惠

關稅，若被排除在外或無法透過任何管道進入區域經濟的國家，則會處於很不公平的競爭地位。故在區域貿易盛行的時代，台灣必無法置身這股潮流之外。

趨勢六：重要市場轉向新興市場

根據財政部統計處（2010）的資料顯示，2000年台灣對於重要市場的貿易依賴度頗高，如美國18.95％、日本17.28％，當年度台灣對於新興市場的貿易依賴度相對較低，如韓國4.06％、中國大陸3.31％、馬來西亞2.81％。到了2008年，台灣對於IEAT 12個重要市場的貿易依賴度，相較於2000年，除了新加坡、澳洲、義大利、德國與西班牙之外，其餘皆是呈現衰退趨勢，反觀台灣對於IEAT 26個新興市場的貿易依賴度，相較於2000年，惟對於菲律賓小幅衰退之外，其餘皆是上升趨勢，其中，台灣對新興市場國家之貿易依賴度成長率超過100％的有一半之多，成長率超過500％的有三個國家，包含卡達1650％、中國大陸658.91％、科威特536.36％。其中，中國大陸是台灣生產製造中心，因此，大量輸出零組件與半成品至該國。從經濟部國貿局提出的重點拓銷市場來看，政府單位早已嗅到新興市場潛在的機會，故2005年至2010年提出的拓銷市場名單中，除了日本是重要市場之外，其餘皆瞄準新興市場國家，於2009年與2010年更看好油元國的龐大商機，將中東地區的以色列、卡達、阿曼列入重點拓銷名單中。

趨勢七：對油元國家的貿易逆差上升

台灣天然資源缺乏，故對於能源的需求幾乎全部仰賴進口。全球主要原油國家有四個在中東地區，包括：(1)世界最大石油儲量及輸出國的沙烏地阿拉伯；(2)世界儲油量第四的科威特；(3)全球石油出口第六大的阿聯大公國；(4)天然氣蘊藏量全球第三大且未來十年內仍可日產500萬桶原油的卡達與原油儲量全球第二的俄羅斯，都屬於快速崛起的新興國家。台灣對於油元國家長期處於貿易逆差狀態，且有逐年擴大之勢，2000年台灣對於沙烏地阿拉伯（逆差23.69億美元）、科威特（逆差9.15億美元）、阿聯大公國（順差1.74億美元）、卡達（逆差0.29億美元）、俄羅斯（逆差11.92億美元）等國家，除阿聯大公國是小額順差之外，其餘都是逆差國家；然而，2009年對於這些國家的貿易逆差金額逐漸擴大，如沙烏地阿拉伯（逆差79.94億美元）、科威特（逆差44.13億美元）、阿聯大公國（逆差

14.74億美元）、卡達（逆差7.14億美元）、俄羅斯（逆差16.09億美元）。這些油元國家擁有很豐沛的天然資源，但許多民生用品與機器設備皆需仰賴進口，其出口原油迅速累積豐厚的油元資金，進口需求與購買能力不容小覷，故台灣應投入更多資源來分析這些油元國釋出的商機，再配合台灣的優勢產品，以搶攻這塊大餅。

趨勢八：對新興市場貿易依賴度上升

台灣對外貿易往來的主要國家已悄然轉移，從台灣對各國的貿易依賴度便可略知一二。台灣在IEAT 12個重要市場中，2000年至2008年的貿易依賴度變化，除了新加坡、澳洲、義大利、德國與西班牙等五國是上升之外，其餘皆呈現衰退趨勢；然而，台灣在IEAT 26個新興市場中，2000年至2008年的貿易依賴度變化，全部都是呈現上升的趨勢。由此可知，新興市場在台灣國際貿易上的角色與地位已愈來愈重要。

趨勢九：中國大陸在主要貿易夥伴名次逐年上升

根據財政部統計處（2010）資料顯示，2000年中國大陸仍是台灣第六大貿易夥伴；2001年與2002年直接取代韓國成為台灣第四大貿易夥伴；2003年中國大陸取代香港並躍升為第三大貿易夥伴，由此可發現，香港在台灣轉口貿易的角色已日趨式微；2004年再擠掉美國成為台灣第二大貿易夥伴；2005年之後到今日，中國大陸已穩坐台灣第一大貿易夥伴地位，但也反映台灣貿易依賴中國大陸程度之深。過去台灣過度依賴歐美市場之議題，已隨著全球金融海嘯的浪潮逐漸退去，而台灣對中國大陸貿易依賴度過高之議題已漸漸浮出檯面。值得注意的是，從台灣公布的數據來看，對於中國大陸的進出口貿易金額佔台灣總體進出口金額確實呈現倍數成長，若從單方面的數據來看，將其解讀成台灣經濟向中國大陸傾斜，一點也不為過。但是，從中國大陸公布的數據來看，中國大陸自台灣進口的比例卻逐年下降，從2005年的11.31%逐漸下降至2008年的9.12%。從雙方面的數據來看，台灣出口至中國大陸的比例增加，但在中國大陸的進口佔有率卻下滑，意謂著台灣的出口競爭力驟失，出口優勢已被其他國家超越，故台灣應朝向附加價值高的產品發展，以提升台灣貿易競爭力。

趨勢十：對重點拓銷市場外銷比重上升

　　根據經濟部國貿局提出的重點拓銷市場，2010年包含：日本、韓國、印度、越南、俄羅斯、巴西、印尼、中國大陸（含香港）、中東地區與埃及，台灣對這10個貿易市場的出口金額從2005年的1,126.74億美元上升至2009年的1,242.17億美元；縱使遇到金融海嘯來襲，台灣對這10個重點拓銷地區的出口比重不但沒有衰退，還維持上升趨勢，佔台灣總出口比重也從2005年的56.78％上升至2009年的60.98％。這表示，經濟部國貿局推廣的重點拓銷市場展現相當不錯的成果，除了可以提供貿易業者正確的拓銷方向，也集結貿易業者的力量，共同拓展新的貿易商機。

第 **3** 篇

貿易環境新局勢

2010 IEAT 38個貿易地區
綜合競爭力剖析

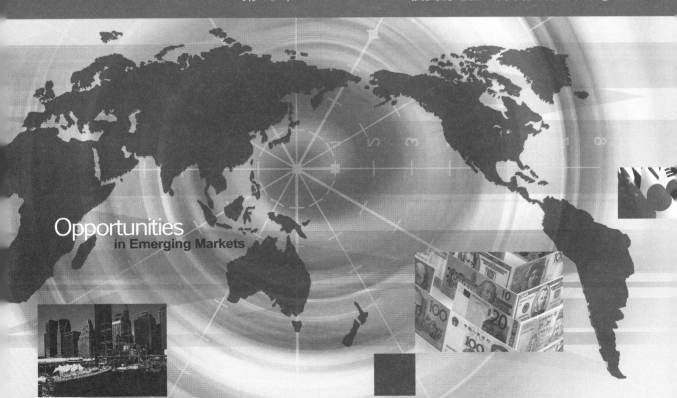

Opportunities
in Emerging Markets

第 8 章

2010 IEAT一力四度
評估模式建構

2010《IEAT調查報告》為使研究具有一致性及比較性，並建立長期性的資料庫，以利縱貫式分析（longitudinal analysis），本調查報告參考國際知名研究機構所使用之國家競爭力、貿易環境及貿易風險評估構面與指標，形成2010《IEAT調查報告》「一力四度」評估模式。由於2009《IEAT調查報告》的「四度」指標評分皆來自於貿易業者透過主觀的意見填答，但貿易業者實際在全球進行貿易活動之際，各國的基本條件也是影響貿易往來重要的因素，因此，為使評比結果更周延，本年度2010《IEAT調查報告》由原來的IEAT「四度」指標再新增「國家競爭力」構面而形成「一力四度」，所謂「一力四度」乃是指：(1)國家競爭力；(2)貿易自由度；(3)貿易便捷度；(4)貿易難易度；(5)貿易風險度，最後由上述五個構面加權運算後得到「綜合貿易競爭力」，將38個國家依「綜合貿易競爭力」得分轉換為「貿易地區推薦等級」，茲將2010《IEAT調查報告》「一力四度」構面之形成說明如下：

■研究機構國家競爭力評估構面與指標

2010《IEAT調查報告》的「國家競爭力」構面主要是由「國家基本資料」與「國際機構評比」兩個部分構成。「國家基本資料」乃參照2009《TEEMA》與2009《TEEMA 10+1》之國家（城市）競爭力評估構面，五大構面及指標分別為：**(1)基礎條件**：包括總人口、識字率、商品進口、商品出口、服務進口、服務出口；**(2)財政條件**：包括政府財政收入、外匯存底與黃金儲備、政府支出佔GDP比重；**(3)投資條件**：包括國內資本形成佔GDP比重、累計國外投資金額（存量）；**(4)經濟條件**：包括工業佔GDP比重、服務業佔GDP比重、消費佔GDP

比重、每人GDP；**(5)就業條件**：包括勞動人口、失業率。「國際機構評比」包含六大機構的十大指標排名，分別爲：(1)美國傳統基金會與華爾街日報《2009 Index of Economic Freedom》之「經濟自由度指標排名」；(2)世界銀行（WB）「Worldwide Trade Indicators；WTI（2006-2008）」之「制度環境排名」與「貿易便捷排名」；(3)世界銀行（WB）《Doing Business 2009》之「全球經商環境排名」；(4)世界銀行（WB）「Knowledge Economy index；KEI」之「知識經濟指數排名」；(5)世界經濟論壇（WEF）《The Global Enabling Trade Report 2009》之「貿易便利度排名」；(6)世界經濟論壇（WEF）《Global Competitiveness Report 2009-2010》之「全球競爭力指數排名」；(7)美國商業環境評估公司（BERI）《Historical Ratings Research Package 2009》之「投資環境排名」；(8)尼爾森公司（Nielsen）「消費者信心指數2009 Q3」之「消費者信心指數排名」；(9)列格坦（Legatum）「The 2009 Legatum Prosperity Index Table Rankings」之「全球繁榮指數排名」。

■研究機構貿易自由度評估構面與指標

貿易自由度是衡量經濟體的貿易自由化程度，而貿易自由化（Liberalization of Trade）是指：「進一步減少彼此之間的貿易和投資壁壘，促進貨物、服務和資本的自由流通」。在APEC成立之初就提出區域內貿易自由化的問題，其認爲實現貿易自由化，是一個依賴於國際及區域經濟環境變化的過程。1994年11月在印尼茂物舉行的第二屆峰會，發表《茂物宣言》〈亞太經濟合作組織經濟領導人共同決心宣言〉，在《茂物宣言》中訂定亞太地區貿易自由化的時間表，發達國家成員需在2010年前，發展中成員需在2020年實現量化目標。爾後，於1995年11月在日本大阪舉行的第三屆峰會，通過的《大阪宣言》爲執行《茂物宣言》提出自由化的實際規劃；於2003年10月在泰國首都曼谷的第11屆峰會，主要議題除了重申「貿易、投資自由化」之重要性外，再增加「便利化」的訴求，成爲「兩化」；於2005年11月在韓國釜山舉行的第13屆峰會，提出的「釜山路線圖」也是關於實現貿易、投資的「兩化」；幾經多哈回合談判中斷後，於2006年11月在越南首都河內舉行的第14屆峰會，發表《河內宣言》呼籲恢復多哈回合談判；第15屆的《雪梨宣言》、16屆的《利馬宣言》，也都同樣圍繞在貿易兩化之議題。有關貿易自由度的評估構面與指標主要參考下列相關研究報告而成。

1. **美國傳統基金會**：美國傳統基金會（The Heritage Foundation）與《華爾街日報》每年發布的《經濟自由度指數》（Index of Economic Freedom），主要依據十個指標項目來評估各國的經濟自由程度，其重要評估指標分別為：(1)經商自由；(2)貿易自由；(3)財政自由；(4)政府規模；(5)貨幣自由；(6)投資自由；(7)金融自由；(8)產權保障；(9)廉潔程度；(10)勞工自由等十項。該報告將經濟自由度指數分成五個等級：①80分以上為「最自由經濟體系」；②70至80分為「比較自由經濟體系」；③60至70分為「基本自由經濟體系」；④50至60分為「不自由經濟體系」；⑤低於50分為「受壓制經濟體系」。根據美國傳統基金會與華爾街日報於2009年1月13日發布的《2009 Index of Economic Freedom》指出，香港以總分90.0再度名列全球179個經濟體第一名的最自由經濟體系，新加坡則以總分87.1分跟隨在後，其他總分達80分以上的經濟體依序為澳洲、愛爾蘭、紐西蘭、美國與加拿大；台灣從2008年的25名退步至2009年的35名，得分69.5分；全球人口最多的中國大陸，以53.2分名列第132名。

2. **弗沙爾學會及卡托研究所**：加拿大弗沙爾學會（Fraser Institute）及美國卡托研究所（Cato Institute）每年都會針對全球經濟自由度進行評比並出版《世界經濟自由度年報》（*Economic Freedom of the World Annual Report*），主要有五個衡量構面與42指標，五大構面分別為：(1)政府規模包括政府支出、稅率及政府公營事業；(2)法制環境與智財權保護程度；(3)融資取得便捷度；(4)國際貿易自由度；(5)信用、勞動市場以及企業的規範程度。弗沙爾學會於2009年9月14日發布之《*Economic Freedom of the World：2009 Annual Report*》指出，在10分為滿分之中，香港以總指標得分8.97分保持在全球141個國家之冠；第二名仍然是總指標得分8.66分的新加坡；台灣則以7.62分從2008年的第18名進步至2009年的16名；中國大陸則是從2008年的93名進步到2009年的82名，總指標得分6.54分。

■研究機構貿易便捷度評估構面與指標

根據聯合國貿易與發展會議（UNCTAD）估計，關務程序平均會牽涉27至30個不同單位、40份檔、200項資料項目，其中至少有30項資料會重複30次，且有60％至70％資料需重複輸入；世銀的貿易部主任Uri Dadushy（2005）表示：「跨國

境的貨物流動成本對於一國的出口是決定性因素，因爲關務程序據估算佔了貨物成本的1%」；APEC估計若採用無紙化貿易每年至少可節省成本350億美元。新加坡貿工部將傳統貿易便捷化的定義爲：「國際貿易程序之簡化及調和，包括進出口貨物通關所需資料之蒐集、呈現、聯繫及處理」；另外，世界貿易織組與聯合國貿易暨發展會議將貿易便捷化定義爲：「簡化和統一國際貿易程序」；APEC於2002年通過貿易便捷化行動計畫（Action Plan），該計畫涵蓋四大領域，包括：(1)商品移動；(2)標準調和；(3)電子商務；(4)商務人員往來。有關貿易便捷度的評估構面與指標主要乃參考下列相關研究報告而成。

1. **世界銀行**：世界銀行每年皆會針對全球210個經濟體進行「世界貿易指標」（Worldwide Trade Indicators）調查，調查指標包括：(1)貿易政策；(2)外部環境；(3)制度環境；(4)貿易便捷；(5)貿易成果等五個構面。根據世界銀行「2006-2008世界貿易指標」之「貿易便捷度」排名，排名前三位的依序爲：新加坡、荷蘭、德國；而香港則位居第八名；台灣在該項指標排名爲第21名；中國大陸則名列第30名。

2. **世界經濟論壇**：世界經濟論壇2008年首度發表《全球貿易促進報告》（*Global Enabling Trade Report*），該報告是針對全球各個經濟體的貿易暨投資便利程度進行評比，包括的四大構面分別爲：(1)市場開放度：包括關稅與非關稅障礙以及貿易法規完備度；(2)邊境管理：包括海關效率、進出口流程效率、行政透明度；(3)物流與通訊基礎設施：包括運輸基礎建設之效率與品質、運輸服務之效率與品質、資訊與通訊技術之使用及效率；(4)經商環境：包括管理效率、安全設備。根據2009年7月7日世界經濟論壇公布的《2009年全球貿易促進報告》（*Global Enabling Trade Report 2009*）指出，在121個經濟體中，新加坡與香港分別以總分5.97分與5.57分拿下第1與第2名；台灣則爲4.75分位居第25名，較2008年的第21名退步四個名次；中國大陸則以4.19分排名第49名。

3. **台北市進出口商業同業公會**：2005年IEAT公布《出口關務障礙與貿易便捷措施需求》調查報告，根據各國於WTO貿易便捷談判中所提之貿易便捷建議，並且歸納整併業者意見後，列出九項貿易便捷措施，由受訪者根據需求迫切程度進行排序。九項貿易便捷措施包括：(1)調降各項規費或簡化收費項目；(2)建立一致性之國際通關規範；(3)建立快遞貨品之快速通關

機制；(4)建立貿易資訊的單一查詢點、諮詢服務點或網站；(5)建立預先審核機制，如適用稅則、關稅以及進口簽審規定；(6)貿易相關法規變更時應主動通知WTO，並立即公告所有業者知道；(7)研擬、修正貿易或通關法令前，建立政府與民間之諮詢機制；(8)建立訴願管道與申訴制度；(9)建立轉運上之擔保金制度。各項貿易便捷措施優先程度之前三名分別為：「調降各項規費或簡化收費項目」、「建立一致性之國際通關規範」及「建立快遞貨品之快速通關機制」。

■研究機構貿易難易度評估構面與指標

根據IEAT 2007年《貿易業經營環境調查報告》分析指出，台灣貿易商最常遭遇到的問題為「原物料價格上漲」、「中國大陸削價競爭」；另外，2009《IEAT調查報告》分析得知，貿易商遇到經營困擾前五名分別為：同業競爭、匯率波動、原物料漲價、缺乏人才、關稅過高等問題，而2010《IEAT調查報告》分析得到，貿易商遇到困擾問題前五項為：同業競爭、原物料漲價、匯率波動、缺乏人才、智慧財產權等問題；世界銀行（World Bank）發布的《經商環境報告》（Doing Business），主要為評估世界各國的經商難易程度，以剖析各國的經商環境。有關貿易難易度的評估構面與指標主要乃參考下列相關研究報告而成。

1. 世界銀行：為衡量各國之經商難易程度，自2003年開始，世界銀行每年發布《經商環境報告》（Doing Business），報告根據十項衡量指標進行經商難易度的調查，包括(1)辦理開業；(2)申辦執照；(3)僱用員工；(4)財產註冊；(5)取得信用；(6)投資者保障；(7)繳納稅款；(8)跨國貿易；(9)履行合同；(10)結束營業等十項指標。參與經商環境調查者，為各國專業人士（律師、會計師、建築師等）、法官及政府官員，該報告之評比內容明確，獲得各國的重視，並作為推動改革及提升國際競爭力之依據。於2009年9月10日發布的《2009全球經商難易度》報告，主要是針對2009年全球181個經濟體進行調查，第一名仍為新加坡，而台灣的經商難易度位列第61名；中國大陸則是第93名，較2008年進步7名。

2. 中華民國全國工業總會：2010年2月2日中華民國全國工業總會發布《國內企業出口市場貿易障礙》調查報告，共計回收有效問卷105份，其中94份

為完整填答，該報告主要是反映貿易商出口時所面臨的貿易問題。該報告將過去貿易商經常反映之貿易障礙歸類為五大類型22個選項，包括：(1)貿易救濟措施；(2)智慧財產權保護；(3)關務程序及進口許可；(4)標準及符合性評估；(5)其他等。在非關稅貿易障礙方面，貿易救濟措施的部份，由於金融風暴之衝擊，導致部份國家濫用反傾銷或防衛措施，使得貿易保護案件直線上升，例如中國大陸、美國及印度等。在關務程序及進口許可方面，「各地區通關程序不一致」佔非關稅障礙第一位，主要發生在中國大陸，例如：上海和福州的通關作業流程及規定不一致，進而延宕清關時間；此外，「通關文件繁瑣」亦是貿易商所面臨之重要問題，例如：巴西通關程序緩慢，經常需要花費15至30天；土耳其海關要求清關文件繁瑣，造成通關不易。

■研究機構貿易風險度評估構面與指標

據科法斯集團（Coface）歷年的觀察，當景氣惡化時，信用危機也隨之升高。2008年金融海嘯對全國經濟造成莫大的衝擊，使得全球經貿風險快速蔓延，包括延遲付款、違約、倒帳等信用風險皆急遽上升，故在後金融危機環境之下，貿易信用風險對於台灣貿易業者而言，顯得格外重要。除了信用風險之外，各國本身的政治穩定或經濟穩定都是影響一國經貿風險高低的重要因素。有關貿易風險度的評估構面與指標，主要參考下列相關研究報告而成。

1. **科法斯**：科法斯集團（Coface）定期監察全球165個國家的風險趨勢，並發布《國家貿易信用風險評等報告》（*Coface Country Risk Conference*），貿易業者可利用各國風險訊息作為貿易策略參考。該報告衡量國家貿易風險包括：(1)國家經濟和政治前景（Economic and Political Prospects of the Country）；(2)科法斯償付經驗（Coface Payment Experience）；(3)商業氣候評價（Business Climate Assessment）等三項指標。研究結果依照風險最低至最高，分別給予七個不同評等級數。

2. **商業環境風險評估公司**：美國商業環境風險評估公司（Business Environment Risk Intelligence；BERI）針對各國營運風險指標、政治風險指標及匯兌風險等三大指標進行三次評比，並發布《投資環境風險評估

報告》（*Historical Ratings Research Package*），作為企業前往各國投資的優劣評估依據。根據2009年9月3日美國商業環境風險評估公司發布2009年第二次的《投資環境風險評估報告》指出，列入評比的全球50個主要國家中，瑞士以投資環境評比總分79分取得第一名；新加坡以77分位列第二；荷蘭與挪威以72分同列第三名；台灣的70分緊跟在後為第五名；而中國大陸則以59分位列第17名。

■2010 IEAT 一力四度評估模式構面指標與權重

2010《IEAT調查報告》主要是採取(1)國家競爭力；(2)貿易自由度；(3)貿易便捷度；(4)貿易難易度；(5)貿易風險度之「一力四度」評估模式，形成「綜合貿易競爭力」之最終指標，該項綜合性的評估構面，為使一力四度的衡量指標內涵及權重能貼近學術與實務，除根據美國傳統基金會、弗沙爾學會及卡托研究所、世界銀行、世界經濟論壇、Coface等全球知名研究機構衡量指標與構面權重外，更針對台灣知名產、官、學、研專家進行問卷及電話的深度訪談，使一力四度之權重能夠得到合理的配置，更貼切反映一力四度構面權重以及細項構面權重。專家問卷的發放對象主要有下列三種構成：(1)台灣各大學國際貿易及國際企業系的學者；(2)台灣針對國際企業佈局有深研的研究機構之研究者；(3)對於國際貿易有操作實務的台商會會長。根據25位產、官、學、研給予的專家權重配置，如表8-1所示。

表8-1 2010 IEAT 一力四度構面指標與權重配置

一力四度構面		權重	構面權重	細項構面	細項權重	細項構面	細項權重
一力	國家競爭力	20%	50%	❶基礎條件	15%	❹經濟條件	30%
				❷財政條件	10%	❺就業條件	15%
				❸投資條件	30%		
			50%	❶研究機構評比	100%		
四度	貿易自由度	80%	30%	❶數量限制	15%	❸法規限制	35%
				❷價格限制	20%	❹政府限制	30%
	貿易便捷度		20%	❶市場便捷	35%	❸基建便捷	20%
				❷邊境便捷	20%	❹流程便捷	25%
	貿易難易度		15%	❶許可成本	15%	❸投資成本	40%
				❷資訊成本	15%	❹經商成本	30%
	貿易風險度		35%	❶政治風險	35%	❸政策風險	25%
				❷經濟風險	25%	❹支付風險	15%

第 9 章

2010 IEAT 調查樣本結構剖析

　　2010 IEAT《全球重要暨新興市場貿易環境與風險調查》報告所揭示的全球重要市場以及新興市場，主要是根據全球相關研究機構所提出的分類，諸如：(1)新興國家乃是根據金磚四國（BRICs）、新興三地（MTV）、新鑽11國（N11）、金賺14國（RDEs）、展望五國（VISTA）所提及的26個貿易地區，分別為：中國大陸、俄羅斯、柬埔寨、印度、印尼、韓國、科威特、馬來西亞、菲律賓、沙烏地阿拉伯、泰國、阿拉伯聯合大公國、越南、阿根廷、巴西、智利、墨西哥、匈牙利、波蘭、土耳其、埃及、南非、阿曼、以色列、卡達、奈及利亞；(2)重要市場則是八大工業國（G8）、亞洲四小龍（T4）、台灣主要貿易夥伴（Top10）、台灣重點拓銷十大市場（Focus10）所涵蓋的12個貿易地區，分別為：香港、日本、新加坡、澳洲、加拿大、美國、法國、德國、義大利、荷蘭、西班牙、英國，換言之，上述38個貿易地區即成為2010 IEAT 調查報告的研究對象。

■2010 IEAT調查樣本結構與回收分析

　　2010 IEAT調查報告問卷發放的對象，主要是以台北市進出口商業同業公會5,000多家會員廠商為主要調查對象，本研究透過結構式問卷，以Email方式發放電子版問卷給IEAT會員廠商，並經過四次催收，但為確保問卷有效回收數能夠超過2,000份，因此再輔以：(1)台灣省進出口商業同業公會聯合會、台北縣進出口商業同業公會、高雄縣市進出口商業同業公會之會員廠商，共計發放2,500份紙本問卷；(2)中華民國對外貿易發展協會進出口會員廠商名錄，經由Email發放電子版問卷並進行四次催收；(3)國內EMBA學員之企業約1,200份紙本問卷。根據上述四項問卷回收管道，總計回收有效問卷2,112份。

2010 IEAT調查問卷實際有效回收2,112份問卷，表9-1係根據五大洲區域作為樣本分類之基礎，由表9-1顯示，五大洲區域回收問卷樣本數由多到少依序為：(1)亞洲地區1,153份，佔總問卷數比例54.59％；(2)歐洲地區429份，佔20.31％；(3)美洲地區375份，佔17.76％；(4)非洲地區103份，佔4.88％；(5)大洋洲52份，佔2.46％。2010 IEAT洲域問卷回收與2009年差異不大，回卷仍是以亞洲地區為主，而非洲地區與大洋洲地區的回卷較少。

表9-1　2010 IEAT調查樣本回收洲域別分析

排序	洲　域	2010調查		2009調查	
		回卷數	百分比	回卷數	百分比
1	亞　洲	1,153	54.59 %	1,150	55.08 %
2	歐　洲	429	20.31 %	431	20.64 %
3	美　洲	375	17.76 %	388	18.58 %
4	非　洲	103	4.88 %	68	3.26 %
5	大洋洲	52	2.46 %	51	2.44 %
總計		2,112	100.00 %	2,088	100.00 %

表9-2為2010 IEAT調查樣本根據貿易地區別分類，回收前五名貿易地區分別為：(1)中國大陸262份；(2)美國194份；(3)日本186份；(4)香港88份；(5)韓國65份。根據表9-2顯示，以樣本結構而言，前10名貿易地區亞洲就佔了6位，而根據財政部（2009）表示：「自2000年中國大陸出口比重開始超越美國，成為台灣主要貿易地區後，占總出口值比重持續攀升，2009年1至7月占總出口值比重達39.9％，而美國則持續下滑，僅占12.3％；此外，日本比重有7.4％，加上東協等其他亞洲國家比重20.6％，合計亞洲地區占台灣出口比重高達67.8％，顯示亞洲市場已躍居台灣出口重要地位」。此外，2010 IEAT「調查樣本結構」與2008年台灣對38個貿易地區之「貿易依賴度」的Pearson積差相關係數為0.978，顯示台灣貿易比重較高之地區，其回收樣本數相對也較高。

表9-2　2010 IEAT調查樣本貿易地區別分析

洲域	貿易地區		調查樣本結構			2009年貿易依賴度	
			樣本數	百分比	排名	依賴度	排名
亞洲	中國大陸	China	262	12.41%	1	25.12%	1
美洲	美　　國	United States	194	9.19%	2	14.60%	3
亞洲	日　　本	Japan	186	8.81%	3	16.37%	2
亞洲	香　　港	Hong Kong	88	4.17%	4	8.74%	4
亞洲	韓　　國	Korea	65	3.08%	5	5.59%	5
歐洲	德　　國	Germany	60	2.84%	6	3.37%	8
亞洲	新 加 坡	Singapore	55	2.60%	7	4.22%	6
大洋洲	澳　　洲	Australia	52	2.46%	8	1.42%	18
歐洲	英　　國	United Kingdom	52	2.46%	8	3.00%	10
亞洲	馬來西亞	Malaysia	47	2.23%	10	3.14%	9
亞洲	越　　南	Vietnam	45	2.13%	11	2.34%	12
歐洲	荷　　蘭	Netherlands	43	2.04%	12	1.77%	16
亞洲	沙烏地阿拉伯	Saudi Arabia	42	1.99%	13	4.13%	7
亞洲	科 威 特	Kuwait	42	1.99%	13	2.10%	13
歐洲	法　　國	Franch	42	1.99%	13	0.93%	23
美洲	加 拿 大	Canada	42	1.99%	13	1.03%	22
歐洲	義 大 利	Italy	41	1.94%	17	1.04%	21
歐洲	土 耳 其	Turkey	41	1.94%	17	0.40%	29
亞洲	印　　尼	Indonesia	39	1.85%	19	2.08%	14
亞洲	泰　　國	Thailand	39	1.85%	19	2.77%	11
亞洲	阿聯大公國	United Arab Emirates	39	1.85%	19	1.57%	17
美洲	巴　　西	Brazil	39	1.85%	19	1.26%	20
歐洲	西 班 牙	Spain	39	1.85%	19	0.60%	26
歐洲	匈 牙 利	Hungary	39	1.85%	19	0.17%	36
亞洲	印　　度	India	38	1.80%	25	1.36%	19
歐洲	俄 羅 斯	Russia	38	1.80%	25	0.92%	24
非洲	南　　非	South Africa	37	1.75%	27	0.58%	28
亞洲	菲 律 賓	Philippines	35	1.66%	28	1.79%	15
美洲	智　　利	Chile	35	1.66%	28	0.59%	27
非洲	埃　　及	Egypt	35	1.66%	28	0.22%	34
亞洲	阿　　曼	Oman	34	1.61%	31	0.11%	38

表9-2 2010 IEAT調查樣本貿易地區別分析（續）

洲域	貿易地區		調查樣本結構			2009年貿易依賴度	
			樣本數	百分比	排名	依賴度	排名
歐洲	波 蘭	Poland	34	1.61%	31	0.32%	31
亞洲	柬 埔 寨	Cambodia	34	1.61%	31	0.22%	35
美洲	阿 根 廷	Argentina	33	1.56%	34	0.11%	37
美洲	墨 西 哥	Mexico	32	1.52%	35	0.27%	33
亞洲	以 色 列	Israel	32	1.52%	35	0.62%	25
亞洲	卡 達	Qatar	31	1.47%	37	0.35%	30
非洲	奈及利亞	Nigeria	31	1.47%	37	0.28%	32
總 計			2112	100.00%	—	115.53%	—

資料來源：本研究整理

註：Pearson積差相關係數為0.978，P = 0.000***。

　　2010《IEAT調查報告》為檢視調查回收樣本與母體結構是否具有代表性，除了在上述貿易地區別進行相關係數分析之外，特針對貿易產品別進行Pearson積差相關係數檢定，以確保樣本的代表性。在2,112份有效的回收問卷中，以資訊產品類佔11.13%最高，其次為機械工具佔10.2%，再者為電工器材9.61%，由於台北市進出口商業同業公會會員廠商分屬於21個貿易產品小組，經由Pearson積差相關係數統計檢定高達0.853，顯示樣本與母體的代表性極高。

表9-3 2010 IEAT調查樣本貿易產品別分析

貿易產品	調查樣本結構			IEAT 會員母體結構		
	樣本數	百分比	排名	會員數	百分比	排名
資訊產品	235	11.13%	1	392	7.01%	5
機械工具	216	10.23%	2	679	12.14%	1
電工器材	203	9.61%	3	552	9.87%	2
建材及家具	117	5.54%	4	372	6.65%	6
化 工	113	5.35%	5	478	8.55%	3
玩具禮品珠寶	106	5.02%	6	399	7.13%	4
加工食品	99	4.69%	7	238	4.26%	12
交通器材	97	4.59%	8	323	5.78%	7
儀 器	97	4.59%	8	281	5.02%	9

表9-3 2010 IEAT調查樣本貿易產品別分析（續）

貿易產品	調查樣本結構			IEAT 會員母體結構		
	樣本數	百分比	排名	會員數	百分比	排名
運動休閒用品	90	4.26%	10	256	4.58%	11
紡織品	89	4.21%	11	322	5.76%	8
鋼　鐵	65	3.08%	12	178	3.18%	14
農畜漁產品	66	3.13%	13	182	3.25%	13
攝影器材	64	3.03%	14	41	0.73%	21
化妝清潔用品	63	2.98%	15	267	4.77%	10
保健食品	54	2.56%	16	160	2.86%	16
中　藥	46	2.18%	17	45	0.80%	20
乳　品	43	2.04%	18	74	1.32%	19
汽　車	39	1.85%	19	104	1.86%	17
西　藥	40	1.89%	20	172	3.08%	15
菸　酒	33	1.56%	21	78	1.39%	18
其　他	137	6.49%	—	—	—	—
總　計	2,112	100.00%	—	5,593	100.00%	—

註：Pearson積差相關係數為0.853，P = 0.000***。

■2010 IEAT調查樣本企業基本經營現況分析

2010 IEAT為瞭解樣本回卷企業基本經營現況，特別針對：(1)企業經營基本資料；(2)企業貿易型態；(3)企業海外設立營業據點目的；(4)企業主要進出口貿易地區；(5)企業主要競爭貿易地區；(6)企業市場優勢關鍵能力；(7)企業易經營遇到困擾問題；(8)企業期望政府協助優先項目等八類進行樣本結構分析，以深入瞭解台灣貿易業經營現況的變遷。

1. 2010 IEAT 回卷樣本經營基本資料

2010《IEAT調查報告》企業經營基本特性主要涵蓋：(1)設立年數；(2)資本額；(3)員工人數；(4)海外據點營業額佔總公司營業額比例，由表9-4顯示，在2,112份有效回卷樣本中，設立年數以21年以上佔45.90%為最多；就資本額而言，則以1,001萬到5,000萬新台幣佔36.44%為最多，此外，低於5,000萬以下資本額佔80.95%，顯示台灣貿易商大多是屬於中小企業型結構為主；就員工人數而言，以

21人至50人居最多，佔26.86％；另外，海外據點營業額佔總公司營業額比例則以1％至20％居最多，佔46.80％。綜上所述，樣本結構之企業經營基本特性分析顯示，乃以中、小企業為主，與台灣企業結構非常符合。

表9-4　2010 IEAT調查樣本經營基本資料分析

企業經營基本資料	現況	次數	百分比	排序
❶設立年度	1）21年以上	958	45.90 ％	1
	2）16至20年	516	24.72 ％	2
	3）11至15年	292	13.99 ％	3
	4）6至10年	267	12.79 ％	4
	5）5年內	54	2.59 ％	5
❷目前資本額	1）500萬新台幣以內	388	18.85 ％	1
	2）501-1,000萬新台幣	528	25.66 ％	2
	3）1,001-5,000萬新台幣	750	36.44 ％	3
	4）5,001萬-1億新台幣	186	9.04 ％	4
	5）1億新台幣以上	206	10.01 ％	5
❸員工人數	1）10人以下	360	17.27 ％	1
	2）11-20人	331	15.88 ％	2
	3）21-50人	560	26.86 ％	3
	4）51-100人	355	17.03 ％	4
	5）101-500人	319	15.30 ％	5
	6）501-1,000人	38	1.82 ％	6
	7）1,000人以上	122	5.85 ％	7
❹海外據點營業額佔總公司比例	1）1%-20%	505	46.80 ％	1
	2）21%-40%	193	17.89 ％	2
	3）41%-60%	135	12.51 ％	3
	4）61%-80%	113	10.47 ％	4
	5）81%-100%	133	12.33 ％	5

資料來源：本研究整理

2. 2010 IEAT 回卷樣本貿易型態與設立海外營業據點目的分析

台灣是個淺碟型的島國，需靠國際貿易為台灣經濟注入活力，故國際貿易業已深耕多年的台灣貿易業者，其足跡已遍佈世界各地。2010《IEAT調查報告》樣本結構中，「只從事出口」的比例最高，達44.13％，其次為「進口比例高於出口」，佔24.20％，若排除「只從事進口」及「未填答」樣本，可發現，有從事出口的比例高達90.05％，與台灣出口導向的對外貿易結構極為符合，如表9-5所示。

表9-5　2010 IEAT 調查樣本貿易型態與設立海外據點目的分析

區別	貿易型態	次數	百分比
貿易型態	❶只從事出口	932	44.13 %
	❷進口比例高於出口	511	24.20 %
	❸出口比例高於進口	459	21.73 %
	❹只從事進口	115	5.45 %
	❺未填答	95	4.50 %
設立海外 營業據點目的 （註）	❶接近市場	1,168	68.87 %
	❷接近貨源	448	26.42 %
	❸降低成本	311	18.34 %
	❹分散風險	193	11.38 %
	❺財務考量	100	5.90 %
	❻其　他	114	6.72 %

註：本題為複選題，因此總計次數超過回卷樣本數（N＝2,112）。

2010 IEAT調查樣本中，企業海外設立據點目的依序為：(1)接近市場（68.87％）；(2)接近貨源（26.42％）；(3)降低成本（18.34％）；(4)分散風險（11.38％）；(5)財務考量（5.90％）。由此可知，貿易業者逐漸轉向下游整合的趨勢，因此，一國的內需市場潛力、消費特性與風俗習慣都是業者需納入考量的項目；其次是貿易業者朝上游整合的趨勢，以取得更優良的貨源與穩定供貨來源，故各國的內需市場與資源稟賦是企業在該國設立據點的主要目的。

3. 2010 IEAT 回卷樣本主要進出口貿易地區分析

　　由表9-6顯示，2010 IEAT調查樣本中，前十大進出口貿易地區依次為：(1)中國大陸；(2)美國；(3)日本；(4)香港；(5)馬來西亞；(6)德國；(7)新加坡；(8)韓國；(9)澳洲；(10)越南。

表9-6　2010 IEAT 調查樣本主要進出口貿易地區分析

排名	主要貿易地區	樣本數	百分比	排名	主要貿易地區	樣本數	百分比
1	中國大陸	1,029	49.05 %	20	加 拿 大	238	11.34 %
2	美　　國	949	45.23 %	21	荷　　蘭	236	11.25 %
3	日　　本	849	40.47 %	22	法　　國	224	10.68 %
4	香　　港	778	37.08 %	23	沙烏地阿拉伯	188	8.96 %
5	馬來西亞	533	25.41 %	24	阿聯大公國	184	8.77 %
6	德　　國	527	25.12 %	25	俄 羅 斯	165	7.86 %
7	新 加 坡	514	24.50 %	26	南　　非	161	7.67 %
8	韓　　國	501	23.88 %	27	波　　蘭	155	7.39 %
9	澳　　洲	467	22.26 %	28	匈 牙 利	152	7.24 %
10	越　　南	448	21.35 %	29	阿 根 廷	148	7.05 %
11	泰　　國	436	20.78 %	30	墨 西 哥	147	7.01 %
12	英　　國	309	14.73 %	31	科 威 特	135	6.43 %
13	印　　尼	299	14.25 %	32	智　　利	114	5.43 %
14	西 班 牙	285	13.58 %	33	埃　　及	102	4.86 %
15	義 大 利	282	13.44 %	34	以 色 列	73	3.48 %
16	印　　度	251	11.96 %	35	柬 埔 寨	60	2.86 %
17	菲 律 賓	248	11.82 %	36	卡　　達	52	2.48 %
18	巴　　西	245	11.68 %	37	阿　　曼	46	2.19 %
19	土 耳 其	240	11.44 %	38	奈及利亞	27	1.29 %
其　　他						182	8.67 %

註：本題為複選題，因此總計次數超過回卷樣本數（N＝2,112）。

4. 2010 IEAT 回卷樣本主要競爭貿易地區分析

　　由表9-7可知，2010 IEAT調查樣本中，台灣貿易商所面臨的主要競爭對手前五名分別為：(1)中國大陸；(2)香港；(3)韓國；(4)日本；(5)越南。近年來由於中國大陸經濟騰飛、快速崛起，加之全球資本迅速流向中國大陸，使得台灣貿易業在國際市場上競爭的對手，主要仍是來自中國大陸及香港。

　　由前十名主要競爭對手可得知，大多是位於亞洲地區，隨著全球金融海嘯的衝擊，歐美經濟實力衰退，亞洲大國中國大陸趁勢嶄露頭角，於近日積極推出新的財政政策及貨幣政策，利用不同手段刺激內需，如高達四兆元人民幣的擴大內需振興經濟方案，預期未來將持續擴大基礎建設支出，可抵銷出口下滑對經濟衝擊，進而帶動亞洲其他地區的經濟。

表9-7　2010 IEAT調查樣本主要競爭貿易地區分析

排名	競爭貿易地區	樣本數	百分比	排名	競爭貿易地區	樣本數	百分比
1	中國大陸	1,547	75.35 %	20	俄 羅 斯	216	10.52 %
2	香　　港	752	36.63 %	21	巴　　西	208	10.13 %
3	韓　　國	750	36.53 %	22	義 大 利	196	9.55 %
4	日　　本	622	30.30 %	23	阿 根 廷	177	8.62 %
5	越　　南	617	30.05 %	24	匈 牙 利	170	8.28 %
6	美　　國	584	28.45 %	25	沙烏地阿拉伯	119	5.80 %
7	馬來西亞	520	25.33 %	26	智　　利	114	5.55 %
8	新 加 坡	494	24.06 %	27	波　　蘭	104	5.07 %
9	泰　　國	401	19.53 %	28	墨 西 哥	91	4.43 %
10	印　　尼	384	18.70 %	29	科 威 特	89	4.34 %
11	澳　　洲	362	17.63 %	30	阿聯大公國	86	4.19 %
12	印　　度	349	17.00 %	31	法　　國	64	3.12 %
13	德　　國	340	16.56 %	32	加 拿 大	62	3.02 %
14	西 班 牙	319	15.54 %	32	埃　　及	62	3.02 %
15	土 耳 其	257	12.52 %	34	柬 埔 寨	54	2.63 %
16	荷　　蘭	243	11.84 %	35	卡　　達	23	1.12 %
17	南　　非	232	11.30 %	36	以 色 列	21	1.02 %
18	菲 律 賓	228	11.11 %	37	阿　　曼	17	0.83 %
19	英　　國	225	10.96 %	38	奈及利亞	12	0.58 %
其　　他						96	4.68 %

註：本題為複選題，因此總計次數超過回卷樣本數（N=2,112）。

5. 2010 IEAT 回卷樣本市場優勢關鍵能力分析

　　管理學大師Peter Drucker說：「企業成功的關鍵因素不在產品而在顧客」。因此與顧客關係之維護，將是企業發展與獲利的重要關鍵因素，從表9-8顯示，台灣貿易業者市場競爭優勢第一名即為「顧客維繫力強」（57.64％），其次為「產品力優勢」（53.92％），第三名至第五名分別為「售後服務優勢」（44.32％）、「價格具競爭力」（39.92％）、「品質競爭力」（38.59％）。然而，無形資產中的品牌具知名度（30.52％）與具專業人才（27.03％）僅排名第12名與第13名，由此可發現，台灣貿易業者缺乏高附加價值的元素，故此部分是貿易業者與政府當局需要共同努力的目標。

表9-8　2010 IEAT 調查樣本市場優勢關鍵能力分析

市場優勢關鍵能力	2010 IEAT (N=2112)			2009 IEAT (N=2088)		
	樣本數	百分比	排名	樣本數	百分比	排名
顧客維繫力強	1,207	57.64 ％	1	900	43.10 ％	2
產品力優	1,129	53.92 ％	2	1,010	48.37 ％	1
售後服務優	928	44.32 ％	3	741	35.49 ％	4
價格具競爭力	836	39.92 ％	4	651	31.18 ％	7
品質競爭力	808	38.59 ％	5	562	26.92 ％	9
財務穩健	797	38.06 ％	6	703	33.67 ％	5
信用良好	783	37.39 ％	7	508	24.33 ％	11
供應鏈管理強	775	37.01 ％	8	536	25.67 ％	10
掌握市場資訊	760	36.29 ％	9	413	19.78 ％	12
物流配送優	707	33.76 ％	10	830	39.75 ％	3
付款條件優	658	31.42 ％	11	687	32.90 ％	6
品牌具知名度	639	30.52 ％	12	609	29.17 ％	8
具專業人才	566	27.03 ％	13	359	17.19 ％	14
技術研發專業	476	22.73 ％	14	345	16.52 ％	15
貨源搜尋廣	406	19.39 ％	15	394	18.87 ％	13

註：本題為複選題，因此總計次數超過該年度回卷樣本數。

6. 2010 IEAT 回卷樣本企業經營遇到困擾問題分析

企業經營所遇到的困擾問題中，2010《IEAT調查報告》統計出來的前十名與2009《IEAT調查報告》之前十名變動不大，惟「三通問題」在2008年底兩岸大三通正式開始之後，跌出前十名之列，2010年企業之經營所遇到的困擾問題前十名依序為：(1)同業競爭（61.75％）；(2)原物料漲價（55.31％）；(3)匯率波動（53.29％）；(4)缺乏人才（40.61％）；(5)智慧財產權（34.84％）；(6)關稅過高（34.02％）；(7)客戶付款能力（30.08％）；(8)削價競爭（29.75％）；(9)國際環保規範（22.15％）；(10)貨物通關（17.83％）。

同業競爭一直是貿易業者最大的困擾因素，根據國際貿易局統計，2001年台灣貿易業者家數為19萬1,667家，至2005年增加至23萬2,011家，如此眾多的貿易業者若無序的自行拓展，那麼同業競爭問題將無落幕之日。政府相關單位可以針對地區別、產業別等區隔方式，有計劃地引領貿易業者向外發展，以強化台灣整體的貿易實力。

隨著技術日益進步，企業遭遇仿冒或侵權問題頻傳，根據調查機構Kroll 2008年發布的研究報告指出，全球知識產權侵權盜版金額高達6,500億美元，占世界總貿易量的5％至7％。「亞洲危機」國際安全顧問公司（2009）表示：「2007年全球仿冒商品約高達8,000億美元，在2008年發生全球金融危機之後，消費者緊縮支出，不肖業者便利用此機會，大量生產仿冒產品，以賺取不法利潤」。因此，智慧財產權問題在後金融危機時代，將更加猖獗。從表9-9便可發現，過去排名在後的智慧財產權問題，在近兩年成為困擾台灣貿易業者的前五大問題之一。

台灣貿易業者為數眾多，雖然大專院校、外貿協會與台北市進出口商業同業公會皆提供人才培訓課程，但仍面臨專業人才不足的困境。從表9-9可發現，過去排名在後的經營困擾問題「缺乏人才」，在近兩年也列入前五名，將之與上述「企業市場優勢關鍵能力」指標比較，「具專業人才」在15個關鍵能力項目中排名第13名，由此可知，人才不足是台灣貿易業者遇到的主要問題之一，也是業者欠缺的關鍵能力。

表9-9 2010 IEAT 調查樣本企業經營遇到困擾問題分析

經營困擾因素	2010 IEAT (N=2112)			2009 IEAT (N=2088)		
	樣本數	百分比	排名	樣本數	百分比	排名
同業競爭	1,285	61.75 %	1	1,159	55.96 %	1
原物料漲價	1,151	55.31 %	2	904	43.65 %	3
匯率波動	1,109	53.29 %	3	1,122	54.18 %	2
缺乏人才	845	40.61 %	4	757	36.55 %	4
智慧財產權	725	34.84 %	5	618	29.84 %	6
關稅過高	708	34.02 %	6	723	34.91 %	5
客戶付款能力	626	30.08 %	7	580	28.01 %	7
削價競爭	619	29.75 %	8	424	20.47 %	10
國際環保規範	461	22.15 %	9	556	26.85 %	8
貨物通關	371	17.83 %	10	396	19.12 %	11
三通問題	357	17.16 %	11	500	24.14 %	9
檢驗或檢疫	354	17.01 %	12	191	9.22 %	15
貿易資訊取得	306	14.70 %	13	289	13.47 %	13
資金融通	289	13.89 %	14	279	13.95 %	12
客戶流失	253	12.16 %	15	220	10.62 %	14

註：本題為複選題，因此總計次數超過該年度回卷樣本數。

7. 2010 IEAT企業期望政府協助項目分析

由表9-10顯示，2010《IEAT調查報告》調查樣本結構中，台灣貿易業者需要政府協助項目前五名依序為：(1)市場產品資訊（48.63％）；(2)取得資金融通（46.91％）；(3)整合同業平台（46.42％）；(4)價值鏈整合（41.08％）；(5)改善貿易法令（40.39％）。

雖然經濟部國際貿易局、中華民國對外貿易發展協會及相關進出口公會網站已建構非常詳細的貿易資訊並提供即時的經貿商情，但是對於「市場產品資訊」仍是業者最期望政府提供的協助，因此，政府相關單位可多加推廣已建構完善的網路資訊平台，並協助貿易業者熟悉如何在網際網路環境中獲取最即時的資訊。「取得資金融通」與「整合同業平台」以非常小的差距，位列第二及第三名。台灣貿易業者多屬中小企業，由於欠缺財務規劃的能力，導致向金融機構申請資金

融通較為困難，然而，資金融通對於貿易業者來說是非常重要的，故業者需要政府協助獲得資金方面的融通。另外，回顧「企業經營遇到困擾問題」指標分析，最大的困擾是「同業競爭」，因此，貿易業者希望透過政府整合同業平台，以減少台灣貿易業者相互競爭，而削減貿易競爭力。

表9-10　2010 IEAT調查樣本企業期望政府協助項目分析

政府協助項目	2010 IEAT (N=2112)			2009 IEAT (N=2088)		
	樣本數	百分比	排名	樣本數	百分比	排名
市場產品資訊	992	48.63 %	1	951	47.08 %	1
取得資金融通	957	46.91 %	2	817	40.45 %	3
整合同業平台	947	46.42 %	3	895	44.31 %	2
價值鏈整合	838	41.08 %	4	516	25.54 %	7
改善貿易法令	824	40.39 %	5	650	32.18 %	5
國外貿易商情	731	35.83 %	6	677	33.51 %	4
推動異業聯盟	688	33.73 %	7	449	22.23 %	10
提升商務能力	588	28.82 %	8	611	30.25 %	6
會展資訊	514	25.20 %	9	440	21.78 %	11
海外市場拓銷	491	24.07 %	10	—	—	—
專業能力培訓	487	23.87 %	11	474	23.47 %	8
檢驗檢疫資訊	457	22.40 %	12	467	23.12 %	9
經營諮詢	317	15.54 %	13	310	15.35 %	13
稅費資訊	297	14.56 %	14	245	12.13 %	14
調解貿易糾紛	275	13.48 %	15	209	10.35 %	15

註：本題為複選題，因此總計次數超過該年度回卷樣本數。

2010 IEAT 38個貿易地區「國家競爭力」剖析

2010《IEAT調查報告》有關「國家競爭力」的衡量，主要是由「國家基本條件」與「國際機構評比」兩個部分所構成，其權重分別為50%。

■2010 IEAT 國家競爭力衡量構面

「國家基本條件」由五大構面17個指標組成，分別為：**(1)基礎條件**：包括總人口、識字率、商品進口、商品出口、服務進口、服務出口；**(2)財政條件**：包括政府財政收入、外匯存底與黃金儲備、政府支出佔GDP比重；**(3)投資條件**：包括國內資本形成佔GDP比重、累計國外投資金額（存量）；**(4)經濟條件**：包括工業佔GDP比重、服務業佔GDP比重、消費佔GDP比重、每人GDP；**(5)就業條件**：包括勞動人口、失業率。如表10-1所示，2010《IEAT調查報告》列入評估的38個國家基本資料排名，乃是根據上述五大構面17個指標經由百分比換算，再乘以學者專家給予之權重而得，其權重配置為：(1)基礎條件：15%；(2)財政條件：10%；(3)投資條件：30%；(4)經濟條件：30%；(5)就業條件：15%。換言之，評價計算公式為「國家貿易競爭力＝（基礎條件×15%）＋（財政條件×10%）＋（投資條件×30%）＋（經濟條件×30%）＋（就業條件×15%）」。

「國家基本條件」中，總人口數以中國大陸與印度遙遙領先佔據前二名；另外，只有沙烏地阿拉伯、阿聯大公國、柬埔寨、埃及、奈及利亞及印度的識字率未達八成，尤其是印度只有61.00%最低；在商品貿易中，美國、德國與中國大陸表現最佳；而服務貿易則以美國表現最優。在財政條件中，財政收入以美國居冠，達2.52兆美元，而日本、德國、法國、義大利及英國皆超過1兆美元；中國大陸的外匯存底以1.96兆美元拔得頭籌，遠超過第二名日本約一倍；政府支出

佔GDP比重前三名依序為以色列、荷蘭及法國。在投資條件中，國內資本形成佔GDP比重以中國大陸、越南及印度居前三大，由於這三個國家正處於快速發展階段，故資本形成投入比重相對較高；累計國外投資金額存量以美國居首，法國與英國跟隨在後，而中國大陸是26個新興市場中，累計國外投資金額存量最多的國家，屬於後起之秀。在經濟條件中，工業佔GDP比重前三名都是油元國，包括阿聯大公國、沙烏地阿拉伯與科威特；服務業佔GDP比重以香港表現最優，而全球金融重鎮的新加坡則排名第七；消費佔GDP比重以柬埔寨最高，由於其投資、政府支出與貿易皆不活躍，導致消費比重相對較高，美國的消費習慣也導致其消費比重較高，中國大陸則是因為政府支出與投資比重高，再加上民眾將收入轉為儲蓄比例高，故導致中國大陸消費佔GDP比重相對較低；每人GDP以卡達、阿聯大公國與科威特位居前三高，由於其國家擁有大量的石油蘊藏量，以致這些原油國家每人GDP相對較高。在就業條件中，勞動人口數以中國大陸與印度最多，由於這二個國家是全球人口數最多的國家，因此，勞動力人口相對較高；失業率則以卡達最低，居38國之冠。

　　「國際機構評比」包含全球六大知名機構所引用之十大指標排名，分別為：(1)美國傳統基金會與華爾街日報《2009 Index of Economic Freedom》之「經濟自由度指標排名」；(2)世界銀行「Worldwide Trade Indicators；WTI（2006-2008）」之「制度環境排名」；(3)世界銀行「Worldwide Trade Indicators；WTI（2006-2008）」之「貿易便捷排名」；(4)世界銀行《Doing Business 2009》之「全球經商環境排名」；(5)世界銀行「Knowledge Economy index；KEI」之「知識經濟指數排名」；(6)世界經濟論壇《The Global Enabling Trade Report 2009》之「貿易便利度排名」；(7)世界經濟論壇《Global Competitiveness Report 2009-2010》之「全球競爭力指數排名」；(8)美國商業環境評估公司《Historical Ratings Research Package 2009》之「投資環境排名」；(9)尼爾森公司（Nielsen）「消費者信心指數2009 Q3」之「消費者信心指數排名」；(10)列格坦「The 2009 Legatum Prosperity Index Table Rankings」之「全球繁榮指數排名」，如表10-2所示。

■2010 IEAT 國家競爭力排名

　　如表10-3所示，2010《IEAT調查報告》之「國家競爭力」排名，是依據「國

家基本條件」與「國際機構評比」各佔50％權重計算而得。「國家競爭力」前十名依序為：(1)美國；(2)日本；(3)加拿大；(4)新加坡；(5)英國；(6)荷蘭；(7)澳洲；(8)德國；(9)法國；(10)香港。

　　美國的商品貿易、服務貿易、財政收入皆居38國之冠，故在整體「國家基本條件」排名中表現不錯，而各國研究機構之排名中，美國亦為世界前茅，因此其「國際機構評比」排名以95.929分，居38國中的第三名。日本在「國家基本條件」排名中，表現最為優異，位列38國之首，然而其「國際機構評比」排名稍顯落後，排名第九名，因此，加權之後得分83.942分，在「國家競爭力」排名第二。柬埔寨雖然是東協十國之成員，但其不論是國家基本條件或是國際機構評比方面之表現皆不盡人意，故國家競爭力總分以31.145分，敬陪末座。

表10-1 38個貿易地區「國家基本條件」次級資料

國家/地區	❶基礎條件						❷財政條件			❸投資條件		❹經濟條件				❺就業條件	
	總人口	識字率	商品進口	商品出口	服務進口	服務出口	政府財政收入	外匯存底與黃金儲備	政府支出佔GDP比重	國內資本形成佔GDP比重	累計國外投資金額(存量)	工業佔GDP比重	服務業佔GDP比重	消費佔GDP比重	每人GDP	勞動人口	失業率
	百萬人	%	十億美元	十億美元	百萬美元	百萬美元	十億美元	十億美元	%	%	百萬美元	%	%	%	美元	百萬人	%
中國大陸	1,314.36	90.90	1,133.04	1,428.49	158.00	146.45	847.80	1,968.00	13.84	47.15	378,083.00	48.60	40.10	51.13	3,292.12	807.30	4.00
香港	6.98	93.50	392.96	370.24	45.85	92.32	39.04	182.50	8.34	19.51	835,764.00	7.40	92.70	68.88	30,872.12	3.66	4.10
日本	127.29	99.00	761.98	782.34	167.44	146.44	1,720.00	1,011.00	18.53	29.90	203,371.90	26.30	72.30	76.35	38,577.83	66.50	4.00
新加坡	4.62	92.50	319.78	338.18	78.87	82.93	29.25	174.20	10.69	29.90	326,142.36	27.80	72.20	51.70	39,423.23	2.94	2.20
韓國	48.15	97.90	435.27	422.01	91.77	74.11	227.50	201.20	15.27	29.27	90,693.00	39.50	57.60	69.72	19,295.52	24.35	3.20
越南	87.10	90.30	80.42	62.91	8.62	6.30	24.27	23.18	6.15	36.00	48,325.30	39.90	38.10	73.42	1,040.75	47.41	4.70
馬來西亞	27.01	88.70	156.90	199.52	29.08	29.34	48.49	91.21	12.53	19.64	73,262.12	43.70	46.30	57.76	8,197.02	11.09	3.30
泰國	67.39	92.60	178.65	177.84	46.31	33.39	48.24	111.00	11.30	27.08	104,849.51	45.10	43.30	64.94	4,187.16	37.78	1.40
菲律賓	90.35	92.60	59.17	49.03	8.55	10.19	27.05	37.55	9.52	15.33	21,470.00	31.60	53.70	79.94	1,865.89	36.81	7.40
印尼	227.35	90.40	126.18	139.28	0.96	1.61	92.62	51.64	8.41	27.65	67,044.00	48.10	37.50	69.36	2,246.71	112.00	8.40
印度	1,181.41	61.00	291.60	179.07	83.60	102.65	126.70	256.40	10.97	34.30	123,288.00	29.00	53.40	65.50	1,061.32	523.50	6.80
沙烏地阿拉伯	25.20	78.80	111.87	328.93	0.96	1.61	293.70	30.59	20.30	17.72	114,276.70	61.90	35.00	46.30	18,555.21	6.47	11.80
阿聯大公國	4.48	77.90	158.90	231.55	42.77	8.96	78.74	31.69	9.12	17.90	69,419.78	62.70	35.70	53.82	63,965.75	3.27	2.40
柬埔寨	14.56	73.60	6.51	4.29	0.96	1.61	1.27	2.64	3.36	21.00	4,636.68	30.00	41.00	98.16	768.63	8.60	3.50
科威特	2.92	93.30	25.13	93.18	12.15	10.30	105.20	17.23	12.90	17.39	991.00	52.20	47.50	44.35	54,151.64	2.09	2.20
以色列	7.05	97.10	67.41	60.83	19.60	23.76	59.98	42.51	25.40	18.09	57,480.74	32.40	65.00	83.06	28,291.93	2.96	6.10
阿曼	2.79	81.40	23.10	37.67	6.12	1.97	18.13	11.58	18.96	19.64	11,992.72	36.10	61.80	64.36	18,878.55	0.97	15.00
卡達	1.28	89.00	26.85	63.83	0.96	1.61	36.59	10.00	13.02	32.39	22,055.03	47.90	25.10	33.15	88,990.11	1.12	0.40
美國	311.67	99.00	2,165.98	1,300.53	367.91	521.38	2,524.00	77.65	16.95	17.13	2,278,892.00	19.20	79.60	87.96	45,230.20	154.30	7.20

表10-1　38個貿易地區「國家基本條件」次級資料 （續）

國家/地區	❶基礎條件						❷財政條件				❸投資條件	❹經濟條件				❺就業條件	
	總人口	識字率	商品進口	商品出口	服務進口	服務出口	政府財政收入	外匯存底與黃金儲備	政府支出佔GDP比重	國內資本形成佔GDP比重	累計國外投資金額（存量）	工業佔GDP比重	服務業佔GDP比重	消費佔GDP比重	每人GDP	勞動人口	失業率
	百萬人	%	十億美元	十億美元	百萬美元	百萬美元	十億美元	十億美元	%	%	百萬美元	%	%	%	美元	百萬人	%
加 拿 大	33.26	99.00	418.34	456.42	86.64	64.79	594.10	43.87	19.68	22.65	412,268.50	28.40	69.60	75.40	45,166.19	13.22	6.20
巴 西	191.97	88.60	182.81	197.94	44.40	28.82	1.27	193.80	19.83	19.27	287,696.89	28.00	65.30	80.57	8,311.12	93.65	7.90
阿 根 廷	39.88	97.20	57.41	70.59	12.58	11.87	86.65	46.37	13.46	26.54	76,091.00	32.70	57.40	70.86	8,357.51	16.27	7.90
智 利	16.80	95.70	61.90	67.79	11.14	10.65	44.79	23.08	11.75	23.93	100,988.52	50.50	44.70	70.98	10,091.25	7.27	7.80
墨 西 哥	108.56	91.00	323.15	291.81	24.70	18.47	257.10	95.30	10.05	21.58	294,680.10	35.20	61.00	76.01	9,964.34	45.32	4.00
德 國	82.26	99.00	1,206.21	1,465.22	283.03	241.59	1,591.00	138.00	18.13	19.25	700,470.69	30.10	69.10	74.51	44,362.75	43.60	7.80
荷 蘭	16.53	99.00	573.92	633.97	90.83	101.61	405.90	28.51	25.06	20.49	644,597.60	25.50	72.90	71.29	52,699.49	7.72	4.00
英 國	61.23	99.00	631.91	457.98	196.17	282.96	1,056.00	52.98	21.87	16.73	982,876.68	24.20	74.50	86.23	43,544.44	31.23	5.60
西 班 牙	44.49	97.90	402.30	268.11	104.26	142.61	598.10	20.25	19.11	29.36	634,787.71	29.00	67.60	76.27	36,060.99	22.85	13.90
匈 牙 利	10.01	99.40	107.86	107.90	18.47	19.96	67.70	33.87	21.34	20.13	63,670.70	36.90	60.20	75.07	15,447.98	4.20	7.80
義 大 利	59.60	98.40	556.31	539.73	131.75	121.89	1,068.00	105.30	20.23	21.06	343,214.55	27.00	71.00	79.31	38,639.52	25.11	6.80
波 蘭	38.10	99.80	203.92	167.94	29.93	35.31	105.50	62.18	18.54	21.98	161,406.00	31.20	64.30	79.83	13,854.94	17.01	9.80
法 國	63.94	99.00	707.72	608.68	139.36	160.46	1,407.00	102.90	23.16	21.97	991,376.65	20.40	77.60	80.29	44,675.38	27.97	7.40
土 耳 其	73.91	87.40	201.96	131.97	16.23	34.49	160.50	73.66	12.23	19.98	69,871.00	27.50	63.80	81.71	10,031.20	24.06	10.70
俄 羅 斯	141.39	99.40	291.97	471.76	74.57	50.69	364.60	427.10	16.74	21.93	213,734.00	37.60	57.70	65.37	11,857.53	75.70	6.40
澳 洲	21.07	99.00	200.27	187.43	45.49	45.60	350.30	32.92	17.68	28.33	272,174.42	26.80	69.80	72.04	48,252.78	1.25	4.20
南 非	49.67	86.40	99.48	80.78	16.51	12.16	77.43	34.07	20.35	23.22	119,391.76	33.70	63.00	81.00	5,565.91	17.79	22.90
埃 及	81.53	71.40	43.38	25.48	16.32	24.67	40.22	33.85	11.62	18.41	59,997.70	38.70	48.10	88.00	2,030.56	24.60	8.40
奈及利亞	151.21	68.00	41.70	81.90	0.96	1.61	19.76	60.12	8.24	8.94	83,069.47	50.80	31.10	77.89	1,449.57	51.04	4.90

表10-2 38個貿易地區「全球研究機構評比」次級資料

| 國家 | 美國傳統基金會(HF) 經濟自由度指標排名 2009 | 世界銀行 (The World Bank) | | | | 世界經濟論壇 (WEF) | | 美國商業環境評估公司 (BERI) 投資環境 2009-Q2 | 尼爾森公司 (Nielsen) 消費者信心指數 2009-Q3 | 列格坦 (Legatum) 全球繁榮指數排行 2009 |
		制度環境排名 2006-2008	貿易便捷排名 2006-2008	全球經商環境排名 2009	知識經濟指數排名 2009	貿易便利度排名 2009	全球競爭力指數排名 2009-2010			
中國大陸	132	83	30	83	81	49	29	17	9	75
香 港	1	4	8	4	23	2	11	50	17	18
日 本	19	12	6	12	20	23	8	6	54	16
新 加 坡	2	1	1	1	19	1	3	2	14	23
韓 國	40	23	25	23	29	26	19	21	52	26
越 南	145	92	53	92	100	89	75	39	4	77
馬來西亞	58	20	27	20	48	28	24	19	13	39
泰 國	67	13	31	13	63	50	36	32	16	44
菲 律 賓	104	140	65	140	89	82	87	34	6	55
印 尼	131	129	43	129	103	62	54	41	2	61
印 度	123	122	39	122	109	76	49	30	1	45
沙烏地阿拉伯	59	16	41	16	68	42	28	23	33	81
阿聯大公國	54	46	20	46	45	18	23	50	8	47
柬 埔 寨	106	135	81	135	137	91	110	50	54	93
科 威 特	50	52	44	52	52	59	39	50	54	52
以 色 列	42	30	33	30	26	29	27	50	22	27
阿 曼	43	57	48	57	66	34	41	50	54	104
卡 達	48	37	46	37	44	35	22	50	54	104
美 國	6	3	14	3	9	16	2	12	29	9
加 拿 大	7	8	10	8	6	6	9	13	15	7
巴 西	105	125	61	125	54	87	56	37	5	41
阿 根 廷	138	113	45	113	59	97	85	39	30	38

表10-2　38個貿易地區「全球研究機構評比」次級資料（續）

| 國　家 | 美國傳統基金會(HF) 經濟自由度指標排名 | 世界銀行 (The World Bank) | | | | 世界經濟論壇 (WEF) | | 美國商業環境評估公司(BERI) 投資環境 | 尼爾森公司(Nielsen) 消費者信心指數 | 列格坦(Legatum) 全球繁榮指數排行 |
| | | 制度環境排名 | 貿易便捷排名 | 全球經商環境排名 | 知識經濟指數排名 | 貿易便利度排名 | 全球競爭力指數排名 | | | |
	2009	2006-2008	2006-2008	2009	2009	2009	2009-2010	2009-Q2	2009-Q3	2009
智　利	11	40	32	40	42	19	30	24	12	36
墨西哥	49	56	56	56	67	74	60	48	36	43
德　國	25	25	3	25	12	12	7	6	35	14
荷　蘭	12	26	2	26	4	10	10	3	18	8
英　國	10	6	9	6	7	20	13	18	37	12
西班牙	29	49	26	49	24	27	33	21	38	19
匈牙利	44	41	35	41	27	38	58	34	49	27
義大利	76	65	22	65	30	45	48	26	34	21
波　蘭	82	76	40	76	37	57	46	34	25	29
法　國	64	31	18	31	22	17	16	14	67	17
土耳其	75	59	34	59	61	48	61	41	44	69
俄羅斯	146	120	99	120	60	109	63	30	27	69
澳　洲	3	9	17	9	11	14	15	19	7	6
南　非	61	32	24	32	65	61	45	28	24	51
埃　及	97	114	97	114	90	75	70	32	41	88
奈及利亞	117	118	93	118	129	117	99	50	54	98
調查國家總數	179	210	210	181	146	121	134	50	54	104

資料來源：

[1] 美國傳統基金會與華爾街日報《2009 Index of Economic Freedom》（2009/01/13）

[2] WEF《The Global Enabling Trade Report 2009》（2009/07/07）

[3] WEF《Global Competitiveness Report2009-2010》（2009/01/13）

[4] 世界銀行《Doing Business 2009》（2008/09/10）

[5] 世界銀行《Doing Business 2009》（2008/09/10）

[6] 「Worldwide Trade Indicators：WTI（2006~2008）」

[7] 美國商業環境風險評估公司（BERI）《Historical Ratings Research Package 2009》

[8] 列格坦（Legatum）「The 2009 Legatum Prosperity Index Table Rankings」

註：未列入各機構排名之國家，即以調查樣本國家數總數之最後一名為其名次。

表10-3 2010 IEAT 38個貿易地區「國家競爭力」排名

排名	國家／地區	國家基本條件		國際機構評比		國家競爭力
		評分	排名	評分	排名	
1	美　國	74.713	4	95.929	3	85.321
2	日　本	78.182	1	89.701	9	83.942
3	加拿大	70.514	7	97.123	2	83.818
4	新加坡	65.888	14	99.000	1	82.444
5	英　國	70.727	6	92.943	6	81.835
6	荷　蘭	68.450	10	94.564	5	81.507
7	澳　洲	66.991	13	95.332	4	81.161
8	德　國	71.083	5	90.725	8	80.904
9	法　國	75.976	2	79.378	13	77.677
10	香　港	60.461	20	92.943	7	76.702
11	韓　國	68.414	11	80.487	10	74.451
12	西班牙	69.233	9	77.842	14	73.537
13	義大利	70.443	8	67.861	21	69.152
14	泰　國	62.133	17	73.577	17	67.855
15	智　利	53.201	24	80.316	11	66.759
16	馬來西亞	51.742	30	79.463	12	65.603
17	中國大陸	75.549	3	54.552	28	65.050
18	以色列	51.956	28	77.757	15	64.856
19	南　非	57.365	21	68.629	20	62.997
20	阿聯大公國	50.052	31	74.259	16	62.156
21	墨西哥	65.674	15	58.220	25	61.947
22	波　蘭	61.742	18	61.889	23	61.815
23	匈牙利	51.956	27	71.103	18	61.529
24	沙烏地阿拉伯	46.440	34	69.994	19	58.217
25	卡　達	51.867	29	64.022	22	57.944
26	土耳其	53.041	26	57.708	26	55.375
27	科威特	45.586	35	61.718	24	53.652
28	印　度	63.521	16	43.632	30	53.576
29	巴　西	60.710	19	45.338	29	53.024
30	俄羅斯	67.098	12	32.797	36	49.947
31	阿　曼	39.216	38	57.452	27	48.334
32	印　尼	54.073	22	40.305	31	47.189
33	越　南	53.984	23	39.366	33	46.675
34	阿根廷	53.201	25	40.134	32	46.668
35	埃　及	47.081	33	34.930	35	41.005
36	菲律賓	43.131	36	36.295	34	39.713
37	奈及利亞	47.401	32	20.000	38	33.700
38	柬埔寨	42.205	37	20.085	37	31.145

第 11 章

2010 IEAT 38個貿易地區「貿易自由度」剖析

　　2010《IEAT調查報告》有關貿易自由度衡量乃是由四個構面及15個細項指標所構成，貿易自由度的四構面分別爲：(1)數量限制；(2)價格限制；(3)法規限制；(4)政府限制。經由2,112份有效問卷的評估，採取1到5分的評價，「非常滿意」給予5分評價、「滿意」爲4分、「尚可」則爲3分、「不滿意」評價爲2分、「非常不滿意」則給予1分的評價。換言之，評分越高代表滿意度越高，評分越低代表越不滿意，3分則爲滿意度平均。此外，爲建構貿易自由度的整體評價，乃由四個構面的評分，分別乘以專家給予四個構面之權重而得，有關貿易自由度的四構面權重分別爲數量限制15％、價格限制20％、法規限制35％、政府限制則爲30％，換言之，評價計算公式就是「貿易自由度＝（數量限制×15％）＋（價格限制×20％）＋（法規限制×35％）＋（政府限制×30％）」。

■貿易自由度細項評估指標分析

　　根據表11-1顯示，在2010《IEAT調查報告》回收2,112份有效問卷中，衡量貿易自由度的15個細項指標，評分均超過3分滿意程度「尚可」之值。評價最佳的前五項指標排名分別爲：(1)產品及產地標示規範的滿意程度（3.300分）；(2)實施進出口數量限制的滿意程度（3.287分）；(3)禁止產品進出口規定的程度（3.200分）；(4)反傾銷稅制度的滿意程度（3.186分）；(5)透過政府獨佔特定產業的程度（3.172分）。

　　此外，貿易自由度評價最差的前五項細項指標分別爲：(1)未開放境外認證使產品檢驗不便的程度（3.050分）；(2)差別關稅待遇的程度（3.113分）；(3)當地企業補貼造成不公平待遇的程度（3.138分）；(4)課徵關稅的滿意程度（3.145

分）：(5)關稅配額的滿意程度（3.146分）。

在整體貿易自由度的四項構面中，價格限制是最不滿意的一項，這顯示在全球金融海嘯及各國貿易壁壘措施的影響下，台灣貿易商於海外地區進行國際貿易時，成本已成為首要考量條件。因此，除了遵守該國家之法律規範外，企業應該致力於思考如何找出市場利基、發展自有品牌或強化研發優勢等能力，以降低貿易障礙所帶來的衝擊。

表11-1　2010 IEAT「貿易自由度」細項評估指標排名

構面	細項評估指標	評分	排序
數量限制	❶ 該國或該地區實施**進出口數量限制**的滿意程度	3.287	2
	❷ 該國或該地區實施**禁止產品進出口規定**的程度	3.200	3
	構面平均值	**3.243**	—
價格限制	❶ 該國或該地區對於**課徵關稅**的滿意程度	3.145	12
	❷ 該國或該地區對於**反傾銷稅制度**的滿意程度	3.186	4
	❸ 該國或該地區對於**平衡稅措施**的滿意程度	3.163	8
	❹ 該國或該地區對於**關稅配額**的滿意程度	3.146	11
	❺ 該國或該地區對不同國家採取**差別關稅待遇**的程度	3.113	14
	構面平均值	**3.150**	—
法規限制	❶ 該國或該地區對於**貿易法規限制**的滿意程度	3.161	9
	❷ 該國或該地區實施**產品包裝規範**的滿意程度	3.170	6
	❸ 該國或該地區實施**產品及產地標示規範**的滿意程度	3.300	1
	❹ 該國或該地區**未開放境外認證使產品檢驗不便**的程度	3.050	15
	構面平均值	**3.170**	—
政府限制	❶ 該國或該地區對於**當地企業補貼造成不公平待遇**的程度	3.138	13
	❷ 該國或該地區透過**政府採購政策干預貿易自由**的程度	3.169	7
	❸ 該國或該地區透過**政府法令獨佔特定產業**的程度	3.172	5
	❹ 該國或該地區政府**鼓勵政策性採購國貨**的程度	3.157	10
	構面平均值	**3.159**	—
貿易自由度	四項構面平均值	**3.181**	—

另就貿易自由度四個評估構面結果進行分析，各構面的分析排名依次為：(1)數量限制為3.243分；(2)法規限制為3.170分；(3)政府限制為3.159分；(4)價格限制為3.150分，相較於2009《IEAT調查報告》的分析結果，從各構面的平均分數可以發現，台灣貿易商對38個貿易地區貿易自由度的四個構面評價明顯提升且均達滿意平均值。茲針對貿易自由度四構面的涵義及排名說明如下：

1. **就數量限制而言**：該構面之評價分數為3.243，分數高於整體貿易自由度的平均值得分，為四項構面名列第一。而在數量限制的指標中，「進出口數量限制的滿意程度」為3.287分，「禁止產品進出口規定的滿意程度」則為3.200分，滿意度均達平均值。

2. **就價格限制而言**：該構面之評價分數為3.150，略低於整體貿易自由度平均值的3.181分，為四項構面排名最後，價格限制細項指標中，以「反傾銷稅制度的滿意程度」最高（3.186分），而「對不同國家採取差別關稅待遇的程度」的最低（3.113分）。

3. **就法規限制而言**：該構面之評價分數為3.170，分數亦低於整體貿易自由度平均值的3.181分，為四個評估構面之第二位。而在其四項細項指標中，以「產品及產地標示規範的滿意程度」評分最高（3.300分），而「未開放境外認證使產品檢驗不便的程度」（3.050分）評分最低。

4. **就政府限制而言**：該構面之評價分數為3.159分，在其四項細項指標中，以「政府法令獨佔特定產業的程度」（3.172分）評分最高，而以「當地企業補貼造成不公平待遇」最低（3.138分）。

■38個貿易地區貿易自由度排名分析

2010《IEAT調查報告》根據評估的38個重要暨新興市場進行貿易自由度的分析，其結果如表11-2顯示，茲就分析內容剖析如下：

1. **貿易自由度評價最佳前十個貿易地區**：評價較佳前十個貿易地區分別為：(1)新加坡；(2)香港；(3)加拿大；(4)英國；(5)美國；(6)以色列；(7)荷蘭；(8)阿曼；(9)日本；(10)卡達。相較於2009《IEAT調查報告》，貿易自由度排名前十名的貿易地區屬於「新興市場」的國家從一個增加為三個，可見

表11-2 2010 IEAT 38個貿易地區「貿易自由度」排名

貿易地區	洲別	❶數量限制		❷價格限制		❸法規限制		❹政府限制		貿易自由度	2010排名	2009排名
		評分	排名	評分	排名	評分	排名	評分	排名			
新 加 坡	亞 洲	4.056	2	3.996	1	3.959	1	3.824	1	3.940	1	2
香 港	亞 洲	4.140	1	3.959	2	3.852	2	3.820	2	3.907	2	1
加 拿 大	美 洲	3.762	4	3.648	3	3.696	3	3.435	5	3.618	3	3
英 國	歐 洲	3.833	3	3.471	5	3.588	4	3.500	4	3.575	4	5
美 國	美 洲	3.736	5	3.528	4	3.534	5	3.512	3	3.557	5	4
以 色 列	亞 洲	3.484	7	3.463	6	3.453	6	3.367	6	3.434	6	-
荷 蘭	歐 洲	3.488	6	3.428	7	3.332	7	3.256	12	3.352	7	13
阿 曼	亞 洲	3.441	8	3.424	8	3.265	12	3.316	9	3.338	8	-
日 本	亞 洲	3.439	9	3.324	9	3.322	9	3.308	10	3.336	9	7
卡 達	亞 洲	3.242	15	3.271	13	3.331	8	3.331	7	3.305	10	-
馬來西亞	亞 洲	3.364	12	3.286	10	3.270	11	3.261	11	3.285	11	9
西 班 牙	歐 洲	3.320	13	3.218	15	3.250	13	3.329	8	3.278	12	6
德 國	歐 洲	3.375	11	3.280	11	3.310	10	3.182	14	3.275	13	8
澳 洲	大洋洲	3.382	10	3.232	14	3.211	14	3.168	17	3.228	14	10
法 國	歐 洲	3.274	14	3.277	12	3.208	15	3.179	16	3.223	15	11
中國大陸	亞 洲	3.217	17	3.211	16	3.194	16	3.131	18	3.182	16	18
土 耳 其	歐 洲	3.183	18	3.127	17	3.054	20	3.180	15	3.126	17	12
阿聯大公國	亞 洲	3.129	20	2.963	22	3.066	19	3.230	13	3.104	18	15
波 蘭	歐 洲	3.221	16	3.012	18	3.110	17	3.088	19	3.101	19	14
俄 羅 斯	歐 洲	3.079	21	2.932	24	3.072	18	3.086	20	3.049	20	21

表11-2　2010 IEAT 38個貿易地區「貿易自由度」排名（續）

貿易地區	洲別	❶數量限制 評分	❶數量限制 排名	❷價格限制 評分	❷價格限制 排名	❸法規限制 評分	❸法規限制 排名	❹政府限制 評分	❹政府限制 排名	貿易自由度	2010排名	2009排名
沙烏地阿拉伯	亞洲	3.159	19	2.966	21	2.986	22	3.073	21	3.034	21	19
義大利	歐洲	3.183	18	2.999	19	2.968	23	3.043	22	3.029	22	17
南非	非洲	3.000	22	2.973	20	3.034	21	3.007	23	3.008	23	20
奈及利亞	非洲	2.968	24	2.923	25	2.919	26	2.976	24	2.944	24	-
韓國	亞洲	3.000	22	2.962	23	2.931	25	2.808	32	2.911	25	16
科威特	亞洲	2.976	23	2.810	26	2.792	28	2.934	25	2.866	26	25
巴西	美洲	2.882	26	2.707	28	2.959	24	2.714	34	2.824	27	26
匈牙利	歐洲	2.723	28	2.677	32	2.878	27	2.897	27	2.820	28	22
智利	美洲	2.795	27	2.691	30	2.786	30	2.879	28	2.796	29	24
墨西哥	美洲	2.703	30	2.738	27	2.727	32	2.898	26	2.777	30	23
印尼	亞洲	2.628	31	2.696	29	2.788	29	2.853	29	2.765	31	28
泰國	亞洲	2.718	29	2.682	31	2.737	31	2.777	33	2.735	32	27
印度	亞洲	2.889	25	2.567	34	2.655	34	2.824	31	2.723	33	32
越南	亞洲	2.511	33	2.576	33	2.689	33	2.678	35	2.636	34	31
埃及	非洲	2.529	32	2.509	35	2.571	36	2.836	30	2.632	35	30
阿根廷	美洲	2.394	34	2.424	36	2.598	35	2.674	36	2.556	36	29
菲律賓	亞洲	2.303	35	2.309	37	2.521	37	2.479	37	2.433	37	33
柬埔寨	亞洲	2.029	36	2.088	38	2.076	38	2.081	38	2.073	38	34

註：[1] 問卷評分轉換：「非常滿意=5分」、「滿意=4分」、「尚可=3分」、「不滿意=2分」、「非常不滿意=1分」。
　　[2] 貿易自由度＝【數量限制×15%】＋【價格限制×20%】＋【法規限制×35%】＋【政府限制×30%】。
　　[3] 貿易自由度評分越高，代表該國家或地區貿易自由評價越高，此排名是依據貿易自由度由高至低排序。

「新興市場」的力量正逐漸浮上檯面。整體而言，重要市場的貿易環境仍較穩定，新興市場由於政策相對較不透明，台灣貿易商需審慎嚴加擬定策略，以利因應其環境的不確定性。

2. **貿易自由度評價倒數前十個貿易地區**：評價倒數的前十個貿易地區分別為：(1)柬埔寨；(2)菲律賓；(3)阿根廷；(4)埃及；(5)越南；(6)印度；(7)泰國；(8)印尼；(9)墨西哥；(10)智利。柬埔寨在國內成衣出口猛挫和外國直接投資遽減影響下，貿易評價仍敬陪末座。另外，由於菲律賓設立海外投資零售業門檻過高（需資本額250萬美元以上），相當不利台灣貿易商拓銷菲律賓市場。此外，智利與墨西哥首度落在評價倒數的前十個貿易地區中，其主要原因為智利仍設立過高的非關稅壁壘，如對酒類、菸類課徵過高關稅，墨西哥則針對特定產品實施強制檢驗制度，須符合墨西哥國家標準規定造成台灣貿易商很大負擔。由此可見，這些國家貿易法規的限制，造成貿易自由化的障礙提升，更降低台灣貿易商與當地貿易投資的意願。

■全球五大洲貿易自由度排名分析

2010《IEAT調查報告》針對全球五大洲進行貿易自由度排名分析，根據表11-3所示，2009貿易自由度評估綜合排名依次為：(1)大洋洲地區（3.228分）；(2)歐洲地區（3.183分）；(3)亞洲地區（3.056分）；(4)美洲地區（3.021分）；(5)非洲地區（2.861分）。以下茲針對全球五大洲貿易自由度的評價進行說明：

1. **大洋洲地區**：相較於2009《IEAT調查報告》，在貿易自由度上，大洋洲連續兩年排名第一，由於澳洲自1970年代以來持續降低關稅，營造優良的投資環境，更提供良好的基礎設施，使得大洋洲在整體貿易自由度上獲得極高的評價。

2. **歐洲地區**：2010《IEAT調查報告》38個貿易地區，有十個貿易地區屬於歐洲，包括：德國、荷蘭、英國、西班牙、匈牙利、義大利、波蘭、法國、土耳其、俄羅斯，由表11-2顯示，歐洲地區貿易自由度排名依次為：英國、荷蘭、西班牙、德國、法國、土耳其、波蘭、俄羅斯、義大利、及匈牙利，其中，荷蘭在貿易自由度的「數量限制」、「價格限制」及「法規限制」構面，均排名在38個貿易地區中的前十名，貿易自由度整體排名更

較2009年明顯提升。

3. **亞洲地區**：2010《IEAT調查報告》全球五大洲貿易自由度排名以亞洲的變動最爲明顯，其超越美洲位居第三。由此可見，在亞洲新興市場崛起對全球經濟與貿易起了正面作用，大幅提升其在貿易自由度上的表現。在38個貿易地區中，亞洲地區屬於「重要市場」有香港、日本、新加坡，屬於「新興市場」則有中國大陸、印尼、印度、韓國、馬來西亞、菲律賓、泰國、越南、柬埔寨、科威特、沙烏地阿拉伯、阿聯大公國，共計15個貿易地區。

4. **美洲地區**：2010《IEAT調查報告》38個貿易地區，有六個貿易地區屬於美洲，北美有美國、加拿大、墨西哥，南美有阿根廷、巴西及智利，其中，加拿大與美國在38個貿易地區中位列第三、五名，與2009年相較並無明顯變動，而同屬美洲市場的巴西、智利、墨西哥、阿根廷則分屬第27、29、30、36名，其中巴西透過與中國大陸雙邊貿易，使得其進出口均大幅提升，可望帶動拉丁美洲貿易成長。

5. **非洲地區**：2010《IEAT調查報告》38個貿易地區，由於奈及利亞爲非洲第一大石油生產國，並因近年來國際油價及原物料價格大幅上漲之影響，成爲台灣重點拓銷市場，亦爲台灣在非洲第四大出口國。因此奈及利亞納入評估國家之一，南非、奈及利亞與埃及的貿易自由度評價分別位居第23、24及35名。

表11-3　2010 IEAT全球五大洲別「貿易自由度」排名

洲　　別	❶ 數量限制		❷ 價格限制		❸ 法規限制		❹政府限制		貿易自由度	2010排名	2009排名
	評分	排名	評分	排名	評分	排名	評分	排名			
大洋洲地區	3.382	1	3.232	1	3.211	1	3.168	2	3.228	**1**	**1**
歐洲地區	3.268	2	3.142	2	3.177	2	3.174	1	3.183	**2**	**2**
亞洲地區	3.096	3	3.031	3	3.049	4	3.061	3	3.056	**3**	**4**
美洲地區	3.045	4	2.956	4	3.050	3	3.019	4	3.021	**4**	**3**
非洲地區	2.832	5	2.801	5	2.842	5	2.939	5	2.861	**5**	**5**

資料來源：本研究整理

第 12 章

2010 IEAT 38個貿易地區「貿易便捷度」剖析

　　2010《IEAT調查報告》有關貿易便捷度衡量乃是由四個構面及15個細項指標所構成，貿易便捷度的四構面分別為：(1)市場便捷；(2)邊境便捷；(3)基建便捷；(4)流程便捷。有關貿易便捷度的整體評價，是將四個構面的評分，分別乘以專家給予四個構面之權重而得，四個構面權重分別為：市場便捷35％、邊境便捷20％、基建便捷20％、流程便捷則為25％，換言之，評價計算公式為「貿易便捷度＝（市場便捷×35％）＋（邊境便捷×20％）＋（基建便捷×20％）＋（流程便捷×25％）」。

■貿易便捷度細項評估指標分析

　　根據表12-1中，衡量貿易便捷度的15個細項指標顯示，評價最佳的前五項指標分別為：(1)簡化貿易流程所付出的努力（3.465分）；(2)政府對於開放通關作業時間的適切程度（3.368分）；(3)政府對於通關文件語言要求的嚴苛程度（3.361分）；(4)政府對於通關作業便捷化與透明化的程度（3.314分）；(5)政府對於進出口港務通關效率的程度（3.278分）。與2009《IEAT調查報告》相較之下，平均滿意度均有提升，在此15項貿易便捷度細項指標評估中，全部的分數均高於3分滿意度的平均值。

　　另外，貿易便捷度評價最差的前五項細項指標分別為：(1)貨物運輸倉儲品質與效率確保的程度（3.096分）；(2)海關採取估價原則一致性的程度（3.114分）；(3)貨物裝載即時性與便捷性的程度（3.122分）；(4)線上金融結匯系統健全的程度（3.177分）；(5)進出口品檢驗與檢疫程序便捷度（3.178分）。而就貿易便捷度四個評估構面分析結果顯示，各構面的排名依次為：(1)「流程便捷」為

3.286分；(2)「市場便捷」為3.283分；(3)「邊境便捷」為3.250分；(4)「基建便捷」為3.163分。以下茲針對貿易便捷度四構面的內涵及排名進行說明：

1. **市場便捷**：該構面之評價為3.283分，分數高於整體貿易便捷度平均值3.245分，排名第二位，較2009年（3.051分）提升。在市場便捷構面的細項指標中，以「政府對於通關文件語言要求的嚴苛程度」得分最高（3.361分）；其次為「政府對於要求貿易文件數量多寡的程度」（3.259分）；最後則為「建立符合國際性通關規範的程度」（3.228分）。

2. **邊境便捷**：該構面之評價分數為3.250分，分數略高於整體貿易便捷度平均值3.245分，排名第三位，較2009年降低。邊境便捷構面中，以「政府對於開放通關作業時間的適切程度」分數最高（3.368分）；其次則為「通關作業便捷化與透明化的程度」（3.314分）以及「政府對於進出口港務通關效率的程度」（3.278分），此外，則以「海關採取估價原則一致性的程度」分數最低（3.114分）。

3. **基建便捷**：該構面之評價分數為3.163分，分數略低於整體貿易便捷度平均值3.245分，與2009年相同仍居四項構面之末位。其中，以「政府對於貿易系統e化的程度」分數最高（3.257分），「貨物運輸倉儲品質與效率確保的程度」分數最低（3.096分）。由此可見，部分市場的基礎建設較2009年雖有小幅提升，但仍須進一步努力改善。

4. **流程便捷**：該構面之評價分數為3.286分，排名為四項構面之第一位，其中以「政府對於簡化貿易流程所付出的努力」分數最高（3.465分），此指標亦為貿易便捷度15個細項指標分數最高者，由此可見，各國為了吸引貿易商至其市場，在改善貿易處理流程的效果上已有明顯成效。

表12-1 2010 IEAT「貿易便捷度」細項評估指標排名

構面	細項評估指標	評分	排序
市場便捷	❶ 該國或該地區政府**建立符合國際性通關規範**的程度	3.228	8
	❷ 該國或該地區政府對於**要求貿易文件數量多寡**的程度	3.259	6
	❸ 該國或該地區政府對於**通關文件語言要求**的嚴苛程度	3.361	3
	構面平均值	**3.283**	—
邊境便捷	❶ 該國或該地區政府對於**進出口品檢驗與檢疫程序**便捷度	3.178	11
	❷ 該國或該地區政府對於**通關作業便捷化與透明化**的程度	3.314	4
	❸ 該國或該地區政府對於**開放通關作業時間**的適切程度	3.368	2
	❹ 該國或該地區政府對於**進出口港務通關效率**的程度	3.278	5
	❺ 該國或該地區**海關採取估價原則一致性**的程度	3.114	14
	構面平均值	**3.250**	—
基建便捷	❶ 該國或該地區政府對於**貿易系統e化**的程度	3.257	7
	❷ 該國或該地區政府對於**線上金融結匯系統健全**的程度	3.177	12
	❸ 該國或該地區對於**貨物運輸倉儲品質與效率確保**的程度	3.096	15
	❹ 該國或該地區對於**貨物裝載即時性與便捷性**的程度	3.122	13
	構面平均值	**3.163**	—
流程便捷	❶ 該國或該地區政府對於**建立貿易資訊單一查詢窗口**程度	3.207	9
	❷ 該國或該地區政府設有**貿易仲裁或申訴制度**的程度	3.186	10
	❸ 該國或該地區政府對於**簡化貿易流程**所付出努力的程度	3.465	1
	構面平均值	**3.286**	—
貿易便捷度	四項構面平均值	**3.245**	—

資料來源：本研究整理

■38個貿易地區貿易便捷度排名分析

2010《IEAT調查報告》根據評估的38個重要暨新興市場進行貿易便捷度的分析，其結果如表12-2顯示，茲就分析內容剖析如下：

1. 貿易便捷度評價最佳前十個貿易地區：評價最佳前十個貿易地區依序為：(1)新加坡；(2)香港；(3)英國；(4)加拿大；(5)美國；(6)日本；(7)阿曼；(8)阿聯大公國；(9)德國；(10)澳洲。新加坡以貿易便捷度4.073分位居38個貿易地區之首，並於貿易便捷度中的四項評估構面均居首位。由於其持續放寬投資及移民政策，並長期以低稅賦聞名全球，包括極低的企業所得

稅、個人所得稅等，隨著新美自由貿易協定的簽訂，新加坡－美國雙邊貿易自由往來，沒有關稅，提供給亞洲國家出口美國商品的貿易商一個非常有利的機會，讓新加坡成爲名副其實的亞洲貿易中繼站。

2. 貿易便捷度評價倒數前十個貿易地區：評價倒數前十個貿易地區依序爲：(1)柬埔寨；(2)菲律賓；(3)印尼；(4)越南；(5)阿根廷；(6)埃及；(7)智利；(8)匈牙利；(9)墨西哥；(10)奈及利亞。由此可見，評價倒數的前十個貿易地區多爲東南亞與南美地區市場，均因當地基礎建設較不完善，普遍網路使用率及e化程度不高，是造成排名較差的主因。其中，由於奈及利亞爲台灣重點拓銷市場之一，因其基礎建設不足、貿易流程繁雜缺乏標準化，故排名較差，但奈及利亞對資訊能力建構部分表示高度興趣，可望投注相當心力改善。因此台灣貿易商必須仔細評估了解當地市場的通關程序，以降低貿易風險。

■全球五大洲貿易便捷度排名分析

2010《IEAT調查報告》針對全球五大洲進行貿易便捷度排名分析，根據表12-3所示，2010貿易便捷度評估綜合排名依次爲：(1)大洋洲地區（3.451分）；(2)歐洲地區（3.275分）；(3)美洲地區（3.153分）；(4)亞洲地區（3.152分）；(5)非洲地區（2.990分）。茲針對全球五大洲貿易便捷度的評價進行說明：

1. 大洋洲地區：與2009年相同，大洋洲以3.451分位居全球五大洲別貿易便捷度第一位，並在貿易便捷度的四大構面市場便捷、邊境便捷、基建便捷及流程便捷獲得第一。大洋洲中列入評比的澳洲，雖在貿易便捷度排名居第十名，但在其運輸、通訊等基礎建設的完整建置下，輔以標準化的通關程序與效率，讓台灣貿易商對於其市場的貿易環境有較高的評價。

2. 歐洲地區：歐洲地區之排名以3.275位居於第二，其在貿易便捷度的四大構面市場便捷、邊境便捷、基建便捷及流程便捷均居第二。屬於前十名評價較佳的貿易地區中，歐洲地區佔了兩席，分別是英國與德國的第三與第九名。

3. 美洲地區：美洲地區之排名以3.153分排名位居第三，加拿大及美國在貿易便捷度上分居四、五位，然而，北美與南美市場的發展仍懸殊甚大，墨西

表12-2　2010 IEAT38個貿易地區「貿易便捷度」排名

貿易地區	洲別	❶市場便捷 評分	排名	❷邊境便捷 評分	排名	❸基建便捷 評分	排名	❹流程便捷 評分	排名	貿易便捷度	2010排名	2009排名
新加坡	亞洲	4.127	1	4.087	1	3.791	1	4.212	1	4.073	1	2
香港	亞洲	4.004	2	3.914	2	3.676	2	4.011	2	3.922	2	1
英國	歐洲	3.837	3	3.776	3	3.662	3	3.828	3	3.788	3	3
加拿大	美洲	3.667	4	3.610	4	3.435	6	3.659	4	3.607	4	4
美國	美洲	3.627	5	3.552	5	3.482	5	3.597	5	3.576	5	5
日本	亞洲	3.543	7	3.544	6	3.415	7	3.581	6	3.527	6	8
阿曼	亞洲	3.520	9	3.459	9	3.493	4	3.549	7	3.509	7	-
阿聯大公國	亞洲	3.530	8	3.528	7	3.404	9	3.504	9	3.498	8	10
德國	歐洲	3.517	10	3.483	8	3.414	8	3.487	10	3.482	9	9
澳洲	大洋洲	3.490	11	3.439	10	3.368	10	3.471	11	3.451	10	6
俄羅斯	歐洲	3.430	13	3.411	11	3.322	11	3.526	8	3.429	11	7
荷蘭	歐洲	3.558	6	3.344	15	3.238	15	3.434	12	3.420	12	14
卡達	亞洲	3.452	12	3.406	12	3.299	13	3.376	15	3.393	13	-
法國	歐洲	3.389	14	3.386	13	3.310	12	3.421	14	3.380	14	11
西班牙	歐洲	3.369	15	3.373	14	3.243	14	3.432	13	3.361	15	21
以色列	亞洲	3.333	16	3.263	16	3.164	17	3.281	16	3.272	16	-
南非	非洲	3.306	17	3.249	17	3.189	16	3.279	17	3.265	17	13
巴西	美洲	3.202	18	3.232	18	3.145	18	3.159	18	3.186	18	12
韓國	亞洲	3.164	19	3.168	19	3.043	22	3.112	20	3.128	19	15
義大利	歐洲	3.122	20	3.088	21	3.073	19	3.089	21	3.097	20	17

表12-2　2010 IEAT 38個貿易地區「貿易便捷度」排名（續）

貿易地區	洲別	❶ 市場便捷 評分	❶ 市場便捷 排名	❷ 邊境便捷 評分	❷ 邊境便捷 排名	❸ 基建便捷 評分	❸ 基建便捷 排名	❹ 流程便捷 評分	❹ 流程便捷 排名	貿易便捷度	2010 排名	2009 排名
沙烏地阿拉伯	亞洲	3.095	21	3.081	22	3.054	21	3.127	19	3.092	21	19
馬來西亞	亞洲	3.015	26	3.111	20	3.061	20	3.007	25	3.042	22	23
科威特	亞洲	3.063	22	3.062	23	2.946	24	3.063	23	3.040	23	22
中國大陸	亞洲	3.025	25	3.012	24	2.969	23	3.067	22	3.022	24	18
土耳其	歐洲	3.050	23	2.985	26	2.938	26	3.033	24	3.010	25	20
印度	亞洲	3.027	24	2.833	33	2.822	28	2.955	28	2.929	26	16
泰國	亞洲	2.966	27	2.944	27	2.756	32	2.966	26	2.919	27	26
波蘭	歐洲	2.912	31	2.871	30	2.941	25	2.912	30	2.909	28	28
奈及利亞	非洲	2.957	28	2.903	29	2.806	29	2.903	31	2.903	29	-
墨西哥	美洲	2.854	32	3.000	25	2.874	27	2.875	32	2.893	30	24
匈牙利	歐洲	2.932	30	2.845	31	2.718	33	2.957	27	2.878	31	29
智利	美洲	2.952	29	2.914	28	2.627	36	2.914	29	2.870	32	25
埃及	非洲	2.781	34	2.834	32	2.771	31	2.829	33	2.802	33	27
阿根廷	美洲	2.828	33	2.776	34	2.682	34	2.828	34	2.788	34	31
越南	亞洲	2.704	36	2.733	35	2.774	30	2.741	35	2.733	35	30
印尼	亞洲	2.744	35	2.636	36	2.679	35	2.667	36	2.690	36	32
菲律賓	亞洲	2.533	37	2.394	38	2.514	37	2.543	37	2.504	37	34
柬埔寨	亞洲	2.343	38	2.529	37	2.493	38	2.503	38	2.450	38	33

註：[1] 問卷評分轉換：「非常滿意＝5分」、「滿意＝4分」、「尚可＝3分」、「不滿意＝2分」、「非常不滿意＝1分」。

　　[2] 貿易便捷度＝【市場便捷×35%】＋【邊境便捷×20%】＋【基建便捷×20%】＋【流程便捷×25%】。

　　[3] 貿易便捷度評分越高，代表該國家或地區貿易便捷程度評價愈高，此排名是依據貿易便捷度由高至低排序。

哥、智利、阿根廷的貿易便捷度則分居第30、32及34位。

4. **亞洲地區**：亞洲地區之排名以3.152分的些微差距落後美洲地區，相較於2009年，亞洲地區因新興市場崛起，明顯拉近與美洲市場的距離。除了市場便捷與邊境便捷外，基建便捷與流程便捷均較美洲市場爲佳。由此可見，亞洲新興市場於關務作業及規定上有明顯改善，但部分地區如中國大陸，通關作業仍嫌繁雜，耗費時間過久，仍是未來必須改善的重點之一。

5. **非洲地區**：非洲地區排名以2.990位居全球五大洲別之末，由於非洲地區之經濟發展落後，生活條件較差，政局不安定與治安不佳等情形，加上非洲地區基礎建設落後，總體經濟局勢不安定，均是台灣貿易商經營上所需面對的問題。然而，非洲地區雖然經濟發展落後，生活不便，但由於幾乎所有產業均在萌芽階段，所以若是能夠掌握當地人民之需求，亦可以有不錯的發展機會。

表12-3　2010 IEAT全球五大洲別「貿易便捷度」排名

洲　別	❶ 市場便捷		❷ 邊境便捷		❸ 基建便捷		❹ 流程便捷		貿易便捷度	2010排名	2009排名
	評分	排名	評分	排名	評分	排名	評分	排名			
大洋洲地區	3.490	1	3.439	1	3.368	1	3.471	1	3.451	1	1
歐洲地區	3.311	2	3.256	2	3.186	2	3.312	2	3.275	2	2
美洲地區	3.188	3	3.181	3	3.041	4	3.172	4	3.153	3	3
亞洲地區	3.177	4	3.150	4	3.075	3	3.181	3	3.152	4	4
非洲地區	3.015	5	2.995	5	2.922	5	3.004	5	2.990	5	5

2010 IEAT 38個貿易地區 「貿易難易度」剖析

　　2010《IEAT調查報告》有關貿易難易度衡量乃是由四個構面及15個細項指標所構成，貿易難易度的四構面分別為：(1)許可成本；(2)資訊成本；(3)投資成本；(4)經商成本。貿易難易度整體評價之建構，乃是由四個構面的評分，分別乘以專家給予四個構面之權重而得，有關貿易難易度的四構面權重分別為許可成本15％、資訊成本15％、投資成本40％、經商成本則為30％，換言之，評價計算公式就是「貿易難易度＝（許可成本×15％）＋（資訊成本×15％）＋（投資成本×40％）＋（經商成本×30％）」。

■貿易難易度細項評估指標分析

　　根據表13-1顯示，在衡量貿易難易度的15個細項指標中，評價最佳的前五項指標分別為：(1)產品合格證明取得難易的程度（3.351分）；(2)貿易保證金要求的程度（3.277分）；(3)企業履行貿易合約的誠信程度（3.196分）；(4)智慧財產權保護完備的程度（3.175分）；(5)延誤或限制進出口業務的程度（3.150分），排名居前的五項指標中，細項評估指標分數均超過3分滿意程度「尚可」之值；另在15項細項指標評估中，有14個指標分數高於滿意尚可的3分以上，唯有「工作或居留許可證取得困難的程度」（2.999分）仍低於3分。

　　貿易難易度評價最差的前五項細項指標分別為：(1)工作或居留許可證取得困難的程度（2.999分）；(2)申辦領事簽證成本過高的程度（3.023分）；(3)取得當地市場資訊的難易程度（3.046分）；(4)查詢貿易法規難易的程度（3.056分）；(5)取得貿易糾紛申訴管道難易的程度（3.060分）。

　　就貿易難易度四個評估構面分析結果顯示，調查結果各構面的排名依次為：

(1)經商成本為3.148分；(2)許可成本為3.126分；(3)投資成本為3.122分；(4)資訊成本為3.065分。茲針對貿易難易度四構面的涵義及排名進行說明：

1. **許可成本**：該構面之評價分數為3.126，分數高於整體貿易難易度平均值3.115，為四構面排名第二。在許可成本的四項指標中，「產品合格證明取得難易的程度」最高（3.351分）；其次是「取得貿易許可難易的程度」（3.133分）與「申辦領事簽證成本過高的程度」（3.023分）；最後是「工作或居留許可證取得困難的程度」（2.999分）。

2. **資訊成本**：該構面之評價分數為3.065，分數略低於整體貿易難易度平均值3.115，排名為四項構面之末，其中，最高為「貿易商信用徵信資料可信的程度」（3.084分），而「取得當地市場資訊的難易程度」（3.046分）則為整體貿易難易度中評分最低的倒數第三名。

3. **投資成本**：該構面之評價分數為3.122，分數略高於整體貿易難易度平均值3.115，排名第三位，在投資成本的四項指標中，「該國或該地區之企業履行貿易合約的誠信程度」（3.196分）與「智慧財產權保護完備的程度」（3.175分）為貿易難易度15項細項指標中排名第三、四名。

4. **經商成本**：該構面之評價分數為3.277，分數明顯高於整體貿易難易度平均值3.115，為2010年《IEAT調查報告》評估貿易難易度四大構面之首。其中，以「貿易保證金要求的程度」（3.277分）與「延誤或限制進出口業務的程度」（3.150分）評分較高，分居整體貿易難易度指標第二、五名。

表13-1 2010 IEAT「貿易難易度」細項評估指標排名

構面	細項評估指標	評分	排序
許可成本	❶ 該國或該地區**取得產品合格證明難易**的程度	3.351	1
	❷ 該國或該地區**取得貿易許可難易**的程度	3.133	6
	❸ 該國或該地區**工作或居留許可證取得困難**的程度	2.999	15
	❹ 該國或該地區**申辦領事簽證成本過高**的程度	3.023	14
	構面平均值	**3.126**	—
資訊成本	❶ 貴公司在該國或該地區**取得當地市場資訊**的難易程度	3.046	13
	❷ 該國或該地區**貿易商信用徵信資料可信**的程度	3.084	9
	構面平均值	**3.065**	—

表13-1 2010 IEAT「貿易難易度」細項評估指標排名（續）

構面	細項評估指標	評分	排序
投資成本	❶ 該國或該地區對**智慧財產權保護完備**的程度	3.175	4
	❷ 該國或該地區**查詢貿易法規難易**的程度	3.056	12
	❸ 該國或該地區**取得貿易糾紛申訴管道難易**的程度	3.060	11
	❹ 該國或該地區之**企業履行貿易合約**的誠信程度	3.196	3
	構面平均值	**3.122**	—
經商成本	❶ 該國或該地區貿易過程中**銀行結匯佔交易成本**的程度	3.122	7
	❷ 該國或該地區**處理貿易糾紛所產生成本**的負擔程度	3.079	10
	❸ 該國或該地區**徵收貿易相關費用合理**的程度	3.114	8
	❹ 該國或該地區**延誤或限制進出口業務**的程度	3.150	5
	❺ 該國或該地區**要求貿易保證金**的程度	3.277	2
	構面平均值	**3.148**	—
貿易難易度	四項構面平均值	**3.115**	—

■38個貿易地區貿易難易度排名分析

2010《IEAT調查報告》根據評估的38個重要暨新興市場進行貿易難易度的分析，其結果如表13-2顯示，茲就分析內容剖析如下：

1. **貿易難易度評價最佳前十個貿易地區**：評價最佳前十個貿易地區分別為(1) 新加坡；(2)香港；(3)加拿大；(4)澳洲；(5)美國；(6)日本；(7)阿曼；(8) 英國；(9)以色列；(10)沙烏地阿拉伯。在貿易難易度排名前十名的貿易地區中，有三個國家屬於「新興市場」，分別為阿曼、以色列與沙烏地阿拉伯，其餘七個貿易地區均屬「重要市場」。根據排名分析顯示新加坡在貿易難易度的四大構面均排名第一，平均分數更達4.070分。新加坡為一國際性的金融中心，亦為世界上數一數二的港口，屢次被外國研究機構評定為投資最有保障的國家，其政治上的穩定、和諧的勞資關係、完善的基礎設施和高效率的服務水準、完善的吸引外資及獎勵制度、人民教育水準高，這一切都是其得以成為貿易難易度評價第一名的主要原因。

2. **貿易難易度評價倒數前十個貿易地區**：評價倒數前十個貿易地區分別為：
(1)柬埔寨；(2)阿根廷；(3)菲律賓；(4)埃及；(5)印度；(6)印尼；(7)巴西；

表13-2 2010 IEAT 38個貿易地區「貿易難易度」排名

貿易地區	洲別	❶許可成本		❷資訊成本		❸投資成本		❹經商成本		貿易難易度	2010排名	2009排名
		評分	排名	評分	排名	評分	排名	評分	排名			
新 加 坡	亞 洲	3.916	1	4.001	1	4.131	1	4.100	1	4.070	1	1
香 港	亞 洲	3.647	2	3.856	2	3.816	2	3.823	2	3.799	2	2
加 拿 大	美 洲	3.524	3	3.571	3	3.619	4	3.514	3	3.566	3	5
澳 洲	大洋洲	3.411	6	3.567	4	3.641	3	3.425	7	3.530	4	3
美 國	美 洲	3.371	8	3.460	5	3.575	5	3.496	4	3.503	5	4
日 本	亞 洲	3.328	9	3.347	6	3.443	6	3.440	6	3.411	6	6
阿 曼	亞 洲	3.510	4	3.324	7	3.309	8	3.453	5	3.384	7	-
英 國	歐 洲	3.310	10	3.220	8	3.378	7	3.316	8	3.325	8	7
以 色 列	亞 洲	3.375	7	3.188	9	3.164	13	3.294	9	3.238	9	-
沙烏地阿拉伯	亞 洲	3.286	11	3.155	12	3.190	11	3.281	10	3.227	10	8
卡 達	亞 洲	3.444	5	2.984	15	3.194	10	3.265	11	3.221	11	-
荷 蘭	歐 洲	3.192	13	3.163	11	3.250	9	3.223	12	3.220	12	12
德 國	歐 洲	3.157	15	3.169	10	3.165	12	3.149	14	3.160	13	9
西 班 牙	歐 洲	3.186	14	2.987	14	3.126	14	3.180	13	3.130	14	20
法 國	歐 洲	3.127	16	3.073	13	3.059	15	3.095	16	3.082	15	10
阿聯大公國	亞 洲	3.105	17	2.921	19	2.974	18	3.084	17	3.019	16	14
中國大陸	亞 洲	2.990	21	2.973	16	3.003	16	3.049	19	3.010	17	13
韓 國	亞 洲	3.082	18	2.734	26	2.938	19	3.125	15	2.985	18	11
南 非	非 洲	3.223	12	2.757	25	2.912	20	3.070	18	2.983	19	24
馬來西亞	亞 洲	2.960	23	2.856	21	2.978	17	2.893	23	2.931	20	19

表13-2 2010 IEAT 38個貿易地區「貿易難易度」排名（續）

貿易地區	洲別	❶許可成本 評分	排名	❷資訊成本 評分	排名	❸投資成本 評分	排名	❹經商成本 評分	排名	貿易難易度	2010 排名	2009 排名
俄羅斯	歐洲	2.993	20	2.865	20	2.900	22	2.968	20	2.929	21	24
土耳其	歐洲	2.892	26	2.962	17	2.892	24	2.940	21	2.917	22	16
義大利	歐洲	2.915	24	2.817	22	2.902	21	2.898	22	2.890	23	18
波蘭	歐洲	2.985	22	2.809	23	2.881	26	2.888	24	2.888	24	25
奈及利亞	非洲	2.855	28	2.952	18	2.895	23	2.781	30	2.863	25	-
科威特	亞洲	2.905	25	2.714	29	2.887	25	2.881	25	2.862	26	22
匈牙利	歐洲	2.994	19	2.731	28	2.776	28	2.867	27	2.829	27	27
墨西哥	美洲	2.766	33	2.734	26	2.820	27	2.769	31	2.784	28	21
智利	美洲	2.864	27	2.657	31	2.693	31	2.869	26	2.766	29	26
泰國	亞洲	2.833	29	2.679	30	2.686	32	2.851	28	2.757	30	17
越南	亞洲	2.810	31	2.795	24	2.725	29	2.699	35	2.741	31	30
巴西	美洲	2.833	30	2.605	34	2.651	33	2.790	29	2.713	32	15
印尼	亞洲	2.731	35	2.628	32	2.703	30	2.713	34	2.699	33	28
印度	亞洲	2.759	34	2.734	27	2.641	34	2.725	33	2.698	34	32
埃及	非洲	2.786	32	2.614	33	2.636	35	2.726	32	2.682	35	29
菲律賓	亞洲	2.714	36	2.514	35	2.507	36	2.663	36	2.586	36	33
阿根廷	美洲	2.515	37	2.364	36	2.360	37	2.552	37	2.441	37	31
柬埔寨	亞洲	2.244	38	2.103	37	2.029	38	2.201	38	2.124	38	34

註：【1】問卷評分轉換：「非常滿意＝5分」、「滿意＝4分」、「尚可＝3分」、「不滿意＝2分」、「非常不滿意＝1分」。
【2】貿易難易度＝【許可成本×15%】+【資訊成本×15%】+【投資成本×40%】+【經商成本×30%】。
【3】貿易難易度評分越高，代表該國家或地區貿易困難度評價愈低，此排名是依據貿易難易度之滿意程度由高至低排序。

(8)越南；(9)泰國；(10)智利。與貿易自由度及便捷度相同，貿易難易度倒數的十個貿易地區大多為東南亞地區及拉丁美洲地區國家。由於這些地區的資訊較不透明，且取得不易，更因為缺乏完善的貿易溝通管道，造成企業於這些地區從事貿易活動的難度大幅提升。以菲律賓為例，由於菲律賓對於智財權法規範不足，如對著作權人在廣播、轉播有線傳輸或衛星傳輸等方面權利規定不明確、對軟體及技術核照限制過多等。甚至訴訟時間往往長達5至10年之久，故多數案件僅能庭外解決，造成無法有效嚇阻仿冒。此外，凡至阿根廷進行商務、投資或市場考察之外國人士，需經過繁複的申請審核過程方可通過，均造成台灣貿易商於當地貿易活動的成本上升。

■全球五大洲貿易難易度排名分析

2010《IEAT調查報告》針對全球五大洲進行貿易難易度排名分析，根據表13-3所示，2010貿易難易度評估綜合排名依次為：(1)大洋洲地區（3.530分）；(2)亞洲地區（3.042分）；(3)歐洲地區（3.037分）；(4)美洲地區（2.962分）；(5)非洲地區（2.843分）。以下茲針對全球五大洲貿易難易度的評價進行分析說明：

1. **大洋洲地區**：全球五大洲貿易難易度排名第一名的大洋洲，其在貿易難易度的四大構面均排名第一。由於澳洲在電子商務、線上諮詢、智慧運輸系統、多媒體、安全保障、智能卡和無線網路等領域的專業化發展行之有年，因此資訊的透明程度及正確性相當可靠，讓外資企業所需付出的成本大幅降低。

2. **亞洲地區**：2010《IEAT調查報告》38個貿易地區，在亞洲地區屬於「重要市場」有香港、日本、新加坡，而屬於「新興市場」則有中國大陸、印尼、印度、韓國、馬來西亞、菲律賓、泰國、越南、柬埔寨、科威特、沙烏地阿拉伯、阿聯大公國，共計15個貿易地區。就亞洲地區而言，排名全球五大洲貿易難易度第二名，主要原因在於語言相近，大幅降低溝通成本，唯因部分東南亞國家資訊較落後，導致企業在當地從事貿易活動需花費較高成本以取得相關貿易資訊，以及部分地區仿冒問題嚴重，以致於投資成本較高。

3. **歐洲地區**：2010《IEAT調查報告》38個貿易地區，有十個貿易區屬於歐洲，包括：德國、荷蘭、英國、西班牙、匈牙利、義大利、波蘭、法國、土耳其、俄羅斯。歐洲地區貿易難易度雖以些微分數落後亞洲地區，乃因部分地區對於投資企業的許可要求甚嚴，甚至簽證取得不易，造成許可成本與經商成本過高，然而，歐洲地區因投資環境發展較佳，因此資訊的正確性與取得較亞洲地區可靠，因此，在資訊成本及投資成本上的表現較亞洲地區為佳。

4. **美洲地區**：2010《IEAT調查報告》38個貿易地區中，有六個貿易地區屬於美洲，北美有美國、加拿大、墨西哥，南美有阿根廷、巴西及智利。其中，加拿大及美國的排名為第三、五名，而阿根廷、巴西與智利則因資訊基礎建設尚未完善，導致資訊不透明，因此，墨西哥、智利、巴西及阿根廷則分居28、29、32及37名，美洲南北地區貿易難易度差別迥異。

5. **非洲地區**：由於非洲地區資訊發展環境較為落後，造成資訊流通不易，以致於資訊處理時間冗長，因此貿易難易度整體排名敬陪末座。其中南非為整體貿易難易度排名第19名，台灣主要拓銷國之一的奈及利亞則為25名，埃及則為35名。

表13-3　2010 IEAT全球五大洲別「貿易難易度」排名

洲　別	❶ 許可成本		❷ 資訊成本		❸ 投資成本		❹ 經商成本		貿易難易度	2010排名	2009排名
	評分	排名	評分	排名	評分	排名	評分	排名			
大洋洲地區	3.411	1	3.567	1	3.641	1	3.425	1	3.530	1	1
亞洲地區	3.091	2	2.973	3	3.018	3	3.085	2	3.042	2	3
歐洲地區	3.075	3	2.980	2	3.033	2	3.052	3	3.037	3	4
美洲地區	2.979	4	2.899	4	2.953	4	2.998	4	2.962	4	2
非洲地區	2.955	5	2.774	5	2.814	5	2.859	5	2.843	5	5

資料來源：本研究整理

第 14 章

2010 IEAT 38個貿易地區「貿易風險度」剖析

　　2010《IEAT 調查報告》有關貿易風險度衡量乃是由四項構面及15個細項指標所構成，貿易風險度的四構面分別為：(1)政治風險；(2)經濟風險；(3)政策風險；(4)支付風險。為建構貿易風險度的整體評價，由四個構面的評分，分別乘以專家給予四個構面之權重而得，有關貿易風險度的四構面權重分別為政治風險35％、經濟風險25％、政策風險25％、支付風險15％，換言之，評價計算公式就是「貿易風險度＝（政治風險×35％）＋（經濟風險×25％）＋（政策風險×25％）＋（支付風險×15％）」。

■貿易風險度細項評估指標分析

　　根據表14-1，衡量貿易風險度的所有15個細項指標中，評價最佳的前五項指標分別為：(1)政經環境及政權穩定的滿意程度（3.299分）；(2)整體社會治安穩定的程度（3.242分）；(3)司法成熟度與司法公正公平的程度（3.213分）；(4)貿易政策穩定及一致性的程度（3.177分）；(5)市場對外開放的滿意程度（3.163分），排名居前的五項指標中，其評估指標分數均超過3分滿意度平均值，另在15項貿易風險度細項指標評估中，有13個指標分數高於滿意度平均值的3分以上。

　　貿易風險度評價最差的前五項細項指標分別為：(1)貿易相關行政人員之道德操守的滿意程度（2.907分）；(2)維繫當地人際成本支出的滿意程度（2.993分）；(3)對支付進出口外匯採取無預警凍結之行為（3.015分）；(4)採行特別關稅政策頻率的滿意程度（3.051分）；(5)物價與匯率穩定的滿意程度（3.069分）。從上述分析發現，貿易相關行政人員之道德操守的滿意程度是貿易風險度15項指標中最不滿意的一項，顯示台灣貿易商在從事貿易活動時，許多檯面下的交易，

造成企業成本提高，表示貿易往來中仍存在許多不成文規定，尚待進一步改善。

　　從貿易風險度的四個評估構面分析結果顯示，各構面的排名依次為：(1)政治風險為3.199分；(2)政策風險為3.128分；(3)經濟風險為3.070分；(4)支付風險為3.026分。顯示若以3分當滿意度的平均值，那麼台灣貿易商對38個貿易地區風險度的四個構面評價均已漸達滿意平均值。以下茲針對有關貿易風險度四構面的涵義及排名進行說明：

1. 政治風險：該構面之評價分數為3.199分，分數高於整體貿易風險的平均值得分3.106分，四項構面中排名第一。其五項指標中，以「政經環境及政權穩定的滿意程度」最高（3.299分），其次是「整體社會治安穩定的程度」（3.242分）及「司法成熟度與司法公正公平的程度」（3.213分），分居整體15項細項評估指標的第一、二、三名。

2. 經濟風險：該構面之評價分數為3.070分，分數略低於整體貿易風險度平均值的3.106，名列第三位。其四項指標中，以「市場對外開放的滿意程度」（3.163分）最高，「貿易相關行政人員之道德操守的滿意程度」（2.907分）最低，且亦為整體15項細項評估指標的最後一名。

3. 政策風險：該構面之評價分數為3.128分，評價由2009年的最差提升至第二名，略高於整體貿易風險的平均值得分3.106分，在其三項指標中，以「貿易政策穩定及一致性的程度」最高（3.177分），「採行特別關稅政策之頻率滿意程度」最低（3.051分）。

4. 支付風險：該構面之評價分數為3.026分，分數略低於整體貿易風險度平均值的3.106分，由2009年的第二位落至最後一位。在支付風險的三項指標中，「維繫當地人際成本支出的滿意程度（2.993分）與「對支付進出口外匯採取無預警凍結之行為」（3.015分）分別為整體15項細項評估指標的倒數第二、三名。

表14-1　2010 IEAT「貿易風險度」細項評估指標排名

構面	細項評估指標	評分	排序
政治風險	❶ 該國或該地區**政經環境及政權穩定**的滿意程度	3.299	1
	❷ 該國或該地區**整體社會治安穩定**的程度	3.242	2
	❸ 該國或該地區**行政機關行政效率**的滿意程度	3.119	9
	❹ 該國或該地區**司法成熟度與司法公正公平**的程度	3.213	3
	❺ 該國或該地區**保障貿易商應有權益**的滿意程度	3.121	8
	構面平均值	**3.199**	—
經濟風險	❶ 該國或該地區**物價與匯率穩定**的滿意程度	3.069	11
	❷ 該國或該地區**貿易相關稅率穩定**的滿意程度	3.139	7
	❸ 該國或該地區**市場對外開放**的滿意程度	3.163	5
	❹ 該國或該地區**貿易相關行政人員之道德操守**的滿意程度	2.907	15
	構面平均值	**3.070**	—
政策風險	❶ 該國或該地區**貿易政策穩定及一致性**的程度	3.177	4
	❷ 該國或該地區**貿易法規制定與執行透明化**的程度	3.156	6
	❸ 該國或該地區**採行特別關稅政策之頻率**的滿意程度	3.051	12
	構面平均值	**3.128**	—
支付風險	❶ 該國或該地區之**企業對商業信用重視**的程度	3.071	10
	❷ 該國或該地區**維繫當地人際成本的支出**其滿意程度	2.993	14
	❸ 該地區對支付**進出口外匯採取無預警凍結**之行為	3.015	13
	構面平均值	**3.026**	—
貿易風險度	四項構面平均值	**3.106**	—

資料來源：本研究整理

■38個貿易地區貿易風險度排名分析

2010《IEAT調查報告》根據評估的38個重要暨新興市場進行貿易風險度的分析，其結果如表14-2顯示，茲就分析內容剖析如下：

1. 貿易風險度評價最佳前十個貿易地區：評價最佳的前十個貿易地區分別為：(1)新加坡；(2)香港；(3)英國；(4)美國；(5)澳洲；(6)加拿大；(7)法國；(8)日本；(9)卡達；(10)德國。在貿易風險度排名前十名的貿易地區中，除了卡達之外，其餘皆屬於2010《IEAT 調查報告》所分類的「重要

市場」，從分析結果顯示，重要市場的貿易投資環境仍比新興市場評價較高。此外，卡達因爲追求經濟多元化發展，其1,300億美元的重大投資中，有一半都在非能源產業上，並希望發展觀光、文化、金融等產業，使得身處海灣共同市場的卡達在經濟上將保持增長趨勢，

2. **貿易風險度評價倒數前十個貿易地區**：評價倒數的前十個貿易地區分別爲：(1)菲律賓；(2)柬埔寨；(3)印尼；(4)泰國；(5)阿根廷；(6)越南；(7)巴西；(8)印度；(9)埃及；(10)科威特。由於當地政局不穩定及政策環境的影響，造成部分地區執法不當，以致於企業風險提高。以柬埔寨爲例，由於柬埔寨行政效率極爲緩慢，且官僚情形嚴重，仍有待大幅改善，加上政府官員薪資過低，官員索賄案件時有所聞，造成許多廠商無法估計之隱形成本。另外，治安不佳，重大兇殺及槍擊案件層出不窮，已發生包括美國駐柬大使及我國多名台商遭人劫殺案件，其風險度之高可見一斑。

■全球五大洲貿易風險度排名分析

2010《IEAT調查報告》針對全球五大洲進行貿易風險度排名分析，根據表14-3所示，2010貿易風險度評估綜合排名依次爲：(1)大洋洲地區（3.476分）；(2)歐洲地區（3.147分）；(3)美洲地區（2.992分）；(4)亞洲地區（2.977分）；(5)非洲地區（2.911分）。以下茲針對全球五大洲貿易風險度的評價進行分析說明：

1. **大洋洲地區**：大洋洲地區在政治風險、經濟風險、政策風險、支付風險方面的表現均排名第一。主要的原因在於澳洲政治穩定性高，相對於其他地區犯罪率較低，擁有公開、高效率、透明的法律制度，以及嚴格的制衡及監察制度，讓台灣貿易商能夠放心與當地進行貿易活動。

2. **歐洲地區**：2010《IEAT調查報告》38個貿易地區，有十個貿易區屬於歐洲，包括：德國、荷蘭、英國、西班牙、匈牙利、義大利、波蘭、法國、土耳其、俄羅斯，由表14-2顯示，歐洲地區貿易風險度排名依次爲英國、法國、德國、荷蘭、西班牙、俄羅斯、匈牙利、波蘭、土耳其、義大利。

3. **美洲地區**：2010《IEAT調查報告》38個貿易地區，有六個貿易地區屬於美洲，北美有美國、加拿大、墨西哥，南美有阿根廷、巴西及智利，由於南美地區政治與經濟環境較不穩定，以致於美國與加拿大在38個貿易地區中

表14-2　2010 IEAT 38個貿易地區「貿易風險度」排名

貿易地區	洲別	❶政治風險		❷經濟風險		❸政策風險		❹支付風險		貿易風險度	2010排名	2009排名
		評分	排名	評分	排名	評分	排名	評分	排名			
新加坡	亞洲	3.881	1	3.773	1	3.790	1	3.411	2	3.761	1	2
香港	亞洲	3.807	2	3.739	2	3.725	2	3.467	1	3.719	2	1
英國	歐洲	3.687	3	3.590	3	3.660	3	3.340	3	3.604	3	3
美國	美洲	3.613	4	3.449	5	3.544	4	3.314	4	3.510	4	5
澳洲	大洋洲	3.587	6	3.473	4	3.445	8	3.272	5	3.476	5	4
加拿大	美洲	3.590	5	3.315	9	3.444	9	3.246	6	3.434	6	6
法國	歐洲	3.492	8	3.370	6	3.510	5	3.185	9	3.420	7	9
日本	亞洲	3.521	7	3.319	8	3.451	7	3.195	8	3.404	8	7
卡達	亞洲	3.374	11	3.339	7	3.226	13	3.215	7	3.304	9	-
德國	歐洲	3.483	9	3.172	12	3.309	11	3.098	13	3.304	10	8
阿曼	亞洲	3.347	12	3.147	13	3.461	6	3.176	10	3.300	11	-
荷蘭	歐洲	3.391	10	3.192	11	3.372	10	3.085	14	3.291	12	10
以色列	亞洲	3.283	13	3.194	10	3.289	12	3.133	11	3.240	13	-
西班牙	歐洲	3.268	14	3.086	14	3.211	14	3.114	12	3.185	14	12
俄羅斯	歐洲	3.137	15	3.013	15	3.070	15	2.991	18	3.067	15	14
馬來西亞	亞洲	3.091	16	2.951	18	3.014	17	3.014	16	3.025	16	17
中國大陸	亞洲	3.051	19	3.011	16	2.962	18	2.984	19	3.009	17	13
南非	非洲	3.086	17	2.953	17	2.955	19	2.901	22	2.992	18	15
奈及利亞	非洲	2.994	22	2.871	22	3.022	16	3.000	17	2.971	19	-
沙烏地阿拉伯	亞洲	3.062	18	2.861	23	2.881	23	2.976	20	2.954	20	24

表14-2　2010 IEAT38個貿易地區「貿易風險度」排名（續）

貿易地區	洲別	❶政治風險 評分	❶政治風險 排名	❷經濟風險 評分	❷經濟風險 排名	❸政策風險 評分	❸政策風險 排名	❹支付風險 評分	❹支付風險 排名	貿易風險度	2010排名	2009排名
匈牙利	歐洲	2.990	23	2.922	19	2.923	21	2.846	25	2.935	21	19
韓　國	亞洲	3.049	20	2.811	25	2.943	20	2.802	26	2.926	22	11
阿聯大公國	亞洲	2.995	21	2.875	21	2.851	26	2.851	24	2.907	23	16
波　蘭	歐洲	2.941	24	2.882	20	2.824	28	2.951	21	2.899	24	22
土 耳 其	歐洲	2.939	25	2.806	26	2.808	29	3.041	15	2.888	25	18
義 大 利	歐洲	2.932	26	2.811	24	2.854	25	2.878	23	2.874	26	31
智　利	美洲	2.914	27	2.757	28	2.857	24	2.781	28	2.841	27	27
墨 西 哥	美洲	2.831	30	2.680	30	2.906	22	2.771	29	2.803	28	23
科 威 特	亞洲	2.848	29	2.661	31	2.786	30	2.786	27	2.776	29	20
埃　及	非洲	2.857	28	2.754	29	2.724	31	2.676	34	2.771	30	25
印　度	亞洲	2.810	31	2.561	34	2.847	27	2.742	30	2.747	31	28
巴　西	美洲	2.721	33	2.803	27	2.719	32	2.719	31	2.741	32	21
越　南	亞洲	2.729	32	2.643	32	2.704	33	2.686	33	2.695	33	30
阿 根 廷	美洲	2.697	34	2.508	36	2.677	34	2.576	36	2.626	34	33
泰　國	亞洲	2.636	35	2.583	33	2.573	35	2.718	32	2.619	35	29
印　尼	亞洲	2.513	36	2.529	35	2.453	36	2.607	35	2.516	36	32
柬 埔 寨	亞洲	2.435	37	2.392	37	2.431	37	2.539	37	2.439	37	26
菲 律 賓	亞洲	2.286	38	2.143	38	2.219	38	2.419	38	2.253	38	34

註：[1] 問卷評分轉換：「非常好＝5分」、「好＝4分」、「尚可＝3分」、「差＝2分」、「非常差＝1分」。
　　[2] 貿易風險度＝【政治風險×35%】+【經濟風險×25%】+【政策風險×25%】+【支付風險×15%】。
　　[3] 貿易風險度評分越高，代表該國家或地區貿易風險評價愈低，此排名是依據貿易風險度由高至低排序。

居第四、六名，而智利、墨西哥、巴西、阿根廷則分屬第27、28、32、34名，普遍排名均較2009年降低。

4. **亞洲地區**：2010《IEAT調查報告》38個貿易地區，在亞洲地區屬於「重要市場」的有香港、日本、新加坡，而屬於「新興市場」的則有中國大陸、印尼、印度、韓國、馬來西亞、菲律賓、泰國、越南、柬埔寨、科威特、沙烏地阿拉伯、阿聯大公國，共計15個貿易地區。在38個貿易地區進行的貿易風險度評價中，新加坡及香港名列前兩名，菲律賓、柬埔寨與印尼則位列亞洲地區倒數前三名。

5. **非洲地區**：2010《IEAT調查報告》38個貿易地區，南非、奈及利亞與埃及的貿易風險度評價分別位居第18、19、30名。其中，奈及利亞實施民主政治，國家社會安定，政治立場溫和，與歐、美、印等國關係良好，由於石油出口順利，國內經濟持續繁榮，政府正努力發展電力、修建鐵公路等基礎建設，規劃大型工業區，並訂定優惠獎勵外資投資辦法，發展潛力無窮。

表14-3　2010 IEAT全球五大洲別「貿易風險度」排名

洲　別	❶ 政治風險		❷ 經濟風險		❸ 政策風險		❹ 支付風險		貿易風險度	2010排名	2009排名
	評分	排名	評分	排名	評分	排名	評分	排名			
大洋洲地區	3.587	1	3.473	1	3.445	1	3.272	1	3.476	**1**	**1**
歐洲地區	3.226	2	3.084	2	3.154	2	3.053	2	3.147	**2**	**2**
美洲地區	3.061	3	2.919	3	3.025	3	2.901	4	2.992	**3**	**3**
亞洲地區	3.040	4	2.918	4	2.978	4	2.929	3	2.977	**4**	**4**
非洲地區	2.979	5	2.859	5	2.900	5	2.859	5	2.911	**5**	**5**

資料來源：本研究整理

2010 IEAT 38個貿易地區「綜合貿易競爭力」剖析

2010《IEAT調查報告》依據「一力四度」評估模式，將38個貿易地區依國家競爭力、貿易自由度、貿易便捷度、貿易難易度、貿易風險度之評分，按專家學者配置之構面權重，計算出「綜合貿易競爭力」之最終排名得分。為使「綜合貿易競爭力」轉換為「貿易地區推薦等級」，因此將評分採百分位計算方式轉換，有關百分位轉換之方式，乃將38個貿易地區在各構面評分最高值設定為99.0，而最低值設定為50.0，進行百分位轉換，並依據百分位轉換而得的分數，經過專家之建議，將80分以上列為【A】級貿易地區，為「極力推薦」等級；65分至80分屬【B】級貿易地區，為「值得推薦」等級；60分至65分屬【C】級貿易地區，為「勉予推薦」等級；60分以下之貿易地區則屬【D】級貿易地區，為「暫不推薦」等級。有關38個貿易地區所屬之推薦等級，如表15-1所示。

■38個貿易地區綜合貿易競爭力排名

依表15-1顯示，2010《IEAT調查報告》「綜合貿易競爭力」排行，以下茲針對排名內涵進行說明：

1. **綜合貿易競爭力評價最佳前十個貿易地區**：2010《IEAT調查報告》綜合貿易競爭力評價最佳的前十個貿易地區依序為：(1)新加坡；(2)香港；(3)英國；(4)美國；(5)加拿大；(6)日本；(7)澳洲；(8)荷蘭；(9)德國；(10)法國。評價最佳的前十個貿易地區均為2010《IEAT調查報告》所歸類的「重要市場」，排名資料亦顯示，對台灣貿易商而言，「重要市場」的綜合貿易競爭力仍明顯高於「新興市場」。

2. **綜合貿易競爭力評價倒數前十個貿易地區**：2010《IEAT調查報告》綜合貿

易競爭力評價倒數前十個貿易地區依序爲：(1)柬埔寨；(2)菲律賓；(3)阿根廷；(4)印尼；(5)埃及；(6)越南；(7)印度；(8)奈及利亞；(9)泰國；(10)巴西。評價倒數的十個貿易地區均爲2010《IEAT調查報告》所歸類的「新興市場」。相較於重要市場，新興市場的資訊透明度較低、政治環境較不穩定，造成貿易商貿易風險增加，即便新興市場崛起對貿易商而言是大好機會，仍須謹慎選擇往來國家及擬定策略，方有利於企業永續經營。

3. 貿易地區推薦等級：由表15-1所示，在列入2010《IEAT調查報告》評估的38個貿易地區中，「極力推薦」的地區有13個，佔34.21％，亞洲地區有新加坡、香港、日本、以色列及卡達；美洲地區有美國、加拿大；歐洲地區有英國、荷蘭、德國、法國及西班牙，大洋洲地區有澳洲。列入「值得推薦」的地區有19個，佔50％。屬於「勉予推薦」等級計4個，佔10.52％，其中，亞洲地區有越南與印尼；美洲爲阿根廷；非洲則爲埃及。而被評爲「暫不推薦」等級則有2個，分別爲柬埔寨與菲律賓，佔5.26％。

■2010 IEAT四度排名與全球知名研究報告排名相關分析

2010《IEAT調查報告》爲求排名的客觀性與參考性，將「四度」所計算出來的排名與全球知名研究報告所公布的排名進行Pearson積差相關係數分析，藉以探究2010《IEAT調查報告》四度排名與全球知名研究報告排名之相關程度，相關係數越高，代表本研究之信度越高。茲將其原始之排名彙整如表15-2所示。

1. 貿易自由度：2010《IEAT調查報告》貿易自由度排名與美國傳統基金會《2009年貿易自由度指數》之排名的Pearson積差相關係數爲0.690；與加拿大弗沙爾學會及美國卡托研究所《2009年世界經濟自由度》之排名Pearson積差相關係數爲0.626，兩者之間均達到顯著的相關水準。

2. 貿易便捷度：2010《IEAT調查報告》貿易便捷度排名與世界銀行公佈《2009年世界貿易指標》之貿易便捷度排名的Pearson積差相關係數爲0.609；與世界經濟論壇《全球貿易促進報告》排名的Pearson積差相關係數爲0.688，均達到顯著的相關水準。

3. 貿易難易度：2010《IEAT調查報告》貿易難易度排名與世界銀行公佈《2010全球經商難易度》排名的Pearson積差相關係數爲0.793，達到顯著

的相關水準。

4. **貿易風險度**：2010《IEAT調查報告》貿易風險度排名與美國商業環境風險評估公司《2009投資環境風險評估報告》排名的Pearson積差相關係數為0.822；與科法斯公布之《2009國家貿易信用風險評等報告》排名的Pearson積差相關係數為0.568，均達到顯著的相關水準。

■2009─2010 IEAT貿易地區推薦等級及排名變遷

根據表15-3顯示，2009年與2010年《IEAT調查報告》可發現以下內涵：

1. **2009-2010 IEAT調查評估貿易地區投資環境變動**：2010年列入《IEAT調查報告》分析貿易地區但2009年未列入評比者，計有：(1)阿曼；(2)卡達；(3)以色列；(4)奈及利亞，新增4個貿易地區，其中3個屬於中東地區。

2. **2009-2010 IEAT貿易地區等級變動**：根據2009-2010《IEAT調查報告》顯示，兩年度同時列入【A】級「極力推薦」的貿易地區共有8個，佔2010年【A】級貿易地區的61.54％，兩年度列入【B】級「值得推薦」的貿易地區共計14個，佔2010年【B】級貿易地區的73.68％，顯示【A】級、【B】級所列之貿易地區，穩定度都超過半數。此外，兩年度列入【C】級「勉予推薦」之貿易地區計4個，而兩年度均列入【D】級「暫不推薦」仍為菲律賓與柬埔寨兩個貿易地區。

3. **2010新進入【A】級「極力推薦」的貿易地區**：2010《IEAT調查報告》首次進入【A】級「極力推薦」的貿易地區有5個，分別為：(1)荷蘭；(2)法國；(3)西班牙；(4)以色列；(5)卡達。其中，荷蘭、法國、西班牙在2009《IEAT調查報告》均位列【B】級「值得推薦」，但2010均躋身【A】級「極力推薦」之列，而以色列及卡達則為2010年新增評估之貿易地區。

4. **2009-2010 IEAT 綜合貿易競爭力排名分析**：根據2010《IEAT調查報告》綜合貿易競爭力排名分析顯示，排名上升的貿易地區共有6個，佔38個貿易地區的15.78％；排名下滑的貿易地區有24個，佔38個貿易地區的63.16％；而排名不變則有4個，佔38個貿易地區的10.53％。

全球新興市場覓商機 | Opportunities in Emerging Markets

表15-1　2010 IEAT 38個貿易地區「綜合貿易競爭力」排名

排名	貿易地區	一力(20%) 國家競爭力 評分	百分位	排名	①貿易自由度 評分	百分位	排名	②貿易便捷度 評分	百分位	排名	③貿易難易度 評分	百分位	排名	④貿易風險度 評分	百分位	排名	四度貿易力	排名	綜合貿易競爭力	2010 推薦等級	2009 推薦等級	2009
1	新加坡	82.444	96.398	4	3.940	99.000	1	4.073	99.000	1	4.070	99.000	1	3.761	99.000	1	99.000	1	98.480	A01	97.301	A02
2	香港	76.702	91.204	10	3.907	98.123	2	3.922	94.435	2	3.799	92.177	2	3.719	97.637	2	96.323	2	95.300	A02	98.122	A01
3	英國	81.835	95.847	5	3.575	89.415	4	3.788	90.374	3	3.325	80.255	8	3.604	93.903	3	89.803	3	91.012	A03	85.915	A05
4	美國	85.321	99.000	1	3.557	88.933	5	3.576	83.973	5	3.503	84.736	5	3.510	90.845	4	87.980	4	90.184	A04	87.889	A04
5	加拿大	83.818	97.641	3	3.618	90.540	3	3.607	84.918	4	3.566	86.319	3	3.434	88.364	6	88.021	6	89.945	A05	89.180	A03
6	日本	83.942	97.753	2	3.336	83.140	9	3.527	82.513	6	3.411	82.398	6	3.404	87.410	8	84.398	8	87.069	A06	83.959	A07
7	澳洲	81.161	95.238	7	3.228	80.310	14	3.451	80.201	10	3.530	85.420	4	3.476	89.727	5	84.351	5	86.528	A07	85.018	A06
8	荷蘭	81.507	95.550	6	3.352	83.559	7	3.420	79.289	12	3.220	77.605	12	3.291	83.715	12	81.866	12	84.603	A08	74.317	B02
9	德國	80.904	95.005	8	3.275	81.556	13	3.482	81.145	9	3.160	76.084	13	3.304	84.154	10	81.562	10	84.251	A09	81.643	A08
10	法國	77.677	92.086	9	3.223	80.180	15	3.380	78.079	14	3.082	74.131	15	3.420	87.923	7	81.563	7	83.668	A10	78.325	B01
11	西班牙	73.537	88.342	12	3.278	81.616	12	3.361	77.485	15	3.130	75.339	14	3.185	80.287	14	79.383	14	81.175	A11	72.414	B03
12	以色列	64.856	80.491	18	3.434	85.713	6	3.272	74.818	16	3.238	78.057	9	3.240	82.062	13	81.108	13	80.984	A12	-	-
13	卡達	57.944	74.239	25	3.305	82.341	10	3.393	78.472	13	3.221	77.623	11	3.304	84.164	9	81.498	9	80.046	A13	-	-
14	阿曼	48.334	65.547	31	3.338	83.207	08	3.509	81.977	7	3.384	81.743	7	3.300	84.019	11	83.026	11	79.530	B01	-	-
15	馬來西亞	65.603	81.166	16	3.285	81.802	11	3.042	67.856	22	2.931	70.334	20	3.025	75.092	16	74.944	16	76.188	B02	69.404	B10
16	阿聯大公國	62.156	78.048	20	3.104	77.060	18	3.498	81.631	8	3.019	72.530	16	2.907	71.256	23	75.264	23	75.820	B03	71.728	B04
17	中國大陸	65.050	80.666	17	3.182	79.104	16	3.022	67.247	24	3.010	72.319	17	3.009	74.564	17	74.126	17	75.434	B04	69.690	B08
18	韓國	74.451	89.168	11	2.911	71.985	25	3.128	70.452	19	2.985	71.681	18	2.926	71.861	22	71.589	22	75.105	B05	71.659	B05
19	南非	62.997	78.809	19	3.008	74.550	23	3.265	74.585	17	2.983	71.629	19	2.992	74.021	18	73.934	18	74.909	B06	69.545	B09
20	俄羅斯	49.947	67.006	30	3.049	75.621	20	3.429	79.537	11	2.929	70.277	21	3.067	76.462	15	75.897	15	74.119	B07	71.578	B06

四度(80%)

2010推薦等級：極力推薦（A01～A13）、值得推薦（B01～B07）

表15-1 2010 IEAT 38個貿易地區「綜合貿易競爭力」排名（續）

排名	貿易地區	一力(20%) 國家競爭力			四度(80%) ❶貿易自由度			❷貿易便捷度			❸貿易難易度			❹貿易風險度			四度貿易實力	綜合貿易競爭力	2010 推薦等級	2009 推薦等級	
		評分	百分位	排名	評分	百分位	排名	評分	百分位	排名	評分	百分位	排名	評分	百分位	排名					
21	義 大 利	69.152	84.375	13	3.029	75.084	22	3.097	69.532	20	2.890	69.289	23	2.874	70.174	26	71.386	73.984	B08	66.439	B14
22	沙烏地阿拉伯	58.217	74.485	24	3.034	75.222	21	3.092	69.374	21	3.227	77.765	10	2.954	72.763	20	73.573	73.756	B09	66.591	B11
23	波 蘭	61.815	77.740	22	3.101	76.966	19	2.909	63.861	28	2.888	69.236	24	2.899	70.973	24	71.088	72.418	B10	66.924	B13
24	土 耳 其	55.375	71.915	26	3.126	77.631	17	3.010	66.904	25	2.917	69.967	22	2.888	70.637	25	71.888	71.893	B11	65.965	B07
25	匈 牙 利	61.529	77.481	23	2.820	69.618	28	2.878	62.915	31	2.829	67.751	27	2.935	72.148	21	68.883	71.603	B12	65.618	B17
26	智 利	66.759	82.211	15	2.796	68.981	29	2.870	62.678	32	2.766	66.164	29	2.841	69.093	27	67.337	71.312	B13 值得推薦	64.936	C01
27	墨 西 哥	61.947	77.859	21	2.777	68.473	30	2.893	63.354	30	2.784	66.613	28	2.803	67.869	28	66.959	69.139	B14	65.930	B16
28	科 威 特	53.652	70.357	27	2.866	70.805	26	3.040	67.797	23	2.862	68.582	26	2.776	66.994	29	68.536	68.900	B15	66.303	B15
29	巴 西	53.024	69.783	29	2.824	69.702	27	3.186	72.200	18	2.713	64.835	32	2.741	65.844	32	68.121	68.455	B16	68.409	B12
30	泰 國	67.855	83.203	14	2.735	67.379	32	2.919	64.165	27	2.757	65.931	30	2.619	61.894	35	64.600	68.320	B17	64.449	C02
31	奈及利亞	33.700	52.311	37	2.944	72.865	24	2.903	63.658	29	2.863	68.615	25	2.971	73.324	19	70.547	65.899	B18	-	-
32	印 度	53.576	70.288	28	2.723	67.074	33	2.929	64.462	26	2.698	64.447	34	2.747	66.033	31	65.793	65.692	B19	63.483	C04
33	越 南	46.675	64.045	33	2.636	64.787	34	2.733	58.534	35	2.741	65.526	31	2.695	64.346	33	63.493	63.604	C01	6?.322	C06
34	埃 及	41.005	58.918	35	2.632	64.666	35	2.802	60.607	33	2.682	64.051	35	2.771	66.827	30	64.518	63.398	C02 勉予推薦	63.576	C03
35	印 尼	47.189	64.511	32	2.765	68.169	31	2.690	57.236	36	2.699	64.479	33	2.516	58.536	36	62.057	62.548	C03	62.001	C05
36	阿 根 廷	46.668	64.039	34	2.556	62.671	36	2.788	60.210	34	2.441	57.984	37	2.626	62.126	34	61.285	61.836	C04	60.992	C07
37	菲 律 賓	39.713	57.749	36	2.433	59.460	37	2.504	51.623	37	2.586	61.633	36	2.253	50.000	38	54.908	55.476	D01 暫不推薦	53.138	D02
38	柬 埔 寨	31.145	50.000	38	2.073	50.000	38	2.450	50.000	38	2.124	50.000	38	2.439	56.037	37	52.113	51.690	D02	56.095	D01

註：
[1] 綜合貿易競爭力＝【國家競爭力×20%】＋【四度貿易實力×80%】。
[2] 四度貿易實力＝【貿易自由度×30%】＋【貿易便捷度×20%】＋【貿易難易度×15%】＋【貿易風險度×35%】。

表15-2 2010 IEAT 38個貿易地區「四度貿易實力」排行與研究機構比較分析

貿易地區	❶ 貿易自由度				❷ 貿易便捷度			❸ 貿易難易度		❹ 貿易風險度		
	IEAT 2010	HF 2009	FCIr 2009	IEAT 2010	WB 2006-2008	WEF 2009	IEAT 2010	IEAT 2010	WB 2010	IEAT 2010	Coface 2009	BERI 2009-Q2
新加坡	1	4	2	1	1	1	1	1	1	1	A2	2
香港	2	1	1	2	8	2	2	2	3	2	A2	–
英國	4	41	9	3	9	20	8	8	5	3	A3	18
美國	5	13	6	5	14	16	5	5	4	4	A2	12
加拿大	3	7	8	4	10	6	3	3	8	6	A2	13
日本	9	51	30	6	6	23	6	6	15	8	A2	6
澳洲	14	44	9	10	17	14	4	4	9	5	A2	19
荷蘭	7	33	20	12	2	10	12	12	30	12	A2	3
德國	13	26	27	9	3	12	13	10	25	10	A2	6
法國	15	63	33	14	18	17	15	15	31	7	A2	14
西班牙	12	39	39	15	26	27	14	14	62	14	A3	21
以色列	6	17	78	16	33	29	16	13	29	13	A4	–
卡達	10	58	–	13	46	35	13	9	39	9	A2	–
阿曼	8	–	36	7	48	34	7	11	65	11	A3	–
馬來西亞	11	81	66	22	27	28	22	16	23	16	A2	19
阿聯大公國	18	67	19	8	20	18	8	23	33	23	–	–
中國大陸	16	110	82	24	30	49	24	17	89	17	A3	17
韓國	25	119	32	19	25	26	19	18	19	22	A2	21
南非	23	93	57	17	24	61	17	19	34	18	A3	28
俄羅斯	20	152	83	11	99	109	11	21	120	15	C	30
義大利	22	65	61	20	22	45	20	23	78	26	A3	26
沙烏地阿拉伯	21	55	–	21	41	42	21	10	13	20	A4	23

表15-2 2010 IEAT 38個貿易地區「四度貿易實力」排行與研究機構比較分析（續）

貿易地區	❶ 貿易自由度			❷ 貿易便捷度			❸ 貿易難易度		❹ 貿易風險度		
	IEAT 2010	HF 2009	FClr 2009	IEAT 2010	WB 2006-2008	WEF 2009	IEAT 2010	WB 2010	IEAT 2010	Coface 2009	BERI 2009-Q2
波　　蘭	19	34	74	28	40	57	24	72	24	A3	34
土 耳 其	17	14	88	25	34	48	22	73	25	B	41
匈 牙 利	28	27	38	31	35	38	27	47	21	A4	34
智　　利	29	21	5	32	32	19	29	49	27	A2	24
墨 西 哥	30	69	68	30	56	74	28	51	28	A4	48
科 威 特	26	60	30	23	44	59	26	61	29	A2	–
巴　　西	27	108	111	18	61	87	32	129	32	A4	37
泰　　國	32	91	59	27	31	50	30	12	35	A3	32
奈及利亞	24	150	97	29	93	117	25	125	19	D	–
印　　度	33	170	86	26	39	76	34	133	31	A3	30
越　　南	34	144	101	35	53	89	31	93	33	B	39
埃　　及	35	143	79	33	97	75	35	106	30	B	32
印　　尼	31	85	93	36	43	62	33	122	36	–	41
阿 根 廷	36	120	105	34	45	97	37	118	34	C	39
菲 律 賓	37	78	69	37	65	82	36	144	38	B	34
柬 埔 寨	38	142	–	38	81	91	38	145	37	D	–

註：
[1] HF 2009指美國傳統基金會公布之《2009年貿易自由度指數》之貿易自由度排名。
[2] FClr 2009指加拿大弗沙爾學會及美國卡托研究所公布之《2009年世界經濟自由度》經濟自由度排名。
[3] WB 2009指世界銀行公布之《2009年世界貿易指標》貿易便捷度排名。
[4] WEF 2009指世界經濟論壇公布之《全球貿易促進報告》貿易便利度排名。
[5] WB 2010指世界銀行公布之《2010全球經商難易度》。
[6] Coface 2009指科法斯公布之《2009國家貿易信用風險評等報告》。
[7] BERI 2009指美國商業環境風險評估公司公布的2009年第二次《Investment Environment Risk Assessment Report》投資環境排名。

5. 2009-2010 IEAT 綜合貿易競爭力排名上升的前三大貿易地區分析：
2010《IEAT調查報告》針對列入38個貿易地區進行綜合貿易競爭力排名分析，排名上升前三大貿易地區分別為：(1)馬來西亞，上升3位；(2)英國、荷蘭，上升2位；(3)新加坡、日本、義大利，上升1位。

6. 2009-2010 IEAT 綜合貿易競爭力排名下降的前五大貿易地區分析：根據2010《IEAT調查報告》綜合貿易競爭力排名分析顯示，排名下降幅度前五大的貿易地區依序為：(1)土耳其、巴西，下降9位；(2)俄羅斯、埃及，下降6位；(3)韓國、科威特、印尼、柬埔寨，下降5位；(4)阿聯大公國、阿根廷，下降4位；(5)墨西哥、泰國、印度、菲律賓，下降3位。其中，由於土耳其與巴西在貿易法令上透明度不足，對企業資訊披露也不夠充分，加上近年來頻頻設立貿易壁壘，提高其非關稅障礙，是造成台灣貿易商對土耳其及巴西的貿易環境評價大幅下降的主因。至於俄羅斯，則因進口檢驗證明取得困難，加上簽證規定嚴格等影響，造成其排名下降。而埃及則因針對多項產品課徵關稅，影響了貿易商對其貿易環境的信心。

值得注意的是，名次下降最多的前兩名即包含了「金磚四國」中的巴西與俄羅斯，究竟是什麼原因造成這樣的排名變動？初步歸納出下列三點原因，茲分別說明如下：

❶ **全球金融海嘯衝擊：**全球先進國家如英、美，在金融海嘯的衝擊下造成經濟衰退以及對進出口的需求降低，在這樣的影響下，巴西首當其衝，各國陸續減少對巴西的投資。另外，俄羅斯則因為金融海嘯的衝擊，導致許多工廠歇業停工，亦對其市場及經濟造成嚴重打擊。

❷ **當地貿易環境變動：**俄羅斯由於政治環境因素影響，造成企業對於俄羅斯走向「國家資本主義」的憂慮，降低投資意願並大幅撤出資金，嚴重影響俄羅斯股市與經濟發展。此外，巴西則為了扶植本國產業而進行相關外資限制政策，加上銀行信用不佳，甚至發生許多廠商倒帳問題，以致貿易商對其投資環境失去信心，造成排名下降。

❸ **第四新興市場崛起：**相較於2009《IEAT調查報告》，由於中東油源市場的崛起將成為下一個新興市場，因此2010《IEAT調查報告》特別納入阿曼及卡達等中東貿易地區評估，而其綜合競爭力排名更分居12、13名。因此，波灣市場的崛起也將是影響台灣貿易商對於貿易地區評價的重要考量之

一，甚至可能進一步影響其他國家如俄羅斯及巴西的排名。

表15-3 2009-2010 IEAT全球重要暨新興市場推薦等級及排名變化

貿易地區	2010調查		2009調查		2009-2010 排名差異
	推薦等級	排名	推薦等級	排名	
新 加 坡	A01	1	A02	2	1↑
香 港	A02	2	A01	1	1↓
英 國	A03	3	A05	5	2↑
美 國	A04	4	A04	4	⇔
加 拿 大	A05	5	A03	3	2↓
日 本	A06	6	A07	7	1↑
澳 洲	A07	7	A06	6	1↓
荷 蘭	A08	8	B02	10	2↑
德 國	A09	9	A08	8	1↓
法 國	A10	10	B01	9	1↓
西 班 牙	A11	11	B03	11	⇔
以 色 列	A12	12	–	–	–
卡 達	A13	13	–	–	–
阿 曼	B01	14	–	–	–
馬來西亞	B02	15	B10	18	3↑
阿聯大公國	B03	16	B04	12	4↓
中國大陸	B04	17	B08	16	1↓
韓 國	B05	18	B05	13	5↓
南 非	B06	19	B09	17	2↓
俄 羅 斯	B07	20	B06	14	6↓
義 大 利	B08	21	B14	22	1↑
沙烏地阿拉伯	B09	22	B11	19	3↓
波 蘭	B10	23	B13	21	2↓
土 耳 其	B11	24	B07	15	9↓
匈 牙 利	B12	25	B17	25	⇔
智 利	B13	26	C01	26	⇔
墨 西 哥	B14	27	B16	24	3↓
科 威 特	B15	28	B15	23	5↓

表15-3　2009-2010 IEAT全球重要暨新興市場推薦等級及排名變化（續）

貿易地區	2010調查		2009調查		2009-2010 排名差異
	推薦等級	排名	推薦等級	排名	
巴　　西	B16	29	B12	20	9↓
泰　　國	B17	30	C02	27	3↓
奈及利亞	B18	31	–	–	–
印　　度	B19	32	C04	29	3↓
越　　南	C01	33	C06	31	2↓
埃　　及	C02	34	C03	28	6↓
印　　尼	C03	35	C05	30	5↓
阿 根 廷	C04	36	C07	32	4↓
菲 律 賓	D01	37	D02	34	3↓
柬 埔 寨	D02	38	D01	33	5↓

■全球重要暨新興市場綜合貿易競爭力排名

　　2010《IEAT調查報告》針對38個貿易地區，並將此38個貿易地區劃分爲「重要市場」與「新興市場」兩大類，表15-4彙整兩大類之國家競爭力、貿易自由度、貿易便捷度、貿易難易度及貿易風險度等「一力四度」評估排名，其次，針對「重要市場」與「新興市場」之綜合貿易競爭力亦進行排名比較，茲將分析結果陳述如下：

1. **「重要市場」綜合貿易競爭力評價最佳前五個貿易地區**：2010《IEAT調查報告》重要市場綜合貿易競爭力評價最佳的前五個貿易地區分別爲：(1)新加坡（98.480分）；(2)香港（95.300分）；(3)英國（91.012分）；(4)美國（90.184分）；(5)加拿大（89.945分）。由表15-4可知，「重要市場」在四度構面的評價均高於「新興市場」，正凸顯出「重要市場」在貿易環境上的建置較「新興市場」完備。此外，新加坡與香港在個別的貿易自由度、貿易便捷度、貿易難易度以及貿易風險度上的排名也是分居一、二名。相較於2009《IEAT調查報告》的排名，新加坡取代香港成爲第一，原因乃是由於美、歐、日需求不景氣導致全球貿易倒退，對香港最大的服務行業貿易及物流業造成重創。反觀新加坡則著重保留高科技製造業和研

發，並且爲此制定長遠政策，得以降低全球金融海嘯的衝擊，此外，新加坡擁有穩定的經濟環境，貿易投資糾紛也最少，貿易商至當地貿易經商的風險與成本也相對減少，成爲其拔得頭籌的重要關鍵。

2. **「新興市場」綜合貿易競爭力評價最佳前五個貿易地區**：2010《IEAT調查報告》新興市場綜合貿易競爭力評價最佳的前五個貿易地區分別爲：(1)以色列（80.984分）；(2)卡達（80.046分）；(3)阿曼（79.530分）；(4)馬來西亞（79.188分）；(5)阿拉伯聯合大公國（75.820分）。自2008年全球經濟陷入衰退迄今，許多新興市場經濟體打破過去的慣例，表現較已開發國家爲佳，甚至更爲穩定且有彈性。然而，在新興市場綜合貿易競爭力評價最佳的前五個貿易地區中，就有四個國家屬中東地區。中東地區最主要的產業重心爲服務業，因爲雖然中東整體石油蘊藏豐富，除能源產業外，也同時提倡金融服務、旅遊服務、運輸服務或通訊服務等與天然資源、氣候較無關的產業，如阿拉伯聯合大公國中的杜拜、波斯灣沿岸的卡達等。如此多元化的經濟發展方式，使得波灣地區國家的綜合貿易競爭力大幅提升。

■全球重要經濟組織綜合貿易競爭力排名

2010年《IEAT調查報告》所評估的38個貿易地區，可歸類於「亞洲四小龍」、「七大工業國」、「金磚四國」、「新興三地」、「東協十國」、「新鑽11國」、「展望五國」、「金賺14國」、「台灣主要貿易夥伴」及「2009年台灣重點拓銷市場」，由表15-5結果顯示，全球重要經濟組織綜合貿易競爭力排名，前五名分別爲：(1)亞洲四小龍（89.628分）；(2)七大工業國（85.730分）；(3)台灣主要十大貿易夥伴（84.230分）；(4)2008台灣重點拓銷十大市場（74.732分）；(5)金磚四國（71.175分）。以下茲針對各經濟組織綜合貿易競爭力排名之內涵進行說明：

1. **亞洲四小龍**：亞洲四小龍之綜合貿易競爭力排名，僅以香港、新加坡及韓國三個貿易地區進行評比，其名次分別爲新加坡第一名（98.480分）、香港居次（95.300分），韓國則居末（75.105分）；其中，新加坡在貿易自由度、貿易便捷度、貿易難易度及貿易風險度四大構面皆排名第一名，香港則均排名第二。

表15-4 2010 IEAT重要暨新興市場「綜合貿易競爭力」排行

類別	排名	貿易地區	國家競爭力 評分	百分位	排名	❶貿易自由度 評分	百分位	排名	❷貿易便捷度 評分	百分位	排名	❸貿易難易度 評分	百分位	排名	❹貿易風險度 評分	百分位	排名	四度貿易實力	綜合貿易競爭力
重要市場	1	新加坡	82.444	96.398	4	3.940	99.000	1	4.073	99.000	1	4.070	99.000	1	3.761	99.000	1	99.000	98.480
	2	香港	76.702	91.204	10	3.907	98.123	2	3.922	94.435	2	3.799	92.177	2	3.719	97.637	2	96.323	95.300
	3	英國	81.835	95.847	5	3.575	89.415	4	3.788	90.374	3	3.325	80.255	8	3.604	93.903	3	89.803	91.012
	4	美國	85.321	99.000	1	3.557	88.933	5	3.576	83.973	5	3.503	84.736	5	3.510	90.845	4	87.980	90.184
	5	加拿大	83.818	97.641	3	3.618	90.540	3	3.607	84.918	4	3.566	86.319	3	3.434	88.364	6	88.021	89.945
	6	日本	83.942	97.753	2	3.336	83.140	9	3.527	82.513	6	3.411	82.398	6	3.404	87.410	8	84.398	87.069
	7	澳洲	81.161	95.238	7	3.228	80.310	14	3.451	80.201	10	3.530	85.420	4	3.476	89.727	5	84.351	86.528
	8	荷蘭	81.507	95.550	6	3.352	83.559	7	3.420	79.289	12	3.220	77.605	12	3.291	83.715	12	81.866	84.603
	9	德國	80.904	95.005	8	3.275	81.556	13	3.482	81.145	9	3.160	76.084	13	3.304	84.154	10	81.562	84.251
	10	法國	77.677	92.086	9	3.223	80.180	15	3.380	78.079	14	3.082	74.131	15	3.420	87.923	7	81.563	83.668
	11	西班牙	73.537	88.342	12	3.278	81.616	12	3.361	77.485	15	3.130	75.339	14	3.185	80.287	14	79.383	81.175
	12	義大利	69.152	84.375	13	3.029	75.084	22	3.097	69.532	20	2.890	69.289	23	2.874	70.174	26	71.386	73.984
		平均值	79.833	94.037	－	3.443	85.955	－	3.557	83.412	－	3.391	81.896	－	3.415	87.762	－	85.470	87.183
新興市場	1	以色列	64.856	80.491	18	3.434	85.713	6	3.272	74.818	16	3.238	78.057	9	3.240	82.062	13	81.108	80.984
	2	卡達	57.944	74.239	25	3.305	82.341	10	3.393	78.472	13	3.221	77.623	11	3.304	84.164	9	81.498	80.046
	3	阿曼	48.334	65.547	31	3.338	83.207	8	3.509	81.977	7	3.384	81.743	7	3.300	84.019	11	83.026	79.530
	4	馬來西亞	65.603	81.166	16	3.285	81.802	11	3.042	67.856	22	2.931	70.334	20	3.025	75.092	16	74.944	76.188
	5	阿聯大公國	62.156	78.048	20	3.104	77.060	18	3.498	81.631	8	3.019	72.530	16	2.907	71.256	23	75.264	75.820
	6	中國大陸	65.050	80.666	17	3.182	79.104	16	3.022	67.247	24	3.010	72.319	17	3.009	74.564	17	74.126	75.434
	7	韓國	74.451	89.168	11	2.911	71.985	25	3.128	70.452	19	2.985	71.681	18	2.926	71.861	22	71.589	75.105
	8	南非	62.997	78.809	19	3.008	74.550	23	3.265	74.585	17	2.983	71.629	19	2.992	74.021	18	73.934	74.909

表15-4 2010 IEAT重要暨新興市場「綜合貿易競爭力」排行（續）

類別	排名	貿易地區	國家競爭力			❶貿易自由度			❷貿易便捷度			❸貿易難易度			❹貿易風險度			四度貿易實力	綜合貿易競爭力
			評分	百分位	排名	評分	百分位	排名	評分	百分位	排名	評分	百分位	排名	評分	百分位	排名		
	9	俄羅斯	49.947	67.006	30	3.049	75.621	20	3.429	79.537	11	2.929	70.277	21	3.067	76.462	15	75.857	74.119
	10	沙烏地阿拉伯	58.217	74.485	24	3.034	75.222	21	3.092	69.374	21	3.227	77.765	10	2.954	72.763	20	73.573	73.756
	11	波蘭	61.815	77.740	22	3.101	76.966	19	2.909	63.861	28	2.888	69.236	24	2.899	70.973	24	71.088	72.418
	12	土耳其	55.375	71.915	26	3.126	77.631	17	3.010	66.904	25	2.917	69.967	22	2.888	70.637	25	71.888	71.893
	13	匈牙利	61.529	77.481	23	2.820	69.618	28	2.878	62.915	31	2.829	67.751	27	2.935	72.148	21	68.883	70.603
	14	智利	66.759	82.211	15	2.796	68.981	29	2.870	62.678	32	2.766	66.164	29	2.841	69.093	27	67.337	70.312
	15	墨西哥	61.947	77.859	21	2.777	68.473	30	2.893	63.354	30	2.784	66.613	28	2.803	67.869	28	66.959	69.139
	16	科威特	53.652	70.357	27	2.866	70.805	26	3.040	67.797	23	2.862	68.582	26	2.776	66.994	29	68.556	68.900
	17	巴西	53.024	69.789	29	2.824	69.702	27	3.186	72.200	18	2.713	64.835	32	2.741	65.844	32	68.121	68.455
	18	泰國	67.855	83.203	14	2.735	67.379	32	2.919	64.165	27	2.757	65.931	30	2.619	61.894	35	64.600	68.320
新興市場	19	奈及利亞	33.700	52.311	37	2.944	72.865	24	2.903	63.658	29	2.863	68.615	25	2.971	73.324	19	70.547	66.899
	20	印度	53.576	70.288	28	2.723	67.074	33	2.929	64.462	26	2.698	64.447	34	2.747	66.033	31	65.763	66.692
	21	越南	46.675	64.046	33	2.636	64.787	34	2.733	58.534	34	2.741	65.526	31	2.695	64.346	33	63.453	63.604
	22	埃及	41.005	58.918	35	2.632	64.666	35	2.802	60.607	33	2.682	64.051	35	2.771	66.827	30	64.518	63.398
	23	印尼	47.189	64.511	32	2.765	68.169	31	2.690	57.236	36	2.699	64.479	33	2.516	58.536	36	62.057	62.548
	24	阿根廷	43.668	64.039	34	2.556	62.671	36	2.788	60.210	35	2.441	57.984	37	2.626	62.126	34	61.265	61.836
	25	菲律賓	33.713	57.749	36	2.433	59.460	37	2.504	51.623	37	2.586	61.633	36	2.253	50.000	38	54.908	55.476
	26	柬埔寨	31.145	50.000	38	2.073	50.000	38	2.450	50.000	38	2.124	50.000	38	2.439	56.037	37	52.113	51.690
		平均值	55.045	71.617	-	2.902	71.764	-	3.006	66.775	-	2.857	68.453	-	2.856	69.575	-	69.503	69.926

註：[1] 綜合貿易競爭力＝【國家競爭力×20%】＋【四度貿易實力×80%】。
[2] 四度貿易實力＝【貿易自由度×30%】＋【貿易便捷度×20%】＋【貿易難易度×15%】＋【貿易風險度×35%】。

2. **七大工業國**：七大工業國之綜合貿易競爭力排名，依次爲：英國（91.012分）、美國（90.184分）、加拿大（89.945分）、日本（87.069分）、德國（84.251分）、法國（83.668分）、義大利（73.984分）。其中，英國在貿易便捷度及貿易風險度上均排名第一，唯貿易難易度排名第四較差。反觀加拿大則在貿易自由度及貿易難易度上表現較佳。

3. **台灣主要十大貿易夥伴**：台灣主要貿易夥伴之綜合貿易競爭力評比中，排名依次爲：新加坡（98.480分）、香港（95.300分）、美國（90.184分）、日本（87.069分）、澳洲（86.528分）、德國（84.251分）、馬來西亞（76.188分）、中國大陸（75.434分）、韓國（75.105分）以及沙烏地阿拉伯（73.756分）。

4. **重點拓銷市場**：十大重點拓銷市場之綜合貿易競爭力評比中，排名依次爲：香港（95.300分）、日本（87.069分）、以色列（80.984分）、卡達（80.046分）、阿曼（79.530分）、馬來西亞（76.188分）、阿聯大公國（75.820分）、中國大陸（75.434分）、韓國（75.105分）以及俄羅斯（74.119分）。其中，綜合貿易競爭力排名第一的香港在貿易自由度、貿易便捷度、貿易難易度及貿易風險度的評比均排名第一，其餘排名，大部分貿易地區之自由度、便捷度、難易度以及風險度評分排名大致和貿易競爭力相同。

5. **金磚四國**：金磚四國之綜合貿易競爭力評比中，排名依次爲：中國大陸（75.434分）、俄羅斯（74.119分）、巴西（68.455分）及印度（66.692分）。其中，中國大陸貿易自由度及貿易難易度排名均爲第一，而俄羅斯則在貿易便捷度與貿易風險度排名第一。

6. **新興三地**：新興三地之綜合貿易競爭力評比中，排名依次爲：以色列（80.984分）、卡達（80.046分）、阿曼（79.530分）、阿聯大公國（75.820分）以及沙烏地阿拉伯（73.756分）。以上均屬於中東地區的第四大新興市場，隨著全球油價上漲，以及各國發展多元化服務業的態勢，造成排名大幅變動。

7. **東協十國**：東協十國之綜合貿易競爭力評比中，排名依次爲：新加坡（98.480分）、馬來西亞（76.188分）、泰國（68.320分）、越南（63.604

分）、印尼（62.548分）、菲律賓（55.476分）以及柬埔寨（51.690分）。新加坡在四度構面評比中均名列第一，柬埔寨則除貿易風險度外均敬陪末座。

8. **金賺14國**：金賺14國之綜合貿易競爭力評比中，排名依次為：馬來西亞（76.188分）、中國大陸（75.434分）、俄羅斯（74.119分）、波蘭（72.418分）、土耳其（71.893分）、匈牙利（70.603分）、智利（70.312分）、墨西哥（69.139分）、巴西（68.455分）、泰國（68.320分）、印度（66.692分）、埃及（63.398分）、印尼（62.548分）以及阿根廷（61.836分）。其中，馬來西亞僅在貿易自由度上的表現為第一，中國大陸則在貿易難易度上排名第一，俄羅斯則在貿易便捷度與貿易風險度上排名第一。此外，整體排名倒數第四的印度在貿易便捷度上的表現則為第六，由此可見，貿易商對於印度的貿易便利程度較為肯定。

9. **展望五國**：展望五國之綜合貿易競爭力評比中，排名依次為：南非（74.909分）、土耳其（71.893分）、越南（63.604分）、印尼（62.548分）以及阿根廷（61.836分）。在展望五國中，南非除了貿易自由度排名第二外，其餘構面均排名第一。

10. **新鑽11國**：新鑽11國之綜合貿易競爭力評比中，排名依次為：韓國（75.105分）、土耳其（71.893分）、墨西哥（69.139分）、越南（63.604分）、埃及（63.398分）、印尼（62.548分）以及菲律賓（55.476分）。其中，以韓國的表現最佳，而菲律賓則均排名最後。

表15-5　2010 IEAT全球重要經濟組織「綜合貿易競爭力」排名

排名	經濟組織別		國家競爭力 評分	國家競爭力 百分位	國家競爭力 排名	❶貿易自由度 評分	❶貿易自由度 百分位	❶貿易自由度 排名	❷貿易便捷度 評分	❷貿易便捷度 百分位	❷貿易便捷度 排名	❸貿易難易度 評分	❸貿易難易度 百分位	❸貿易難易度 排名	❹貿易風險度 評分	❹貿易風險度 百分位	❹貿易風險度 排名	四度貿易實力	綜合貿易競爭力
1	亞洲四小龍	T4	77.866	92.257	2	3.586	89.703	1	3.708	87.962	1	3.618	87.619	1	3.469	89.499	1	88.971	89.628
2	七大工業國	G7	80.378	94.530	1	3.373	84.121	2	3.494	81.505	2	3.277	79.030	3	3.364	86.110	2	83.530	85.730
3	十大貿易夥伴	Top10	75.380	90.008	3	3.366	83.918	3	3.432	79.620	3	3.363	81.191	2	3.309	84.305	3	82.785	84.230
4	重點拓銷市場	Focus11	58.530	74.769	5	3.097	76.866	5	3.195	72.482	4	3.043	73.140	5	3.018	74.845	4	74.723	74.732
5	新興三地	MTV	55.901	72.391	7	3.105	77.096	4	3.193	72.438	5	3.076	73.974	4	3.008	74.530	5	74.798	74.317
6	新七大經濟體	NG7	59.436	75.588	4	2.982	73.868	6	3.104	69.716	7	2.905	69.672	6	2.913	71.450	6	71.562	72.367
7	金磚四國	BRICs	55.399	71.937	8	2.945	72.875	7	3.142	70.862	6	2.838	67.970	8	2.891	70.726	7	70.984	71.175
8	金賺14國	RDEs	56.953	73.342	6	2.884	71.276	9	2.955	65.231	8	2.789	66.742	10	2.821	68.436	8	68.393	69.383
9	新星四力	CITI	55.272	71.822	9	2.89	71.449	8	2.88	62.982	11	2.802	67.082	9	2.757	66.378	10	67.325	68.225
10	東協十國	ASEAN	54.375	71.010	10	2.838	70.085	10	2.916	64.059	9	2.844	68.129	7	2.758	66.415	9	67.302	68.044
11	展望五國	VISTA	51.781	68.664	12	2.818	69.562	11	2.897	63.494	12	2.756	65.917	12	2.743	65.933	11	66.531	66.958
12	新鑽11國	N11	52.336	69.167	11	2.754	67.882	12	2.823	61.244	12	2.771	66.279	11	2.693	64.297	12	65.059	65.880

資料來源：本研究整理

第 **4** 篇

貿易佈局新態勢

全球經貿復甦下
台灣貿易業新展機

Opportunities
in Emerging Markets

第 16 章

2010 IEAT 台灣十大重點拓銷市場選評

國際貿易長久以來是帶動台灣經濟成長最主要的動力與推手，然而在資源有限的情況下，台灣貿易商必須將有限資源集中於經貿條件優、發展潛力高、內需商機大的市場；同時，政府應將海外經貿拓銷資源與經費作最有效的運用，以協助台灣貿易商提升貿易競爭力並拓展貿易版圖，同時為台灣累積更多外匯存底。

2010《IEAT調查報告》的年度主題為「新興市場覓商機」，因此，本研究希冀在38個貿易地區中，評選出今年度最具投資商機與發展潛力的市場，提供給貿易業者作為決策參考。每一年度，《IEAT調查報告》透過結構式問卷分析得到「綜合貿易競爭力」排名，以反映各貿易地區在「貿易自由度」、「貿易便捷度」、「貿易難易度」與「貿易風險度」等面向之表現，根據2010《IEAT調查報告》「綜合貿易競爭力」前十名貿易地區均屬於貿易環境成熟的重要市場，其發展潛力有限，因此建議台灣貿易商除對重要市場採取固本策略，亦可思考轉向新市場佈局，然而，在尋覓新市場與新商機所需考量的因素眾多，絕非單一指標可以涵蓋。有鑑於此，2010《IEAT調查報告》透過四大構面及13項指標剖析38個貿易地區的相對經貿優勢，評選本年度的「Opportunity 10」，構面指標包括：**(1)國家實力**：外匯存底金額、累計國外直接投資、勞動人口、油元國家、2008年GDP成長率；**(2)市場潛力**：新興市場、總人口數、消費佔GDP比重；**(3)依存程度**：2009年出口總額、2009年貿易總額、近十年出口成長率、二度列入重點拓銷市場（Focus 10）；**(4)貿易實力**：IEAT綜合貿易競爭力排名。盼從本報告的38個貿易地區，尋覓較具發展潛力與商機的市場，提供貿易業者擬定2010年度經貿拓銷策略之參考依據。茲將評選指標分述如下：

■「國家實力」衡量指標

一國的經濟實力展現顯示該市場投資基礎的穩定性，以及能夠應對國際經濟情勢波動的能力，因此，2010《IEAT調查報告》將國家實力展現列為重點拓銷市場評估準則的第一個構面。國家實力展現構面的評估指標分別為：(1)外匯存底；(2)累計國外直接投資金額；(3)勞動人口；(4)油元國家；(5)2008年GDP成長率，茲分別針對各項指標詳述於下：

1. **外匯存底**：外匯存底經常被視為展現國家實力的重要指標之一，除可看出該國經貿活動發展狀況之外，外匯存底越多的國家，亦表示該國的貿易多呈現順差態勢。中華民國工商協進會於2009年5月8日舉辦的「俄羅斯的經濟展望與商機」研討會指出，金磚四國之一的俄羅斯，其石油與天然氣出口量居世界第一，自然資源輸出使其外匯存底持續成長，亦不斷提升國家經濟實力。根據2010《IEAT調查報告》列入調查的38個貿易地區中，2008年底累計外匯存底前十名國家依序為中國大陸1.97兆美元、日本1.01兆美元、俄羅斯0.43兆美元、印度0.26兆美元、韓國0.20兆美元、巴西0.19兆美元、香港0.18兆美元、新加坡0.17兆美元、德國0.14兆美元與泰國0.11兆美元。

2. **累計國外直接投資金額（FDI）**：根據聯合國貿易暨發展會議（UNCTAD）（2009）資料顯示，2010《IEAT調查報告》評估的38個貿易地區中，2008年累計國外投資金額以美國2.28兆美元居冠、第二為法國0.99兆美元、英國以0.98兆美元名列第三、香港0.84兆美元排第四名、德國0.70兆美元名列第五，而荷蘭0.64兆美元、西班牙0.63兆美元、加拿大0.41兆美元、中國大陸0.38兆美元、義大利0.34兆美元分別名列第六至第十名。累計國外直接投資金額愈高，表示該國投資環境較良好，發展較完善，也是該國經貿實力的展現。

3. **勞動人口**：勞動人口充沛與否攸關勞工供給程度，更是國家吸引國外投資的因素之一，根據2009年《天下雜誌》第428期刊登標題為〈三招打通印度金脈〉一文指出：「從2000年到2020年，印度將新增3.1億人口，等於20年創造出一個美國。這20年間，印度勞動力人口也將急速增加，擁有傲視全球的人口紅利」，顯示人口中適齡勞動力較多，有助於經濟的增長，因此，將勞動人口列為評估指標之一。2010《IEAT調查報告》38個貿易地區

中，勞動人口最充沛的國家為中國大陸807.3百萬人，其次為印度523.5百萬人，美國154.3百萬人位居第三，第四名則為印尼112百萬人，93.6百萬人的巴西名列第五、俄羅斯75.7百萬人排名第六，第七為日本的66.5百萬人，奈及利亞為第八有51百萬人，第九與第十分別為越南的47.4百萬人與墨西哥45.3百萬人。

4. **油元國家**：《商業周刊》第997期〈黑金新絲路〉一文表示：「海灣六國的石油財富等於兩個金磚四國或2.6個美國，台灣2,300萬人民工作50年創造的GDP才抵得上他們的石油財富」。根據美林證券（2008）調查報告指出：「中東地區人民資產超過百萬美元以上高達30萬人之多，預估2010年將突破180萬人，而持續增加的中東高資產族群，未來勢必創造更龐大的投資需求」，2010《IEAT調查報告》評估的38個貿易地區中，印尼、沙烏地阿拉伯、阿拉伯聯合大公國、科威特、阿曼、卡達、俄羅斯、澳洲、埃及、南非、奈及利亞等國皆為全球主要石油輸出國，油元財富的累積使得中產階級崛起，人民消費力不斷上升，也吸引企業進駐投資，台灣不能忽略此一商機。

5. **2008年GDP成長率**：GDP成長率是衡量一國總體經濟重要指標之一，更是預測國家實力未來發展的重要參考依據。根據聯合國統計司（2010）資料顯示，2010《IEAT 調查報告》所評估的38個貿易地區中，2008年經濟成長前十個國家由高至低排序為卡達（16.4％）、奈及利亞（14.3％）、中國大陸（9.0％）、阿聯大公國（7.4％）、印度（7.3％）、阿根廷（7.2％）、科威特（6.3％）、越南（6.2％）、柬埔寨（6.0％）、印尼（6.0％）。

■「市場潛力」衡量指標

市場的未來發展性是跨國投資重要之考量因素，由於各國家擁有的天然條件不同，加上歷史文化發展軌跡與國家政策制定，都會影響市場發展前景與潛力。此構面由三個指標衡量，分別是：(1)新興市場；(2)總人口數；(3)消費佔GDP比重，茲分別針對各項指標詳述如下：

1. **新興市場**：2003年高盛證券出版《金磚四國之夢：通向2050之路》報告指出，巴西、俄羅斯、印度、中國大陸四個國家經濟迅速崛起，預

期2050年將成為全球重要經濟體，引爆新興市場的議題。爾後，許多高成長潛力的新興國家不斷被相提並論並組成新的經濟體，Mahbubani（2008）出版《亞半球大國崛起：亞洲強權再起的衝擊與挑戰》一書中提及：「2050年前，全球四大經濟體中將有三個在亞洲，分別是中國大陸、印度與日本」，中國大陸與印度的兩大新經濟體的快速發展，已預告全球重要經貿版圖的發展趨勢。有鑑於新興市場高速發展，市場潛力眾所矚目，2010《IEAT 調查報告》將研究機構所提出的新經濟體包括金磚四國（BRICs）、新星四力（CITI）、新興三地（MTV）、新鑽11國（N11）、金賺14國（RDEs）、展望五國（VISTA）等所提及之國家列為新興市場評比。

2. **總人口數**：人口總數意味著內需市場的商機潛力，台灣僅2,300萬的人口數，內需市場相當有限，若能拓展國際市場的廣度，將能有效提升台灣貿易的實力。根據聯合國統計司（2009）資料顯示，2010《IEAT調查報告》的38個貿易地區中，中國大陸以總人口數13.14億人居38國之冠、印度以11.81億人居次、美國則是3.11億人位居第三、第四為印尼的2.27億人、巴西則以1.92億人位列第五，而奈及利亞1.51億人、俄羅斯1.41億人、日本1.27億人、墨西哥1.08億人、菲律賓0.9億人分別排名第六至第十名。根據財團法人國家政策基金於2009年4月15日發表的國政研究報告中，刊載標題為〈台商應積極拓展中國大陸內需市場〉一文中提及：「中國大陸擁有13億人口，近30年來平均每年近兩位數的經濟成長率，早已經取代德國成為繼美國與日本的世界第三大經濟體，未來將由『世界工廠』的基礎進一步發展成為『世界市場』，其內需市場潛力相當可觀」。因此將國家總人口數列為市場未來發展的重要指標。

3. **消費佔GDP比重**：從人民消費佔GDP比重，可看出人民消費對於國家經濟之貢獻程度，亦可視為該國家人民消費能力與意願之呈現，因此，可做為跨國企業評估市場潛力的考量因素之一。根據聯合國統計司（2009）資料顯示，2010《IEAT調查報告》的38個貿易地區中，消費佔GDP比重前十名以柬埔寨98.16%拔得頭籌、埃及88.00%居次、美國87.96%名列第三、英國以86.23%位居第四、名列第五為以色列83.06%，而土耳其81.71%、南非81.00%、巴西80.57%、法國80.29%、菲律賓79.94%分別名列第六至第十名。

■「依存程度」衡量指標

2010《IEAT調查報告》透過國際經貿互動狀況可以得知台灣與各國之貿易往來依存度、雙邊經貿條件優劣程度、經貿風險強弱程度、資源挹注多寡程度，另外，亦可瞭解台灣貿易版圖拓展趨勢。依存程度透過四項指標來衡量，分別為：(1)2009年出口總額；(2)2009年貿易總額；(3)近十年出口成長率；(4)二度列入重點拓銷市場，茲分別將各項指標說明如下：

1. **2009年出口總額**：1622年荷蘭人進駐台南安平港，將台灣作為東亞倉儲與轉運的貿易據點，開啓台灣對外貿易的歷程，爾後，台灣的貿易發展緊緊連繫著經濟脈動，出口總額高低顯示台灣對該國創造外匯的能力，故將其列為評估依存程度的指標之一。根據財政部統計處（2010）資料，2010《IEAT 調查報告》評估的38個貿易地區中，2009年出口總額前十名依序為中國大陸（542.51億美元）、香港（294.49億美元）、美國（235.57億美元）、日本（145.08億美元）、新加坡（86.15億美元）、韓國（73.03億美元）、越南（59.89億美元）、德國（46.96億美元）、菲律賓（44.35億美元）、荷蘭（42.29億美元）。

2. **2009年貿易總額**：貿易總額除反映景氣波動外，也是反映貿易商佈局狀況、傳達國家間經貿依賴關係量化資料，因此，2010《IEAT 調查報告》將其列為評估指標。根據財政部統計處（2010）資料顯示，38個貿易地區依2009年貿易總額前十名依序為中國大陸（787.54億美元）、日本（507.39億美元）、美國（417.13億美元）、香港（305.71億美元）、韓國（178.08億美元）、新加坡（134.24億美元）、德國（103.69億美元）、沙鳥地阿拉伯（93.43億美元）、馬來西亞（87.46億美元）、印尼（84.25億美元）。

3. **近十年出口成長率**：出口貿易是台灣經濟的主要動能，由出口成長率可觀察出該國與台灣貿易活動的熱絡程度，亦是重點拓銷市場的重要評估指標。根據經濟部國際貿易局（2010）資料顯示，將2010《IEAT 調查報告》所評估的38個貿易地區依照2000年至2009年之十年出口成長率排名，前十名依序為中國大陸（1135.4％）、卡達（304.4％）、阿曼（282.3％）、波蘭（257.3％）、越南（256.7％）、印度（249.7％）、俄羅斯

（209.4％）、土耳其（141.2％）、科威特（119.1％）、匈牙利（104.5
％）等皆為新興市場，表示台灣除鞏固重要市場外，正積極開拓新興國家
的市場，全力提升台灣貿易實力。

4. **二度列入重點拓銷國（Focus 10）**：經濟部國際貿易局2005年報指出，
為整合政府與民間貿易拓銷資源，協助貿易業者開拓國際市場並爭取出口
訂單，提升國家出口貿易，選出日本、韓國、印度、孟加拉、巴西、阿根
廷、俄羅斯、泰國、越南等九個國家做為2005年重點拓銷市場。有鑒於拓
銷政策有顯著成效，爾後國貿局針對各國家的經貿條件、投資商機、發展
潛力等因素每年進行拓銷國家的調整，因此，2010《IEAT調查報告》將
「二度入選重點拓銷市場」做為評比指標，入選國家包括日本、韓國、印
度、越南、俄羅斯、巴西、泰國、南非、馬來西亞、印尼、土耳其、中國
大陸、中東地區等國。

表16-1　2005至2010年台灣重點拓銷市場（Focus 10）

序號	2005	2006	2007	2008	2009	2010
1	日　本	日　本	日　本	日　本	日　本	日　本
2	韓　國	韓　國	韓　國	韓　國	韓　國	韓　國
3	印　度	印　度	印　度	印　度	印　度	印　度
4	越　南	越　南	越　南	越　南	越　南	越　南
5	俄羅斯	俄羅斯	俄羅斯	俄羅斯	俄羅斯	俄羅斯
6	巴　西	巴　西	巴　西	巴　西	巴　西	巴　西
7	泰　國	泰　國	馬來西亞	印　尼	印　尼	印　尼
8	孟加拉	南　非	南　非	馬來西亞	馬來西亞	埃　及
9	阿根廷	—	土耳其	土耳其	中國大陸	中國大陸
10	—	—	—	西班牙	中東地區	中東地區
11	—	—	—	—	奈及利亞	—
總計	9	8	9	10	11	10

資料來源：經濟部國際貿易局（2010）、本研究整理

■「貿易實力」衡量指標

為瞭解貿易商對於各國投資優勢與風險之評價，茲根據2010《IEAT 調查報告》的2,112份有效樣本加權統計所得到之「綜合貿易競爭力」排名做為貿易實力評比指標，2010《IEAT 調查報告》結論中，12個重要市場之「綜合貿易競爭力」前十名依序為：新加坡、香港、英國、美國、加拿大、日本、澳洲、荷蘭、德國、法國；26個新興市場前十名為：以色列、卡達、阿曼、馬來西亞、阿聯大公國、中國大陸、韓國、南非、俄羅斯、沙烏地阿拉伯。

根據表16-4所示，2010《IEAT調查報告》38個貿易地區中，透過四大構面、13個評估指標篩選後，擁有六項以上優勢共有10個國家，分別為中國大陸、印尼、俄羅斯、日本、印度、美國、韓國、越南、卡達與巴西，該十個國家稱之為「十大重點拓銷市場（Opportunity 10）」。

表16-2 2010 IEAT 十大重點拓銷市場（Opportunity 10）評估指標初級資料

排名	國家	國家實力				市場潛力				依存程度			二度列入重點拓銷市場	貿易實力
		2008 外匯存底	FDI 累計金額	2008 勞動人口	油元國家	2008 GDP 成長率	新興市場	2008 總人口數	2008 消費佔 GDP比重	2009 出口總額	2009 貿易總額	2000-2009 出口成長率		2010 IEAT 綜合貿易競爭力排名
1	中國大陸	1,968.0	378,083.0	807.3		9.0%	ⒷⒸⓇ	1,314.36	51.1%	54,250.5	78,754.2	1135.4%	✓	新興❻
2	俄羅斯	427.1	213,734.0	75.7	✓	5.6%	ⒷⓇ	141.39	65.4%	582.2	2,773.8	209.4%	✓	新興❾
3	印尼	51.6	67,044.0	112.0	✓	6.0%	ⒸⓃⓇⓋ	227.35	69.4%	3,226.3	8,424.6	85.2%	✓	新興㉓
4	日本	1,011.0	203,371.9	66.5		0.4%		127.29	76.4%	14,507.6	50,738.9	-14.1%	✓	重要❻
5	美國	77.7	2,278,892.0	154.3		1.1%		311.67	88.0%	23,556.6	41,712.7	-33.8%		重要❹
6	印度	256.4	23,288.0	523.5		7.3%	ⒷⒸⓇ	1,181.41	65.5%	2,531.4	4,155.3	249.7%	✓	新興⑳
7	韓國	201.2	90,693.0	24.4		2.2%	Ⓝ	48.15	69.7%	7,302.5	17,807.6	82.5%	✓	新興❼
8	越南	23.2	48,325.3	47.4		6.2%	ⓂⓃⓋ	87.10	73.4%	5,989.3	6,910.1	256.7%	✓	新興㉑
9	卡達	10.0	22,055.0	1.1	✓	16.4%	Ⓜ	1.28	33.2%	68.9	852.2	304.4%	✓	新興❷
10	巴西	193.8	287,696.9	93.7		5.2%	ⒷⓇ	191.97	80.6%	1,406.8	2,710.3	80.0%	✓	新興⑰
11	香港	182.5	835,764.0	3.7		2.4%		6.98	68.9%	29,448.7	30,571.2	-10.1%		重要❷
12	沙烏地阿拉伯	30.6	114,276.7	6.5	✓	4.2%	Ⓜ	25.20	46.3%	674.1	9,342.5	91.7%	✓	新興❿
13	阿聯大公國	31.7	69,419.8	3.3	✓	7.4%	Ⓜ	4.48	53.8%	1,018.0	3,509.9	27.0%	✓	新興❺
14	科威特	17.2	991.0	2.1	✓	6.3%	Ⓜ	2.92	44.4%	146.9	4,707.1	119.1%	✓	新興⑮
15	阿曼	11.6	11,992.7	1.0	✓	-14.6%	Ⓜ	2.79	64.4%	76.5	1,143.7	282.3%	✓	新興❸
16	德國	138.0	700,470.7	43.6		1.3%		82.26	74.5%	4,695.9	10,368.8	-4.9%		重要❾
17	南非	34.1	119,391.8	17.8	✓	3.1%	Ⓥ	49.67	81.0%	650.7	1,547.1	7.6%	✓	新興❽
18	奈及利亞	60.1	83,069.5	51.0		14.3%	Ⓝ	151.21	77.9%	243.5	754.1	77.0%		新興⑲
19	新加坡	174.2	326,142.4	2.9		1.1%		4.62	51.7%	8,615.1	13,424.3	52.8%	✓	重要❶
20	馬來西亞	91.2	73,262.1	11.1		4.5%	Ⓡ	27.01	57.8%	4,060.9	8,745.8	10.1%		新興❹
21	菲律賓	37.6	21,470.0	36.8		4.6%	Ⓝ	90.35	80.0%	4,434.5	6,048.7	41.4%	✓	新興㉕
22	以色列	42.5	57,480.7	3.0		4.1%		7.05	83.1%	391.8	902.6	-10.7%		新興❶
23	土耳其	73.7	69,871.0	24.1		1.1%	ⓂⓃⓇⓋ	73.91	81.7%	1,092.6	1,251.9	141.2%	✓	新興⑫

表16-2 2010 IEAT 十大重點拓銷市場（Opportunity 10）評估指標初級資料（續）

排名	國家	國家實力				2008 GDP成長率	新興市場	市場潛力		依存程度			二度列入重點拓銷市場	貿易實力
		2008 外匯存底	FDI 累計金額	2008 勞動人口	油元國家			2008 總人口數	2008 消費佔GDP比重	2009 出口總額	2009 貿易總額	2000-2009 出口成長率		2010 IEAT 綜合貿易競爭力排名
24	泰　國	111.0	104,849.5	37.8		4.8%	®	67.39	65.0%	3,827.5	6,509.1	44.3%	✓	新興⑱
25	墨西哥	95.3	294,680.1	45.3		1.3%	Ⓝ®	108.56	76.0%	1,097.1	1,440.3	-12.5%		新興⑮
26	荷　蘭	28.5	644,597.6	7.7		2.1%		16.53	71.3%	4,229.3	6,092.5	-14.6%		重要⑧
27	英　國	53.0	982,876.7	31.2		0.7%		61.23	86.2%	2,980.9	4,211.3	-35.1%		重要③
28	法　國	102.9	991,376.7	28.0		0.4%		63.94	80.3%	1,369.2	3,153.5	-17.4%		重要⑩
29	埃　及	33.9	59,997.7	24.6	✓	3.6%	Ⓝ®	81.53	88.0%	389.3	486.6	85.6%		新興㉒
30	柬埔寨	2.6	4,636.7	8.6		6.0%		14.56	98.2%	323.6	335.9	64.2%		新興㉖
31	加拿大	43.9	412,268.5	18.2		0.4%		33.26	75.4%	1,460.6	2,608.1	-22.7%		重要⑤
32	阿根廷	46.4	76,091.0	16.3	✓	7.2%	®Ⓥ	39.88	70.9%	223.1	297.7	0.6%		新興㉔
33	匈牙利	33.9	63,670.7	4.2		0.6%	®	10.01	75.1%	354.8	411.2	104.5%		新興⑬
34	波　蘭	62.2	161,406.0	17.0		4.9%	®	38.10	79.8%	623.1	784.6	257.3%		新興⑪
35	澳　洲	32.9	272,174.4	11.3		1.0%		21.07	72.0%	2,353.3	8,322.8	27.9%		重要⑫
36	智　利	23.1	100,988.5	7.3		3.0%	®	16.80	71.0%	261.9	1,601.6	20.5%		新興⑭
37	西班牙	20.3	634,787.7	22.9		1.2%		44.49	76.3%	1,134.6	1,555.9	35.4%		重要⑪
38	義大利	105.3	343,214.6	25.1		-1.0%		59.60	79.3%	1,786.5	3,617.5	19.9%		重要⑫

資料來源：

[1] 美國中央情報局（CIA）：外匯存底（十億美元）、勞動人口（百萬人）（阿曼統計值為2007年，其餘皆為2008年）。
[2] 聯合國貿易暨發展會議（UNCTAD）：累計國外投資（FDI）金額（百萬美元）（1970至2008年）。
[3] 經濟部能源局：油元國家。
[4] 聯合國統計司（UN）：2008年GDP成長率（%）、人口數（百萬人）、消費佔GDP比重（%）。
[5] 財政部統計處：2009年出口總額（百萬美元）、2009年貿易總額（百萬美元）、十年出口成長率（%）。
[6] 經濟部國貿局：二度列入國貿局重點拓銷市場（Focus 10）：表示兩次（含）以上入選2005年至2010年國貿局重點拓銷市場。
[7] 各研究機構：⑧：BRICs、ⓒ：CITI、Ⓜ：MTV、Ⓝ：N11、®：RDEs、Ⓥ：VISTA。

表16-3　2010 IEAT 台灣十大重點拓銷市場（Opportunity 10）指標排名

排名	國家	國家實力						市場潛力				依存程度		貿易實力
		2008外匯存底	FDI累計金額	2008勞動人口	油元國家	2008 GDP成長率	新興市場	2008總人口數	2008消費佔GDP比重	2009出口總額	2009貿易總額	2000-2009出口成長率	二度列入重點拓銷市場	2010 IEAT綜合貿易競爭力排名
1	中國大陸	1	9	1		3	B C R	1	35	1	1	1	✓	新興6
2	俄羅斯	3	15	6	✓	11	B R	7	29	28	22	7	✓	新興3
3	印　尼	20	29	4	✓	9	C N R V	4	26	13	10	13	✓	
4	日　本	2	16	7		34		8	14	4	2	33	✓	重要6
5	美　國	15	1	3		28		3	2	3	3	37		重要4
6	印　度	4	18	2		5	B C R	2	28	15	18	6	✓	新興7
7	韓　國	5	23	18		23	N	20	25	6	5	14	✓	新興2
8	越　南	32	33	9	✓	8	M N V	11	20	7	12	5	✓	
9	卡　達	37	34	37	✓	1	M	38	38	38	32	2	✓	
10	巴　西	6	13	5		12	B R	5	8	19	23	15	✓	
11	香　港	7	4	32		22		33	27	2	4	30		重要2
12	沙烏地阿拉伯	30	20	30	✓	17	M	26	36	25	8	11	✓	新興10
13	阿聯大公國	29	28	33	✓	4	M	35	33	24	20	23	✓	新興5
14	科威特	35	38	36	✓	7	M	36	37	36	16	9	✓	新興3
15	阿　曼	36	36	38	✓	38	M	37	31	37	30	3	✓	重要9
16	德　國	9	5	11		25		12	19	8	7	29	✓	新興8
17	南　非	15	19	22	✓	20	V	19	7	26	27	27		
18	奈及利亞	18	24	8		2	N	6	13	34	34	16	✓	重要1
19	新加坡	8	11	35		16		34	34	5	6	18		新興4
20	馬來西亞	14	26	26		15	R	25	32	11	9	26	✓	
21	菲律賓	24	35	13		18	N	10	10	9	15	20		新興1
22	以色列	23	32	34		23	M	32	5	29	31	31	✓	
23	土耳其	16	27	19		23	M N R V	14	6	23	29	8	✓	

表16-3 2010 IEAT 台灣十大重點拓銷市場（Opportunity 10）指標排名（續）

排名	國家	國家實力					市場潛力				依存程度			貿易實力
		2008 外匯存底	FDI 累計金額	2008 勞動人口	油元國家	2008年 GDP 成長率	新興市場	2008 總人口數	2008 消費佔 GDP比重	2009 出口總額	2009 貿易總額	2000-2009 出口成長率	二度列入重點拓銷市場	2010 IEAT 綜合貿易競爭力排名
24	泰　　國	⑩	㉑	⑫		⑭	Ⓡ	⑮	㉚	⑫	⑬	⑲	✓	新興⑱
25	墨西哥	⑬	⑫	⑩		㉕	Ⓝ Ⓡ	⑨	⑯	㉒	㉘	㉜		新興⑮
26	荷　　蘭	㉛	⑥	㉘		㉔		㉙	㉒	⑩	⑭	㉞		重要⑧
27	英　　國	⑲	③	⑭		㉜		⑰	④	⑭	⑰	㊳		重要③
28	法　　國	⑫	②	⑮		㉞		⑯	⑨	⑳	㉑	㉟		重要⑩
29	埃　　及	㉖	㉛	⑰	✓	⑲	Ⓝ Ⓡ	⑬	②	㉚	㉟	⑫		新興㉒
30	柬埔寨	㊳	㊲	㉗		⑨		㉚	①	㉜	㊲	⑰		新興㉖
31	加拿大	㉒	⑧	㉑		㉞		㉔	⑰	⑱	㉔	㊱		重要⑤
32	阿根廷	㉑	㉕	㉔		⑥	Ⓡ Ⓥ	㉒	㉔	㉟	㊳	㉘		新興㉔
33	匈牙利	㉗	㉚	㉛		㉝	Ⓡ	㉛	⑱	㉛	㊱	⑩		新興⑬
34	波　　蘭	⑰	⑰	㉓		⑬	Ⓡ	㉓	⑪	㉗	㉝	④		新興⑪
35	澳　　洲	㉘	⑭	㉕	✓	㉛		㉗	㉑	⑯	⑪	㉒		重要⑦
36	智　　利	㉝	㉒	㉙		㉗		㉘	㉓	㉝	㉕	㉔		新興⑭
37	西班牙	㉞	⑦	⑳		㉗		㉑	⑮	⑳	㉖	㉑		重要⑪
38	義大利	⑪	⑩	⑯		㊲		⑱	⑫	⑰	⑲	㉕		重要⑫

[1] 根據表16-3依具數值高低順序排名。

[2] 列入新興市場指標：列入Ⓑ：BRICs、Ⓒ：CITI、Ⓜ：MTV、Ⓝ：N11、Ⓡ：RDEs、Ⓥ：VISTA等六個新興市場國家。

表16-4　2010 IEAT 台灣十大重點拓銷市場（Opportunity 10）選評結果一覽表

排名	國家	國家實力					市場潛力			依存程度				貿易實力	入選指標小計
		2008 外匯存底	FDI 累計金額	2008 勞動人口	油元 國家	2008 GDP 成長率	新興 市場	2008 總人口數	2008 消費佔 GDP比重	2009 出口總額	2009 貿易總額	2000-2009 出口成長率	二度列入 重點拓銷 市場	2010 IEAT 綜合貿易 競爭力排名	
1	中國大陸	✓	✓	✓		✓	✓	✓		✓	✓	✓	✓	✓	11
2	俄羅斯	✓		✓	✓		✓	✓			✓	✓	✓	✓	8
3	印尼			✓	✓	✓	✓			✓	✓	✓	✓		8
4	日本	✓		✓				✓		✓	✓		✓	✓	7
5	美國		✓	✓				✓	✓		✓		✓	✓	7
6	印度	✓		✓		✓	✓	✓				✓	✓		6
7	韓國	✓		✓			✓			✓	✓		✓	✓	6
8	越南	✓			✓	✓	✓			✓			✓	✓	6
9	卡達	✓		✓		✓	✓	✓				✓	✓		6
10	巴西	✓		✓		✓	✓		✓			✓	✓	✓	6
11	香港	✓	✓							✓	✓		✓	✓	5
12	沙烏地阿拉伯				✓	✓	✓				✓		✓	✓	5
13	阿聯大公國				✓	✓	✓						✓	✓	5
14	科威特				✓	✓	✓					✓	✓	✓	5
15	阿曼				✓	✓	✓			✓		✓	✓	✓	5
16	德國	✓	✓					✓			✓		✓	✓	5
17	南非				✓		✓		✓				✓	✓	5
18	奈及利亞			✓		✓	✓	✓					✓	✓	5
19	新加坡	✓								✓	✓		✓	✓	4
20	馬來西亞						✓			✓	✓		✓	✓	4
21	菲律賓		✓				✓	✓	✓	✓			✓		4
22	以色列						✓		✓				✓	✓	4
23	土耳其						✓		✓			✓	✓	✓	4

表16-4 2010 IEAT 台灣十大重點拓銷市場（Opportunity 10）選評結果一覽表（續）

排名	國家	國家實力				市場潛力						依存程度		貿易實力	入選指標小計
		2008 外匯存底	FDI 累計金額	2008 勞動人口	油元國家	2008 GDP成長率	新興市場	2008 總人口數	2008 消費占GDP比重	2009 出口總額	2009 貿易總額	2000-2009 出口成長率	二度列入重點拓銷市場	2010 IEAT 綜合貿易競爭力排名	
24	泰 國	✓					✓						✓		3
25	墨 西 哥			✓			✓	✓							3
26	荷 蘭		✓							✓				✓	3
27	英 國		✓						✓					✓	3
28	法 國		✓						✓					✓	3
29	埃 及				✓		✓		✓						3
30	柬 埔 寨					✓			✓						2
31	加 拿 大		✓											✓	2
32	阿 根 廷					✓	✓								2
33	匈 牙 利						✓					✓			2
34	波 蘭						✓					✓			2
35	澳 洲				✓									✓	2
36	智 利						✓								1
37	西 班 牙		✓												1
38	義 大 利		✓												1

指標標記說明：

[1] 列入前10名國家之指標：外匯存底金額、累計國外投資金額、勞動人口、2008GDP成長率、人口總數、消費占GDP比重、2009年出口總額與貿易總額、近十年出口成長率。

[2] 列入新興市場指標：列入Ⓑ：BRICs、Ⓜ：MTV、Ⓥ：VISTA、Ⓝ：N11、Ⓡ：RDEs、Ⓒ：CITI等六個新興市場之國家。

[3] 列入貿易競爭力指標：根據2010《IEAT調查報告》之綜合貿易競爭力排名，選取重要市場前10名與新興市場前10名國家。

2010 IEAT 台灣十大重點拓銷市場商機

依據2010《IEAT調查報告》選取之十大重點拓銷市場（Opportunity 10），依次為：(1)中國大陸；(2)俄羅斯；(3)印尼；(4)日本；(5)美國；(6)印度；(7)韓國；(8)越南；(9)卡達；(10)巴西等十個國家，茲將這十大貿易地區之貿易商機與發展潛力分述如下：

■中國大陸貿易商機剖析

【中國大陸】　評等：值得推薦			IEAT 綜合貿易競爭力	第 ⓱ 名
項目	數值	38國排名	一力四度	38國排名
國家人口數（百萬人）	1,314.36	❶	國家競爭力	⓱
每人GDP（美元）	3,292.12	㉛	貿易自由度	⓰
累計國外投資金額（億美元）	3,780.83	❾	貿易便捷度	㉔
佔台灣出口比重	26.63%	❶	貿易難易度	㉔
佔台灣進口比重	14.03%	❷	貿易風險度	⓱

2009年6月，Martin Jacques在其出版的《當中國大陸統治世界：天朝的興起與西方世界的終結》一書提到：「中國大陸的興起會重新塑造『現代』的意涵與模式，世人不要期待中國大陸會向西方模式靠攏；相反的，當中國大陸的文化優越感逐漸恢復以後，中華文化輻射力將再度開展，成為帶動世界秩序重組的重要力量」。從以下評述更可發現中國大陸崛起的意象：(1)根據《商業周刊》第1139期引用麥肯錫的研究指出，2007年至2020年中國大陸將以8.3%的消費成長率躍居全球第一，而到了2025年消費將占中國大陸GDP 的61%；(2)國際貨幣基金（IMF）指出中國大陸於2005、2006、2007與2008年連續四年GDP保持全球排名

第二：(3)2009年12月中國大陸外匯存底為2兆3,992億美元，全球排名第一，占全球外匯存底總量高達30.7％，其規模比G7或歐盟國家的總和還要高；(4)根據聯合國貿易暨發展會議2008年7月所發表的世界投資報告中指出，UNCTAD針對三年內最具FDI吸引力投資地區進行調查，中國大陸繼「2007-2009年」獲選為最想投資的地區後，於「2008-2010年」的調查中再度蟬聯第一的寶座。隨著台灣與中國大陸經貿關係越趨緊密，應以「兩岸合，贏天下」的觀念，積極展開兩岸產業的合作。茲將中國大陸具有商機之產業敘述如下：

◎ 全球第一大汽車市場

由於汽車產業具有供應鏈長、關聯度高、就業面廣與擴大消費拉動等優點，使該產業在國家經濟發展與促進國民經濟上扮演著重要的角色，中國大陸透過政策推動來輔助汽車產業在中國大陸的落地生根與開花結果，如：**(1)取消限購汽車的不合理規定**：包括牌照註冊數量、各種區域市場保護措施、外地汽車進城收費、各類行政事業性收費，以及其他直接或間接影響汽車購置的措施；**(2)增進汽車技術進步**：自2009年中國大陸中央投資100億元作為技術增進、技術改造專項資金，用於支持汽車生產企業進行產品升級，提高節能、環保、安全等關鍵技術水平；**(3)減徵乘用車購置稅**：2009年全年對1.6公升與以下的小排氣量客車減少5％的車輛購置稅；**(4)汽車下鄉政策**：自2009年3月1日至12月31日，農民購買1.3公升及以下排氣量的微型客車，與將三輪汽車或低速貨車報廢換購輕型載貨車將給予一次性補貼；**(5)加快老舊汽車報廢更新**：2009年老舊汽車報廢補貼資金總額由2008年的6億元增加到10億元，加速老舊汽車更新。

根據工研院IEK在2009年9月29日的專刊表示，中國大陸汽車市場在2008年產量達930萬輛，2009年1月中國大陸以79萬輛的銷售成績超越美國66.8萬輛成為全球第一的汽車市場，預估2009年將突破千萬輛的銷售目標，相較於1998年不到200萬輛的產量，躍升幅度相當驚人。從汽車產業占GDP比例觀之，其自2000年的0.97％上升至2008年的1.94％，雖然僅增加了0.97％，但共增值5,800多億人民幣，整體汽車產業價值鏈帶動2.49兆人民幣，提供超過3,700萬的就業機會。從每千人擁有汽車比率來看，中國大陸在2008年汽車保有量為4,975萬輛，平均每千人擁有38輛，其數值與全球平均120輛有相當大的差距，顯示中國大陸汽車市場有很大的成長空間。在中國大陸車市一片火紅下，台灣裕隆公司與中國大陸東風汽車合資創立納智捷（LUXGEN）汽車品牌，企圖拓展其在中國大陸的汽車王國版圖，除

此之外，台灣的汽車零組件、驅動系統業者亦可加緊腳步布局中國大陸，共同分食這塊逐年攀升的汽車市場大餅。

全球第一大飲食市場

古言云：「民以食為天」，在擁有13億人口的中國大陸，這個「食」更將支撐起中國大陸內需市場的一片天，根據麥肯錫（2009）指出，2008年中國大陸富裕家庭（年收入超過36,500美元）為160萬戶，在未來5至7年中，中國大陸富裕家庭的數量可能以16%的年增長率快速增加，預估到了2015年，富裕家庭的數量將超過440萬戶。隨著中國大陸收入及購買力逐年提高，消費方式、結構與內容也將產生變化：(1)飲食將從生理需要，逐步轉為追求享受；(2)農村消費的城市化傾向日趨明顯；(3)消費結構逐步高級化，消費內容更加豐富，生活品質將明顯提高；(4)對保健食品的消費將迅速增加。根據中國大陸國家統計局（2009）資料顯示：「2008年中國大陸社會消費品零售總額為10兆8,487億元人民幣，相較於2007年成長21.6%，其中住宿和餐飲業零售額為1兆5,403億元，年成長率達24.7%」，此外，根據中投顧問產業研究中心（2009）發布的《2009至2012年中國大陸軟性飲料行業投資分析及前景預測報告》顯示：「2009年1、2月中國大陸軟性飲料產量為890.88萬噸，同比成長8.4%，其中果汁飲料在2009年前5個月銷量同比成長24.1%，預估在三年內，中國大陸將成為世界果汁飲料第一大國」。

在中國大陸內需市場逐漸攀升之際，台灣的旺旺集團、頂新集團的康師傅與統一集團紛紛西進爭奪這13億的市場商機，根據AC Nielsen於2008年12月所做的調查顯示，康師傅在中國大陸的方便麵、茶飲料、瓶裝水市場，均位居市場第一名，在方便麵市場上更以49.9%的市占率雄霸市場；統一在茶飲料、果汁則位居市場第二名；旺旺米果類產品在中國大陸的市占率更以近乎壟斷的方式君臨天下，凸顯台灣在飲食產品上的口味開發、技術研發、通路開發與營銷策略受到中國大陸人民的認可，也意味著在同文同種的血緣背景下，對於中國大陸飲食習慣的掌握，將是「台灣比全世界更了解中國，台灣比中國更了解全世界」。

拓展3G市場

2009年3月7日中華人民共和國工業和資訊化部發表統計數據顯示：「2009年1月中國大陸全國固定電話用戶減少101.6萬戶至3.4億戶，而全國移動電話用戶淨增848.5萬戶，達到6.5億戶」，此外，根據中國大陸互聯網絡信息中心發布《2009

年中國移動互聯網與3G用戶調查報告》指出：「中國大陸手機上網用戶在2009年6月份規模達1.55億人民幣，8月份規模則增至1.81億元，短短兩個月成長16％，約2,560萬的用戶」，顯示中國大陸不僅手機用戶持續攀升，3G市場的潛能更是驚人。中國大陸市場自2008年12月31日國務院常務會議中，正式批准啟動3G牌照發放工作，因此，2009年也被中國大陸視為3G商用元年，名為TD-SCDMA的3G技術是中國大陸自行開發的（目前由中國移動取得通信標準執照），雖相較於美規的CDMA-2000（目前由中國電信取得通信標準執照）與歐規的WCDMA（目前由中國聯通取得通信標準執照）起步晚，但在中國大陸民族意識高漲下，未來「陸規」將成為中國大陸最受注目的3G通訊技術。在中國大陸3G市場邁向蓬勃發展之際，終端製造、電子閱讀產品、線上遊戲、即時通訊與漫遊業務成為火紅的商機，而台灣相關企業也應把握機會，在既有基礎上深化合作，共同提升創造力，賺全世界的錢。

● 網路遊戲市場

國際數據資訊（IDC）（2009）推估：「2005至2015年全球線上遊戲市場呈現高度成長，其中又以中國大陸成長幅度最快，年複合成長率預估達到15％」；另據中國大陸新聞出版署（2010）公布的數據顯示：「2009年中國大陸網路遊戲市場銷售收入高達新台幣1,280億元，未來五年將會有近一倍成長率」，2010年1月20日，中國大陸新聞出版署副署長孫壽山於中國大陸遊戲產業年會中表示：「相較於2008年，2009年中國大陸遊戲市場規模成長近四成，而網路遊戲的熱潮，帶動電信、IT、傳統出版等相關產業之產值達550億人民幣」。2009年中國大陸的網路遊戲市場，以網頁遊戲及休閒遊戲市場的表現較為突出，從網頁遊戲來看，規模已達到12億人民幣、休閒遊戲也有60億人民幣規模，兩者成長率分別是150％及112％。由此可看出，中國大陸在網路遊戲及相關產業具有成長的前瞻性及爆發力。

雖然中國大陸對其遊戲產業仍採相對嚴格保護措施，但由於中國大陸廠商競爭激烈，使得中國大陸尚未出現有單一廠商獨大的情況，再者，多數當地廠商並未有效開發二、三級城市之遊戲市場，加上台灣與中國大陸具文化親近性，台灣廠商取得大陸遊戲市場仍有很大的機會。台灣遊戲上櫃公司如遊戲橘子、鈊象、宇峻奧汀、中華網龍以及智冠科技旗下的遊戲新幹線，2010年均計畫擴展中國大陸市場，於中國大陸推出自製遊戲以切入市場，藉以開拓當地版圖。值得注意的

是，如何增加台灣廠商所研發產品於中國大陸市場的能見度，將是台灣相關廠商必須思考的課題。

▶ 新能源產業

中國大陸為全世界第二大石油消費國，對於新能源開發不僅是為了持續發展的需要，對於維護保護環境與能源安全也具有很大意義。中國大陸新能源產業自2006年實施「可再生能源法」以來就快速發展，2006年起中國大陸政府每年用於新能源領域的投資增幅都在20％以上，2008年對新能源企業投入的資金規模達38億人民幣。2009年中國大陸國家能源局新能源和可再生能源司司長王駿指出：「中國大陸將在2050年將可再生能源佔能源總比重由目前的9％提高到40％左右」，相較於2007年中國大陸《可再生能源中長期發展規劃》中提出的「2020年可再生能源消費量達到總量15％左右」之目標顯得更為自信和大膽，再者，2009年中國大陸正式將新能源產業列入「七大戰略性產業」之一，由此中國大陸在新能源產業方面的扶持與資金的投入力道將會相當強勁。

中國大陸推展的新能源產業中，LED照明產業是新能源發展的重要產業，有鑑於此，中國大陸「鴻雁電氣」與台灣「東貝光電」於2009年12月16日成立「鴻雁—東貝LED照明合資公司」，借重東貝光電於LED產業耕耘多年的經驗與技術、加上中國大陸鴻雁的高市場佔有率，以及地方政府優惠政策的支持，其目標是成為中國大陸LED照明光源的優勢廠商，並搶攻全球LED照明產業市場。因此，建議台灣相關廠商可透過此類投資模式，並運用中國大陸優惠補助政策，有效取得中國大陸相關新能源產業發展之機會。

中國大陸雖在勞動生產要素、內需消費市場、外國直接投資與政府投資皆交出舉世傲人的成績，但高樓下總是有陰影存在，例如：**(1)超額信貸問題**：根據中國大陸央行（2009）公布的數據顯示：「2009年上半年，中國大陸金融機構貸出相當於2008年GDP四分之一的新增貸款，額度高達736億人民幣」，在金融機構借貸出實體經濟無法負荷過剩資金的情況下，將推高中國大陸的房市與股市，產生另一波的泡沫危機；**(2)智慧財產權問題**：中國大陸產品仿冒情況嚴重，未尊重智慧財產，空有法律卻無法有效嚇阻，影響廠商進入市場意願；**(3)通貨膨脹問題**：野村證券（2009）發表研究報告指出：「中國大陸將在2009年第四季至2010年出現溫和的通貨膨脹」，通貨膨脹的發生不但會降低民眾購買力，更將造成資產價

格飆升的風險；**(4)社會糾紛不斷**：2008年勞動合同法推出後，被解雇的農民工成為「犯罪違法的高危險群」，根據《2009中國大陸地區投資環境與風險調查報告》顯示，2008年兩岸經貿糾紛為3,506件、2009年為2,839件，凸顯兩岸在經貿環境上仍有相當大的磨合空間。

■俄羅斯貿易商機剖析

【俄羅斯】 評等：值得推薦			IEAT 綜合貿易競爭力 第❷名	
項目	數值	38國排名	一力四度	38國排名
國家人口數（百萬人）	141.39	❼	國家競爭力	❸⓪
每人GDP（美元）	11,857.53	❷❷	貿易自由度	❷⓪
累計國外投資金額（億美元）	2,137.34	❶❺	貿易便捷度	❶❶
佔台灣出口比重	0.29%	❷❽	貿易難易度	❷❶
佔台灣進口比重	1.25%	❶❹	貿易風險度	❶❺

　　俄羅斯近年已成為全球最具潛力的新興市場之一，天然資源豐富、土地遼闊、人力素質高、勞工充裕、工資便宜、科技基礎深厚、市場潛力大。美國高盛於2007年12月公布全球成長環境得分（Growth Environment Score），俄羅斯1996年到2006年由140名上升到74名，2007年小幅提升8名，在181個國家中排名第66位。此為俄羅斯第一次在全球成長環境得分超過中國大陸，躍居金磚四國之首。俄羅斯在2009年，外匯存底僅次於中國大陸及日本，居世界第3大外匯存底國家。俄羅斯經濟情勢持續好轉使民眾收入增加，進而帶動了國內消費需求的快速成長，旺盛的國內消費需求已經成為推動俄羅斯經濟成長的主要因素之一，然而其中部分消費需求將經由進口來滿足。

　　根據經濟部投資業務處2008年12月《俄羅斯投資環境介紹》表示，俄羅斯雖有政治不穩定及商業環境的問題，但龐大的市場商機仍吸引許多外資。由於俄羅斯經濟持續成長，政府採購預算以及人民可支配所得增加，對進口貨品需求提升。台灣對俄羅斯主要出口項目為電腦及周邊設備、電子零組件、積體電路及微組件、鋼鐵製品、乙烯之聚合物、汽車零配件、人造纖維棉及絲、紙及紙板之製品、針織品與運動用品等。而俄羅斯汽車市場蓬勃發展，台灣對俄羅斯出口汽車

防盜器及零配件遽增，記憶體、膠帶、鋼材、及各式產業機械亦有不錯之出口表現。經濟部貿易局將俄國列入重點拓銷市場，赴俄國拓銷之工商團體及個別廠商不斷，亦有助於台灣對俄羅斯出口。茲將俄羅斯具有商機之產業敘述如下：

● 資訊、電子產業

根據經濟部投資業務處的《俄羅斯投資環境介紹》（2009）中指出，台灣電腦周邊設備在俄羅斯有不錯的口碑，以市場規模而言，發展潛力及空間仍大；再者，由於歐美高價名牌電腦設備非多數人消費能力所及，加上台灣電腦零配件的品質頗受肯定，因此有若干俄羅斯的電腦公司開始組裝台灣電腦零組件以俄羅斯品牌出售，亦值得台灣廠商繼續開發此市場。另外，台灣的資訊電腦廠商如宏碁、華碩、技嘉、微星、明基、全瀚、研華、富士康、HTC、訊舟等公司均已在莫斯科設立辦事處，提供俄羅斯經銷商行銷支援服務。鴻海集團於2007年10月間在聖彼得堡投資5,000萬美元，與美國惠普（HP）公司合作成立個人電腦組裝工廠，生產個人電腦、液晶螢幕和其他電腦周邊產品。俄羅斯每年約有600萬台電腦消費量，且未來成長空間仍大，近年來以筆記型電腦成長速度最快。針對此類產品，政府應可朝協助台灣IT業者赴俄羅斯設立行銷據點、蒐集報導相關商情，及在當地辦理形象推廣相關活動等方向著力。

● 汽車產業

因俄羅斯產品的質與量未能滿足消費者需求，俄羅斯汽車零配件市場大多仰賴進口產品。俄羅斯小汽車有百萬輛的產能，已日漸和西歐、美國、日本車廠結盟，值得台灣廠商繼續開發。據經濟部投資業務處《俄羅斯投資環境介紹》（2009）中表示，俄羅斯政府為建立現代化的汽車產業基礎，2005年3月通過汽車工業組裝優惠方案，對在俄羅斯設廠，年組裝至少2萬5,000輛汽車的外國汽車製造商，提供低於3%的零件進口稅優惠，值得注意的是，在兩年半後優惠課稅的汽車零件項目必須減少；另在5至7年內，生產汽車要達到30%本土化，故欲前往拓銷之貿易業者應加緊腳步。近年來俄羅斯當地汽車市場蓬勃發展，外國車廠紛紛前往投資，預計2010年當地外國車組裝產量即可達百萬輛。由於俄羅斯對進口成車及零件徵收25%的進口稅，因此進口車製造商紛紛湧向俄羅斯建廠生產。

機械業

　　根據經濟部投資業務處2008年12月《俄羅斯投資環境介紹》指出，俄羅斯產業機械的生產供應能力仍相當薄弱，不管是在數量、生產能力、技術或自動化程度上，皆不能滿足機械市場的需求，因此主要倚賴進口。近幾年俄羅斯食品工業快速發展，帶動包裝工業的興盛，業者強烈的競爭及對擁有相當品質包裝材料的需求大幅成長，包裝機械的需求亦隨之增加。由於在價格上的優勢，台灣生產的許多包裝機械非常適合俄羅斯市場的需求，若台灣廠商能加強售後服務，必能強化對俄羅斯的出口商機。經濟部投資業務處建議，此類產品未來可藉由專業貿訪團、機械通路拓銷計劃、IMD計畫、及洽邀買主赴台參觀相關展覽等拓銷策略加強對俄出口。一般而言，外商前往俄羅斯投資主要著重在回收快及獲利高之行業，如貿易業、餐飲業、金融保險業及食品業等。由於俄羅斯航太、機械、生化、光電等高科技發達，如能與俄羅斯相關企業或研究機構技術合作，研發有市場潛力之新產品，或購買研發成果將其商品化，亦是相當可行之途徑。

五金市場

　　近年隨著經濟快速發展，加速基礎建設投資，用於建築或是其他用途的五金產品之需求亦隨之上升。俄羅斯生產的五金產品不管是品質抑或是數量上，皆無法滿足俄羅斯五金市場的需求，故非常仰賴進口。而俄羅斯進口的五金產品有高達約55％的比重是螺絲螺帽，2006年至2008年的進口金額持續以二位數增加，其成長率分別為43％及47％，2008年前三季為止亦成長34％。而台灣為俄羅斯五金產品的第三大進口來源，占進口比重14％，主要進口項目為螺絲螺帽。根據俄羅斯五金業者協會資料，俄羅斯對建築用的螺絲螺帽，每年約成長15％。俄羅斯的五金建材市場雖在金融風暴中受到影響，呈現衰退現象，但隨著全球經濟衰退趨緩並走向成長，俄羅斯未來的五金產品市場商機仍然存在，且俄羅斯將於2014年舉辦冬季奧運，大量的基礎建設與相關設施建設需求，五金建材仍需依賴進口，台灣廠商仍可積極爭取訂單。

自行車市場

　　俄羅斯近年經濟成長快速，在收入增加、生活水準提升下，俄羅斯消費者對健康生活的意識已逐漸提升，加上運動與休閒的結合，自行車在俄羅斯受歡迎的

程度與日俱增,需求亦隨之成長。俄羅斯市場業者評估,俄羅斯自行車市場規模在500至600萬輛之間,市場成長率約2至3%。而2008年台灣自行車產值為512.2億元,較2007年成長31.4%。自行車零組件產值為391億元,成長20%。全球自行車產業與景氣脫勾,不只是台灣成長至少三成,中國大陸、俄羅斯、日本及歐洲亦對自行車需求旺盛。台灣廠商巨大與美利達在2008年經濟不景氣下,卻仍逆勢成長。台灣廠商在俄羅斯自行車市場的地位僅次於中國大陸廠商,未來隨著俄羅斯經濟成長,伴隨著環保風氣盛行,預估自行車市場仍會持續成長。

經濟部投資業務處對業者建議,俄羅斯之投資環境風險甚高,欲前往俄羅斯投資者,事前應先審慎評估。例如:**(1)政治具潛在不穩定因素;(2)法令過多、變動頻繁且執行不彰**。此外,根據《俄羅斯投資環境介紹》中,風險還包含了外匯管制過於嚴苛、通貨膨脹率仍高、稅賦過重且稅制繁複、欠缺吸引外人之獎勵措施條例、貪瀆犯罪橫行、行政效率不佳。俄羅斯政府當局在欲積極發展國家經濟地位的同時,必須先解決造成其經濟發展的阻力,也就是外商在商業投資環境的種種限制或問題。

■印尼貿易商機剖析

【印尼】 評等:勉予推薦			IEAT 綜合貿易競爭力	第 ❸❺ 名
項目	數值	38國排名	一力四度	38國排名
國家人口數(百萬人)	227.35	❹	國家競爭力	❸❷
每人GDP(美元)	2,246.71	❸❷	貿易自由度	❸❶
累計國外投資金額(億美元)	670.44	❷❾	貿易便捷度	❸❻
佔台灣出口比重	1.58%	⓫❸	貿易難易度	❸❸
佔台灣進口比重	2.98%	❽	貿易風險度	❸❻

「印尼長期以來雖出現國家形象負面問題,卻有許多令人樂觀的新希望」,此段話出自於2009年9月10日出刊的英國《經濟學人》之〈印尼:黃金新機會〉專輯報導。以下具體數字均顯示印尼有樂觀新希望:(1)根據印尼ING證券有限公司的信心調查顯示,亞太13個地區的投資排行,印尼位居第4;(2)標準渣打銀行(2009)指出,若印尼經濟保持每年5%成長率,其GDP預計將於2024年超越日本;(3)印尼海洋暨漁業部海洋資源和漁業監管總署表示,印尼每年捕撈約6,400萬

噸海魚，位居世界第四大生產國；(4)依印尼貿易部資料顯示，2008年東協貿易總額達1兆7,100億美元，其中印尼進出口貿易總額增長41.2％，居東協會員國之首；(5)印尼貿易部長馮慧蘭於2009年6月23日表示，截至2008年，印尼生棕櫚油在國際市場占有率高達44.8％，已成為世界最大棕櫚油出口國；(6)摩根士丹利發表〈金磚四國將多一國？〉指出，2011年起，印尼經濟成長率可望超過7％，讓它可以加入所謂金磚四國的行列，並成為第五塊金磚。過去十年以來，一直給予外界動盪形象的印尼，近年來竟然超越了泰國、越南、新加坡等國，成為東協十國中成長最快、最受到矚目的新興國家。茲將印尼具有商機之產業敘述如下：

● 基礎建設計畫

根據世界經濟論壇調查結果顯示，印尼在調查的131個國家的競爭力排名居第54位，而其運輸基礎設施排名位居第91名，並指出印尼的運輸基礎設施近年來問題頻傳，例如爪哇北海岸路線的貨運，因發生水災受到阻礙，此情況造成貨物供應不順暢，影響經濟成長和削弱競爭力。因而，2009年印尼國會通過國家預算，政府推動經濟刺激計畫，增加2兆盾（約1.76億美元）於基礎建設，使其預算總額達73.3兆盾（約62億美元），以協助保護全球經濟崩潰對印尼之影響。該計畫之預算總額分配於基礎建設項目分別為：(1)基礎設施12.2兆盾；(2)公共工程部稅務津貼達5.574兆盾；(3)交通部2.24兆盾；(4)能源礦務部1.272兆盾等。增加預算金額其實仍不足以克服運輸問題，政府還需設法通過其他方法解決，包括改革運輸體制、加強人力資源素質及加強私人企業在運輸方面功能。此基礎建設之計畫將可成為台灣營建產業、交通運輸產業之廠商前往印尼投資之新商機。

● 工具機產業

根據ITIS智網於2009年10月28日出版之《金磚印尼，潛力無窮》中提及，工具機為印尼製造業所需要的生產財，就製造流程而言，工具機為各製造業之前端，近年來印尼工具機進出口仍維持相當高的差額，主要原因在於：(1)印尼基礎工業薄弱，無法有效生產各加工性能之工具機，過度依賴進口以供境內製造業所需；(2)印尼政府將以2008年結餘之51.3億美元津貼補助31項工業，包括漁業用機器設備、電力設備、重型機器原材料與零配件等；(3)2008年11月24日印尼工業部擬定2009年國內製糖業機器整頓計畫，該計畫將透過購價折扣方式，提供每家企業機器購價10％之折扣補貼，汰舊換新機器，並提高競爭力。如此高的進出口差

額，將可預期未來印尼工具機進口市場仍具備相當程度的成長動能，亦將提高台灣工具機在印尼市場的佔有率。

清真食品認證

根據經濟部投資業務處於2009年10月份的《印尼投資環境簡介》中提及：「截至2008年，印尼總人口數約為2億4千萬人，位居全球第四大。由於處於海運要塞緣故，印尼歷史融合了各方宗教文化，如伊斯蘭教、基督教、天主教、印度教及佛教，其中約87％的人民信奉伊斯蘭教，為世界上穆斯林人口最多的國家」。由於伊斯蘭教徒在飲食尚須符合伊斯蘭教之教條規定，因此形成獨具風格的飲食習慣。近年來，許多國家積極推動符合伊斯蘭教教義之清真食品認證產品，台灣亦在畜禽產品上取得Halal認證。台灣食品加工業者，在其品質控制、生產自動化上皆具備一定水準，因此台商若能積極將其產品規格符合清真Halal之認證，將可進軍世界排名第一之伊斯蘭教市場。

機車與零配件產業

根據印尼機車產業同業公會（Indonesian Motorcycle Industry Association：AISI）2008年調查顯示，印尼2008年全年的機車銷售量達6,215,865輛，較2007年成長32.6％，並隨著印尼女性勞動人口增加與自主意識的提升，許多女性可自行支配的所得已不低於男性所得，未來女性的機車市場將愈來愈受到重視。由於受到全球金融危機影響，2009年1月印尼的機車銷售量僅36萬7736部，較2008年1月同期減少22％。據AISI估計，由於印尼2010年將舉行大選需要大量採購機車，以及中央銀行為刺激經濟連續降低基準利率，均將使機車需求提高。而台灣之機車生產、組件製造皆在一定水準之上，若能針對印尼女性機車市場做相關產品製造及規劃，將可為機車產業帶來莫大商機。

電子電機零組件產業

由於印尼國內市場廣大，電子電機產品之零組件，有發展空間。以手機業為例，印尼由於人口眾多，手機業是東南亞國家中成長最為迅速的國家，平均每年成長20％，也是全球第六大行動電話使用國，僅次於中國大陸、印度、美國、俄羅斯及巴西。2008年底行動電話用戶達1.47億戶，普及率為59.27％，尚有許多發展空間。目前中國大陸製造山寨機在印尼造成暢銷，業者也競相用綁門號送手機

方式鞏固使用者,而印尼人使用的行動電話幾乎都是進口貨,但大部分是水貨,由於印尼相關法律不明確,且未對走私產品採取積極管理,使得國際品牌手機業者不太願意在印尼設廠投資,而選擇印度、馬來西亞或越南等鄰近國家投資。

就印尼內需市場潛存龐大商機看來,由於挾其龐大需求、豐沛資源稟賦與充裕勞動力優勢,積極引進外資,加速蓄積經濟成長潛能,逐漸在國際舞台嶄露頭角,並成為台商轉戰亞洲及伊斯蘭教新興市場的重要跳板。但就其投資環境而言,仍有許多需要改進的地方:**(1)貪污及稅務體制不佳;(2)法律不確定性;(3)海關及居留的規定過於繁瑣;(4)勞工法過度偏袒勞方;(5)相關基礎設施不佳等**。但就整體而言,印尼國內市場廣大,現階段可以內需型或使用印尼資源為主之產業為投資目標,一旦投資環境獲得改善,相信印尼勢必將成為台商全球佈局重要的一環。

■日本貿易商機剖析

【日本】 評等:極力推薦			IEAT 綜合貿易競爭力	第 ❻ 名
項目	數值	38國排名	一力四度	38國排名
國家人口數(百萬人)	127.29	❽	國家競爭力	❷
每人GDP(美元)	38,577.83	⑬	貿易自由度	❾
累計國外投資金額(億美元)	2,033.72	⑯	貿易便捷度	❻
2009年佔台灣出口比重	7.12%	❹	貿易難易度	❻
2009年佔台灣進口比重	20.74%	❶	貿易風險度	❽

日本著名經濟學者Kaname Akamatsu(1935)所提出的「雁行理論」(flying geese):「日本做為『領頭雁』,將經濟勢力擴張到新興工業國,進一步深入東南亞、中國大陸及南亞諸國」,「日不落帝國」的升起平衡了世界經濟向西半球傾斜的角度,也帶動亞洲經濟的發展。從下列訊息更可發現日本強大的意象:(1)日本是七大工業國(G7)中唯一的亞洲國家;(2)2009年日本以GDP 5.07兆美元,蟬聯世界第二大經濟體;(3)《經濟學人》(*Economist*)與瑞士銀行(UBS)(2009)在調查73個城市消費能力後發現,日本東京、美國芝加哥與加拿大多倫多是73個城市中消費力最強,只要工作12分鐘就能吃到一個大麥克漢堡;(4)根據聯合國貿易暨發展會議(UNCTAD)2009年9月17日所發表的《2009年世界投資報

告》（*Word Investment Report*）中顯示：「日本、美國與法國是最大的外國直接投資單一來源國」；(5)日本「匠人文化」的製造品質，征服全球，日本許多企業品牌在國際市場上，均享有盛名，諸如消費性電子品牌Panasonic、Sony、Canon、Nikon、Fujitsu；汽車品牌Toyota、Honda、Lexus；服飾品牌植村秀、三宅一生、川久保玲、山本耀司等。根據國際貿易局在2010年2月10日所發布《日本經貿月報》中所述：「2009年台灣為日本第4大出口國、第9大進口國」，顯示兩國在經貿上連結度頗為緊密，茲將日本具有商機之產業敘述如下：

◎ 清潔能源

2009年日本名列世界第二大經濟體，但它同時也是世界上主要能源消耗大國，在近年來國際原油價格不斷攀升之際，日本發覺為了適應日本工業領域高科技的飛速發展，必須在能源上做更有效能的運用與尋求多樣化的替代能源，因此除了發佈3Es能源政策外（實現能源安全「Energy Security」、經濟增長「Economic Growth」與環境保護「Environmental Protection」的共同發展），更在2009年12月30日將「能源、環境」視為新經濟成長戰略，並計劃在環境與能源領域方面，積極進行大規模投資，發展風力發電、太陽光電等再生能源，期望在未來減少13億噸的二氧化碳排放量，並在10年內創造出140萬人次的工作機會與50兆日圓的市場規模，世界自然基金會（World Wide Fund for Nature，WWF）（2009）更表示：「清潔能源技術產業規模將在2020年達到1.6兆歐元，成為僅次於汽車業和電子業的世界第三大產業」，顯示清潔替代能源已成為各國「必須面對的真相」，而在太陽能光電技術已有相當成績的台灣相關產業，更應在這勢頭上，把握良機，創造商機。

◎ 健康、醫療產業

1991年Emmott出版《日有落時：為什麼日本不再是世界第一》書中提到：「日本在1960至1970年代，年齡超過65歲者僅有5％到8％，與西方工業國家相較下佔盡優勢，然而，之後日本將會因為人口老化的因素，使社會失去活力，並且逐漸失去競爭優勢」。日本人口老化確實快速，根據日本總務省（2009）公布數據指出：「2009年日本65歲以上的人口為2,898萬人，較2008年增加80萬，老年人在全國人口中所佔比例也增加了0.6％達22.7％，日本老人現在幾乎占總人口的四分之一」，因此日本政府為及早因應老年化社會對日本帶來的衝擊，首相鳩山由

紀夫在2009年12月30日公布新經濟成長戰略計劃中，特別將「健康、醫療」納入其中，並期望在未來10年能創造出45兆日圓的市場需求及280萬人次的工作機會。在日本政府積極提升老人安養照顧的情況下，也代表銀髮商機將成為顯學，在這巨大商機中，除眾所皆知的醫療體系外，尚包括安養中心、照護人力、社會保險與新藥研發等，老年化社會未來將成為一個商機無限的龐大市場。

◎ 農產、漁獲食品

日本飲食一向以精緻、天然、低汙染與高品質等為追求目標，因此，國外產品要打入日本市場，除了必須符合一連串的審核外，在產品上更必須擁有自己的特色與競爭力，而台灣農業在經過科學化的改良與標準化的管理下，越來越多產品已打入日本這個對餐飲斤斤計較的國度，根據農委會（2010）數據統計，2009年日本為台灣蝴蝶蘭與活花卉植物出口第二名，出口金額達16.9百萬美元，而其他諸如鮪魚、鰻魚、旗魚，更是台灣出口日本的大宗。在台灣農產品不斷朝精緻化農業發展的情況下，未來農產品在日本必定可占有一席之地。

日本雖在科技、重工業、機械、電子繳出傲人的成績，但是在新興市場崛起的影響下，日本受到不小的衝擊，舉例而言：**(1)2010年中國大陸將超越日本成為全球第二大經濟體**：根據日本官方（2010）公布數據顯示：「2009年日本GDP為5.07兆美元，僅比中國大陸多出0.16兆美元」，日本瑞穗綜合研究所高級經濟學家草場洋方便認為：「展望2010年，日本經濟增長速度將呈現趨緩的格局，因此GDP可能會被中國超過」；**(2)美商APPLE減少日本廠商委託生產**：2010年3月美商APPLE所生產的平板型終端機「iPad」上市，但該公司主要委託鴻海精密工業生產，除東芝公司（TOSHIBA）外，幾乎無日本廠商接受委託生產或供應零件，使以筆記型電腦與行動電話為主力之日本電子零件廠商受到不小衝擊。此外，日本由於受到金融海嘯的衝擊，日本就業與消費市場滿佈傷痕：**(1)失業率不斷攀升**：根據日本政府在2010年1月29日表示：「日本2009年失業率達5.1％，和2008同期相比，增加320萬人，就業人數則下降6,220萬人」；**(2)企業倒閉潮不斷提升**：根據日本Data Bank調查公司於2010年1月13日所公布的報告顯示：「2009年日本企業倒閉件數達到13,000件，創下自2001年以來的最高紀錄，負債總額則成長42.8％，達到6兆8,101億日圓」；**(3)消費信心每下愈況**：根據萬事達卡國際組織在2009年12月22日所公布的消費者信心指數調查報告顯示：「日本消費者對市場信心抱持一貫悲觀態度，更在34次的調查報告中，有30次抱持著負面態度」。

■美國貿易商機剖析

【美國】　　評等：極力推薦			IEAT 綜合貿易競爭力	第 ❹ 名
項目	數值	38國排名	一力四度	38國排名
國家人口數（百萬人）	311.67	❸	國家競爭力	❶
每人GDP（美元）	45,230.20	❻	貿易自由度	❺
累計國外投資金額（億美元）	22,788.92	❶	貿易便捷度	❺
2009年佔台灣出口比重	11.56%	❸	貿易難易度	❺
2009年佔台灣進口比重	10.39%	❸	貿易風險度	❹

　　根據德意志銀行首席經濟專家芬曼指出：「美國經濟在三大強力的震撼因素：房地產不景氣、信用緊縮以及能源價格高漲的不利影響下，奮力掙扎，但美國經濟還能夠維持不滅頂，此證明其韌性、政策反應積極以及全球成長的強大力道」。以下數據證明美國經濟前景看好：(1)2010年2月24日，英特爾宣布組成「投資美國聯盟」（Invest in America Alliance），並於未來兩年注資35億美元；(2)2010年2月16日，日本經濟研究所中心發表2009年世界五十個國家潛在競爭力排行，美國名列第三，僅次於香港、新加坡；(3)IMD公布2009年世界競爭力排名分析，美國持續蟬聯競爭力排名榜首，香港與新加坡則分別位居第2、第3名；(4)2009年9月8日，世界經濟論壇發佈《2009-2010年全球競爭力報告》中表示，美國之競爭力位居第二，僅次於瑞士；(5)由英國經濟學人智庫所進行之第三屆全球IT產業競爭力排名中表示，美國在教育環境指標擁有不敗地位，得以持續培養高品質技術人才，因此蟬聯全球最具IT產業競爭力國家榜首。綜上所述，即便美國經濟於金融風暴中嚴重受創，但仍憑藉強大的經濟實力以及市場佔有率，得以維持競爭力，未來仍將持續其恢復力道。本研究茲將美國未來極具潛力之產業敘述如下：

◎ 太陽能產業

　　根據2010年2月10日各大媒體報導指出，美國十名國會議員打算提議兩個千萬太陽能計畫，分別是「千萬太陽能屋頂計畫」與「千萬加侖太陽能熱水裝載計畫」，此兩個計畫方案之構想來源為美國加州的「百萬太陽能屋頂計畫」，議員們希望將加州的太陽能計畫推展至全美各地，並期望在未來10年內建置完成。如

果美國落實此太陽能千萬計畫，則有機會超越德國，成為全球最大太陽能市場。此消息對已在美國佈局的台灣太陽能業者十分有利，未來擁有龐大商機，目前在美國的台灣太陽能業者有茂迪、益通、中美晶、合晶等，皆準備搶食此商機。而尚未進入美國市場的台灣太陽能業者也可藉此機會，進軍美國市場。

智慧電網

自半導體問世以來，對於生產、傳佈與消耗能源等方式帶來革新，發展至今，相關經濟規模與半導體在IT領域之經濟規模已不分軒輊。為因應半導體技術的不斷演進，美國政府大力推動「智慧電網（smart grid）」政策，據IBM技術事業群技術長Bernard Meyerson表示：「智慧電網的佈建，代表著又一個類比產業的數位化，新一代的供電網將運用到感測器、智慧儀表、數位控制與分析工具，用以自動監測並控制雙向的電流」。這顯示半導體將成為人們得以更有效率地駕馭替代能源，並使能源的散佈及消耗更具效益、更智慧化之關鍵技術。短期而言，半導體的最佳用武之地即為美國的智慧電網佈建。此外，德州儀器工程經理Dave Freeman亦表示，美國尚有5,000萬個類比電表等待更新，商機規模約180億美元，以全世界而言，僅有6％電表、8％瓦斯表及4％水表完成此數位化，表示智慧電網之發展潛力無限、商機無窮。

電子書產業

根據經濟部工業局的《2010年電子書市場發展趨勢》中指出：「自亞馬遜（Amazon）的電子書閱讀器Kindle熱賣後，不少業者為搶占商機紛紛投入，DIGITIMES分析師郭明錤針對此表示，預估全球電子書2010出貨量可望挑戰835萬台、年成長率137％。在電子書市場快速成長下，可從6大發展趨勢掌握2010年電子書市場態勢，分別是：價格、內容、新產品、新業者、關鍵零組件與全球市場」。另外，根據國際出版聯盟（IDPF）與美國出版協會（AAP）公布美國電子書在2009年第二季的銷售數字，光是2009年第2季就超過2008年的一整年銷售額，由此看來，美國電子書市場的銷售成長力道十足。

工研院IEK表示，台灣已成為全球唯一電泳顯示技術的面板及電子閱讀器的供應國，結合台灣電子產品開發、低成本組裝的優勢，將可帶動更多廠商加入電子書閱讀器的銷售。而目前電子書採用的顯示技術，約有九成都是採用E Ink公司所提供的電泳顯示介質。2009年台灣元太科技已宣布收購E Ink公司；友達入股

SiPix公司成為最大股東；台達電選用Bridgestone之電泳顯示面板，顯示台灣在液晶產業中已為國際主要供應國之外，在電泳顯示技術之電子書閱讀器的供應上，更是全球唯一的供應國。台灣已擁有電子書關鍵製造技術且具全球競爭力，未來在面對美國此全球最大電子書閱讀器市場及最多電子書出貨量的吸引下，台灣廠商未來於美國電子書市場將大有可為。

　　就美國內需市場潛在巨大商機而言，由於政府政策積極推動、科技技術人才充足與教育機構品質優良，逐漸於逆勢中成長、恢復經濟力道。但就其投資環境以及歷經金融風暴衝擊過後，仍有一定程度及尚待改進之處：**(1)財政赤字危機**：美國財政部（2009）公布數據顯示：「美國政府財政赤字首次突破1兆美元，財政赤字日益擴大」。此舉將使美國貨幣及財政赤字雙雙擴張，美元貶值的壓力不斷上升，相對美金債務風險不斷上升；**(2)失業率居高不下**：經濟合作暨發展組織指出美國失業率（2009）增加3.5％，高於其他主要OECD國家，OECD更預測2010年美國勞動市場仍面臨相當嚴峻的挑戰，在未來十幾年之間，失業率將維持在8％或更高；**(3)內需消費力不足**：據美國消費者調查報告（2008）指出，消費者計劃2009年出外用餐者將減少達51％，計劃增加消費者僅有7％。就整體而言，一旦經濟恢復力道與政府振興政策搭配得宜，美國勢必再度盤據世界龍頭位置，進而帶動全球經濟。

■印度貿易商機剖析

【印度】　　評等：值得推薦			IEAT 綜合貿易競爭力	第 ❷ 名
項目	數值	38國排名	一力四度	38國排名
國家人口數（百萬人）	1,181.41	❷	國家競爭力	❷⑧
每人GDP（美元)	1,061.32	❸⑥	貿易自由度	❸❸
累計國外投資金額（億美元）	1,232.88	❶⑧	貿易便捷度	❷⑥
佔台灣出口比重	1.24％	❶⑤	貿易難易度	❸④
佔台灣進口比重	0.93％	❶⑧	貿易風險度	❸❶

　　2005年美國情報委員會發表《世界未來之圖像》指出：「印度以全球新主要玩家之姿崛起的可能性，就像是19世紀的德國與20世紀的美國，將以與前兩世紀同樣戲劇化的衝擊，來轉變這個世界的地理政治面貌」，具體數字使印度吸引全

球目光：(1)至2009年8月印度外匯存底達2,609億美元，全球排名第五；(2)國際貨幣基金（IMF）顯示印度2006、2007、2008連續三年GDP保持全球排名第四；(3)印度電信監管局（TRAI）（2009）表示，截至2009年4月印度手機用戶達到4.37億，已居全球第二，僅次於中國大陸；(4)《經濟學人》（*The Economist*）於2009年2月表示，擁有11.3億人口的印度，其中產階級於2015年可達20％，2025年更將超越40％；(5)2007年5月麥肯錫在名爲《黃金鳥》（*The Bird of Gold*）報告中指出，由於印度的年輕人口購買力增加、儲蓄減少，加上數百萬人逐步脫貧，印度消費市場的年增長率將達至7.3％，到2025年將有1.5兆美元的規模。印度強權的崛起與經濟上的亮眼表現讓Edward Luce（2009）在其著作《印度的奇特崛起》中指出：「印度將與美國、中國大陸在21世紀重新塑造這個世界」，在中產階級消費力逐漸攀升、外國法人投資比例增加與政府持續投入大量公共建設的情況下，台商應掌穩舵首，航向國際公認「不可思議的印度」（Incredible India）。茲將印度具有商機之產業敘述如下：

◒ 5,000億美元基礎建設

2008年6月英國《經濟學人》指出：「2008至2017年新興市場的基礎建設投資將達21.7兆美元，其中印度約占2.8％，即6,076億美元；其亦估算印度在道路、電力、電話與航空旅運的需求成長幅度將達至30％、85％、90％與210％」，凸顯印度在基礎建設上有很大的成長空間。根據2008年6月印度全國商業總會（Association of Chambers of Commerce；Assocham）發表報告指出：「印度基礎設施落後，在金磚四國殿後，是印度吸引外人投資的致命傷」，例如：(1)貨物運送至港口至少需要10小時才可裝上碼頭；(2)印度全國有125座機場，但僅有35座可做有效的商業運作。有鑑於此，印度政府在第11個五年計畫（2007年4月1日至2012年3月31日）中編列5,150億美元預算於基礎建設，含括電力、公路及橋樑、電信、鐵路、灌溉、供水及衛生下水道、港口、機場、倉儲與瓦斯，而這5,000億美元公共建設大餅，將可成爲台灣營建業、機械設備類以及運輸管理類廠商駛往印度的新商機。

◒ 全球第二大機車市場

隨著經濟逐步改善，運輸工具的需求亦隨之提升，而靈活機動、入手門檻低的機車在印度便大受歡迎，根據經濟部投資業務處於2008年11月的《印度投資環

境簡介》中提及：「機車產業2002年至2007年間每年成長率均超過10％。2007年至2008年機車銷售量達725萬台，為僅次於中國大陸的第二大機車市場」。此外，印度目前擁有機車的人口占全國人口的比例僅為37％，較印尼、越南、馬來西亞與泰國的90％、140％、258％與286％仍有相當大的差距，由於城市機車胃納量逐漸飽和，而占印度70％人口的城郊及農村除了所得持續增加外，15-24歲年輕人口占總人口25％，使得機車需求持續成長，鄉村與城郊將成為新一波機車市場布局的重點，也將成為台灣機車產業與零組件產業商機所在。

◐ 清真食品認證

　　根據經濟部投資業務處於2008年11月的《印度投資環境簡介》提及：「印度在宗教人口結構上，印度教約佔總人口的80.5％、伊斯蘭教約13.4％，另有基督教、錫克教、佛教、耆那教（Jains）分別占2.3％、1.9％、0.8％與0.4％，其他尚有拜火教（Zoroastrianism）、猶太教等少數宗教族群」，印度的伊斯蘭教是僅次於印尼的全球第2大伊斯蘭教人口。由於伊斯蘭教徒在食品使用上有自成一格的規矩，因此伊斯蘭教國家近年來積極的推動使用符合伊斯蘭教教義的「Halal認證」產品，印度在各類漁、牧、農、乳產品及香料的各類原物料雖然產量豐富且價格相對低廉，但在農產加工上力有未逮，比例僅約6％，並多以初級加工型態呈現且包裝相當粗糙，而台灣在食品加工上，無論在品質管控、生產流程、食品業自動化與口味研發上皆有一定水準，因此台商若能積極運用產品製程的技術、地方口味的研發與取得「清真Halal食品認證」，將能取得印度伊斯蘭教徒青睞，再創一個1.5億的清真市場。

◐ 移動通訊市場

　　印度電信監管局（TRAI）（2009）表示：「2009年印度手機已超過4億用戶，且每個月以1,000萬數量遞增」，但儘管每個月有近1,000萬新增用戶，但印度只有不到15％的人擁有手機，對於擁有11.3億人口的印度而言，僅有大約一半的地區為手機網路所覆蓋，其中，印度農村手機普及率為4.92％，遠不如其城市的43.88％。此外，印度推出一系列措施，包括提高外資持股比率、放鬆市場進入障礙等，政府大力推動更優化印度通信業的投資環境，顯示未來印度農村移動通訊業務將會有相當高的發展，而這也為移動通信相關廠商帶來巨大商機。印度移動通信產業爆發式增長帶動手機及相關週邊產品的強烈需求，截至2010年為止，台

灣廠商如東陵電子、勝華科技、宏達電、泰金寶等，均已前往印度投資或設廠。而台灣在手機製造以及相關零組件的供應上具有一定的實力，建議廠商除了解印度當局所提供的優惠政策外，也可參考已至印度拓銷之廠商經驗，降低錯誤風險。

◉ 環保營造工程

根據印度環保建築委員會（IGBC）（2009）表示：「雖然環保建築市場規模仍小，但增長快速，過去5年平均增長45％」。且據印度環保商務中心（GBC）（2009）估計，2010年印度在環保建築方面的投資可達4億美元，另外，印度環保建材市場之總值更可望於2010年前達到40億美元。印度環保商務中心（GBC）（2009）指出：「如乾式廁所、無水小便器、低揮發性有機化合物黏合劑和密封劑，以及高反射屋頂油漆等重要的環保建築材料未能滿足需求」。顯示雖然印度環保建築市場發展快速，但其在建材的供應上仍不足，故台商可針對上述相關項目進行拓銷與開發。建議台商可配合印度基礎建設之開發，切入印度環保營造市場，例如印度於2009年實行的「德里—孟買工業走廊計畫」，其中當地工業區建置所萌生之廢3C資源再生以及環保營建商機，就是台商可以進入印度環保營造工程市場的機會之一。

印度雖然擁有龐大的潛在內需市場與充沛的生產要素，但其於投資環境上還是有許多可以改進之處：**(1)勞動法令繁多**：印度在勞動法令上多如牛毛，如最低工資法、年金法、離職金法、勞工保險法、紅利給付法等，全印度雇主組織（All India Organization of Employers）（2009）更表示：「過時的勞工政策將妨礙就業與外資的投資」；**(2)政府行政透明度低**：根據國際透明組織（Transparency International）所發表《2008年貪腐印象指數調查報告》排名，印度在180個國家中排行第72名，顯示尚有相當大的加強空間。其次，世界銀行更直接的表示，印度的詐欺與貪瀆令人無法接受，凸顯印度在邁向強國之路前，需先處理好印度政府本身貪腐的情況；**(3)政府行政效率低**：根據台灣經濟研究院所做的《印度東望政策與南亞經貿整合對台灣產業影響》（2007）的報告中提及：「印度政府部門行政效率低，連帶使其投資環境受到影響，舉例來說：在印度成立一家企業平均需要花費89天的時間，此外，企業要在印度設立分公司，也要將近十個月的申請時間，而且有時還無法獲得准許，且無全國性公司或個人的徵信系統，使投資人與廠商面對相當大的金融資訊風險。」面對上述印度市場的挑戰與機會，台灣企

業應透過過去已藉由南向政策已有的基礎，與當地業者合作的方式，進軍印度市場，先熟悉印度經貿情況，再逐步因地制宜的擬訂投資策略。

■韓國貿易商機剖析

【韓國】　評等：值得推薦			IEAT 綜合貿易競爭力	第 ⑱ 名
項目	數值	38國排名	一力四度	38國排名
國家人口數（百萬人）	48.15	⑳	國家競爭力	⑪
每人GDP（美元）	19,295.52	⑰	貿易自由度	㉕
累計國外投資金額（億美元）	906.93	㉓	貿易便捷度	⑲
佔台灣出口比重	3.58%	❻	貿易難易度	⑱
佔台灣進口比重	6.01%	❹	貿易風險度	㉒

　　根據世界經濟論壇於2009年9月8日公布之《全球競爭力排名》報告顯示：(1)韓國為世界創新強國全球第11名，在專利利用率及研發方面的支出分別為全球第5名與第10名，顯示韓國於R&D上極具國家競爭力；(2)韓國的財政條件方面，其外匯存底為全球第7名；(3)韓國穩健的經濟為全球第11名；(4)韓國亦擁有國際水平的基礎建設為全球排名第17，由此可見，韓國已充分具備完整的投資條件。根據前聯合國貿易暨發展會議公布《2009年世界投資報告》，2008年韓國FDI淨流入金額為76億美元，較2007年之26.3億美元大幅增加，為自2004年以來首次呈現增加趨勢，在全球214個國家中排名第44名，較2007年之第66名進步22名，且UNCTAD預測未來韓國經濟成長及FDI將持續增加趨勢。上述資料顯示，韓國的投資環境已愈趨適合外來投資者進入。此外，經濟部投資業務處2008年11月《韓國投資環境簡介》中提及，目前韓國在電子與文化創意產業等方面之表現，極受世界矚目，消費性電子產品在某些產品之設計與功能，甚至有超越日本之勢。據韓國知識經濟部發布2009年進出口展望表示，預估出口金額將較2008年增加1.0%，約為4,267億美元，進口金額將較去年減少4.7%，約為4,148億美元，全年貿易收支可望出現119億美元順差。可知韓國為一出口導向型國家，其出口方面持續活絡中，且主要產業競爭力逐漸提高，其中電子業為產值最高前五大產業之一。依據上述，茲將韓國具有商機之產業敘述如下：

消費性電子產品

根據《商業周刊》第1092期指出，從全球電子資訊產業的發展來看，無論是半導體、光電或其他硬體設備等次產業，主要仍以貼近終端市場的消費性電子產品為重心，從電腦、手機到影音產品等不一而足。雖然目前韓國之記憶體產品於全球半導體產業中具有舉足輕重之地位，但在非記憶體、半導體測試業與半導體材料之產業競爭力則較為薄弱，韓國之非記憶體市場占有率僅約全球之2.5％，另晶圓代工及無晶圓IC設計等部門實力不如台灣，目前韓國半導體之封裝測試技術仍大多仰賴國外技術。在台灣方面，由美國商業軟體聯盟（Business Software Alliance：BSA）贊助英國經濟學人智庫針對全球IT產業競爭力所進行的研究發現，台灣IT產業競爭力從2008年的第六名躍升到2009年的第二名。2009年5月10日經濟部國際貿易局公布《2008年中華民國對外貿易發展概況》表示：「台灣素享電腦製造王國美譽，台灣主要出口產品亦以電子產品為大宗」。顯示台灣可利用自身優勢切入韓國消費性電子市場，取得貿易拓銷商機。此外，有鑑於台灣電子業長期以來帶動了上游設備與材料、下游的零售商與品牌的群聚發展，由此可知，台灣電子產業乃是奠定於技術自主與產業聚落之基礎上，故台商可以其自身競爭優勢拓銷韓國電子業。

觀光旅遊切入文化創意

經濟學家John Howkins於《The Creative Economy》一書中曾寫道：「全世界創意經濟每天創造220億美金的產值，並且以5％的速度遞增」。可見文化創意產業之高附加價值與其重要性，且商機發展潛力無窮，根據世界貿易組織於2009年全球服務貿易出口成長率資料顯示，韓國於2004至2008年年成長率為45.95％位居亞洲地區第三。顯而易見的，韓國於文化創意產業上已極具國家競爭力，韓國透過其獨有的哈韓文化，積極發展韓劇、韓國影星、韓國美食，並結合深度觀光旅遊做為拓展貿易新商機，而台灣便可依此做為標竿，透過政府作為中介推手與韓國開啟跨國文化創意交流，提供更多國際交流與合作之平台，讓台灣以文化創意行銷全球，打造亞太地區文化創意產業匯流中心。

太陽光電產業

在高油價浪潮難以逆轉的趨勢下，南韓政府為強化太陽能產業整體發展，對

太陽能發電推出價差貼補政策外，更於2008年4月決定2012年正式導入RPS可再生能源發電配額制政策，並以設備補助預算、2009年起每年4％關稅減免等，有效促進南韓太陽能產業發展與成長，目標到2012年創造1300MW的年產量。根據德國研究機構Photon Consulting報告顯示，南韓2007年太陽能發電市場規模為5,000億韓元，2010年將成長10倍，達到5.3兆韓元。另外，南韓的太陽能發電設置容量也將從2007年的60MW，預估至2010年底時，達到累積容量1.5GW，年平均成長率高達137％。而南韓多晶矽、晶圓、太陽能電池與模組、發電系統、建廠設置、營運維護等太陽能相關市場規模，也將與太陽能發電量成正比成長，預估至2010年將達到51億美元之規模。而根據台灣政府目前所積極推動的六大新興產業中的「綠色能源產業旭升方案」，台灣本身已具國際級的石化原料廠及製造能力強的精密機械產業，此外還擁有發展成熟的半導體及TFT LCD產業，造就了太陽光電產業發展的優良條件。台灣光電業若隨著政府的發展方案與韓國政策釋放的太陽能商機發展前進，則未來前景可期。

◎ 生技美容食品

在韓國，生技產業主要分為醫藥、化學、食品、環境、電子、工程及機械、能源及資源、檢定及資訊開發研究等8部分；其中以醫藥生技產業市場占有率最高。根據韓國保健產業振興院發表的2007年韓國化妝品產業分析報告中指出，2007年韓國化妝品生產規模約為3兆9,803億韓元，較2006年成長7.8％，其中，生技功能性化妝品生產額比2006年成長26.1％，占總化妝品生產量的19％，生技功能性化妝品生產量有巨幅增加。另根據Kline & Company調查，目前世界美容食品市場規模約10億美元，預測近年內將成長到20億美元規模，惟目前在全球生技健康食品市場中，美容食品市場僅占約3.5％至5％，還停留在初步開發階段，換句話說，韓國生技美容食品將有相當大的發展空間。台灣生技產業在政府的積極推動下，已建構優質的臨床研究及醫療體系、健全的研發與生產環境，而台灣生技業以食品及中草藥者居多，針對韓國的美容食品市場而言，已具產品開發優勢，若能有良好的進入及行銷策略，則有機會搶下商機。

◎ 資通訊市場

南韓在IT市場的商機上，在2000年推動國民PC帶動龐大需求之後，目前正值汰舊換新帶動龐大商機的關鍵時刻。韓國政府進一步推動資訊、通訊及廣播整合

普及化的u-Korea國家目標。因此，對台灣廠商而言，韓國資通訊基礎環境發達，網路內容與通訊服務相連接，虛擬媒介將是拓展韓國市場的重要通路之一。根據經濟學人信息部所發表的2008年全球IT產業競爭力指數調查《科技成長關鍵：IT產業競爭力的基準評估研究報告》，台灣IT產業在研發環境指標成績全球第一的強勢帶動下，2008年在全球IT產業競爭力的表現超越日本、韓國、英國、澳洲等國，由2007的第六名躍升至全球第二，僅次於美國。台灣IT產業營運效率的優勢在於良率高、交期快、彈性大、成本低、效率優，再加上產業鏈完整的優勢，使台灣IT產業即使在不景氣當中仍能維持國際競爭力，如LED背光源液晶電視雖是三星及夏普領先推出，但從LED晶粒、Light Bar、印刷電路板，到背光模組，含面板及散熱材料，都是以台灣廠商為供應的主力。又如Apple所開發的iPhone或平板電腦從IC、面板、電池模組到組裝等，也多為台灣廠商供應。由此可知，雖然韓國的IT產業已具發展基礎，但台灣IT廠商若藉由上述產業優勢，未來在韓國市場仍然大有可為。

　　雖然世界經濟論壇於2009年9月8日公布之《全球競爭力排名》報告指出，韓國已列入已開發國家，故已充分具備完整的商業體系，台商將能降低因投資該國政治環境不安所導致的投資成本，但仍有許多值得注意之處：**(1)勞動與設廠成本高**：鑑於韓國與台灣同樣面臨高工資及設廠成本相對較高的問題，且於資訊科技等方面實力相當，建議台商可考慮投資高科技或資本較密集之電子產業，並透過政府積極扶植深耕文化創意產業，藉此提升台灣於國際貿易上的競爭力；**(2)資訊不透明**：許多企業曾表示，韓國招標資訊不透明，常常無法於第一手掌握相關投標資訊，失去商機，影響甚鉅；**(3)投資法令限制繁複**：韓國雖在遭遇金融風暴後，大幅解除外人投資限制，惟投資法令、規章仍嫌繁複，目前韓國已進行各項法令之修訂，並積極設立自由貿易區，提供各項優惠，吸引外商前往投資。根據經濟部投資業務處於2008年11月《韓國投資環境簡介》中指出：「台灣與韓國消費品的產業結構相似，產品相似度高達八成以上，台商產品不僅須優於韓商產品，更須具備與中國產品競爭的利基，才有可能進入韓國市場」。台灣產業結構主要以消費性產品與中小企業為主要結構，與韓國的生產成本類似且產品處於競爭狀況下，建議台灣廠商應以合作取代競爭，共創雙贏局面。

■越南貿易商機剖析

【越南】　評等：勉予推薦			IEAT 綜合貿易競爭力	第 ❸❸ 名
項目	數值	38國排名	一力四度	38國排名
國家人口數（百萬人）	87.10	⓫	國家競爭力	❸❸
每人GDP（美元）	1,040.75	❸❼	貿易自由度	❸❹
累計國外投資金額（億美元）	483.25	❸❸	貿易便捷度	❸❺
佔台灣出口比重	2.94%	❼	貿易難易度	❸❶
佔台灣進口比重	0.53%	㉖	貿易風險度	❸❸

　　「越南經濟結構和發展模式與中國大陸相當類似，因此中國大陸經濟復甦的奇蹟也可能在越南出現」，此為澳新銀行（ANZ）2009年9月觀察報告樂觀的結論，該份報告亦表示：「相較於亞洲其他國家，越南更可能於短時間內實現經濟復甦，但若與中國大陸相比，越南追趕不上其經濟增加速度」。根據越南統計局資料顯示：「已核准654項計畫，並成功吸引455億美元外資進駐，較2007年成長兩倍，其中台灣投資額為84億美元，而日本與馬來西亞分別投資72億美元與51億美元」，主要原因為越南加入WTO的入會承諾，並給予外商公平競爭機會。世界銀行（WB）在2009年11月4日提出「越南政府致力提升國內需求，將遠離經濟衰退並開始復甦，而零售業營收較2008年同期增加9.3％」，及時的擴大內需使第二季GDP成長4.5％、第三季GDP成長5.8％，2009年越南經濟成長率高達5.32％。越南整體經濟在這波金融風暴衝擊下，所受到的傷害較小，外資對其投資信心仍有一定水準。在越南擬定多元的社會發展目標後，國內企業紛紛利用經費改善本身環境與條件，從人力資源到地區性的分布，以及越南加入WTO後，享有較多的關稅優惠。茲將越南具有商機之產業敘述如下：

◎ 60億美元振興經濟方案

　　根據摩根史丹利（2008）針對越南經濟發表觀察報告，認為該國早已經出現貨幣貶值狀況，未來越南經濟的通膨與外貿劣勢會更加惡化，造成長期外匯市場負面影響。越南中央銀行為加速貨幣重新升值，放寬越南盾每日波動幅度，期盼能藉此解決通膨問題」。政府為改善現況，從2008年10月逐漸放寬經濟緊縮措施中的貨幣政策，計畫在3個月內五度調降基本放款利率，提出「振興經濟方案」，

注入60億美元，幫助國家經濟復甦計畫，贊助企業大約10億美元的銀行貸款利息補貼，另外50億美元則對急需應付大量稅收之企業進行補助。越南國內企業營運部分，於90年代開始替Sony、JVC、Toshiba等日商代工製造電子產品，建立越南電子產業雛型。2009年1月1日越南國會通過法案，允許外國組織及個人在越南購置房屋，且所有權期限長達50年；並於2008年持續開放金融服務市場，目前已允許HSBC、ANZ、Standard Charter等銀行於越南境內成立子行，並開放資金募集、信用貸款、存放款服務等，以吸引外商之資金持續投入及長期發展。除此之外，越南亦提出振興經濟方案，祭出融資補助、稅收減免優惠、降低進口關稅等優惠服務。這些補助計畫，同樣能成為台商投入越南產業，特別是電子、科技業，在公司整體營運上的鎮定劑。

⊙ 國家重點發展紡織業

2008年11月，越南在第12屆國會批准有關2009年社會經濟發展目標與措施的第23號決議，越南總理核定的越南紡織業至2015年之發展策略計畫。其計畫指出，希望五年間，每年紡品出口能有120億美元及180億美元的目標。並試圖加強、修正紡織原料來源比例，主要有三種：(1)種植用棉（中部2,500公噸）；(2)人造絲（石油分裂廠3億小型投資）主副料；(3)化工染料以替代目前進口之主副料（目前30%、2005年50%、2010年70%）。根據台灣絲織工會2008年資料顯示，越南紡織成衣企業1,500家，其中包括約1,000家成衣加工企業，外資企業則有200多家。其使用的勞力人口約180萬人，平均工資約為一個月60美元。台商可借重其勞力資源與原料豐富前進越南投資。

⊙ 新興電子業

2009年11月越南電子協會表示，2008年越南電子業出口金額為27億美元，較2007年成長24%，已躋身成為第六大出口項目，惟出口值多由Fujitsu、Samsung、Canon等外資企業創造。儘管越南電子產品出口額遠低於其他東南亞國家，但相較於10年前越南幾乎全無電子產品外銷之狀況下，足以呈現越南電子業之發展潛力。且隨著Intel、Faxconn、Nidec等大型外資電子製造商在越南投資，並預期未來越南電子業將迅速成長，依越南政府規劃，2010年越南電子產業之出口值將達50億美元。素有「電子王國」美稱之台灣，其電子產業發展歷程與越南極為相似，均以代工電子產品起家，唯獨台灣發展較為快速，且研發能力較佳，加上近

年來台灣電子廠商逐漸尋找全球較為適合的投資地點，而越南正提供了優越的投資條件，包括法令規定逐漸寬鬆、降低進出口關稅、允許外商購屋等，均適合台商電子產業之投資。資策會MIC調查報告之市場預期結果，近年越南ICT市場發展迅速，可望在2010年成為東南亞電子零件、軟體和資通訊服務中心。胡志明市為越南IT產品集散地，台商亦多在此地設立製造據點，台商為當地最大投資人口，包括鴻海、廣達等資通訊大廠，近來皆擴大其投資意願。

◎ 配銷服務業

2007年1月11日，越南正式成為世界貿易組織（WTO）的一員，其在入會後依承諾履行調降關稅與開放市場。其中，貿易權與內銷市場經紀代理、批發、零售以及加盟等配銷服務業的開放，蘊涵龐大商機。另外，越南總人口數約8,400萬人，其中，35歲以下人口約占全國總人口的65％，年輕消費族群廣大，例如運輸工具、化妝品、運動器材、時裝服飾等產品。值得注意的是，在越南加入WTO前，美國、歐盟、韓國等跨國企業已取得貿易、配銷權，故進入越南配銷市場時間早於台灣，台商若欲和先進企業所建立的行銷通路直接競爭，必須審慎思考行銷策略及掌握競爭優勢。此外，越南傳統商店或市集正朝向現代化經營發展，不過，也由於其便利商店大部分係由傳統雜貨店轉型而來，較不具備現代專業管理思維，相較之下，台灣便利商店所擁有的成功經營模式，如系統的密集程度、整合與創新、多元服務等，符合越南當前及未來發展需求，故企業可以此管理優勢，與當地業者合作，取得競爭利基。

2010年《IEAT調查報告》中，越南雖因為位列38個貿易地區綜合競爭力排名的第33位，而居於勉予推薦地區之一，主要原因為在一力四度的分析中，越南的表現較不如其他國家，但由前文可知，就新興國家的商機來說，越南的可發展性絕對不容忽視。以下提出台商於越南投資設廠時需留意之處，以協助台商於投資風險較高的越南時，仍能獲得豐富商機。

越南電子廠商協會(Vietnam Electronic Industries Association；VEIA)於2007年4月發表觀察報告，加入WTO後電子業發展將面臨許多困難，外商投資及內部生產活動趨緩，而影響整體發展計畫。雖然越南自1990年開始，國內電子業進展快速，但仍有幾點隱憂：**(1)多以勞力密集為主**：越南廠商還停留在加工、組裝之階段，僅少部分廠商可設計、生產成品，投資廠商必須另外花更多人力，在管理、

發展、技術層面；**(2)經營成本較高**：國內的各項基礎建設如公路、航運等交通設施建設不齊全，其又屬於狹長型國家，南北往來需要花較長時間與貨運成本，需要有良好的公路及航運設施，減少廠商負擔；**(3)官僚體系**：公部門效率過低，台商要到越南投資，多半採行非透明的溝通方式，且紅包文化盛行，加上其官方語言的使用率與普遍率較低，必須花時間找到順利的溝通方式；**(4)越南缺工、罷工問題不斷**：在2008年中國大陸頒布許多產業轉型法令之後，眾多廠商將生產成本低廉的越南視為第二生產基地，然而，大量企業前往越南投資之後，造成搶工、缺工問題浮現，故前往越南投資的企業，除看重其經貿商機之外，潛在危機亦不可忽略。

■卡達貿易商機剖析

【卡達】　評等：極力推薦			IEAT 綜合貿易競爭力	第 ❸ 名
項目	數值	38國排名	一力四度	38國排名
國家人口數（百萬人）	1.28	❸	國家競爭力	㉕
每人GDP（美元)	88,990.11	❶	貿易自由度	❿
累計國外投資金額（億美元）	220.55	㉞	貿易便捷度	❸
2009年佔台灣出口比重	0.03%	❸	貿易難易度	⓫
2009年佔台灣進口比重	0.45%	㉘	貿易風險度	❾

　　「人口只有88萬多、全國土地都是沙漠的卡達，已經是波灣地區繼杜拜後，世界最看好的另一顆新星。它像是剛要崛起的另一個杜拜，正吸引世界的注意」，上述是節錄於《遠見雜誌》於2007年4月所出版的《全球卡達熱》，自2000年開始，身為海灣六國之一的卡達如同一隻剛睡醒的猛獅，以具體的數字為其提出最有利的見證，讓全世界無法忽視卡達的快速成長：(1)根據2008年10月20日國際商業監督調查顯示，自2008年至2012年，五年間卡達的平均國內生產毛額成長率仍可維持9.2%，居波斯灣產油六國之首，再加上規模達百億美元的重大工程陸續開辦，預估至少可享十年經濟榮景；(2)經濟學人智庫於2009年6月2日公布《2009年世界和平指數》指出，在144個調查國家中，卡達排名全球第17位，其名次也高於中東地區其他國家；(3)2008年6月4日《富比士雜誌》（*Forbes*）公布卡達為全球課稅最輕的國家。該份報告指出因為營業所得稅的減少，使卡達悲慘

指數從2007年之35下降至12，使其成爲最吸引外資投資的國家；(4)世界經濟論壇於2009年9月8日公布之《全球競爭力排名》報告中指出，2008年卡達人均GDP爲93,204.1美元，居全球排名第三位。此外，在全球競爭力方面，卡達在2007年至2009年間三次的排名調查中，由全球排名第31位上升至全球排名第22位，顯示其競爭力不容小覷；(5)美國《Newsweek》於2007年發表的能源專輯表示，卡達爲全世界天然氣三個主要集中國家之一，且指出全世界最大的天然氣投資就集中在卡達，讓卡達重要性與日俱增。對於以貿易爲經濟支撐的台灣而言，卡達商機可以說是台商前進中東的第二道大門。比起亞洲其他國家，台灣布局中東的腳步稍嫌緩慢，但相較杜拜下，卡達仍屬早期的開發階段，競爭狀況較小。茲將卡達具有商機之產業敘述如下：

▶ 啟動1,300億美元基礎建設工程

卡達國王哈邁德自1995年上台後，除極大化石油與天然氣的開採外，也意識到過度依賴天然資源，國家發展必定受限，故開始發展非能源產業，希望把卡達經濟對能源的依賴逐年下降，2007年2月卡達政府宣布在未來五年內，追加1,300億美元在卡達的基礎建設上，包括興建機場、新市鎮、新會展中心、成立自由貿易區、發展健康醫療照顧等，進而帶動建材、營建、室內裝潢、3C、人力資源、文化教育、觀光旅遊及能源產業，此外，需求龐大的建案將使卡達對機械之需求增加，故台商可透過機械或相關零組件、運輸設備等商機切入卡達市場。

▶ 資通訊產業

台灣資策會於2009年2月率團前往中東行銷台灣資訊化經驗，發現中東地區國家積極發展「e-Gov電子化政府」、「金融」、「醫療」等專案建設，台灣資策會就發掘包括健康護照2億美元、網路連線與監視1.2億美元、家庭自動化2.5億美元等商機，且台灣資策會表示：「2008年海灣國家（GCC）包括巴林、科威特、阿曼、卡達、沙烏地阿拉伯、阿拉伯聯合大公國等，資通訊投資金額高達400億美元，且不受金融海嘯影響，未來5年內要達到平均年成長12%的目標」。台灣資策會國際事業群朱海燕總經理表示：「台灣過去在電子化政府表現上，在世界上是做得非常有名的，擁有的資通訊能量，可做爲台灣廠商進駐國際市場的利基」。例如：2009年3月17日台灣網通大廠智邦科技在台灣資策會的協助下，成功取得卡達電信商Wimax設備訂單，金額約200萬美元。顯示台灣資訊科技產業已被卡達當

地所肯定，台灣廠商應努力爭取商機。

⬤ 觀光產業

根據2007年4月《遠見雜誌》出版《全球卡達熱》指出：「預計在2010年時杜哈一年觀光客人數將會從2003年之60萬成長至2010年之140萬人。另外，卡達已經完成了旅遊業發展的整體計畫，到2010年前後，總投資額在150億到180億美元間」。卡達政府未來的旅遊定位鎖定在運動、文化、教育、商務會議，成爲中東利基旅遊的第一名。值得注意的是，卡達政府斥資2億5,000萬美元興建的伊斯蘭藝術博物館，不但將成爲卡達新地標外，還可望藉此成爲伊斯蘭文化世界中心。建議台灣旅遊局可以藉此機會開發對卡達的旅遊計畫，帶動台灣旅遊產業進入新領域，也可透過雙邊溝通，增加中東對台灣觀光之需求。

卡達雖然擁有龐大的投資機會，但在投資環境上也有台商須特別注意的地方：**(1)保護色彩濃厚**：外國人凡是想到杜哈（卡達首都）爭取生意，必須找當地人當合夥人，並讓對方擁有51％的股份，故對外資而言是很沉重的負擔；**(2)簽證取得不易**：前往卡達進行市場開發洽商之簽證取得不易。例如：觀光簽證要先取得星級飯店之具名保證（四星級以上）；而商務簽證則要當地公司具名保證，無形中限制了企業的行動自由及居留時間彈性，更大幅增加了企業之開發成本。**(3)薪資成本上漲**：2009年10月22日翰威特人力資源管理諮詢（Hewitt Associates）對全球各國的年度薪資漲幅調查，在中東地區主要針對巴林、埃及、卡達、沙烏地阿拉伯以及阿拉伯聯合酋長國，2009年估計中東國家的薪資平均漲幅爲6.9％，預計2010年將再漲1％，因此台商與當地人簽訂合約前，應考量所有浮動的人工成本、宿舍成本等。

■巴西貿易商機剖析

【巴西】 評等：值得推薦			IEAT 綜合貿易競爭力	第 ㉙ 名
項目	數值	38國排名	一力四度	38國排名
國家人口數（百萬人）	191.97	❺	國家競爭力	㉙
每人GDP（美元）	8,311.12	㉗	貿易自由度	㉗
累計國外投資金額（億美元）	2,876.97	⓭	貿易便捷度	⑲
佔台灣出口比重	0.69％	⑲	貿易難易度	㉜
佔台灣進口比重	0.75％	㉑	貿易風險度	㉜

高盛證券指出：「未來『金磚四國』：巴西、俄羅斯、印度和中國將取代德、英、法等國，與美日共掌世界經濟大權。2036年巴西將超越德國和英國，成為全球第5大經濟體」。身為金磚四國其一的巴西，崛起的力量之大，具體數字呈現顛覆大家既有的印象：(1)出口總值增加933億美元，成長幅度高達70％；進口總值增加1,271億美元，為台灣同期進口增額的2.2倍；(2)2009年初以來，股市上漲51％，MSCI世界指數同期上漲幅度為24％；(3)外匯存底增加1,530億美元，躍升世界第七，三年上漲155％；(4)鐵礦砂年產量增加1.1億公噸，貢獻世界新增量的六分之一；(5)GDP於2007年升至全球第九名；(6)全國半數人口為中產階級，2008年中產階級比例達51.89％。1980年代的巴西還是全世界最大的外債國，但從1990年代開始，巴西出口值已經連續成長20年，過去六年更是每年以兩位數速度衝刺且不曾間斷。巴西經過一連串的蛻變，擺脫債務包袱，躲過金融危機，2009年第二季巴西的GDP成長率就呈現1.9％的正數，又2005年至2009年，有超過兩千萬人加入中產階級的行列，國家經濟以亮眼的表現成長。茲將巴西具有商機之產業敘述如下：

◉ 電子資訊產品

台灣的成品和零組件，為巴西電子資訊業非常重要的來源，過去三年來，台灣對巴西出口每年都以兩位數成長，其中顯示器、IC板及電子零組件居外銷金額前兩名，2009年11月6日國際數據公司（IDC）表示：「2010年筆記型電腦市場可以看到強勁復甦，估計全年成長約可達19％，主要成長動能來自筆記型電腦取代個人電腦的趨勢不變，看好Windows 7上市、企業IT支出成長和產品使用周期等因素驅動下，可期待換機潮的發生」。據2009年5月10日經濟部國際貿易局《2008年中華民國對外貿易發展概況》表示：「2008年台灣主要資訊硬體暨電腦網路產業的全球排名，共有11項名列世界第一，其中以小筆電表現最為亮眼，全球市佔率99.0％，筆記型電腦（92.4％）表現亦相當良好」。此外，根據經濟部國際貿易局（2008）發布《我國與巴西雙邊投資經貿概況》指出：「巴西勞動力充沛，勞工薪資低廉，土地成本低廉」，故台灣廠商可考慮在巴西投資設廠，原料和勞力可以就地取材，產品則可內銷巴西市場並擴及整個南方共同市場。

◉ 精密工業

經濟部（2008）指出：「巴西之精密工業（工業零組件、高價位消費品）正

待建立，故機器設備如工具機、塑膠射出成型機、通訊設備及其零配件、機車及其零配件、電子零件等市場需求甚大」。其中，機械為台灣主要出口產品之一，而機械又以工具機為主要出口項目，根據美國工具機製造協會（AMT）《2008年全球工具機產銷調查》表示：「2008年台灣工具機出口值位居全球第四位，產值方面則位於全球第五位」，顯示台灣工具機在出口方面具有優勢。故台灣應利用巴西對工具機的進口需求，致力拓銷巴西工具機市場。

◎ 全球第五大車市

巴西組裝工業十分強，零組件工業則十分弱，因此巴西政府為加強引進外國零組件工業，提供投資優惠；另外，巴西市場是以價格為導向，因此一些未具知名度之產品，仍有其市場空間，此為台灣在汽車零組件工業上極可把握的優勢之一。2008年巴西車市300萬台銷售量，已經是全球第五大車市，在全球市場幾乎都陷入低迷的時候，巴西2009年第一季還成長20％，全世界僅有巴西如此。在這些投資環境以及國家背景優勢下，針對汽車零組件工業，台灣有極佳的機會進入巴西市場發展。

◎ 行動電信產業

全球行動通訊產業中，發展快速的地區之一為拉丁美洲市場，近年來巴西通訊產業持續成長，加上行動通訊及寬頻網路的普及化，促使巴西通訊業者加速引進新科技以搶攻市場商機，根據巴西電子電機公會（Abinee）資料顯示，2008年巴西通訊產品營業額超過215億美元，較2007年大幅成長23.36％。此外，巴西自2007年底已開始推動WiMAX技術服務，目前巴西全國共有582個城市可接收3G服務，已有超過6成之普及率，隨著基礎設施建設的逐步到位，在未來通信產業更會有倍數成長，至2008年底為止，巴西3G行動用戶數達169萬人，2009年快速增長達到486萬人，另外，巴西在2008年至2011年之間網路通訊服務也是成長快速的潛力市場，相關產品及設備之需求也備受矚目，周邊商機高達25億美元，巴西業者也期盼能與台灣業者合作，共同創造雙贏局面，此為台灣通訊產業進軍中南美洲一大良好機會。

◎ 替代能源

巴西位居拉丁美洲第一大國，且為金磚四國之一，國內各類農礦產、石油等

生產及蘊藏量均名列世界前茅，近年來由於綠化概念興起，加上環境汙染造成氣候反常導致全球各地災難頻傳，引發各地對於環保與替代能源的重視，為因應此一趨勢，各國政府均強力支持發展替代能源。巴西也加快對可替代能源的開發，目標放在太陽能、風能以及生質燃料產業的發展。替代能源的潛在龐大商機吸引全球各國競相投資，對照全球替代能源發展趨勢，因台灣擁有良好的半導體產業發展基礎，使得台灣在發展太陽能產業有一定的優勢以及水準。此外，巴西在國家酒精計畫「ProAlchol」的支持下，長期以來都是世界上生質酒精產量最大的國家。然而，台灣在發展生質乙醇產業已經取得的優勢，未來發展值得期待，另外巴西政府也鼓勵世界各國到巴西投資、設立生質酒精廠，並不斷的對外界推銷其生質酒精的發展經驗。

巴西雖然擁有龐大的潛在內需市場與充沛的生產要素，但如需投入巴西市場仍然存在許多風險及困難必須克服：**(1)外資限制**：巴西為了扶植其本國產業，對外資採取歧視待遇，在1990年代開始為了增加產業競爭力，已逐漸改採開放式政策以改善國家經濟體質，由於這些背景導致巴西對外資提供之融資或稅賦優惠相對於其他國家遜色許多，但巴西土地面積為台灣的237倍，居拉丁美洲國家之首，因此巴西土地取得成本，則遠較其他國家低廉；**(2)銀行信用不佳**：巴西至今仍然沒有存款保險，且信用狀開狀不易，開狀銀行也不見得可靠，在巴西曾經就有一家很多台商往來的開狀銀行突然宣告破產，企業應注意因應；**(3)廠商倒帳賴帳問題**：在巴西很多企業已經面臨停業卻不關閉，根據巴西商業總會的統計，有高達40%的註冊公司都是這一類的公司，很多外商公司因為不了解，以至於遭受信用不佳的公司倒帳、賴帳，此為巴西極需改進的問題。

第 18 章

台灣十大出口產品
全球貿易佈局新展機

根據財政部統計處（2010）資料顯示，2009年台灣主要出口產品前十名依序為電子產品、基本金屬及其製品、塑膠、橡膠及其製品、光學器材、化學品、礦產品、機械、紡織品、電機產品、資訊與通信設備。以下茲就台灣主要出口產品及其主要出口國家做進一步探討，分析台灣前十大出口產品之全球貿易商機。

表18-1　台灣十大出口產品貿易統計一覽表

排名	產品名稱	2009年			2008年	
		出口值（百萬美元）	佔總出口比重（%）	變動（%）	出口值（百萬美元）	佔總出口比重（%）
1	電子產品	56,675.0	27.80%	-10.70%	63,463.8	24.80%
2	基本金屬及其製品	19,354.0	9.50%	-31.41%	28,218.9	11.00%
3	塑膠、橡膠及其製品	16,525.8	8.10%	-16.01%	19,676.2	7.70%
4	光學器材	14,997.8	7.40%	-26.56%	20,420.7	8.00%
5	化學品	13,932.6	6.80%	-19.21%	17,245.5	6.70%
6	礦產品	11,698.5	5.70%	-39.10%	19,210.5	7.50%
7	機械	10,987.0	5.40%	-31.51%	16,041.2	6.30%
8	紡織品	9,347.5	4.60%	-14.28%	10,904.6	4.30%
9	電機產品	9,319.8	4.60%	-29.65%	13,248.7	5.20%
10	資訊與通信產品	9,193.0	4.50%	-9.58%	10,167.0	4.00%

資料來源：財政部統計處（2010）、本研究整理

(1) 電子產品：根據2009年5月10日經濟部國際貿易局公布《2008年中華民國對外貿易發展概況》指出：「台灣素享電腦製造王國美譽，台灣主要出口產品以電子產品為大宗」，根據表18-2，台灣「電子產品」的第一、二

大出口國分別為香港與中國大陸。台灣與中國大陸在產業鏈分工之下，台灣輸往中國大陸之電子產品以關鍵性電子零組件為主。中華經濟研究院（2009）編撰之《貿易趨勢預測季刊-第53期》指出：「由於台灣出口集中於少數電子產品，加上產業在國際分工體系，一向扮演代工角色，利潤微薄，當歐美市場需求大幅萎縮時，最易受砍單及削價傷害」。上述顯示台灣應強化關鍵零組件的自主研發能力，推動關鍵零組件升級，蓄積產業下一波成長動能。

(2) 基本金屬及其製品：根據財政部統計處（2010）統計資料顯示，台灣「基本金屬及其製品」的第一、二大出口國分別為中國大陸與美國，另根據海關統計資料（2010），台灣輸往中國大陸及香港之基本金屬及其製品以鋼鐵、銅及其製品為主；而輸往美國則以鋼鐵製品為最主要項目。由於汽車、建築、機械及家電產業發展為帶動鋼鐵等基本金屬需求重要因素，因此，中國大陸2008年北京奧運、2010年上海世界博覽會、美國的振興經濟方案等，皆帶動台灣「基本金屬及其製品」對中國大陸與美國出口提升。根據2009年4月15日金屬工業研究發展中心發布〈2008年台灣鋼鐵產業回顧與展望〉一文指出：「在全球鋼鐵需求不振的陰影下，為確保內需市場，各國陸續採取保護性貿易政策」。故台灣相關廠商應特別注意中國大陸及美國等主要出口國是否採取保護性貿易政策，進而間接影響台灣對中國大陸及美國的出口貿易。

(3) 塑膠、橡膠及其製品：依據中華經濟研究院（2009）編撰《貿易趨勢預測季刊—第50期》內容指出：「石化產品受限於產品的體積、重量，通常僅能以船舶加以運送，由於運費的因素，出口地區大部分侷限於亞洲。其中，台灣逾60%的石化產品皆外銷至中國大陸，因此中國大陸成為台灣石化產業的需求指標」。另外，根據財政部統計處（2009）統計顯示，中國大陸為台灣最大「塑膠、橡膠及其製品」出口國，主要原因為中國大陸中下游發展較台灣慢，造成合成樹脂、合成橡膠、合成纖維以及合成纖維原料等石化產品的產量不能滿足需求，需要大量進口。經濟部技術處—產業技術知識計劃（ITIS）（2009）發布〈2009年第一季我國高分子產業回顧與展望〉一文指出：「2009年東協六國塑化原料進入中國大陸的關稅降為5%，未加入東協加三的國家將課以6.5%至14.9%不等的高關稅，嚴重影

響台灣石化原料出口至中國大陸的產品競爭力」。因此，台灣可以利用策略聯盟，向中國大陸石化產業上游整合，降低生產成本並穩定原料來源，並積極開發高附加價值產品，提升台灣在塑膠、橡膠及其製品的競爭力。

(4) 光學器材：根據2009年3月9日經濟部國際貿易局發布之《貿易情勢分析》指出：「近期由於中國大陸陸續頒布振興方案，造成台灣出現急單效應，而使得半導體、家電、面板、水泥等產業供應鏈受惠，拉抬台灣外銷出口」，也使「光學器材」成為台灣主要出口產品之一。根據財政部統計處資料顯示（2010），中國大陸佔台灣「光學器材」出口總額約78.68％，主要原因在於台灣液晶面板業者基於產業分工考量，將勞力密集之後段模組組裝廠移往中國大陸生產，加上其消費性電子產品、電腦產品和通信產品等快速發展，對相關零組件之需求持續增加所致。值得注意的是，因為中國大陸在台灣的「光電器材」出口方面扮演十分重要的角色，台灣光電器材相關廠商必須密切關注中國大陸相關法令以及中國大陸與台灣情勢之變化。

(5) 化學品：根據2009年5月10日經濟部國際貿易局公布《2008年中華民國對外貿易發展概況》表示：「礦物燃料、有機化學產品等項目出口大幅成長是因2008年9月以前全球原物料需求旺盛所致」。依據財政部統計處（2009）資料顯示，中國大陸為台灣「化學品」最大出口國，且佔「化學品」出口總額相當大的比重。在台灣化學品依賴中國大陸出口的情況下，建議台灣可參考日本化學工業的發展經驗，朝精密化學領域開發，提高化學品出口方面競爭力。

(6) 礦產品：根據財政部統計處（2010）統計資料顯示，台灣「礦產品」前三大出口國分別為新加坡、荷蘭及越南，主要是出口台灣原油以外之石油為主。其中，新加坡為世界第三大煉油中心及成長最快的石油交易市場之一，藉其轉口貿易功能，是台灣廠商開拓東南亞市場的理想平台；中國大陸則是因為本身對原油以外之石油供應缺口須進口補充；越南方面，根據《國際商情雙周刊》（2008）內文指出：「越南因為缺乏大煉油廠，汽油仰賴進口，又因高級柴油為越南進口零關稅項目，使該項產品對越南出口節節高升」。台灣仰賴進口原油以提煉石油，故台灣可積極參與石油合作探勘計畫，以提升台灣之技術層次，加強自身條件，取得開發新油氣生產區域的機會。

(7) 機械：2009年8月31日機器工業同業公會（TAMI）發表〈台灣機械工業產銷現況〉一文指出：「2008年出口成長幅度較大之市場為印度、德國、義大利、法國及巴西等地區，如再加上日本與韓國，及越南、印尼、菲律賓等競爭力較強之國家，此廣大市場，已帶給台灣業界最好之接單與市場拓銷機會」。根據財政部海關（2010）統計台灣在機械產品以工具機為主力出口項目，2009年5月26日《經濟日報》報導指出：「2008年台灣工具機出口值僅次於德國、日本及義大利，位居全球第四位」。在台灣機械產品出口地區方面，根據2009年5月27日《經濟日報》報導指出：「亞洲地區是台灣工具機的出口重鎮，然而對亞洲地區出口比重由2005年的61.2％降低至2008年的48.0％，共減少了13.2％。取而代之的是歐洲地區及美洲地區，分別成長11.8％及1.6％，主要由於近年來歐系汽車與零組件廠商，紛紛進入東歐國家投資設廠，在歐元匯率上升以及需要採購大量泛用型的工具機，吸引歐洲工具機進口商大量進口台灣工具機」。另外，中國大陸雖然為台灣機械產品之最大出口國，但因大陸調整工具機與機械進口免稅門檻，嚴重影響台灣機械產品出口到大陸市場。在全球金融海嘯的影響下，各國普遍降低對機械設備之採購，故台灣機械產業之廠商應致力於機台設備高速化、高精密化、高生產效益、工序之削減等，促進台灣機械產業向上升級。

(8) 紡織品：依據2009年9月29日《經濟日報》報導指出：「以纖維、紗線及布料等原料產品而言，台灣為全球第五大出口國」，顯示台灣的「紡織品」仍為全球紡織品消費市場主要供應來源之一，在國際市場廣大的需求下，使紡織品成為台灣主要出口產品之一。根據紡織產業綜合研究所（2008）之〈台灣織布業發展回顧與展望〉分析指出：「在台灣紡織業發展中，織布業一直是扮演著最核心的角色，且長期以來都是以織布產品為最主要出口產品，其中香港和中國大陸一直都是最主要的出口市場，各占有台灣織布產品出口比重的20％左右，最主要是因為台灣下游成衣廠早期移往中國大陸所致，對台灣的高階織布產品仍有所需求，現在因為越南紡織業台商也已經漸漸集結，對台灣織布產品的市場需求也逐漸顯現，因此從2004年開始，越南成為台灣織布產品的第三大出口市場」。另外，根據2009年2月份紡拓會產經資訊處公布《2008年我國紡織

品進出口貿易概況》指出：「台灣紡織品前五大出口市場中，以美國為成衣及服飾品的輸出外，其餘國家均以布料產品為主要輸出品，而香港及越南布料產品輸出比重達70％，中國大陸則有60％」。值得注意的是，台灣也向中國大陸、香港及越南大量進口成衣，故建議台灣紡織業應更積極開發機能性高之布料提高產品的附加價值，並致力於品質的提升以增加台灣紡織產業競爭力。

(9) 電機產品：根據財政部統計處（2010）統計資料顯示，台灣輸出「電機產品」以中國大陸為最主要之國家，其次為美國與香港。根據電機電子工業同業公會（2008）發布〈電機產業回顧與展望〉一文指出：「在中國大陸方面，除了製造業持續成長導致需求上揚外，因為油價居高不下而促成原油探勘業因為獲利頗豐，不斷的加碼投資，也讓重電設備產值仍有持續上揚的可能」，顯示新型能源需求帶動台灣電機產品出口至中國大陸。另外，美國主要扮演電機產品系統制定與產品開發之角色，並且擁有龐大的電子電機類產品市場，台灣電子廠商大多作為美國等先進國家品牌大廠的OEM或ODM代工廠，故美國與台灣電機產品之出口也有相當程度的重要性。在中國大陸的經濟快速發展、台灣廠商在中國大陸建立生產據點的趨勢下，台灣電機產品之出口未來勢必仰賴中國大陸市場，因此，在中國大陸逐漸成為電機產品生產製造基地的同時，台灣應強化自身研發能量、開發高附加價值產品，使電機產業未來避免美、日等其他國家電機產品之價格競爭。

(10) 資訊與通信產品：根據2009年5月7日經濟部國際貿易局發布《2008年中華民國對外貿易發展概況》指出：「2008年台灣主要資訊硬體暨電腦網路產業的全球排名，共有11項名列世界第一」，使得「資訊與通信產品」能成為台灣主要出口產品之一。另根據財政部統計處（2010）統計資料顯示，台灣資訊與通信產品以美國為主要出口國，且以攜帶式數位自動資料處理機、其他數位式自動資料處理機、輸入或輸出單元、其他載波電流線路系統用等器具為主要出口項。未來台灣通訊廠商應加強關鍵技術的掌握，開發上游關鍵零組件，提升關鍵零組件的自製率以增加產品附加價值，並且加強研發提高產品品質、創造加值服務，由過去單純的製造，延伸至設計、零組件調度、庫存管理，乃至售後服務等，減少新興國家以較低的生產成本所帶來的威脅。

表18-2　2009年台灣十大出口產品及其出口國統計一覽表

排名		1	2	3	4	5	6	7	8	9	10
1	電子產品	香港 15,647.62	中國大陸 13,013.93	日本 5,889.16	新加坡 5,058.56	韓國 3,990.72	美國 3,618.46	菲律賓 1,430.94	馬來西亞 1,379.37	德國 1,043.54	泰國 948.41
2	基本金屬及其製品	中國大陸 4,296.16	美國 2,735.92	香港 1,710.12	日本 1,152.45	越南 989.98	韓國 927.15	馬來西亞 636.88	泰國 633.31	菲律賓 511.54	澳洲 507.39
3	塑膠、橡膠及其製品	中國大陸 5,967.32	香港 2,305.11	美國 1,315.44	日本 938.48	越南 552.08	印度 502.00	馬來西亞 332.68	泰國 265.89	澳洲 238.71	印尼 224.08
4	光學器材	中國大陸 11,800.66	香港 1,317.51	美國 471.11	日本 469.17	韓國 129.16	德國 105.43	荷蘭 57.97	英國 56.52	新加坡 56.38	英國 41.13
5	化學品	中國大陸 7,087.62	日本 896.32	韓國 718.87	越南 646.41	香港 578.59	美國 549.84	印度 395.48	泰國 376.54	印度 277.45	新加坡 264.30
6	礦產品	新加坡 1,536.97	荷蘭 1,224.14	越南 1,165.81	菲律賓 1,160.54	印尼 1,021.48	中國大陸 848.55	美國 515.10	香港 433.58	印度 287.10	馬來西亞 248.07
7	機械	中國大陸 2,687.90	美國 1,801.80	日本 698.45	越南 426.86	香港 418.27	泰國 413.19	印度 317.78	德國 316.47	印尼 287.66	馬來西亞 271.25
8	紡織品	中國大陸 2,064.04	香港 1,270.15	越南 1,176.25	美國 847.30	印尼 431.17	泰國 281.56	日本 273.95	菲律賓 185.15	印度 151.66	巴西 118.32
9	電機產品	中國大陸 2,396.16	美國 1,416.94	香港 932.67	德國 787.82	日本 477.41	韓國 186.84	泰國 173.36	馬來西亞 162.47	新加坡 135.24	澳洲 107.05
10	資訊與通信產品	美國 3,816.18	英國 640.37	荷蘭 561.92	日本 449.95	香港 428.79	中國大陸 428.73	德國 417.91	新加坡 254.79	法國 231.11	澳洲 114.50

資料來源：財政部統計處（2010）、本研究整理

註：表格內數字代表出口額（百萬美元）。

第 **19** 章

台灣十大服務貿易全球佈局
現況與展望分析

由於服務貿易數據蒐集困難，根據《服務貿易協定》（General Agreement on Trades in Services；GATS）認定四種服務貿易模式，聯合國、歐洲共同體、國際貨幣基金、經濟合作暨發展組織、聯合國貿易暨發展會議、世界貿易組織於2002年聯合推出「服務貿易手冊」（Manual Statistics of International Trade in Service；MSITS），詳列10項服務貿易基本要素作為各國服務貿易統計依據，並按季公布於國際收支帳中，以瞭解該國服務貿易的進出口狀況，並以IMF第五版國際收支手冊（Blance of Payment Manual，Revision of the FifthEdition；BPM5）為基礎，其項目包括：(1)運輸服務；(2)旅遊服務；(3)通訊服務；(4)建築服務；(5)保險服務；(6)金融服務；(7)電腦與資訊服務；(8)專利與商標服務；(9)其他商業服務；(10)個人、文化及娛樂服務；及(11)不包括在其他項目的政府服務。

■全球服務貿易概況分析

表19-1為世界貿易組織（WTO）公布2008年服務貿易出口佔全球比重前30名之國家，其中，美國與英國為五年之中服務貿易出口佔全球比重最大的兩個國家，無論是電影、書籍、音樂等文化類輸出，或是觀光旅遊的市場發展，皆是英、美兩國在服務貿易中的強項，而且服務貿易對其經濟貢獻度相當大，加上跨國企業出現許多服務業市場，運輸、金融等皆可提供跨境服務，皆增加服務貿易輸出的機會。依據美國商務部經濟分析局（U.S. Bureau of Economic Analysis；BEA）（2009）調查資料顯示，2008年美國服務貿易項目之中，商業服務輸出為2,335億美元，是所有服務輸出金額最高，旅遊輸出以1,100億美元為次之，專利與商標使用費則是915億美元排名第三，美國長期處於商品貿易逆差的情勢之下，服務貿易的表現彌補商品貿易的不足。

表19-1 2004-2008年全球服務貿易出口比重前30名貿易地區一覽表

排名	國　　家	2004	2005	2006	2007	2008
1	美　　國	14.87%	14.60%	14.51%	14.02%	13.80%
2	英　　國	8.74%	8.23%	8.29%	8.32%	7.49%
3	德　　國	6.23%	6.34%	6.55%	6.43%	6.39%
4	法　　國	5.12%	4.89%	4.45%	4.29%	4.25%
5	中國大陸	2.79%	2.98%	3.25%	3.61%	3.88%
6	日　　本	4.04%	4.12%	4.09%	3.77%	3.88%
7	西 班 牙	3.84%	3.78%	3.76%	3.77%	3.77%
8	義 大 利	3.75%	3.55%	3.46%	3.28%	3.23%
9	印　　度	1.71%	2.10%	2.52%	2.60%	2.72%
10	荷　　蘭	3.23%	3.15%	2.94%	2.79%	2.69%
11	愛 爾 蘭	2.35%	2.39%	2.44%	2.64%	2.63%
12	香　　港	2.48%	2.57%	2.58%	2.51%	2.44%
13	比 利 時	2.28%	2.18%	2.03%	2.20%	2.28%
14	新 加 坡	2.10%	2.14%	2.27%	2.39%	2.20%
15	瑞　　士	1.92%	1.96%	1.91%	1.93%	1.99%
16	韓　　國	1.82%	1.76%	1.72%	1.83%	1.96%
17	丹　　麥	1.63%	1.75%	1.84%	1.83%	1.90%
18	瑞　　典	1.74%	1.71%	1.75%	1.88%	1.90%
19	盧 森 堡	1.51%	1.63%	1.80%	1.94%	1.82%
20	加 拿 大	2.21%	2.19%	2.10%	1.89%	1.72%
21	奧 地 利	1.69%	1.70%	1.62%	1.63%	1.63%
22	俄 羅 斯	0.92%	1.00%	1.10%	1.16%	1.34%
23	希　　臘	1.49%	1.36%	1.27%	1.27%	1.33%
24	澳　　洲	1.25%	1.22%	1.15%	1.18%	1.21%
25	挪　　威	1.12%	1.19%	1.18%	1.20%	1.21%
26	波　　蘭	0.61%	0.65%	0.73%	0.85%	0.93%
27	土 耳 其	1.02%	1.06%	0.89%	0.84%	0.91%
28	台　　灣	1.15%	1.03%	1.02%	0.92%	0.89%
29	泰　　國	0.85%	0.81%	0.87%	0.89%	0.88%
30	馬來西亞	0.77%	0.78%	0.77%	0.84%	0.78%

資料來源：WTO資料庫（2009）、本研究整理

■台灣十大服務貿易現況與未來展望

　　2008年面對金融海嘯的影響，全球貿易受到相當大的衝擊，然而全球服務貿易受到的影響遠小於商品貿易，根據行政院經建會（2009）調查報告顯示：「截至2009年4月，美國商品進口與出口年增率比2008年同期減少34％與26％，雖然運輸服務、金融服務以及國外旅遊支出縮減，但是服務貿易的進出口減幅下降不到10％，且美國之商業服務、保險服務、電信服務等服務貿易，出口年增率分別為10％、3％及25％，皆呈現持續成長趨勢」。表19-2為2000至2008年台灣服務貿易於全球的表現概況，2008年台灣服務貿易出口值為335.7億美元，佔全球比重僅0.89％，進口值336.3億美元佔全球比重0.96％；而中國大陸出口值為1,464.6億美元，佔全球比重達3.88％名列第五，進口值則為1,580.0億美元，佔全球比重4.53％名列第五。商品貿易受到金融海嘯影響較大，若台灣能加強服務貿易的推動，減少商品貿易依賴度，當可提升國際貿易競爭力。

表19-2　2000-2008年台灣服務貿易進出口一覽表

年份	服務貿易出口			服務貿易進口		
	排名	出口值 （億美元）	佔全球比重 （％）	排名	進口值 （億美元）	佔全球比重 （％）
2000	19	198.9	1.34％	15	255.1	1.75％
2001	20	197.6	1.33％	16	234.4	1.59％
2002	20	215.0	1.35％	18	238.5	1.53％
2003	20	230.3	1.26％	19	248.0	1.39％
2004	24	255.5	1.15％	20	298.6	1.41％
2005	26	255.7	1.03％	20	314.2	1,34％
2006	26	288.6	1.02％	22	317.5	1.21％
2007	26	310.2	0.92％	26	342.7	1.10％
2008	28	335.7	0.89％	28	336.3	0.96％

資料來源：WTO資料庫（2009）、本研究整理

　　隨著2002年服務貿易統計手冊出版，詳列服務貿易分類與編製等建議，因此，各國服務貿易統計編製亦得以實際進行，但服務貿易統計涉及龐大的統計資料來源，包括國際收支統計、對外及外人投資統計，以及外國關係企業、國外工

作人員等相關統計等，有些資料來源更需透過企業問卷調查，資料蒐集的困難度與成本相對提高，故各國目前仍以「國際收支帳」為主要統計方式。表19-3與表19-4為台灣國際收支平衡表服務項目進出口情形，國際收支平衡表將服務貿易分為三大項：(1)運輸、(2)旅行、(3)其他服務，包括通訊、營建、保險、金融、電腦與資訊、專利權、商標等使用費、其他事務服務和個人、文化與休閒服務以及不包括在其他項目的政府服務等九個小項。2010《IEAT調查報告》根據中央銀行每季定期公布之「國際收支平衡表」，分析台灣主要服務貿易產業概況，其中，排除第11項「不包括在其他項目的政府服務」，該項目根據中央銀行國際收支附錄表示，係指如：外交軍事等駐外人員消費的商品，非可視為一產業討論，因此不將其列入討論範圍，此外針對其餘十個服務貿易產業發展現況分別敘述如下：

表19-3　2000-2009年國際收支平衡表服務項目出口值

單位：百萬美元

項目	年份	2000	2001	2002	2003	2004	2005	2006	2007	2008	2009
1	運輸業	4,121	3,581	3,750	4,387	5,294	5,924	6,259	6,830	7,132	7,638
2	旅遊業	3,738	4,335	4,583	2,977	4,054	4,977	5,136	5,213	5,937	9,884
3	其他服務	12,151	11,979	13,302	15,802	16,441	14,926	17,877	19,264	21,701	26,172
3-❶	通訊業	294	264	283	338	333	320	264	294	334	504
3-❷	營建業	119	99	100	118	152	121	152	199	235	318
3-❸	保險業	607	404	563	451	382	365	532	409	350	728
3-❹	金融業	805	514	757	863	1,142	1,517	1,232	1,302	1,146	1,118
3-❺	電腦與資訊	117	154	115	110	110	105	186	135	141	192
3-❻	專利權、商標使用費	371	339	255	215	290	234	244	220	191	378
3-❼	其它服務事務	9,692	10,034	11,048	13,529	13,739	11,950	14,779	16,342	18,925	22,194
3-❽	個人、文化與休閒服務	26	36	47	40	49	61	76	71	99	120
3-❾	不包括其他項目政府服務	120	135	134	138	244	253	412	292	280	620
總　計		20,010	19,895	21,635	23,166	25,789	25,827	29,272	31,307	34,770	43,694

資料來源：中央銀行（2010）、本研究整理

表19-4　2000-2009年國際收支平衡表服務項目進口值

單位：百萬美元

項目	年份	2000	2001	2002	2003	2004	2005	2006	2007	2008	2009
1	運輸業	6,247	6,105	5,967	6,714	8,132	8,439	9,030	10,263	11,417	11,306
2	旅遊業	8,107	7,319	6,956	6,480	8,170	8,682	8,746	9,070	9,116	11,556
3	其他服務	12,293	11,041	11,796	12,441	14,429	15,359	15,039	15,769	14,592	19,794
3-❶	通訊業	528	441	473	460	496	505	393	441	413	628
3-❷	營建業	439	414	485	457	558	376	295	371	235	138
3-❸	保險業	587	736	953	1,236	1,205	967	1,002	973	932	1,130
3-❹	金融業	1,037	708	856	1,112	884	1,370	1,390	782	328	564
3-❺	電腦與資訊	217	254	305	248	238	315	313	257	284	430
3-❻	專利權、商標使用費	1,834	1,499	1,720	1,689	1,677	1,796	2,321	2,575	3,015	4,682
3-❼	其它服務事務	6,348	5,769	5,920	6,201	8,261	8,669	8,063	9,328	8,368	10,902
3-❽	個人、文化與休閒服務	163	190	217	206	238	301	199	205	184	290
3-❾	不包括其他項目政府服務	1,140	1,030	867	832	872	1,060	1,063	837	833	1,030
總　計		**26,647**	**24,465**	**24,719**	**25,635**	**30,731**	**32,480**	**32,815**	**35,102**	**35,125**	**42,656**

資料來源：中央銀行（2010）、本研究整理

運輸服務業

台灣運輸業的輸入與輸出歷年來皆呈現逆差，然而，運輸物流業扮演著製造業、批發業與零售業等上下游產業之間運輸倉儲的後勤支援角色，對於企業追求顧客滿意以及降低流通成本有關鍵性的影響。根據世界銀行於2010年1月15日在德國首都柏林發表《全球經濟之物流貿易研究報告》，報告提到2009年以全球約1,000家貨運代理及快遞運輸公司等國際物流業者爲調查對象，由業者針對其從事進出口業務的國家的貿易便利程度進行全面性評比。該研究報告顯示，德國的物流績效指標（Logistics Performance Indicators；LPI）在155個經濟體中排名首位，新加坡及瑞典分別爲第2、3名，而台灣則排名第20位，較2007年調查結果上升一名。世界銀行貿易處處長Bernard Hoekman認爲：「物流績效較佳的國家經濟成長較快速且更具競爭力，並可提高該國的投資水準」。由此可知，台灣在物流運輸

上的表現，相較於先進國家仍有一段努力的空間。

現今運輸物流業的特徵有：**(1)經營規模差異大**：以中、小型企業最多，資本額約新台幣5,000萬元以下，然而也不乏大型航空、海運或陸運運輸業者，資本規模動輒超過新台幣5億元以上，顯示物流業者在經營規模上差距大；**(2)少量多樣、高頻率配送需求**：零售通路會依本身需求要求製造商和物流運輸業者，能夠符合「少量多樣」的配送要求，因此為配合此要求，物流業者之運作模式也走向少量、多樣、高頻率之物流配送特性，以滿足客戶要求；**(3)IT技術應用增加**：資訊技術基本上是物流活動進步的一個促成者，不僅構成現代物流體系重要部分，也提高整體服務效率的表現；**(4)全方位服務功能**：為能在有限的時間內，將產品如期交貨且確保品質無虞，其經營範圍不斷擴大到資訊情報服務、流通加工、進出口承攬、報關、保稅倉庫與宅配等加值服務，以應付變化激烈的商業環境。**(5)全球性經營**：隨著製造業紛紛將生產據點移向海外，台灣貨運量雖然減少，但是針對海外生產據點的零件、半成品出口量增加，從海外生產據點進口量相對增加，因此，面對國際間貨物流通的活絡化，物流業者也走向全球化佈局。根據2009年7月9日行政院通過的《服務業發展方案》，該方案對於運輸物流業的願景是充分利用兩岸直航契機，發展台灣成為東南亞區域轉運中心，並配合台灣製造業全球發展，佈建全球物流服務網絡。具體策略為強化台灣國際分工能力、規劃建置港區運籌儲運腹地、提升物流效率，然實際施行成果仍需相關部會的努力才有機會達成既定目標。

◉ 旅遊服務業

觀光旅遊產業屬於第三級服務產業，發展條件須藉由國家的自然、人文資源吸引國際觀光客，是工業國家轉型為高附加價值服務之產業，提升經濟發展，增加觀光外匯收入。根據世界經濟論壇所發表的《2009年觀光旅遊競爭力報告》（*The Travel and Tourism Competitiveness Report 2009*）指出，台灣獲得全球第47名，相較於2008年的52名前進5個名次，台灣在該報告採用的三大評估指標中，政策類（T&T regulatory framework）獲得4.40分名列第75、設施類（T&T business environment and infrastructure）得到4.87的評價排名第18名、資源類（T&T human，cultural，and natural resources）表現較不佳以3.92分排名第65名，顯示台灣雖然擁有較好的航空設施、地面運輸與電信設施等支援觀光旅遊產業發展，

但相關政策推動與觀光資源仍須挹注較多心力，以提升台灣於國際上的觀光競爭力。另根據交通部觀光局（2010）統計，2009年台灣旅遊旅客人次達439.5萬人次，相較於2008年成長14.30％，其中以觀光爲目的來台旅客人數占229.83萬人次，較2008年成長29.47％，並占來台旅遊人次52.29％，顯示台灣走向觀光目的之形象已更加鮮明。此外，觀光局亦指出，主要旅遊客源市場中，日本仍是最大客源國，總計達100.66萬人次；其次爲中國大陸旅客，達97.21萬人次，其中觀光目的則高達60.62萬人次，另外香港及澳門旅客的表現亦十分亮眼，達71.88萬人次，較2008年成長16.19％，是第三大客源市場。

除此之外，近年來台灣竭力追求全球醫療照護產業以及觀光休閒產業所引發之新商機，即藉由推動醫療照護產業發展，拓展入境旅客之市場，提升醫療資源之使用率以及創造台灣健保制度以外的新商機。例如，環顧整個亞洲醫療觀光產業發展，各國逐漸以自身地理或資源優勢，發展獨具特色的醫療觀光產品，如泰國以特色醫療及保健旅遊爲主、韓國則強調整型美容、新加坡則以行銷高級健診爲特色。相對地，台灣亦希望藉由醫療水準較高、價格合理的優勢，轉換成爲觀光吸引力，藉此拓展入境旅客量，並且提升整體觀光休閒產業之附加價值。有鑑於國際觀光市場的競爭激烈，交通部觀光局於2010至2011年將推出「旅行台灣．感動100」整合宣傳活動，期望透過資源整合與全民參與，建構更佳的旅遊環境。

根據WTO（2009）預測，2009年國際旅客人數將減少4％至6％，亞洲主要國家中，除台灣、韓國、馬來西亞呈現持續成長外，其餘國家均呈現衰退，說明台灣「多元開放、全球佈局」的靈活觀光行銷宣傳及旅行台灣年的諸多促銷措施，已獲得成效。惟醫療觀光產業仍存在跨產業整合難度，爲推動台灣醫療觀光產業，可將**(1)創新融入**：嘗試將醫療相關元素融入旅遊行程之中，如中藥食補、溫泉理療等；**(2)重點突破**：藉由醫療、保險、台商企業等重要企業進行市場突破，將台灣醫療觀光市場推向全球；**(3)城市行銷**：整合醫療團體及相關傳媒，形塑醫療之都、健康之都等形象於全球消費者心中，以獲取開創市場機會。

通訊服務業

台灣過去爲語音、視訊、數據等各種不同需求所建置的網路如：電話網路、有線電視網路、電腦區域網路，因爲數位化科技的快速發展，對於傳輸資料的種類已不再具有排他性，不論是語音、數據、影像，數位化之後都可以在相同的網

路平台上傳輸。因此，通訊與傳播的界線已日趨模糊，產業匯流蔚為趨勢。根據工業技術研究院（2009）統計資料顯示，2008年台灣通信產業產值高達8,618億新台幣，相較2004年的4,004億新台幣成長約54%，可見通訊服務產業的高發展潛力。回顧台灣通信服務產業，於1990年電信自由化政策之下，近年隨著科技日漸茁壯，政府投入心力扶持，2003年經濟部成立「經濟部通訊產業發展推動小組」，以無線通訊、寬頻通訊與電信平台三大產業為發展方向，結合技術發展與產業推動，加速台灣通訊產業升級。隨著通訊與媒體服務數位化後產業匯流趨勢的形成，透過電信網路觀賞影片、透過有線電視網路上網等應用，已打破過去電信與傳播涇渭分明界線，故成立國家通訊傳播委員會（National Communication Commission；NCC），包含通訊、傳播、數位匯流等業務。經濟部2009年6月3日公布，搭橋專案第三波「兩岸通訊產業合作及交流會議」，雙方將分別就「兩岸電信技術與服務」、「通訊技術在兩岸城市信息化建設與應用模式發展探討」、「兩岸通訊技術合作」等議題進行探討，希望能結合雙方通訊產業優勢，進軍全球新興市場。工研院院長李鍾熙指出，2008年台灣通訊產業產值已突破新台幣7,000億元，而2008年中國通訊設備製造業產值突破新台幣3兆元，兩者相加的產值幾乎等同一個小國的國民生產毛額，顯見兩岸通訊產業產能強大。台灣業者IC設計和資通訊終端商品在全球都享有極高的市占率，中國大陸則是通訊設備的生產重鎮，雙方在網通產業結合，將能發揮互補效果。

根據2009年7月9日行政院通過的《服務業發展方案》，該方案對於通訊服務業的願景是普及寬頻網路、加速網路寬頻升級、加速數位匯流、推動物件連網、完善價廉物美之寬頻應用環境。具體策略為基礎環境建置與推動數位匯流網路，期盼藉由通訊基礎設施的完備，進一步推動通訊產業中最重要的使用率及品質的同時提升，以作為台灣通訊產業進軍全球市場的厚實基礎與經驗。財團法人資訊工業策進會的產業情報研究所（Market Intelligence & Consulting Institute；MIC）預估，2014年台灣通訊產業將成長新台幣5,000億元，產值可達到新台幣1.5兆元，並以無線行動寬頻與光纖為兩大新興產業。由此可見，台灣通訊產業前景看好。MIC另指出，台灣通訊產業因受到全球創新應用，以及在多項產品及技術逐漸進入全球領先集團的因素帶動下，仍將維持正成長的趨勢。此外新興市場如越南、泰國、中國、印度、中南美洲等，2009年雖然同樣面臨景氣下滑衝擊，但是在各國開放電信政策的推動下，許多通訊服務的滲透率仍快速提高，進而帶動通訊產品之設備商機。

⊙ 營建服務

　　營建服務業一直以來都被各國視為重要產業，原因在於營建服務在國家經濟發展及重大公共建設上均佔有極重要地位，其素質及經營環境健全與否，直接影響到工程的品質與安全，且營建服務業係關聯性極高之產業形態，景氣的好壞都將直接牽連水泥、鋼鐵、機械、運輸、電機等相關產業，其榮枯情況也帶動相關產業發展，因此各國政府無不全力扶植營建服務業。而台灣陸續加入WTO與政府採購協定（The Agreement on Government Procurement：GPA）後，營建業面臨前所未有的市場開放，雖然對於營建服務業有著相當大之衝擊，但是卻提升台灣營建廠商能見度，增加參與國際標案的機會，為營建業者帶來商機，因此業者應及早整合相關資源與轉型，提升競爭力，拓展營建服務業之出口，以利邁向國際化發展。回顧台灣營建服務業拓展出口國際化之概況，過去有海外工程經驗且具代表性之業者，大致上分成兩類，第一類為營建工程業，如中華工程、中鼎工程等；第二類為工程顧問業，如中華顧問工程司（現為台灣世曦）、中興工程顧問等。而看準新興市場發展基礎建設的商機，中華民國對外貿易發展協會於2008年籌辦營建業沙烏地阿拉伯訪問團，藉由洽談會、說明會以及參訪活動，瞭解當地建築市場並建立與當地業者的管道，爭取海外商機，除此之外，配合政策規劃設立「營建業國際業務開發基金」與「營建業信用保證基金」，策劃台灣建築工程產業拓展海外市場與融資的論壇，使台灣建築市場朝向國際化發展。

　　依據表19-3營建服務科目而言，截至2008年台灣營建服務出口金額除2005年呈現下降外，其餘均呈現增加趨勢，特別在2007年成長31%為最多。2008年出口金額為2.35億美元，創歷年新高，相較於2007年成長18.1%，與2008年其他服務細項相比算是出口成長較多之項目，也顯示出營建服務出口的重要性。台灣尚可利用本身優勢，如**(1)地理樞紐**：台灣地理位置處於亞太樞紐，同時亦是東南亞與北美航線的必經門戶，因此其優越的地理位置使台灣營建業者具有交通的便利性；**(2)文化背景**：面對中國大陸崛起的廣大內需市場，台灣之語言、文化與風俗與其相近，因此在進入中國大陸市場上也較其他競爭者具有優勢；**(3)廣闊人脈**：過去台灣製造業的興盛不僅在國內，也遍及東南亞地區，因此在部分東南亞國家擁有較多的政商人脈，對於營建業者欲進入市場為一大助力；**(4)合理價格**：台灣的高階人才、工程技術、設計能力具一定水準之上，且相較於已開發國家之收費亦較為便宜，因此具有一定優勢。

　　然而，根據內政部營建署與行政院公共工程委員會（2009）統計，台灣營建服務業約九成爲中、小型企業，眞正能拓展海外市場進行國際化業者並不多，如何扶植台灣營建業者拓展海外市場爲當務之急，台灣營建業者必須加速升級或積極轉型，提升自我競爭力，以面對國內外業者相互競爭，並透過四項重要條件，包括：**(1)獲取足夠的國際經驗；(2)具國際水準之設計及施工團隊；(3)具備足夠的國際化設計人才；(4)具跨國合作的技術與能力**等，加上政府輔導與鼓勵政策，相信對營建業者進行國際化與促使營建服務業升級有所幫助。

● 保險服務業

　　隨著金融自由化，各國政府開放外資進入台灣市場，保險市場競爭變得越來越激烈。目前台灣55家保險業中，共16家外商分公司及11家外商持股超過50％的外商子公司，合計達27家外資保險業，顯見台灣保險市場的開放程度。而近10年來台灣保險業保費平均增加率達15.6％，遠高於近10年經濟成長率5.38％，此爲外商保險業對台灣有濃厚興趣的原因。雖然保險業2008年海外投資虧損，但麥肯錫對台灣保險業卻抱持高度信心，認爲台灣有三大優勢，未來五至十年可望強勁成長，並與中國大陸、印度並駕齊驅。

　　麥肯錫上海分公司資深董事Stephan Binder表示，台灣市場有三大特質利於保險業發展：**(1)台灣人口老化帶來退休需求**：2007年台灣65歲以上人口占總人口的10％，到了2020年將增加至16％，退休理財的需求很大。另外，台灣保險滲透率約13％，但平均每人保險金額4.62萬美元，低於新加坡與日本的8.45萬美元，此數據表示，保障型產品仍有相當大的市場潛力，表示多數人把保險資金用來儲蓄或投資，而非用於眞正的保險保障；**(2)台灣是一個儲蓄率高的國家，許多富裕階層需要財務規劃**：台灣高儲蓄人口所需的理財規劃服務也是一大優勢，麥肯錫香港公司董事Joseph Luc Ngai表示，保險業務員可以藉由銷售保險商品爭取爲客戶理財，但此方面業務要與銀行理財專員競爭，所以保險業者需提升、活化銷售團隊；**(3)掌握中國大陸新市場機會**：中國大陸市場將提供台灣保險業者龐大機會，據麥肯錫估算，中國未來五年的年複合成長率將達16％至19％，成爲全球前五大市場，台灣保險業者前進中國大陸市場能間接受惠。

　　而台灣保險產業未來面對兩岸簽訂MOU與ECFA後之影響探討：(1)MOU之後，設點門檻不會因簽訂MOU而受影響；(2)「五三二」門檻可望降低，有利台灣

更多業者赴中國大陸開辦業務。「五三二」門檻是指母公司資產至少50億美元、設立時間超過30年、成立辦事處滿2年以上。台灣保險業者乘著政府與中國大陸的政策順風車，再加上文化與語言優勢，未來勢必能在國際競爭中開創一條坦途。

● 金融服務

　　金融服務業是一國經濟發展中重要的一環，亦是支持產業發展之經濟命脈。依照服務貿易國際收支定義，金融服務可分為兩大類，一為金融仲介服務，包括信用狀、銀行承兌、信用額度承諾、財務租賃與外匯交易等所產生的手續費或佣金；此外，證券交易（經紀、發行、承銷及贖回）與衍生性金融交易的手續費或佣金亦包括在內。其二則為輔助性服務，包括與資產管理、代客金融操作與管理、證券保管等服務有關的手續費與佣金。台灣的金融服務業曾經歷長期管制，推動自由化及國際化的時間並不長，時至今日雖也累積不少實力，根據世界經濟論壇發布《Global Competitiveness report 2008-2010》中，台灣於「金融市場成熟度」名列第54，相較於2008年的58名雖已經前進4個名次，但仍為所有評估指標中表現最差的項目，表示台灣金融市場發展仍有相當大的成長空間。金融風暴席捲全球，台灣相較於日本與韓國所受到的衝擊較小，意味著台灣金融體制較健全，卻也代表金融市場較為封閉，因此為提升世界競爭力，必須將金融推向國際化，尤其台灣金融市場胃納量有限，金融業者彼此競爭激烈，為擴大經營規模與提升營收，國際化為不二法門。

　　台灣金融服務業的規模龐大，且市場對於商品的需求相當強，除了有強健的經濟基本面支撐，台灣的金融服務業同時亦兼具下列競爭優勢：(1)台灣的金融控股公司以跨越金融服務領域的方式從事經營；(2)台灣金融產業以往的逾放問題已明顯改善；(3)台灣多數企業具有高競爭力及經營彈性；(4)台灣外匯存底高、外債少，資金充沛。縱使台灣金融服務業擁有以上幾點優勢，國際研究機構對於台灣金融服務業發展前景卻不樂觀，瑞士洛桑國際管理學院在《2009年世界競爭力年報》公布，在57個受評比的國家中，台灣在「企業效能」分類下「金融」項目的排名，由2008年的第13名大幅滑落至2009年的第23名。經濟學人智庫則認為台灣金融服務業落後於香港和新加坡，台灣金融改革腳步過慢，且未實質改善金融產業發展環境，在全亞洲均朝向更開放之際，金融市場卻選擇閉關自守，限制台灣金融服務產業的發展，是造成台灣金融服務業遠落後於香港和新加坡的最主要原

因，亦是台灣經濟長期發展的致命傷。

時至今日，台灣已和34個國家和地區共簽署39項金融MOU，且2009年11月亦與中國大陸簽署兩岸金融MOU，兩岸金融交流與合作起步晚，進展慢，已成兩岸經濟關係發展的制約與瓶頸，如今簽署兩岸金融MOU即代表封閉多年的兩岸金融市場即將開放，兩岸金融交流與合作取得實質性突破，邁入新階段，對台灣金融服務業者而言，MOU的簽署將給予台灣金融服務業更大的發展舞台，銀行業將可申設大陸分行、子行、參股，證券業將可參股中國大陸券商。兩岸簽署MOU後，台灣銀行業及證券期貨相關事業即可在中國大陸投資或設立據點，對於在中國大陸投資的廣大台商及經營中國大陸市場的企業而言，將因此獲得台灣金融服務業的支援。台灣金融機構赴中國大陸投資，不僅協助台商解決資金問題，更可增加台灣服務貿易的出口額，大幅提升台灣金融服務業的國際競爭力。

○ 電腦與資訊服務

近年台灣政府致力於扶持電腦製造業成為台灣經濟之主力，但長期以代工製造為主的電腦製造業也面臨國際化競爭威脅，漸漸步入紅海之殺戮戰場，獲利日趨衰退。台灣產業正面臨新的挑戰，業者積極轉型，而資訊服務業能提供專業顧問及資訊技術，台灣目前面臨之現況，是如何由傳統之電腦代工製造產業轉型成為高附加價值與高競爭門檻之資訊服務產業。

在台灣之電腦、資訊服務業當中，根據經濟部統計處（2009）資料，台灣在資訊服務業營收高達新台幣2,777億元，從業人口7萬餘人，其中外銷營收達新台幣381億元，佔13.7％。此外，行政院經濟建設委員會也針對資訊服務業發展擬定計畫，對於資訊服務業發展制定願景與目標，為建構台灣資訊服務業健全有效的生產體系，未來應積極促成產業垂直分工與水平整合，透過推展軟體品質提升驗證制度，以及重點輔導旗艦計畫，以強化業者之服務品質及國際競爭力。期望台灣能以有效分工整合體系發展資訊服務業，提升製造業的附加價值及策略性服務業的競爭力，促使台灣成為全球特定領域資訊服務的主要供應者，且為行動應用嵌入式軟體供應的主要聚落。

在未來，資訊服務業之產業發展願景及目標，除了期望2012年成為亞太特定領域資訊服務的主要提供者之外，整體營收達新台幣3,600億元，外銷值達新台幣540億元，10年後總產值突破兆元，成為第三兆元亮眼的科技產業；而針對資訊

服務業，台灣可發展策略及解決方案如：**(1)促進產業內結盟與整合**：由於台灣缺乏產業鏈分工與策略結盟規劃，又沒有產業公會或專責之主管機關出面主導，因此可以透過政府主管機關整合資訊服務業產業鏈中有合併意願之廠商，以完成完整商業解決方案為目標做中、小型廠商間之整併，以強化企業資源提高國際競爭力；**(2)開發海外市場建立國際形象**：配合政府兩岸開放政策，爭取台商在中國大陸之資訊服務業務，由大中華市場延伸至東南亞，最後遍及亞洲。另外也可透過政府爭取國際相關產業展覽與學術會議之舉辦權，促進與國際產業之交流及爭取提高國際知名度機會；**(3)推廣營運策略、創新應用與特定產業之解決方案**：設立專責之國家資訊服務業研發機構，廣泛研究不同國家之資訊化營運策略與創新應用，透過國家資訊服務研發機構與資策會、中研院之密切合作，大量培訓資訊化策略顧問師；**(4)健全產業環境達成競爭力提升**：制定資訊服務業之服務評等標準，提供業者評量本身服務之專業程度，以打入國際市場。在投資機會方面，台灣可匯集兩岸優秀人才共同開發適用軟體，例如專屬中文介面使用之特殊程式軟體，可善用台灣資訊硬體廠商，產生合縱效益，台灣資訊產業發展成熟，周邊基礎建設完善，軟體開發可即刻測試、立即修正，可與陸資共創雙贏，並且透過來台投資，達到技術交流、教學相長之助益。

◉ 專利權、商標等使用費

隨著工商業持續地發展，台灣的商標申請件數自90年代以來每年平均達八萬件，目前智慧財產權蓬勃發展，雖然台灣專利申請數量已經連續多年都居全世界前幾名，但台灣每年支付國外之授權金亦逐年呈現遞增現象，2008年台灣整體專利申請件數8.36萬件，較2007年成長2.16％。另外，台灣對於中國大陸申請商標件數年年遞增，遠高於中國大陸向台灣申請之商標件數。知識產權是一種無形資產，為現今新世紀市場強有力的競爭武器，台灣未來期望能進入全球市場，增進專利權、商標等使用費在世界的佔有率，並且維護產權權益，為提高知識產權意識而進一步努力。又政府也持續推動「品牌台灣」（Branding Taiwan）計畫，協助業者進行品牌設計、行銷及發展品牌相關策略，將「Made in Taiwan」等同於創新、高品質之科技產品印象，擴大至所有產業，期望能藉由形塑台灣品牌，將台灣推廣出去，在國際舞台占有一席之地。

經濟部於2008年底推出兩岸搭橋專案，敲定「一年交流、兩年洽商、三年

合作」時程表，2010年雙方邁入洽商年，針對加強專利的合作與智慧財產權保護方面，隨著經濟全球化的發展，國與國的邊境日益模糊，一國的商品不再僅侷限於單一國家或區域，而是行銷至全世界。為了保障智慧財產權，技術擁有者經常針對同一技術，同時或先後地向數個國家申請專利，雖然各國專利制度與規範不同，但是基本的審查方向一致。因此簡單來說，各個國家在審查專利的部分過程中，只是重複進行了同樣的工作，如此一來造成資源的浪費。故近年來國際間逐積極推動許多專利的合作與整合。例如：優先權、專利合作條約（PCT）、歐洲專利公約（EPC）、專利審查高速公路（PPH）等，這也是台灣未來須積極努力的方向。另外，隨著兩岸關係逐漸和緩及ECFA簽訂後，未來雙方在專利合作與整合上，應當具有相當大的發展空間。

⭕ 事務服務

　　中央銀行國際收支帳的「其他事務服務」的科目中，包含三個項目分別為：**(1)三角貿易及其他與貿易有關的服務**：貨物分別由台灣出口再由他地進出口，但是貨款由台灣貿易商於國內收付者，此項服務以價差列帳；**(2)營運租賃服務**：財務租賃以外，營運器具的租賃；**(3)專業技術與雜項服務**：本項目涵蓋法律、會計、管理顧問、廣告、市場調查等技術服務。「其他事務服務」是「其他服務」中表現最佳之項目，逐年呈現正成長趨勢，2008年出口值為189.25億美元，2009年為221.94億美元，成長17.27％。探究其背後原因與台灣產業發展有高度相關，貿易長久為支撐台灣經濟的重要商業活動，其衍生的三角貿易更是服務貿易呈現正值的原因，「台灣接單，國外出貨」的商業型態，使得三角貿易淨額以服務貿易帳形式流入。在知識經濟的驅動下，高附加價值的商業活動深具發展潛力，加上跨國企業不斷增加，專業技術服務之出口重要性相對提升，根據中國大陸商務部（2009）資料顯示，2008年中國大陸諮詢服務出口額為181.4億人民幣，較2007年成長56.6％，然而，專業服務企業要贏得需求、創造出價值，首先必須將可信賴的承諾銷售給顧客，使顧客能夠接受結果無法預見的服務，以會計服務而言，全球四大會計事務所Deloitte Touche Tohmatsu、Pricewaterhouse Coopers、Ernst & Young、KPMG International皆屬歐美公司，且收入總和佔全球會計服務的50％以上，可見，台灣若要於國際間取得服務競爭優勢，須更加努力才行。

⊙ 個人、文化與休閒服務

二十一世紀的文化創意產業伴隨著科技的進步，逐漸成為生活文化中重要的產業項目。行政院將「創意台灣」（Creative Taiwan）規劃為未來施政的目標與願景，因此特別提出「文化創意產業發展計畫」，將文化、藝術及設計等相關產業，原分屬不同專業的行業，統籌在「創意產業」的概念下，納入國家發展的重點計畫。由於與文創產業相關之藝術、娛樂及休閒服務業等知識型服務業，就業人口則偏低，因此在未來就業創造效果有待提升。根據《創意經濟學》（2008）一書提及：「英國文化創意產業的年產值平均發展速度幾乎是該國經濟增長的兩倍，而日本文化創意產業的生產規模為85.05萬億日圓，約占國內生產總值的17％」，可見文化創意產業的高附加價值與重要性。

文化創意產業具高附加價值，且商機發展潛力無窮，台灣為加速產業成長，更應制定策略，強化產業國際競爭力，然而，根據《2008台灣文化創意產業發展年報》資料顯示，2007年台灣文化創意產業外銷收入達596.77億新台幣，成長28.77％，為促進文化產業的蓬勃發展，2009年7月9日行政院通過的《服務業發展方案》，該方案對於文化創意發展方案的願景是打造台灣成為亞太文化創意匯流中心，另外於2013年目標總產值達1兆元，增加20萬就業人口。提升家庭娛樂教育及文化服務支出比例至15％，獲國際獎項800件以上，媒體總產值成長20％以上，海外獲利提升三倍以上。而在發展策略及措施上，包括**(1)環境整備**：例如提供資金挹注，包含投、融資與信保、租稅優惠、獎勵、補助及輔導等，以及加強產業研發及輔導，促進投融資與產業媒合，加強智慧財產權保護與應用，協助建構文化創意產業之無形資產評價機制，提供產業軟硬體設施；**(2)六大旗艦計畫**：推動電視、電影、流行音樂、數位內容、設計、工藝產業等六大產業旗艦計畫。

放眼全球商業脈動，服務業迅速成為各國經濟結構中的主導地位，就台灣而言，服務業佔GDP高達70％以上，更是推動台灣經濟成長的重要關鍵，顯示服務貿易是未來國際貿易的趨勢，台灣目前已經成立「行政院服務業政策指導小組」持續推動產業發展，但與鄰近的新加坡與香港比較，仍有較大努力空間。中國大陸已將《服務貿易中長期規劃》上報國務院，可見其對服務業的重視程度，有鑑於此，台灣政府除積極鼓勵企業在台灣設立營運總部，針對具潛力的新興市場拓銷外，亦可針對服務業設定中長期的目標規劃，使台灣服務出口更具國際競爭力。

台灣在十大貿易夥伴
產業供應鏈之角色與地位

根據財政部統計處（2010）統計資料顯示，2009年台灣十大貿易夥伴如表20-1所示，依序為：中國大陸、日本、美國、香港、韓國、新加坡、德國、沙烏地阿拉伯、馬來西亞、印尼。

表20-1　2009年台灣十大貿易夥伴進出口統計一覽表

國家	貿易總額			出口總額			進口總額		
	排名	百萬美元	比重	排名	百萬美元	比重	排名	百萬美元	比重
中國大陸	1	78,754.2	20.81%	1	54,250.5	26.63%	2	24,503.7	14.03%
日　　本	2	50,738.9	13.41%	4	14,507.6	7.12%	1	36,231.3	20.74%
美　　國	3	41,712.7	11.02%	3	23,556.6	11.56%	3	18,156.1	10.39%
香　　港	4	30,571.2	8.08%	2	29,448.7	14.46%	27	1,122.5	0.64%
韓　　國	5	17,807.6	4.71%	6	7,302.5	3.58%	4	10,505.1	6.01%
新 加 坡	6	13,424.3	3.55%	5	8,615.1	4.23%	9	4,809.2	2.75%
德　　國	7	10,368.8	2.74%	8	4,695.9	2.31%	7	5,672.9	3.25%
沙烏地阿拉伯	8	9,342.5	2.47%	27	674.1	0.33%	5	8,668.4	4.96%
馬來西亞	9	8,745.8	2.31%	11	4,060.9	1.99%	10	4,684.9	2.68%
印　　尼	10	8,424.6	2.23%	13	3,226.3	1.58%	8	5,198.3	2.98%

資料來源：財政部統計處（2010）、本研究整理

Friedman（2005）所著《世界是平的》（*The World is Flat*）一書指出：「全球化不是一種現象，而是一種現在進行式，是一種長期趨勢。拜全球化趨勢所賜，國際貿易更加發達，從比較利益法則來看，各個國家在其中找到相對優勢並拓展至全球市場；相反的，其相對弱勢之處，則從其他國家取得」。

　　台灣屬於四面環海的海島型國家，受限於島內天然資源有限與內需市場不足，發展國際貿易是必然的趨勢，且對位居東亞交通樞紐的台灣而言，更顯其重要性。以下茲將台灣十大貿易夥伴就全球產業供應鏈的「原料與商品供應地」、「生產製造中心」、「倉儲轉運」、「終端消費市場」、「籌資中心」等五個角色，來分析十大貿易夥伴在台灣產業供應鏈的角色與地位。

圖20-1　十大貿易夥伴在台灣產業供應鏈之角色與定位

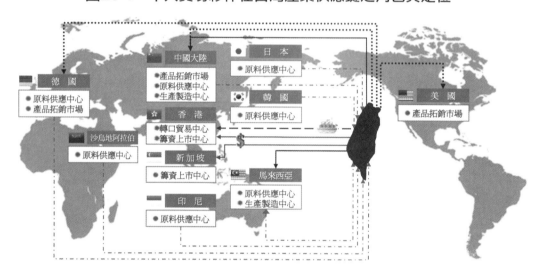

■中國大陸

　　從1990年代兩岸政策開放後，無論是經濟利益或是產業結構轉型，皆促使台商企業紛紛西進投資，再加上中國大陸與台灣文化同根、地理相近，使得雙方經貿關係日趨緊密。1991年台灣對中國大陸進出口貿易總值為5.98億美元，到了2009年貿易總額成長至787.54億美元，占台灣整體貿易的20.81％，為台灣第一大貿易夥伴。中國大陸不但是台灣的原物料供應中心，亦是台灣的製造中心，其龐大的內需市場與消費潛力更是台灣重要的拓銷市場，茲將兩岸的經貿互動，分為原物料供應來源、製造業佈局重點與內需市場佈局等三個角色，說明如下：

1. **原物料供應來源**：中國大陸擁有全球第四大的陸地面積且天然資源豐厚，目前已發現礦產有168種，金屬礦產蘊藏量豐富，包括煤礦、鐵礦、石油、天然氣、汞、錫、鎢、銻、錳、鉬、釩、磁鐵礦、鋁、鉛、鋅、鈾等，是全球數一數二的原物料出口國。就中國大陸對台灣原物料供應情

況來看，機械設備、原料與半成品佔大部分，根據財政部（2010）統計資料顯示，2009年自中國大陸進口總額為245.04億美元，其中機械及電機設備居冠，進口金額高達133.20億美元，而化學品以26.63億美元排名第二，其他進口貨品則以15.51億美元名列第三，排名第四為精密儀器、鐘錶與樂器13.79億美元；2009年台灣出口至中國大陸總額為542.51億美元，其中名列第一為機械及電機設備高達202.16億美元的出口額，而精密儀器、鐘錶、樂器為119.51億美元名列第二，化學品則為70.88億美元位居第三，塑膠、橡膠及其製品則以59.67億美元排名第四，第五則為基本金屬及其製品有42.96億美元。

2. **生產製造基地**：隨著台灣經濟起飛，伴隨而來的是傳統勞力密集產業生產成本飆漲，廠商無不積極尋求海外生產基地，於此情形之下，與台灣地理位置接近的中國大陸，語言文化、風俗習性相同，且其擁有廣大的土地、低廉的勞動力以及豐富的天然資源，種種的生產要素稟賦吸引之下，逐漸成為台商製造業的重要地區。根據經濟部投資審議委員會資料顯示，1991年赴中國大陸投資共327件，金額僅1.74億美元，此後台灣對中國大陸投資不斷增加，累計至2009年12月共核准37,771件投資案，金額則高達827.03億美元，顯示台灣產業已逐漸外移至中國大陸。然而，早期開放投資的法令規範較為嚴格，因此台商前往中國大陸投資受限，多集中於廣東、深圳與沿海地區，近年中國大陸力促西部開發，再加上沿海地區生產成本逐漸上升，促使台商轉往西部內陸發展，根據經濟部投資審議委員會資料顯示，台商於中國大陸投資累計至2008年12月為止，華東地區投資有15,546件，金額高達430.24億美元排名第一，中南部地區有12,438件，投資金額為187.28億美元排名第二，華北地區件數為1,734件，金額為31.61億美元位居第三，西南地區有535件，金額為11.14億美元排名第四，東北地區556件金額為6.25億美元位居第五，西北地區則有147件，投資金額為1.41億美元位居末。

3. **內需市場拓銷佈局**：擁有13億人口的中國大陸，是近年來最受矚目的新興經濟體，貿易局更將中國大陸列為重點拓銷國之一，其龐大的內需市場與強勁的購買力，更是全球關注的焦點，國際企業無不看重其未來市場發展潛力。自從改革開放之後，中國大陸積極引進外資並擴大對外貿易，國

家經濟發展每年平均以9.8%的速度持續成長，國民可支配所得亦逐年提高。根據中國大陸國家統計局（2009）資料顯示，2008年農村居民人均所得約697.49美元，扣除價格上漲因素後，年成長率為8.0%，城鎮居民可支配所得成長8.4%約2,311.92美元，顯示中國大陸生活水準獲得改善，整體社會的購買力提升，而2008年底提出四兆人民幣「擴大內需政策」與「下鄉政策」，成功刺激民眾消費與拉動經濟成長，連帶拉動台灣相關產業的發展，使台灣在這波金融海嘯中，相較於其他國家更能找到復甦的契機。2009年台灣出口至中國大陸金額為542.51億美元，占台灣出口比重約26.63%，是台灣第一大出口國，由此可見，中國大陸在台灣的外銷市場中，扮演很重要的角色與地位。

■日本

1950年代初期至1960年代，日本曾為台灣的第一大貿易夥伴，隨後因為全球貿易情況改變及台灣產業結構轉型，台灣與日本仍保有緊密的貿易關係，日本為台灣第二大貿易夥伴，而台灣是日本的第四大貿易夥伴。台灣對日本的貿易長期處於逆差狀況，並有逐漸擴大之趨勢。由於國家產業結構差異，加上兩岸分工趨勢的帶動之下，資訊與通訊產品皆以中國大陸為主要的製造中心，而台灣製造所需的零組件，皆仰賴日本的進口，因此，日本成為台灣2009年第一大進口國。根據財政部統計處（2010）資料顯示，2009年台灣對日本的進口額為362.31億美元，較2008年減少22.10%，出口額為145.08億美元，減少17.36%，雙邊貿易總額為507.39億美元，下降20.8%。台灣從日本進口產品以機械電子設備與精密儀器為主，金額高達151.65億美元，其次為化學品，金額為64.57億美元，相較於台灣出口至日本的產品，除金屬製品、機械與電機設備超過10億美元之外，其餘皆小於10億美元，由此可見，台灣對於日本的貿易逆差缺口主要是因進口高單價的電子設備與精密儀器所致。

■美國

台灣與美國雙邊貿易發展歷程中，美國一直是台灣最重要的貿易夥伴，50年代至60年代中期，台灣經濟處於發展階段，對美國的出口主要以糖、茶葉與農

產加工產品為主，而自美國進口產品除農產品外，還包括工業原料、機械與運輸設備等，當時台灣對美國處於貿易逆差情況。60年代至80年代是雙邊貿易成長最迅速的時期，由於台灣積極發展外向型加工出口經濟，政府為鼓勵廠商做出口貿易，而提供大量的優惠措施，加上美國提供的優惠政策，使得台灣的紡織品、電子產品與日用輕工業產品大舉進入美國市場。台灣對美國開始大量出口之後，美國對台灣興起貿易保護主義措施，再加上台灣逐漸將投資與貿易重心移向中國大陸，使得美國與台灣的貿易關係漸漸轉變。根據財政部統計處（2010）資料顯示，2009年台美雙方貿易總額為417.13億美元，美國是台灣第三大貿易夥伴，而出口總額為235.57億美元，進口總額為181.56億美元，台灣對美國順差54.01億美元。從出口產品別來看，主要是機械及電機設備，出口額高達126.91億美元，其次則是基本金屬以及金屬製品，出口額為27.36億美元。美國擁有3.7億的人口數，內需市場大、消費能力高，雖然受到金融海嘯的衝擊，但美國在台灣的經貿角色目前仍然是重要的商品銷售市場。

■香港

　　根據財政部統計處（2010）顯示，2009年台灣對香港的貿易總額為305.71億美元，出口總額為294.5億美元，就產品而言，機械及電腦設備294.5億美元位居第一，而塑膠、橡膠及其製品則以185.3億美元居第二，第三為基本金屬及其製品17.1億美元。台灣自香港進口較少，2009年進口額為11.2億美元，進口貨品以珍珠、寶石4.9億美元居冠，第二則為機械及電機設備2.8億美元。身為全球金融重鎮的香港，扮演著台灣企業在全球市場募資的重要角色，同時也是台灣的重要轉口地區及佈局中國大陸媒介，茲將香港與台灣的貿易關係說明如下：

1. **上市籌資管道**：身為金融中心與轉口貿易樞紐的香港，在經濟環境、地理區位與歷史背景影響下，成為台灣對中國大陸間接投資與貿易的最佳管道，也因此帶動台灣與香港的經貿發展，然而隨著香港在金融與貿易的國際競爭力增強，香港不但成為台灣對中國大陸的經貿轉口地，也是台灣企業國際化的重要管道，加上香港資本市場趨向完備，逐漸成為台商海外籌資的重要之地。台灣企業前往香港聯合交易所掛牌上市可追溯至1990年代，當時仍以傳統產業為主且為數不多，而2005年鴻海集團子公司富士康於香港掛牌上市後，帶動科技電子公司前往香港上市的旋風，隨後台商於

香港上市之家數與集資金額呈現成長趨勢。

2. **重要轉口貿易中心**：香港開埠前，國際貿易多集中於廣州，直到香港成為英國殖民地，實施關稅取消政策後，成為歐洲轉口貿易的重要管道之一，亦確立其日後自由港的地位。在兩岸投資尚未開放之前，台灣欲前往中國大陸投資，必須藉助第三國的管道進行，根據香港統計局資料顯示，1992年台灣於香港的轉口貿易約70.1億美元，2008年則高達229.9億美元，成長約3.28倍，顯示兩岸雙邊貿易的發展歷程中，香港扮演著重要的中介角色。

■韓國

同為亞洲四小龍的韓國，是台灣第六大出口貿易國與第四大進口貿易國，雙方貿易往來甚為密切。在國際經濟發展中，由於兩國產業發展模式類似，產業結構雷同，因此韓國可說是台灣主要的貿易競爭對手，在電機設備及零件、塑膠製品、光學照相儀器與零件、機械用具以及有機化學品等都在國際間處於高度競爭的狀況。近年來台灣與韓國的貿易逆差逐漸擴大，主要原因是1960年代後期，韓國政府全力發展重工業，而台灣則多偏向中、小企業發展，雙方開始出現產業結構上的差異。1997年亞洲金融危機以後，韓國政府大力扶植企業成長，國際競爭力排名也大幅躍升。

台灣的半導體代工享譽全球，但韓國高科技廠商海力士（Hynix）與三星（Samsung）等，投入大量資源於半導體及面板技術研發，因此能夠掌握產品的制定與價格主導權，至於通訊產品方面，韓國發展自有品牌行之有年，並藉此成功打入台灣消費市場，相較之下，台灣多為代工與技術的追隨者，逐漸失去競爭優勢，加上韓國積極經營台灣的消費市場，以手機、化妝品、洗衣機與汽車等消費性商品，多方面開發台灣市場，因而擴大台灣與韓國的貿易逆差，使得韓國成為台灣消費性商品的供應國。根據財政部（2010）調查資料顯示，2009年台灣自韓國進口以機械及電機設備最多，高達54.26億美元，而化學品以15.84億美元排名第二，基本金屬與其製品則以10.10億美元位居第三。

■新加坡

　　新加坡資本市場發展完善，有健全的股票市場與外匯市場，並且擁有全球最好的金融制度與環境，根據WEF發表《2009金融發展報告》中，商業環境、制度環境、金融穩定性等評估項目獲得很高的評價。由於新加坡是亞太地區最國際化的市場，因此許多公司選擇到新加坡上市，2004年選擇新加坡掛牌的專業邏輯IC測試廠商「寰邦科技」，是率先到新加坡上市的台資企業之一，然而，因為新加坡的投資市場對台灣來說較為陌生，且市場本益比、流動性偏低，掛牌後企業股價表現不如預期，另一方面，香港也可作為台資企業西進中國大陸之跳板，因此新加坡僅吸引19家台資企業進入，多數台資企業仍選擇香港為主要海外籌資中心。

■德國

　　德國是台灣第七大貿易夥伴，位於歐洲中部緊鄰北海和波羅的海，其政治穩定且投資環境良好，基礎建設發展完備，境內法蘭克福機場更是歐洲第二大機場，交通網絡便捷且完整，是台灣於歐洲的重要市場，茲將德國與台灣的貿易關係說明如下。

1. **工業機具供應中心**：德國向來以科技、基本工業聞名全球，汽車、醫藥、綠色能源、環保、化學、機械工業等領域在國際間佔有一席之地。進出口貿易以及國外投資為德國的經濟支柱，出口貿易佔德國GDP的三分之一，且有五分之一的工作機會是仰賴出口相關產業。根據財政部統計處（2010）資料顯示，2009年台灣從德國的進口額為56.73億美元，主要產品為機械及電機設備，金額高達20.84億美元，其次則為進口額15.54美元的化學品，第三則為車輛、航空器、船舶及有關運輸設備，進口額為6.52億美元，而精密儀器、鐘錶、樂器則以5億美元名列第四。就產品細項觀察，載客或載貨用機動車輛以5.19億美元居冠，其次則為機器用具4.02億美元，熱冷陰極管及光陰極管二極體、電晶體進口額為3.95億美元排名第三，表示台灣除自德國進口工業原物料加工外，車輛、機器設備為主要的進口產品，因此德國在台灣貿易角色中，主要扮演機械設備的供應者。

2. **歐洲主要出口市場**：回顧台灣與德國的貿易發展歷程，雙方貿易結構發展與台灣工業的轉型有重要的關係，自1978年經濟部於德國法蘭克福設立駐德國台北貿易辦事處，推動台灣對德國的經貿活動，隨著全球經濟迅速發展，台灣與德國貿易往來日趨密切，而雙方1988年簽訂互免海運所得稅協定、1990年貨品暫准通關證制度協定與2002年簽署台德投資促進合作協定，更加速兩國互動頻率，使德國成爲台灣在歐洲重要的貿易夥伴。然而台灣於德國的投資較少，根據經濟部投審會資料顯示，至2009年12月底止，台灣對德國投資約1.78億美元，台商大部分集中在漢堡與北萊茵邦，主要原因是德國生產成本高，語言文化差異大，且勞工條件與環保規範較嚴格，因此，台商於德國投資少有製造商的投資，多爲配銷中心與貿易商。根據財政部統計處（2010）統計資料顯示，2009年台灣出口產品以機械及電機設備29.07億美元名列第一，而車輛、航空器、船舶及有關運輸設備達4.68億美元居次，第三爲基本金屬與金屬製品4.15億美元，均以工業用品爲主，與德國出口給台灣的產品類似，探究其背後原因爲，雙方經貿背景相似，有許多合作交流的機會，也盼透過德國，加強拓展歐洲市場。

■沙烏地阿拉伯

　　向來以「石油王國」著稱的沙烏地阿拉伯，石油爲其主要的商業命脈，也是支撐該國經濟的重要支柱，有70％的國家財政收入來自於石油工業，世界前三大石油田中，加瓦爾油田（Ghawar Oil Field）與薩法尼油田（Safaniyah Oil Field）位於沙烏地阿拉伯，該國石油儲量高達2,650億桶，佔全球石油儲量的四分之一，年產量更高達45億噸，是全世界最大的石油生產與輸出國。

　　台灣天然資源較爲匱乏，能源多仰賴進口，自1988年至2008年間台灣的能源需求量成長快速，根據經濟部能源局（2009）統計資料顯示，過去20年能源需求年平均成長率爲4.76％，石油產品消費量自1988年2,601萬公秉油當量，至2008年高達4,967萬公秉油當量，年平均成長率爲3.29％。2008年台灣進口能源依賴度爲99.23％，進口總值爲562.12億美元，進口石油依存度爲99.97％，據能源局統計，2008年台灣前五大原油進口國沙烏地阿拉伯佔33％，而科威特以22％位居第二；伊朗則是以13％名列第三、伊拉克6.3％與安哥拉5.7％分別名列第四與第五。沙烏

地阿拉伯過去一直都是台灣原油的主要供應國，2008年台灣自沙烏地阿拉伯進口原油1.1億桶，佔該國進口總額80％，高達122億美元。

■馬來西亞

1. **原材料雙向供應地**：馬來西亞是台灣的第九大貿易夥伴，2009年台灣對馬來西亞的貿易總額為87.46億美元，根據財政部統計處（2010）資料顯示，2009年台灣自馬來西亞進口產品，以機械及電機設備為主，金額為20.84億美元，其次是礦產品12.23億美元，化學品則為3.44億美元位居第三。由此可知，台灣對馬來西亞長期處於逆差態勢，其原因之一是馬來西亞擁有豐富的天然資源，如橡膠、棕櫚油、胡椒與錫等產業居世界重要地位，鐵、金、鎢、煤、鋁土和錳等礦產量甚豐，因此，台灣從馬來西亞大量進口礦物原料，導致長期處於貿易逆差。另外，根據財政部統計處（2010）資料顯示，2009年台灣出口至馬來西亞總金額為40.61億美元，其中以資訊電子產品、通信設備、機械設備、零組件與半成品居多。由於台灣企業在馬來西亞投資的產業以資訊產業為主，台商從台灣進口零組件至馬來西亞，再將半成品或成品回銷台灣再拓銷至全球，也因為這樣特殊的供應鏈關係，活絡了台馬的雙邊貿易。

2. **電子產品製造重鎮**：1994年台灣政府為分散對中國大陸過熱的投資狀況，提出「南向政策」除了分散台商西進的風險外，亦可開拓新的經貿市場。由於馬來西亞具備完善的基礎建設、透明法規與良好的投資條件，因此，吸引台商大舉前往投資，尤其以電子資訊產業最多，根據馬來西亞貿工部（Ministry of International Trade and Indusrtry）（2009）統計資料顯示，累計至2008年底，台灣在馬來西亞投資共2,250件，投資金額高達101.1億美元，其中以電腦及其周邊設備為主。因此，在產業分工原則之下，馬來西亞台商自台灣進口電子零組件後，在馬來西亞製成成品或是半成品銷回台灣，再組裝銷往歐美等國家，因此，馬來西亞亦是台灣重要的電子製造中心。

■印尼

　　台灣的第十大貿易夥伴印尼，位於亞洲大陸與澳洲之間，橫跨赤道兩端，是唯一以農立國的開發中國家，亦是東協初始六個成員國之一，並與中國大陸、印度被喻為亞洲未來十年最具成長動能的鐵三角。身為東協國家中面積最廣的國家，天然資源充沛，石油、天然氣、錫礦、鎳礦、木材、鋁土礦、銅礦、煤炭、金礦和銀礦等礦藏量豐富，其更是全球燃煤、錫礦和棕櫚油的最大出口國。

　　根據財政部統計處（2009）資料顯示，台灣與印尼2009年貿易總額為84.25億美元，出口總額為32.26億美元，進口總額51.98億美元，雙方貿易呈現逆差狀況。就台灣自印尼進口的產品別而言，以礦產品居多，金額為37.24億美元，比重高達71.65％，其次則為基本金屬及其製品3.83億美元，化學品則以2.5億美元居第三，由此可知，印尼為台灣的重要原物料供應來源。

第 21 章

台灣貿易業對重要市場
拓展模式分析

　　2009年全球經濟經過金融海嘯衝擊之後，雖然已經逐漸進入復甦重建的態勢，但國際經濟仍然呈現混沌不明的發展局勢，台商企業所面臨的挑戰仍然相當嚴峻。為因應全球經濟快速變遷，台灣政府陸續推動諸多貿易政策，以協助企業在最快的時間恢復正常運作。這些政策如鯨貿計劃、兩岸產業搭橋、六大新興產業發展等，短期而言，可以增進海外貿易交流，長期來看，將有機會促進資源與市場整合，創造台灣企業的新市場機會。為拓展企業版圖，海外拓銷是企業發展新市場的重要選擇，如何有效將企業產品或服務打入海外新市場，便成為相當值得探討的課題。本章將針對台商企業於荷蘭、日本、美國、澳洲、德國等重要市場的拓銷經驗進行分析，做為業者拓展海外市場的參考。

■個案一：拓銷【荷蘭】：巨大機械

　　1972年，董事長劉金標等人成立巨大機械工業股份有限公司，業務初期，僅是國外自行車品牌代工廠商，當時對SCHWINN單一客戶的依存度高達75％，在「雞蛋不能放在同一個籃子裡」的理念驅使下，巨大於1981年設立捷安特公司，並自創「GIANT」品牌。經過幾年耕耘後，巨大躍居台灣規模最大的自行車製造廠，並將觸角開始延伸至海外，1986年巨大在荷蘭開始以GIANT品牌行銷，逐步由台灣「騎」向荷蘭、德國、英國、法國、美國、日本、加拿大、澳洲至中國大陸，更先後成立行銷公司及製造廠，在世界各地拓銷「GIANT捷安特」這個品牌。捷安特不僅僅是台灣的品牌，更是世界的品牌。

　　巨大集團台灣總部，總攬品牌管理、產品研發與製造、財管及國際行銷等事宜，不斷與全球各子公司交互運行；而全球行銷子公司，則快速捕捉世界各地市

場流行趨勢，以研發時尚車款，提供全球自行車領域多元化的商品及科技需求。時至今日，巨大自行車王國之光榮版圖橫跨地球七大洲與五十餘國，位居全球自行車產業中，企業組織網分布最廣、最綿密的企業之一，GIANT更已成為台灣與中國大陸的第一品牌、美國第二品牌、歐洲三大品牌之一，在日本、加拿大、荷蘭則為最大的進口品牌，巨大的品牌，隨處可見，集團每年營收增幅逾16％，獲利陸續改寫歷年新高。有關捷安特至荷蘭拓銷模式說明如下：

- **接近市場即時回應**：巨大當初至海外投資時，曾經針對稅捐、運輸成本、基礎建設、人工素質等因素進行考量，最後基於下列三個因素，選擇荷蘭做為歐洲的負責中心：**(1)地利之便**：荷蘭為西歐門戶，具有運輸便利、物流系統發達的優勢；**(2)研發需求**：巨大的研發佈局策略是將研發總部設於台灣，海外研發中心包括荷蘭、美國與中國大陸；**(3)接近市場**：選擇荷蘭設廠不僅可以更接近歐洲市場，更可迅速反應當地市場需求，即時回應顧客需求。

- **從海外行銷走向海外製造**：1996年巨大於荷蘭增設「捷安特歐洲製造公司」，以從事組裝作業，讓巨大成為少數在西歐擁有製造機能的台商。目前巨大機械在全球擁有四座自行車生產工廠，分別位於台灣、中國大陸昆山、上海及荷蘭。在分工層級上，台灣廠從事創新與高附加價值產品的自行車，客層鎖定中高價位市場；中國大陸昆山廠則生產高碳鋼登山車與城市車為主，目標鎖定中低價位市場，此外，巨大亦與上海鳳凰自行車合資成立上海巨鳳，以OEM方式生產專業童車；最後，荷蘭廠是為了節省運輸成本、歐洲稅率及歐洲市場而設立。

- **客製化經營策略**：巨大在荷蘭的據點有能力採行客戶導向的經營策略，實際分工方式為：台灣負責前段約65％的製程，包括鋼管切割、車架組成及底漆塗裝，運抵荷蘭後再依照市場需求進行面漆塗裝與組裝成車。車種方面，荷蘭廠負責組裝歐洲市場中階產品，而頂級高價車種仍由台灣出貨，中低價位則由中國大陸或越南代工廠出貨，至於零組件則七成由台灣供應，三成由當地廠商供應。此外，巨大海外子公司每年定期有產品發展會議，針對產品開發細節研討策略方向，這是巨大在全球佈局下具備的組織彈性。

⊙ **運動行銷打開品牌知名度**：巨大在進入歐洲市場時，完全沒有所謂的品牌知名度，當時，台灣製造的品牌定位仍停留在低價位、低品質路線，巨大因此下定決心讓國際瞭解台灣產品的優異品質。在考量產品特性及在地化的需要後，巨大除了一般的行銷策略外，更著重運動行銷策略，讓巨大成為目前少數具有豐富運動行銷經驗的台商。除了利用專業媒體刊登廣告，巨大以贊助自行車比賽為核心行銷策略，尤其是環法國、環西班牙、環義大利等重量級自行車大賽。

⊙ **授權當地人才策略**：巨大於國際化的發展過程中，雖然缺乏全球品牌經營與管理人才，但藉由「人才當地化」與「邊做邊學」的方式，開展國際化經營之路，雖然巨大對於海外子公司是百分之百持股，擁有百分之百的監控權，但卻採用授權方式，使各子公司擁有獨立的自主權。總公司透過目標管理、定期財務報表稽核等方式來協助子公司經營，巨大認為海外人才當地化的前提是「相信他」，並找適當的人才授權並協助他們。

■個案二：拓銷【日本】：興采實業

　　興采實業股份有限公司創立於1989年，目前以研發製造技術的紡織產品為主要導向，並以新機能性產品研發為主，包含吸濕排汗、化纖保暖以及防水透氣等特殊布。興采突破舊有的營運格局，體認紡織業於台灣當前定位，有需要與國際品牌的大型供應商合作，所以其營運總部除了以研發為主外，亦結合其他廠商的力量成立商品供應平台，在對外合作對象上，以國際性的戶外機能性服飾品牌為主，如Patagonia、The North Face等，同時與Nike、Puma、Victoria's Secret等大廠結合為長久合作夥伴，近年更以自創品牌Singtex與多家國際運動品牌商，進行雙品牌行銷計畫。

　　2006年興采實業在五股工業區設立Function Wear研發中心、成衣設計中心、機能性布料行銷中心，其創新與產品多樣化的研發促使2008年法國Sun Valley首度捨棄美國廠牌Gore-tex而採用興采實業的Singtex品牌的布料，讓Singtex品牌提升國際知名度。目前興采實業在代工上與全球前50大戶外及運動品牌都保持密切的合作關係；在研發上已有CoCoNa Natural Technology、Singtex ePTFE Air Pass Series、Ultra-Light高密度三層貼合針、梭織複合高機能產品等成果；在品牌上更

是獲獎無數。集研發、製造與品牌於一身的興采實業,實為台灣傳統紡織產業轉型成功的典範。茲將興采至日本拓銷模式說明如下:

- ▶ **與流行時尚結合**:日本在購物上對於物品的質感與設計感極為重視,因此興采實業在日本發展重點之一,便著重在布料之功能性及流行性。在功能性方面:「抗菌」、「防臭」及「防火加工處理」三項研發特色,是興采實業給予廠商的保證;在流行層面,開發尼龍原料應用於人纖圈絨織物,並且是流行時尚商品的主要材料來源。

- ▶ **與市場需求謀合**:興采要求員工以不斷創新、進步為主要工作目標,除本身的品質要求與發展之外,更發展量身訂做的客製化服務,同時要求員工思考公司未來的研發空間,是否有超越競爭對手的新技術與新價值。隨時保持能夠吸引最多、最大量新知的工作敏銳度,為興采實業整體所展現的工作態度。

- ▶ **與供應鏈整合**:產品研發的過程中,供應鏈的整合是有必要的,興采的營運模式除了研發外,也結合其他廠商的力量成立商品供應平台,提供較缺乏行銷能力的布廠一個溝通的管道,讓其他有特殊布種的廠商可以共同開發與行銷。正因為互惠機制的建立,興采不怕同行相忌的問題,與上游廠商之間可以維持密切的關係。現在Nike、Asics、Puma、New Balance、Timberland、Kappa等的全球前50大戶外及運動品牌都是興采的客戶,這些客戶都是直接接觸消費者,因此對市場的反應非常敏感,跟這些廠商合作,可以互相分享顧客的資訊,而這些資訊就成為公司開發和改進布料的重要關鍵。

- ▶ **上下游合作縮短交期**:品牌商眼中紡織業一年有六季,交期通常為35至40天,然而,機能性布種光是貼合的動作便可能超過60天,因此,興采向政府申請協同設計專案,在產品發想階段便與上下游廠商合作溝通,不但能縮短嘗試錯誤的時間,也掌握住大量出貨的品質。透過協同設計機制,與供應商的溝通從之前的3至5次縮短到兩次便可以確認產品。興采整合上中游的力量,一起滿足顧客需求。

■個案三：拓銷【美國】：喬山健康科技

　　1975年創立的喬山健康科技，初期以代工生產美國自行車大廠TREK的健身器材為主，由於市場表現不佳，1996年TREK計畫將健身器材部門裁撤，喬山為延續客戶的服務，於是以資產併購方式取得該部門，包括模具和存貨，創立自有品牌Vision，但當時的喬山還沒有能力切入健身俱樂部市場，又沒有掌握關鍵零組件以低價進軍大賣場，因此選擇健身器材專賣店為市場定位，鎖定有使用健身器材經驗的白領階級。在Vision的品牌發展日漸穩固之後，喬山緊接著在1999年創立以大型通路商為主要市場的Horizon；2001年，喬山又創立以健身俱樂部為主要市場的Matrix，為亞洲產品首次打入北美前五大連鎖健身中心。目前喬山健康科技主要產品包括各式電動跑步機、橢圓機、健身車、踏步機等，業績成長迅速，目前已成為台灣第一大、世界第五大健身器材廠商；與亞洲第一、世界前四大的國際專業運動健身器材集團公司，並以Matrix、Vision和Horizon 自有品牌行銷全世界60餘國。

　　喬山健康科技創立至今，已展現不凡績效：**(1)品牌績效**：2005年榮獲中華奧委會評選為「唯一指定品牌」、2006年開始更榮獲經濟部國貿局、外貿協會、Interbrand、數位時代頒發十大台灣國際品牌；**(2)市場績效**：目前全球前10大健身器材生產廠商的市占率約為50％，全球最大的Icon的市占率約為17％，其次依序為Life Fitness的10％、Nautilus的9％、Precor的5％，台灣的喬山則是以4.5％排名第五；**(3)營運績效**：喬山健康科技陸續通過ISO 9001、ISO 9002及ISO 14001等認證，產品安全達到日本SG、美國UL/ETL、加拿大CSA、德國GS和歐盟CE等國際性標準，更取得美國FDA認證，連續多年榮獲台灣精品金銀質獎及日本G-Mark設計大賞等殊榮。茲將喬山健康科技至美國拓銷模式說明如下：

> ● **運用品牌定位區隔市場**：喬山運用旗下品牌各自開拓專屬市場，其中最早的Vision以健身器材專賣店為主要市場，Horizon以大賣場及運動用品專賣店為主。經過多年努力，Horizon已成功進入北美SEARS賣場，歐洲則已進入Decathlon，除了大賣場，Horizon也供應運動用品連鎖店，主要集中在全美前四大連鎖系統。Matrix以健身俱樂部和高級旅館健身中心為主，由於這些客戶相當要求採購之器材要能搭配其企業形象，且必須能提供完整的健身系列產品，因此除了提供完整的產品線、品質保證及服務，產品

價格較低，能提供俱樂部相對較大的利潤空間則是另一項優勢。

> **延攬海外人才掌握市場**：喬山面對海外市場的策略，主要是透過「品牌經理」迅速掌握市場訊息，其次，北美研發中心負責將蒐集的市場訊息，在考量製造流程等因素後，繪成草圖交給台灣。台灣總部在接到相關規格設計後，再將草圖轉換至開樣、零組件採購等生產流程，最後依照專業的商用市場產品進行製造。因此，身居前線的品牌經理必須能夠貼近市場，所以喬山堅持一定要聘用當地人才，而非台籍幹部，才能確保掌握瞬息萬變的市場變動。

> **設立行銷中心佈局市場**：在規模較大的區域市場，喬山均採取設立分公司方式經營，例如在美國之外，1999年在英國購併取得Style UK，隨後再到德國設立Style Germany，法國、西班牙、日本也陸續成立行銷公司，其他較小的市場則交給代理商銷售。目前喬山在60多個國家銷售，每年在台灣召開的全球會議，有如小型的聯合國會議，對企業向心力的提升很有幫助。

■個案四：拓銷【澳洲】：阿瘦皮鞋

1952年阿瘦皮鞋董事長羅水木典當一只手錶籌集120元資本創立賣鞋攤，儘管只是鞋攤，但阿瘦依舊瞭解宣傳的重要，因此在電台上向聽眾推薦「阿瘦皮鞋」，並在台灣尚未公開標價的時代，率先打出「不二價」的價格策略，只有老主顧才能享有九折優惠，也為阿瘦高品質、高價位的商品定位奠定厚實基礎。1971年阿瘦皮鞋第一間店面正式成立，正式跨出「阿瘦皮鞋」自有品牌王國的第一步，2002年，阿瘦皮鞋50週年，阿瘦皮鞋總經理羅榮岳發現，現在的市場不再是用「**商品來賣品牌**」，而是要以「**行銷來賣品牌**」，因此在當年進行品牌再造工程，把阿瘦皮鞋每一個分店都徹底轉型，積極塑造品牌魅力及專業形象，建立明確的市場區隔及定位，並且確立「焦點深耕鞋業」，將跨國經營作為企業成長的首要策略，希望透過國際化發展來提升品牌知名度，並且發展次品牌。

2002年，阿瘦皮鞋全台門市僅23家，經過品牌再造的努力，2007年，集團年營收已達30億元，是成立50週年時的五倍。此外，「A.S.O.」品牌也榮獲全國理想品牌第一名，顯示在消費者心中已建立品牌知名度。迄今，阿瘦皮鞋在全台有

約195間門市及15個專櫃,而主打年輕路線的第二品牌「Beso」,在台灣也開設了22家門市;在海外市場部分,阿瘦在澳洲已開設第七家直營店,預計將陸續展店至50家門市。此外,2008年由台灣連鎖暨加盟協會舉辦的「傑出服務店長」選拔中,阿瘦皮鞋一舉拿下7席「傑出服務店長」,創該協會單一公司獲獎最多的新紀錄,為阿瘦皮鞋的悠久品牌歷史,寫下嶄新的一頁。茲將阿瘦皮鞋至澳洲拓銷模式說明如下:

- ◉ **品牌更名,迎合澳洲文化**:在台灣行之多年的「A.S.O.」品牌,經過澳洲當地的市場調查發現,其英文發音恰巧與俚語有諧音關係,不利於在歐美地區行銷,於是阿瘦決定放棄台灣的品牌LOGO,改以配合澳洲當地的民情文化來命名。於是阿瘦將原來的「A.S.O.」改為綠色的「L&J」。

- ◉ **產品修正,契合全球市場**:阿瘦目前的生產基地位於台灣,長期維持「自製自銷」的產銷方式,目前澳洲的銷售量雖僅佔總銷售量的4%,但阿瘦已然發現品牌的價值,於是捨棄過去以製造為尊的迷思,開始停止既有工廠的擴張,將資源放在提升技術、設計開發及行銷能力上,也進一步利用外包體制來支援生產,此外,為了維持產品的品質,阿瘦堅持不採用中國大陸工廠來代工生產。於是,產銷體制修正,就成了阿瘦經營澳洲市場的重要策略。

- ◉ **文化移植,整合企業精神**:由於文化習慣不同,阿瘦要求澳洲當地的台籍幹部必須融入當地社會文化,並且將台灣的經驗傳承至澳洲。面對這樣組織管理的問題,加上初至澳洲的台籍幹部都是新手,阿瘦便採用「台灣總部雁行計畫」,讓台灣的資深幹部輪流派駐澳洲,將台灣苦幹實幹的阿瘦精神賦予在文化差異甚鉅的澳洲員工身上,將企業文化與經驗傳承給當地台籍幹部,再傳承給當地的店長及門市人員,扎實的移植「阿瘦」文化。

■個案五:拓銷【德國】:上銀科技

機械設備的關鍵技術「線性傳動」與所衍生的關鍵零組件「滾珠螺桿」和「線性滑軌」,不僅是機械設備的核心,更攸關高科技產業的發展,然此領域的專利技術幾乎由日本廠商所獨佔,供應狀況與價格也掌握在日商手上,台商幾乎沒有發展空間,於是上銀科技於1992年展開海外投資佈局,第一個據點設於美國

芝加哥，直到1993年，德國一家生產滾珠螺桿的HOLZER公司宣布破產後，上銀科技為取得關鍵技術，決定出資併購該公司。隨後上銀科技便以自有品牌HIWIN立足台灣，拓銷全球，並致力於滾珠螺桿、線性滑軌以及工業機器人的研發與製造，系列產品均具備適用於生化醫療器材、半導體、3C產業、自動化工業、環保節能產業與精密工具機上。

上銀科技以台灣為主要知識中心；德國、日本、莫斯科為研發中心；日本、德國、美國、捷克、瑞士、法國則設有行銷通路，為了提升研發能力，每年固定提撥營業額的5％至10％做為研發經費，運用全球超過200位研發人員，提供最先進的傳動系統生產技術與能力，將研發視為企業競爭利器的態度下，上銀科技成為歷屆「台灣精品獎」的金、銀質獎得主，也連續多年排名在「全國法人研發專利百大」之列，2009年，更榮獲由外貿協會主辦的「2009台灣優良品牌」，在生產技術上、品質上與價格上都保有世界級競爭優勢情況下，上銀科技不僅是台灣機械產業指標性廠商，亦躋身為全球三大精密線性傳動零組件的領導品牌之一。茲將上銀科技至德國拓銷模式說明如下：

- ⊃ **品質把關，建立企業品牌力**：德國工業品質享譽國際，上銀科技在1993年併購德國HOLZER公司後，在產品品質上有了堅實的支持後盾，在德國精密工業的「名牌」加持下，上銀科技在品質控管上更是不敢掉以輕心，上銀科技除了技術、知識密集，更是「管理密集度高」的企業，對於製程的控管一點都不容輕忽，同仁要是粗心犯錯，都會被記過處分，以做為警惕。而在外籍勞工的任用上，首要資格除了需要大學以上學歷外，還要通過考試才予以任用，這一道道的把關與配套措施，都是要為品質做最好的控管。

- ⊃ **專注核心，建造企業研發力**：上銀為追求技術領先，從創立初期就以德國為據點，並進而佈局日本就可看出其策略目標，透過併購取得關鍵技術，經由策略聯盟取得技術交流，均凸顯其重視核心技術的經營策略。此外，上銀科技重視專業、專注研發，並且將人力資源視為企業的核心資產與永續經營的根本。上銀也透過引進歐洲先進的研發人才充實團隊能量，加上優異的國際行銷做為後盾，成功拓展市場版圖。

- ⊃ **創新扎根，建成服務製造力**：上銀科技的企業文化中充滿了創新的動能與因子，為了能及時反映市場研發需要，上銀科技除了常設的產品研發單位

外，另特設「專案發展部」來因應市場的創新需求，這個機動又彈性的專案發展部門，使上銀科技在面對市場新需求時，總是能掌握時機，作最好的應變措施。如此一來，製造就成了一種「服務」，添加了「服務」理念的製造業，將能創造更多的價值與獲利，而上銀科技就是最佳的實例。

⊙ **策略聯盟，建立市場拓展力**：在歐洲營運穩定後，上銀在滾珠螺桿和線性滑軌的專業性也逐漸受到國際大廠的青睞，紛紛要求策略聯盟，形成產品互補。1999年上銀與瑞典SKF進行策略聯盟，SKF為全球最大的軸承廠商，但是沒有生產線性滑軌產品，透過與上銀合作使產品線更加完整，並使用上銀品牌進行銷售。同年，美國航太大廠Parker Hannifin也和上銀展開航太領域合作。這些策略聯盟動作，使上銀科技的國際知名度得以快速提升。

第22章

台灣貿易業對新興市場拓銷模式分析

2008年，金融海嘯危機將全球經濟推入驚濤駭浪中，世界各國為度過難關，頒布各種刺激經濟措施，更開展新的國際合作機會，以中國大陸為代表的新興經濟體伴隨著自身實力增強，正逐步走向幕前，並對全球經濟復甦有著相當積極的作用。匯豐銀行首席經濟學家Stephen King於2009年10月15日曾表示：「世界經濟已經到了一個關鍵的轉折點，新興經濟體正漸漸成為世界經濟的主導力量，未來世界經濟將依賴新興經濟體」。然而，台灣貿易業者早期「重歐美、輕亞非」的拓銷選擇，已然隨著先進工業化國家的市場飽和而逐漸產生變化。以中國大陸、中東、東協、俄羅斯等貿易地區為代表的新興市場，正逐漸吸引台灣貿易業者的眼光。但新興市場的成熟度相對不高、法制較不健全、信用風險較大，因此，台商企業更須妥善擬定其拓銷策略模式，方可成功佈局新興市場。本章將針對台商企業於「新興市場」國家的拓銷經驗進行全面性的解析，以提供台商企業於新興市場發展的拓銷策略擬定及考量。

■個案一：拓銷【中國大陸】：開成興業

在台灣沒沒無聞的開成興業，卻能用一枚成本不到10元的徽章，經營出年營收20億元、毛利率超過30%的好生意。開成興業透過取得四屆夏季奧運、四屆冬季奧運的徽章發行權，並代理奧運新商品，掀起市場瘋狂搶購，不論是中國奧委會，或是中國大陸最大企業中國石化，甚至是美商可口可樂，奧會團體或贊助商發行奧運徽章，全部來自新店這家禮品公司，此外，開成興業按銷售比率分配的方式，取得NBA籃球比賽、NFL美式足球賽、MLB職業棒球比賽的獨家授權，因而成功打入美國職業運動市場。

　　雖然一枚徽章成本不到10元，但在開成興業的經營之下，卻能夠發展一套包含競標特許發行權、切割市場、再運用國際運籌與物流管理拓展新商機的好生意。一次的長野冬季奧運會，竟能將徽章的價格炒高到每枚百元以上，並一舉賣出超過2,000萬個徽章，堆砌出一年新台幣20億元的營業額、毛利率超過30%的高獲利。奧運商品是一個巨大商機市場，往往有許多的競爭者，加上存貨控制非常重要，　一旦無法有效控制好存貨，甚至可能會造成龐大損失，所以能夠成為奧運商品特約的廠商著實不易。而開成興業除了從1996年亞特蘭大奧運會以來就一直是奧運會的常客外，甚至連美國的各大職業運動也都願意與之合作，茲將開成興業至中國大陸拓銷模式說明如下：

- **全方位顧客服務**：為了加強運送物品的能力，開成興業轉投資設立物流體系，在強化運籌能力後，除了談價格和設計之外，也能夠給客戶全球運籌的服務。以中石化贊助北京奧運為例，開成就能夠保證，在六個小時內將徽章送達中石化在全中國大陸的任何一個城市的加油站。透過物流系統，開成賣的不再是單純的徽章，而是能夠替客戶解決問題的能力。

- **市場老三策略**：「奧運開幕之時，專賣店都塞滿了消費者，連補貨都來不及，一旦奧運結束，銷售量幾乎歸零，更糟糕的是，還可能發生尾款收不回來的情形，以致於支付給奧會的權利金還沒賺回來，就產生龐大的應收帳款」，這是奧運的魔咒，有鑑於此，開成快速的記取教訓，嚴格控管庫存並陸續至中國大陸投資生產基地以降低生產成本，並改採區隔市場策略，只做少量多樣產品，打定只做市場老三決心。除了降低庫存與成本外，開成還發展出贊助企業商機、行銷奧運商品等全新策略。充分因應環境變動，保持彈性，讓開成成為最大的贏家。

- **明星代言並提高收藏價值**：為了要順利回收付出的權利金，供應商只有兩個辦法，一是設法拉高售價，二是要能擴大銷售量。如果想要拉高產品的價格，就必須要能創造收藏的價值。以1998年長野冬季奧運為例，開成曾每天請一位當紅運動明星賣一種徽章，而且每天賣的都不一樣。最後運動迷發現，只要蒐集當屆運動明星圖像徽章，就可以拼成一瓶可口可樂的圖案，收藏價值立即浮現，原本一枚15美元的徽章最後竟能賣到150美元。

■個案二：拓銷【奈及利亞】：荃瑞企業

　　1988年，董事長吳迺松成立荃瑞企業股份有限公司，從事一般進出口貿易業務及電線、電纜、電子產品等買賣業務。1998年在非洲人口最大的市場奈及利亞推出自創品牌「Qlink」，不僅成為當地機車、電器及電腦產品方面最大品牌，也廣受周遭國家喜愛，荃瑞企業並藉著在奈及利亞當地化之成功模式，將品牌成功經驗，快速複製到美洲巴西、墨西哥及美國等地。

　　經過多年努力不懈，荃瑞企業已發展成橫跨歐、美、亞、非洲全球貿易網，在匈牙利、美國、墨西哥、巴西、中國大陸、奈及利亞等地區積極開展國際業務，根據2008年4月台北市進出口商業同業公會發行《貿易雜誌》指出：「Qlink占奈及利亞機車市場已達三成」。對於荃瑞企業而言，Qlink在機車市場中必須與既有的大廠牌競爭，又必須面對中國大陸以廉價方式搶攻機車市場，在如此激烈競爭的市場，Qlink卻還能在奈及利亞占有三成的市場，品牌績效與市場績效十分亮眼。茲將荃瑞企業至奈及利亞拓銷模式說明如下：

- ◉ **從生產導向轉為行銷導向**：荃瑞企業與其他貿易公司最大的不同在於，荃瑞不以生產為導向，而是以行銷為主，主張到市場去深耕，研究當地生活文化及需求，再決定要代理什麼樣的產品進入市場，以符合當地需求，此種經營模式，為荃瑞一開始進入奈及利亞這塊市場的拓銷模式。

- ◉ **從貿易商變為經銷商**：荃瑞企業先以單純的貿易商型態進駐，後來漸漸發現，其實跳過當地貿易公司，直接賣給經銷商，中間利潤更大，於是，便在奈及利亞設立發貨倉庫，建立自己的經銷商，由單純的貿易型態，**轉變**為批發商型態，並建立自己的經銷體系，以高額獎金與優惠措施，吸引奈及利亞當地優秀的經銷商加入，共同經營市場。經營模式改變使荃瑞不必輾轉透過經銷商取得產品資訊，相對地，開發出來的產品穩定度較高，在市場的口碑及肯定度也漸漸被當地人所接受，進而建立了品牌忠誠度。

- ◉ **從地方經驗成為全球經驗**：1998年荃瑞企業於奈及利亞推出自創品牌「Qlink」，透過一套完整的行銷體系，加上公司一套健全的品管掌控，使Qlink不僅成為奈及利亞當地機車、電器及電腦產品最大品牌，也廣受周遭國家喜愛，於奈及利亞成功推出品牌後，荃瑞企業海外拓銷模式期待以Qlink 能走出奈及利亞，深入世界個角落。故荃瑞企業藉著在奈及利亞

當地化之成功模式，將品牌成功經驗，快速複製到美洲巴西、墨西哥及美國等地，從新興國家成功品牌向全球知名品牌扎實地大步邁進。

● **從聯強模式轉化為荃瑞模式**：「通路經銷爲起點，維修服務爲支撐」，似乎已成爲聯強品牌的座右銘。聯強總裁杜書伍（2005）表示：「品牌是支撐企業業務穩定度的關鍵，一定要做」。荃瑞企業經營奈及利亞市場以來，一直以Qlink品牌做爲其在當地全力推廣的品牌產品。在品牌經營方面是仿效聯強經營方式，所銷售的產品，除了注重產品本身的功能、品質及設計外，更注重客戶的售後服務，使Qlink於奈及利亞市場上有亮眼的成績。

■個案三：拓銷【印尼】：宏全國際

1969年戴清溪以新台幣60萬元成立「宏全企業有限公司」，其事業範疇專精於鋁蓋及標籤的製作，1984年榮獲可口可樂、百事可樂及七喜等國際飲料公司品質認證合格，成爲台灣唯一榮獲國際知名飲料公司授權認證之供應商，亦爲國內最大的瓶蓋與標籤廠、中國大陸第三大包材廠，近年來更積極拓展飲料代工業務，並在台灣、中國大陸及東南亞等地佈局。宏全剛跨入海外投資時，因產品利潤不及呆帳，使得中國大陸廠早期經營碰上瓶頸，其後，宏全改變市場策略，採取產品差異化，並決定跟隨國際大品牌，包括：可口可樂、統一企業、伊利實業、中國大陸的娃哈哈與百事可樂等大廠市場策略步調行走，在國際大廠的營運實績蒸蒸日上，加上宏全與上述客戶完全沒有倒帳風險的情況下，成爲支撐旗下海外廠營運成長的關鍵所在。

宏全爲長期發展並提升品質，特延聘專業人才，投入研究發展工作，利用先進的儀器及資訊，蒐集國內外最新包裝材料及飲料加工訊息，開發新型包裝材料及飲料加工技術，以提供客戶包裝上的新型式樣，滿足客戶市場上的需求。根據宏全國際總裁曹世忠（2009）指出，旗下東南亞工廠，包括宏全FD廠、泰國廠、印尼廠，及越南廠等四個工廠，且與當地或國際大廠，包括統一、可口可樂、紅牛、麒麟、Sanmiguel、Oishi及Tribeco等客戶配合下，營運開始穩定成長，年營運成長率50％，中國大陸飲料市場2008年總銷售值約人民幣1,480億元，預計五年營運績效將繼續成長。茲將宏全國際至印尼拓銷模式說明如下：

- **運用In-House合作生產模式**：In-House即宏全提供包材並投資架設吹瓶機於客戶廠內，直接在客戶廠內吹瓶及連線充填，提高生產效率，且瓶子產出馬上使用，較為安全衛生。In-House合作生產模式不但鞏固宏全在台灣的市場佔有率，宏全更因為此策略可用較低的成本及風險，快速的進入新市場，2005年在印尼、泰國、中國大陸至少四條線開始運轉，並且與大客戶共同開發其他市場。此外，宏全的管理經驗以及其In-House策略也成為宏全繼續成長及與同業競爭最主要的兩大利基。在2009年，宏全與印尼Futami公司簽訂「In-House」寶特瓶吹瓶生產線合約，是宏全集團繼與印尼ABC、統一企業共同合作的「In-House」案之後，另一宗宏全的印尼重大投資案。

- **與國際大廠策略聯盟**：宏全國際積極與國際大廠進行策略聯盟，世界大品牌如可口可樂、百事可樂、統一及各國大廠合作，透過與品牌連線生產、垂直整合整廠合作，使產品發展空間更廣、更大、更深。在強調「立足台灣、胸懷大陸、放眼全世界」的基調下，將台灣經驗複製至中國大陸與東南亞，進一步再把大中華經驗複製延伸至全球市場。在東南亞佈局上，宏全除了與印尼Futami公司簽訂生產線連線合作案，亦與統一集團在東南亞飲料市場共同合作，透過多邊合作的方式，再創企業成長高峰。

- **五面向執行力，結合內外部核心競爭力**：宏全國際積極展現垂直整合、產品多角化、差異化、策略聯盟、核心競爭力等五個面向的執行力，與企業內部與外部的結合，內部指的是：重視人才培訓、瞭解市場需求，加上歷史久、信譽佳；外部則是「與大客戶為伍」，跟著大客戶的腳步走，懂得與市場結合公司本身專利，更進一步深入瞭解飲料市場動態，研發出更適合客戶的新產品，在全球佈局上也有推波助瀾的功用。

■個案四：拓銷【菲律賓】：美德醫療

美德向邦醫療國際股份有限公司基於地理優勢與生產成本之考量，1989年成立於菲律賓，是一跨國性整合醫療保健產品以及服務的供應商，亦是全球醫療耗材之製造與供應商，主要產品為床單、醫療用服、餐飲業用服及繃帶。美德醫療不僅擁有全台43間醫療院所合約，且在醫院後勤管理業務上也有亮眼成績，現已

成為台灣提供醫療院所全方位服務之供應商，並以此全方位的服務成功打進菲律賓以及中國大陸之醫療市場。

美德醫療目前在新加坡、香港、台灣、菲律賓、中國大陸、柬埔寨、越南及史瓦濟蘭皆設有辦公室，並且在美國、歐洲以及亞太地區等地穩健扎根。其生產基地皆處於地理環境優越且工資低廉的地區如菲律賓、中國大陸、越南等地，並整合最先進的製造儀器及技術，以滿足客戶不同的需求，且運用其身為醫療耗材製造商之優勢，發展美德自有品牌之醫療耗材，為亞太地區客戶提供服務。2002年12月美德醫療成功於台灣發行存託憑證（TDR）且上市，同年，榮獲第四屆海外台商磐石獎的肯定。茲將美德醫療至菲律賓拓銷模式說明如下：

● **多角化經營策略**：美德醫療不僅專精在紡織領域上，更跨足了醫療用紡織、洗滌、軍服、瓷磚，以及土地開發經濟特區的招商管理，美德醫療憑藉著其領導者過人的智慧，讓每個事業體皆穩定發展，加上充分授權，尊重勞工權利，故在勞資關係上呈現著合諧的氣氛，使得美德醫療可以專心一意地拓展企業版圖。

● **自有品牌策略**：美德醫療積極從事於品牌規劃上，更發展出自有品牌MEDTECS，開始將公司整體的發展主軸，從原本為杜邦等國際大廠代工醫療方面的耗材，轉而跨足到醫療通路上，並且由台灣率先做起，希望將來在亞太地區可以做到Johnson& Johnson等國際大廠的程度，且在醫療耗材領域裡，扮演舉足輕重的角色。

● **複製成功經營模式**：從洗滌、消毒、配送，進而與耗材及設備廠商聯絡，美德醫療從基本上做起，努力扎實，並轉而將這一套成功的經營模式帶至海外公司，目的不僅是為了使公司產品、服務的品質可以統一，重要的是使公司整個事業體皆永續發展。

■個案五：拓銷【泰國】：富堡工業

1977年成立的富堡公司，在與日本技術合作後，便採用全自動化設備生產潔美衛生棉，其後更成為第一家推出世界專利可溶式衛生棉的公司，往後數年間更不斷研發出新的衛生棉產品。有鑒於台灣老年化態勢越趨明顯，高齡化社會成人紙尿布需求量將相對增加，因此富堡工業更在1984年代理日本紙尿布進入台灣市

場，成為台灣第一家推出成人紙尿布的廠商，然而，在中國大陸一級城市老齡化問題漸漸浮現、中國大陸嬰兒紙尿布市場成長空間幅度大，在中東與亞洲市場前景看好情況下，富堡工業便立下成為亞太地區成人看護產品的第一品牌及健康保健的領導廠商的遠景。

富堡工業為了增加公司規模及利潤，其產品除包含內、外銷（美國、中東、中國、東南亞、印度、澳洲等地）外，亦透過相關多角化發展諸如衛生棉、濕紙巾、保險套等衛生相關產品。在富堡工業持續追求卓越品質之際，更屢屢獲得國際上的肯定，如：1998年榮獲國家品質獎之醫療器材類金質獎；榮獲國家第二屆企業小巨人獎；2000年獲得ISO 9001、英國UKAS ISO 14001的認證及環境與發展基金會ISO 14001認證，並成為亞太地區衛生醫療用品的領導品牌。茲將富堡工業至泰國拓銷模式說明如下：

- **將泰國視為東南亞營運中心點**：富堡工業將泰國作為開發東南亞市場的營運中心，乃是因為其地理位置優越性，加上泰國政府對外資的優惠租稅措施、成本考量等因素。富堡工業泰國廠在製造後，可以在泰國本地銷售，亦同時銷往鄰近國家。由於泰國為東協、WTO的會員國，擁有降低關稅成本優勢，雖然東協其餘會員國亦有相同關稅優惠，但綜合地理位置、投資環境等因素，泰國仍然較其他國家適合作為其產品出口的跳板。

- **將泰國打造為全功能製造據點**：泰國製造據點之運作模式多採用採購、製造、銷售結合的「全功能製造據點」，和菲律賓、越南、寮國等東南亞國家比較，後者通常只有提供「委託來料加工服務」，少了採購與配銷。「委託來料加工服務」的原物料一般由外國進口，而生產製造的產品通常為外銷。泰國因物流供應較為完整，因此生產所需的原物料可向當地購得。富堡工業以泰國為東南亞的全功能製造根據地，向外拓銷其產品。

- **將泰國建造為國際供銷網路連結點**：富堡工業在生產面上，富堡台灣廠主要以成人紙尿布為主，而富堡泰國廠則是以嬰兒紙尿布為主。為透過增加產能以達降低成本之效，實行國際分工讓台灣廠與泰國廠皆達一定產能，進而降低成本，再經由富堡工業其他國家據點作連結，形成國際供銷網路。

第 **5** 篇

貿易發展新趨勢

2010 IEAT報告結論與建言

Opportunities
in Emerging Markets

第23章

2010 IEAT 調查報告結論彙總

2010《IEAT調查報告》除賡續2009《IEAT調查報告》以「貿易自由度」、「貿易便捷度」、「貿易難易度」、「貿易風險度」等「四度」為核心的評估模式，2010 IEAT特新增「國家競爭力」，以使調查更具代表性，針對12個「重要市場」及26個「新興市場」等38個貿易地區進行結構式問卷調查，蒐集上述38個貿易地區的貿易環境與貿易風險，有關2010《IEAT調查報告》主要研究結論成果茲分述如下：

■結論一：「樣本基本特性」分析

2010《IEAT調查報告》針對台灣貿易業進行結構式問卷調查，經由雙30（註：(1)在同一個貿易地區回收數必須達到30份以上；(2)在台北市進出口商業同業公會21個貿易小組所屬產業別中，每一產業別的回卷數必須達到30份以上）的條件下，最終列入評估的貿易地區計有38個，總計有效回卷數為2,112份。有關2,112份有效回卷數的貿易商基本經營特性，包括：(1)主要進出口貿易地區；(2)國際市場主要競爭對手；(3)取得市場優勢的關鍵能力；(4)貿易經營主要困擾問題；(5)貿易拓展需政府協助需求；茲將上述這五項樣本基本特性排行前十名彙整如表23-1所示。

表23-1 2010 IEAT調查樣本基本特性重點剖析

排名	❶ 主要進出口貿易地區	❷ 國際市場主要競爭對手	❸ 取得市場優勢的關鍵能力	❹ 貿易經營主要困擾問題	❺ 貿易拓展需政府協助需求
1	中國大陸	中國大陸	顧客維繫力強	同業競爭	市場產品資訊
2	美 國	香 港	產品力優	原物料漲價	取得資金融通
3	日 本	韓 國	售後服務優	匯率波動	整合同業平台
4	香 港	日 本	價格具競爭力	缺乏人才	價值鏈整合
5	馬來西亞	越 南	品質競爭力	智慧財產權	改善貿易法令
6	德 國	美 國	財務穩健	關稅過高	國外貿易商情
7	新 加 坡	馬來西亞	信用良好	客戶付款能力	推動異業聯盟
8	韓 國	新 加 坡	供應鏈管理強	削價競爭	提升商務能力
9	澳 洲	泰 國	掌握市場資訊	國際環保規範	會展資訊
10	越 南	印 尼	物流配送優	貨物通關	海外市場拓銷

■結論二：「評價最佳前十個貿易地區」分析

2010《IEAT調查報告》以「國家競爭力」、「貿易自由度」、「貿易便捷度」、「貿易難易度」、「貿易風險度」的一力四度構面，評估38個重要暨新興市場之貿易地區，得到「綜合貿易競爭力」之最終評估指標，茲將一力四度及綜合貿易競爭力評價最佳前十個貿易地區彙整如表23-2所示。

由表23-2之歸納顯示，新加坡、香港、加拿大、美國、英國、日本這六個貿易地區，在一力四度評估構面及綜合貿易競爭力等六項排名上，均位居評價最佳前十之列，而且這些國家皆屬於「重要市場」的貿易地區，其中，新加坡除「國家競爭力」排名第四以外，其餘五項排名均名列第一，顯示其國際貿易開放程度高，交通發達和通信基礎設施良好，經商環境便利，讓台灣貿易商給予其高度的評價。

若就一力四度評估構面及綜合貿易競爭力之評價最佳前十個貿易地區，新興市場入榜的比例較2009《IEAT調查報告》提高，除了國家競爭力及綜合貿易競爭力評價前十名未出現新興市場國家，在四度構面中，皆有新興市場列入評價前十貿易地區，諸如：(1)「貿易自由度」排名中，位於中東地區的以色列、阿曼及卡達，分別位列第六名、第八名、第十名；(2)「貿易便捷度」中，有排名第七名的

阿曼及第八名的阿聯大公國；(3)「貿易難易度」排名中，阿曼、以色列、沙烏地阿拉伯分別位列第七名、第九名、第十名；(4)「貿易風險度」中，卡達排名第九。

■結論三：「評價倒數前十個貿易地區」分析

2010《IEAT調查報告》亦針對列名一力四度及綜合貿易競爭力評價倒數前十個貿易地區，彙整如表23-3所示。與2009《IEAT調查報告》報告相比，名列評價倒數前十的貿易地區，仍多為東南亞及南美洲等地區，例如：柬埔寨、菲律賓、埃及、印尼、阿根廷、越南等六個貿易地區，均列入一力四度及綜合貿易競爭力六項排名的評價倒數前十名貿易地區。

屬於「重要市場」的經濟體皆未列入評價倒數前十個貿易地區排名，顯示重要市場的經濟體其整體貿易環境仍優於新興市場，雖然新興市場商機無窮，但台灣貿易業者仍需充分了解該地區之貿易環境與風險，切勿盲從躁進，應妥擬佈局策略，以規避風險。

表23-2　2010 IEAT調查評價最佳前十個貿易地區排名

排名	❶ 國家競爭力	❷ 貿易自由度	❸ 貿易便捷度	❹ 貿易難易度	❺ 貿易風險度	綜合貿易競爭力
1	美　國	新加坡	新加坡	新加坡	新加坡	新加坡
2	日　本	香　港	香　港	香　港	香　港	香　港
3	加拿大	加拿大	英　國	加拿大	英　國	英　國
4	新加坡	英　國	加拿大	澳　洲	美　國	美　國
5	英　國	美　國	美　國	美　國	澳　洲	加拿大
6	荷　蘭	以色列	日　本	日　本	加拿大	日　本
7	澳　洲	荷　蘭	阿　曼	阿　曼	法　國	澳　洲
8	德　國	阿　曼	阿聯大公國	英　國	日　本	荷　蘭
9	法　國	日　本	德　國	以色列	卡　達	德　國
10	香　港	卡　達	澳　洲	沙烏地阿拉伯	德　國	法　國

表23-3　2010 IEAT調查評價倒數前十個貿易地區排名

排名	❶ 國家競爭力	❷ 貿易自由度	❸ 貿易便捷度	❹ 貿易難易度	❺ 貿易風險度	綜合貿易競爭力
1	柬埔寨	柬埔寨	柬埔寨	柬埔寨	菲律賓	柬埔寨
2	奈及利亞	菲律賓	菲律賓	阿根廷	柬埔寨	菲律賓
3	菲律賓	阿根廷	印　尼	菲律賓	印　尼	阿根廷
4	埃　及	埃　及	越　南	埃　及	泰　國	印　尼
5	阿根廷	越　南	阿根廷	印　度	阿根廷	埃　及
6	越　南	印　度	埃　及	印　尼	越　南	越　南
7	印　尼	泰　國	智　利	巴　西	巴　西	印　度
8	阿　曼	印　尼	匈牙利	越　南	印　度	奈及利亞
9	俄羅斯	墨西哥	墨西哥	泰　國	埃　及	泰　國
10	巴　西	智　利	奈及利亞	智　利	科威特	巴　西

■結論四：「重要暨新興市場Top10」分析

　　2010《IEAT調查報告》除根據一力四度及綜合貿易競爭力進行評價最佳前十個、評價倒數前十個貿易地區排名外，亦針對：(1)重要市場；(2)新興市場；(3)經濟組織等三項進行綜合貿易競爭力評價最佳前十名排名，如表23-4所示。就「重要市場」而言，新加坡、香港、英國、美國、加拿大名列前五名的貿易地區；而「新興市場」排名前五名的貿易地區分別為以色列、卡達、阿曼、馬來西亞、阿聯大公國；就「經濟組織」而言，以亞洲四小龍（T4）、七大工業國（G7）以及2009年台灣十大貿易夥伴（Top10）這三個經濟區塊名列前三名。

表23-4　2010 IEAT重要暨新興市場評價最佳前十個貿易地區排名

排名	❶ 重要市場	❷ 新興市場	❸ 經濟組織
1	新加坡	以色列	亞洲四小龍（T4）
2	香　港	卡　達	七大工業國（G7）
3	英　國	阿　曼	十大貿易夥伴（Top10）
4	美　國	馬來西亞	重點拓銷市場（Focus11）
5	加拿大	阿聯大公國	新興三地（MTV）
6	日　本	中國大陸	新七大經濟體（NG7）
7	澳　洲	韓　國	金磚四國（BRICs）

表23-4　2010 IEAT重要暨新興市場評價最佳前十個貿易地區排名（續）

排名	❶ 重要市場	❷ 新興市場	❸ 經濟組織
8	荷　蘭	南　非	金賺14國（RDEs）
9	德　國	俄 羅 斯	新星四力（CITI）
10	法　國	沙烏地阿拉伯	東協十國（ASEAN）

■結論五：「五大洲綜合貿易競爭力排名」分析

　　由表23-5顯示，2010《IEAT調查報告》一力四度評估模式中，五大洲進行排名顯示，大洋洲地區在四度構面評估與綜合貿易競爭力等五項排名均居首位，而非洲地區則皆敬陪末座。若就五大洲的綜合貿易競爭力排行，依序為：(1)大洋洲地區；(2)歐洲地區；(3)美洲地區；(4)亞洲地區；(5)非洲地區。

表23-5　2010 IEAT調查五大洲綜合貿易競爭力排名

排名	❶ 貿易自由度	❷ 貿易便捷度	❸ 貿易難易度	❹ 貿易風險度	綜合貿易競爭力
1	大洋洲地區	大洋洲地區	大洋洲地區	大洋洲地區	大洋洲地區
2	歐洲地區	歐洲地區	亞洲地區	歐洲地區	歐洲地區
3	亞洲地區	美洲地區	歐洲地區	美洲地區	美洲地區
4	美洲地區	亞洲地區	美洲地區	亞洲地區	亞洲地區
5	非洲地區	非洲地區	非洲地區	非洲地區	非洲地區

■結論六：「綜合貿易競爭力推薦等級」分析

　　2010《IEAT調查報告》經由一力四度構面評分及權重加權計算，而成為「綜合貿易競爭力」評估指標，再經由百分位法轉換為推薦等級，由表23-6顯示，列入「極力推薦」的貿易地區有13個，佔34.21％；「值得推薦」貿易地區為19個，佔50.00％，「勉予推薦」計4個，佔10.53％，而列入「暫不推薦」則有2個，佔5.26％。值得注意的是，「極力推薦」的13個貿易地區中，有11個屬於「重要市場」的經濟體，分別為新加坡、香港、英國、美國、加拿大、日本、澳洲、荷蘭、德國、法國、西班牙，有2個屬於「新興市場」的貿易地區，分別為以色列及卡達，而列入暫不推薦的貿易地區，依舊為菲律賓與柬埔寨。

表23-6　2010 IEAT調查報告綜合貿易競爭力推薦等級

推薦等級	總數	貿易地區
極力推薦	13	新加坡、香港、英國、美國、加拿大、日本、澳洲、荷蘭、德國、法國、西班牙、以色列、卡達
值得推薦	19	阿曼、馬來西亞、阿聯大公國、中國大陸、韓國、南非、俄羅斯、義大利、沙烏地阿拉伯、波蘭、土耳其、匈牙利、智利、墨西哥、科威特、巴西、泰國、奈及利亞、印度
勉予推薦	4	越南、埃及、印尼、阿根廷
暫不推薦	2	菲律賓、柬埔寨

■結論七：「貿易依賴度」與「綜合貿易競爭力」分析

　　2010《IEAT調查報告》為了解綜合貿易競爭力與貿易依賴度之間關係，分別依：(1)38個貿易地區；(2)經濟部國際貿易局採行之十個貿易地區別；(3)十個經濟組織別，描繪出貿易依賴度與綜合貿易競爭力矩陣圖，四個象限的畫分標準，乃是依上述兩個構面的平均值為依據，例如：由圖23-1所示的【A】區為第一象限，列入該象限則屬貿易依賴度高且綜合貿易競爭力高的貿易地區；【B】區為第二象限，則屬於貿易依賴度低而綜合貿易競爭力高的貿易地區；【C】區為第三象限，則為貿易依賴度低且綜合貿易競爭力低的貿易地區；【D】區為第四象限，該區之貿易依賴度高而綜合貿易競爭力低。

　　圖23-1顯示，2009年台灣對這38個貿易地區之貿易依賴度平均值為3.04％，而38個貿易地區的綜合貿易競爭力平均值為75.73分，列入【A】區有六個貿易地區，分別為新加坡、香港、美國、日本、德國、馬來西亞；【B】區有十個貿易地區，分別是加拿大、英國、澳洲、法國、荷蘭、西班牙、以色列、卡達、阿曼、阿聯大公國；【C】區計有十九個貿易地區；【D】區則有三個，分別為韓國、中國大陸、沙烏地阿拉伯。

圖23-1 2010 IEAT 38個貿易地區貿易依賴度與綜合貿易競爭力矩陣圖

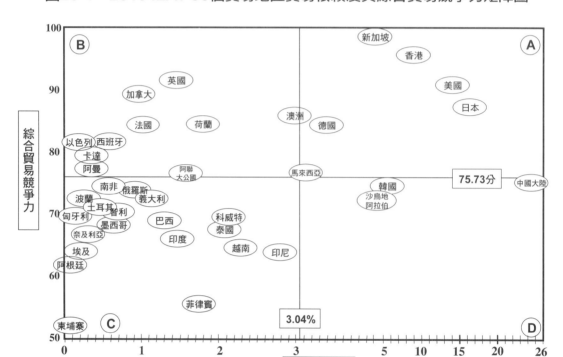

貿易地區	綜合貿易競爭力	貿易依賴度	貿易地區	綜合貿易競爭力	貿易依賴度	貿易地區	綜合貿易競爭力	貿易依賴度
新加坡	98.480	4.22%	阿　曼	79.530	0.32%	墨西哥	69.139	0.62%
香　港	95.300	8.74%	馬來西亞	76.188	3.14%	科威特	68.900	2.10%
英　國	91.012	1.42%	阿聯大公國	75.820	1.57%	巴　西	68.455	1.26%
美　國	90.184	14.60%	中國大陸	75.434	25.12%	泰　國	68.320	2.08%
加拿大	89.945	0.93%	韓　國	75.105	5.59%	奈及利亞	66.899	0.28%
日　本	87.069	16.37%	南　非	74.909	0.58%	印　度	66.692	1.36%
澳　洲	86.528	3.00%	俄羅斯	74.119	0.92%	越　南	63.604	2.34%
荷　蘭	84.603	1.77%	義大利	73.984	1.04%	埃　及	63.398	0.22%
德　國	84.251	3.37%	沙烏地阿拉伯	73.756	4.13%	印　尼	62.548	2.77%
法　國	83.668	1.03%	波　蘭	72.418	0.22%	阿根廷	61.836	0.11%
西班牙	81.175	0.60%	土耳其	71.893	0.40%	菲律賓	55.476	1.79%
以色列	80.984	0.27%	匈牙利	70.603	0.17%	柬埔寨	51.690	0.11%
卡　達	80.046	0.35%	智　利	70.312	0.59%			

以經濟部國際貿易局分類標準檢視，圖23-2為2010 IEAT地區別之貿易依賴度與綜合貿易競爭力矩陣圖，其貿易依賴度平均值為11.36%，綜合貿易競爭力平均值為78.89分，屬於【A】區有三個地區，為中國大陸、美國、日本；列為【B】區有大洋洲、歐盟；而位於【C】區則有中南美、非洲、韓國三個地區；位於【D】區則為東協六國與中東。

圖23-2　2010 IEAT 地區別貿易依賴度與綜合貿易競爭力矩陣圖

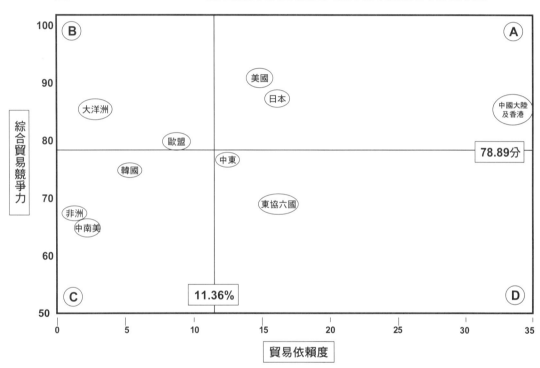

	地區別	綜合貿易競爭力	貿易依賴度		地區別	綜合貿易競爭力	貿易依賴度
1	美　國	90.184	14.60%	6	中　東	77.540	12.23%
2	日　本	87.069	16.37%	7	韓　國	75.105	5.59%
3	大洋洲	86.528	3.00%	8	東協六國	70.769	16.35%
4	中國大陸及香港	85.367	33.85%	9	非　洲	68.402	1.09%
5	歐　盟	81.104	8.57%	10	中南美	66.868	1.97%

註：【1】東協六國包含新加坡、馬來西亞、菲律賓、泰國、印尼、越南。
　　【2】中東包括科威特、沙烏地阿拉伯、阿聯大公國、阿曼、卡達、以色列。
　　【3】中南美包括阿根廷、巴西、智利。
　　【4】非洲包括南非、埃及、奈及利亞。

　　圖23-3為2010《IEAT 調查報告》從經濟組織角度剖析貿易依賴度與綜合貿易競爭力之矩陣圖，2009年台灣對這十個經濟組織的貿易依賴度平均值為34.48％，而綜合貿易競爭力平均值則為74.22分。列入【A】區有三個，即七大工業國（G7）與2009年台灣主要貿易夥伴（Top10）、台灣重點拓銷市場（Focus11）；【B】區僅有亞洲四小龍（T4）及新興三地（MTV）；【C】區則有展望五國（VISTA）、東協十國（ASEAN）、新鑽11國（N11）與金磚四國（BRICs）與新星四力（CITI）五個經濟組織，而新七大經濟體（NG7）與金賺14國（RDEs）則屬於【D】區。

圖23-3　2010 IEAT經濟體貿易依賴度與綜合貿易競爭力矩陣圖

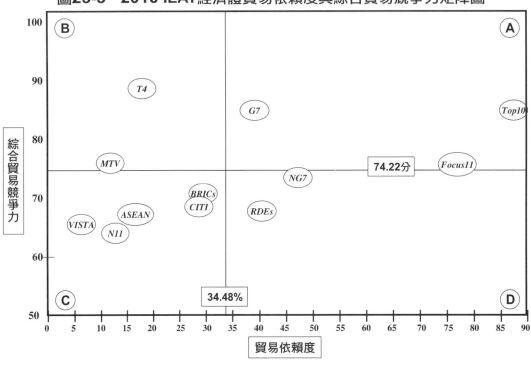

	經濟組織	綜合貿易競爭力	貿易依賴度		經濟組織	綜合貿易競爭力	貿易依賴度
1	亞洲四小龍T4	89.628	18.54%	7	金磚四國BRICs	71.175	28.67%
2	七大工業國G7	85.730	38.77%	8	金賺14國RDEs	69.383	39.00%
3	十大貿易夥伴Top10	84.229	88.28%	9	新星四力CITI	68.225	29.26%
4	重點拓銷市場Focus11	74.732	76.64%	10	東協十國ASEAN	68.044	16.46%
5	新興三地MTV	74.317	11.48%	11	展望五國VISTA	66.958	6.20%
6	新七大經濟體NG7	72.367	46.66%	12	新鑽11國N11	65.880	13.75%

■結論八：「國家競爭力」與「綜合貿易競爭力」分析

2010《IEAT調查報告》除了針對綜合貿易競爭力與貿易依賴度描繪矩陣圖，亦針對國家競爭力與綜合貿易競爭力描繪出矩陣圖，主要有兩個構面，其一為綜合貿易競爭力，其二為38個貿易地區之國家競爭力評分，有關2010 IEAT 38個貿易地區之國家競爭力與綜合貿易競爭力矩陣圖如圖23-4所示。

由圖23-4可知，貿易地區多分布在第一及第三象限，其中，分布在第一象限【A】區為綜合貿易競爭力高且國家競爭力高的貿易地區，共有14個，多屬於重要市場之經濟體，諸如：新加坡、香港、英國、美國、加拿大、日本、澳洲、荷蘭等貿易地區，而位在第二象限【B】區屬於綜合貿易競爭力高但國家競爭力低的貿易地區，計有3個，皆屬於中東地區的阿曼、卡達、阿聯大公國；第三象限【C】區為綜合貿易競爭力低且國家競爭力低的貿易地區，計有16個，皆屬於2010IEAT所劃分之新興市場之列，而第四象限【D】區則為綜合貿易競爭力低且國家競爭力高的貿易地區，計有5個。

圖23-4　2010 IEAT貿易地區國家競爭力與綜合貿易競爭力矩陣圖

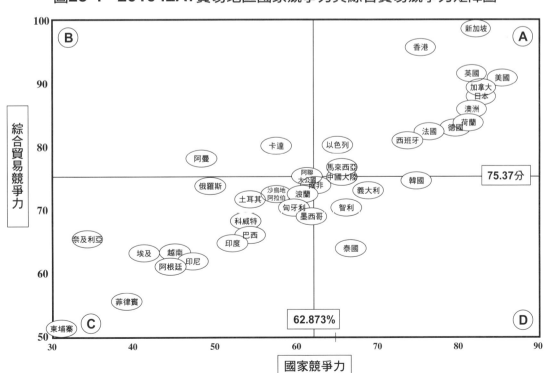

貿易地區	綜合貿易競爭力	國家競爭力	貿易地區	綜合貿易競爭力	國家競爭力	貿易地區	綜合貿易競爭力	國家競爭力
新加坡	98.480	82.444	阿　曼	79.530	48.334	墨西哥	69.139	61.947
香　港	95.300	76.702	馬來西亞	76.188	65.603	科威特	68.900	53.652
英　國	91.012	81.835	阿聯大公國	75.820	62.156	巴　西	68.455	53.024
美　國	90.184	85.321	中國大陸	75.434	65.050	泰　國	68.320	67.855
加拿大	89.945	83.818	韓　國	75.105	74.451	奈及利亞	66.899	33.700
日　本	87.069	83.942	南　非	74.909	62.997	印　度	66.692	53.576
澳　洲	86.528	81.161	俄羅斯	74.119	49.947	越　南	63.604	46.675
荷　蘭	84.603	81.507	義大利	73.984	69.152	埃　及	63.398	41.005
德　國	84.251	80.904	沙烏地阿拉伯	73.756	58.217	印　尼	62.548	47.189
法　國	83.668	77.677	波　蘭	72.418	61.815	阿根廷	61.836	46.668
西班牙	81.175	73.537	土耳其	71.893	55.375	菲律賓	55.476	39.713
以色列	80.984	64.856	匈牙利	70.603	61.529	柬埔寨	51.690	31.145
卡　達	80.046	57.944	智　利	70.312	66.759			

2010 IEAT 調查報告趨勢發現

依據2010《IEAT調查報告》總體分析之結論，可以歸納出「一個首度」、「兩個轉向」、「三個依舊」，共計六點趨勢，茲分述如下：

■趨勢一：極力推薦地區首度出現新興市場國家

根據2009年《IEAT調查報告》結果顯示，針對34個貿易地區綜合競爭力排名分析而言，推薦等級中位列「極力推薦」之地區為以下8個：(1)香港；(2)新加坡；(3)加拿大；(4)美國；(5)英國；(6)澳洲；(7)日本；(8)德國。2010年《IEAT調查報告》結果，就38個貿易地區中，則有13個國家列入極力推薦之地區，依序分別為(1)新加坡；(2)香港；(3)英國；(4)美國；(5)加拿大；(6)日本；(7)澳洲；(8)荷蘭；(9)德國；(10)法國；(11)西班牙；(12)以色列；(13)卡達。報告顯示新興國家之「以色列」、「卡達」首度被列入極力推薦地區，其發展潛力不容小覷，以下探究「以色列」、「卡達」位列極力推薦地區之原因。**(1)以色列**：以色列為一工業化國家，其通訊設備、電腦軟體之開發、精密量測儀器、電子產品、視訊產品、安全設備、光學產品及半導體產品等高科技產品及精密工業產品在全球市場中具有相當競爭力；**(2)卡達**：位居海灣六國的卡達，其國內除了豐富的石油、天然氣的蘊藏量外，加上近年來卡達政府致力於基礎建設以及非石化產業的開發，使卡達成為世界快速崛起的新區域，又卡達在全球和平指數以及國家稅制方面相較於多數國家有其優勢，顯示投資環境在多數新興國家中較為良好。國際商業監督於2008年10月公布的調查報告顯示，卡達政府斥資改善基礎建設及開發科技通訊等產業，總計於2012年前，卡達政府將投入一百億美元，振興非石化產業。若卡達能按照提振石化與非石化產業的方案雙管齊下，卡達的工業與經濟發展將有無限潛力。對於台商而言，應該加緊腳步拓銷佈局，利用自身的產業優勢切入市場，取得貿易商機。

■趨勢二：台灣貿易拓銷由「重要市場」轉向「新興市場」

　　貿易是景氣的風向球，隨著新興市場崛起，吸引大量資本湧進投資與建設，帶動該國經濟迅速成長，成功將國際視野聚焦新興市場，台灣貿易商早已嗅出商機，並加緊腳步積極進行拓銷佈局。貿易活動是台灣重要的經濟支柱，而出口的成長則是推動經濟發展的主要動能，早期台灣工業為加工出口之型態，因此，主要拓銷至歐洲、美洲、日本等國家。然而，根據2010《IEAT調查報告》，台灣對歐盟（EU）佔總出口比重逐年下降，由2000年的15.14％滑落至2008年的10.98％，而對北美自由貿易協定（NAFTA）三個國家之出口下降幅度更大，2000年出口比重尚有25.49％，2008卻已跌落至13.50％。相較之下新興市場的出口呈現上升趨勢，東協（ASEAN）由2000年12.47％的出口比重上升至2008年的15.23％，上升速度緩慢穩定，而金磚四國（BRICs）更是大幅攀升，2000年僅4.00％出口比重，2008年則高達28.34％，新星四力（CITI）的出口比重由2000年的4.51％躍升至2008年28.74％，成長趨勢不容小覷，由此可知，經貿板塊的移動已從重要市場轉向新興市場。

■趨勢三：貿易商全球佈局由「外貿市場」轉向「內需市場」

　　全球在經過金融海嘯襲擊後，奢華風降溫、平價風興起，大型法人在選擇投資標的時，參考的重要指標朝向人口眾多的地方靠攏，而全球尤以亞洲人口最多，內需又將眼光聚焦在金磚四國、伊斯蘭與東協三大概念區，涵蓋人數超過40億人，其背後的內需商機與服務貿易就是商機亮點。以巴西為例，由於其政府透過降息、減稅與提高最低工資等方式，來增加民間消費信心，在成效卓越下，內需消費已經成為左右巴西最主要的原因之一，巴西稅務局指出（2009），巴西內需消費占GDP比重達65％，2009年9月巴西汽車銷售量達31萬輛，更創下歷史新高，在內需拉引與外資投入下，高盛證券（2009）更預測在2050年巴西將成為全球第五大經濟體；而伊斯蘭地區則因多數國家擁有豐沛的天然資源，因此累積了大量的資金，使得當地人民的生活逐漸好轉，其中擁有超過2億穆斯林的印尼，不僅內需占GDP比重超過六成，由於其豐富的原物料及經濟持續成長，更被譽為第五塊金磚；此外，高盛集團（2009）預測：「中國大陸人均GDP成長率將達至180％，2015年中國大陸將創造一年20兆人民幣的內需市場，至2025年消費將占中國

大陸GDP的61％」，凸顯全球新興市場內需市場消費力，將促使台商從貿易代工型態轉變為品牌打造、內需市場拓展型態，因此積極佈局新興國家內需市場將成為台商再次推進成長的動力。

■趨勢四：經濟區域依舊是歐盟優於東協

根據2010《IEAT調查報告》結果顯示，歐盟國家如英國貿易排名第3（綜合貿易競爭力為91.012分）、德國貿易排名第9（84.251分）、法國貿易排名第10（83.668分）、西班牙貿易排名第11（81.175分）等皆屬於本調查報告中極力推薦之國家；而東協國家除新加坡貿易排名第1（98.480分）屬於極力推薦國家之外，如菲律賓貿易排名第37（55.476分）、柬埔寨貿易排名第38（51.690分）皆屬於本報告調查中暫不推薦國家。

綜上所述，可知歐盟區域經濟內之國家其貿易實力優於東協國家。其主要原因為歐盟國家之投資環境較為健全、貿易法規較具保障，因此在國家競爭力、貿易自由度、貿易便捷度、貿易難易度、貿易風險度上之排名較其他國家為優越；相較於歐盟國家，東協國家由於基礎建設較不健全、法令規範模糊、政府限制貿易自由等種種因素，導致其投資環境不佳，並對其貿易實力產生影響。就台商投資占該國外資比例最大的越南而言，存在罷工事件頻傳、貪瀆索賄之情況嚴重等因素，因此，在四度綜合實力評比上，明顯較其他國家落後。

■趨勢五：香港和新加坡依舊蟬聯綜合貿易競爭力前二名

根據2009《IEAT調查報告》中針對34個貿易地區綜合貿易競爭力排名，香港的四度指標表現，分別為：(1)貿易自由度排名第1（綜合貿易競爭力為4.151分）；(2)貿易便捷度排名第1（4.137分）；(3)貿易難易度排名第2（3.924分）；(4)貿易風險度排名第1（4.018分）。新加坡的四度指標表現，分別為：(1)貿易自由度排名第2（4.021分）；(2)貿易便捷度排名第2（4.098分）；(3)貿易難易度排名第1（4.160分）；(4)貿易風險度排名第2。比較2010《IEAT調查報告》中對38個貿易地區綜合貿易競爭力排名，香港的四度指標表現，分別為：(1)貿易自由度排名第2（3.907分）；(2)貿易便捷度排名第2（3.922分）；(3)貿易難易度排名第

2（3.799分）；(4)貿易風險度排名第2（3.719分）。新加坡的四度指標表現，分別為：(1)貿易自由度排名第1（3.940分）；(2)貿易便捷度排名第1（4.073分）；(3)貿易難易度排名第1（4.070分）；(4)貿易風險度排名第1（3.761分）。由於香港與新加坡位居已開發國家之列，基礎建設完善，具備了貿易相關活動所需的陸運、海運、空運等運輸網路；且政府當局對於貿易干涉程度低，可從貿易政策及相關法令得知；另外，香港與新加坡之金融體系發達，擁有健全的銀行金融體制支持貿易活動的進行。從國際機構評比與排名，新加坡與香港始終表現優異，如美國傳統基金會（HF）公布的「經濟自由度指標排名」中，香港與新加坡分居第一與第二名；世界銀行（WB）公布的「全球經商環境排名」與「貿易便捷排名」中，新加坡皆以冠軍之姿傲視全球；世界經濟論壇（WEF）發布的「貿易便利度排名」，新加坡與香港亦奪得冠亞軍之座。綜觀香港和新加坡在國際間之表現與其本身優良的經貿環境，香港和新加坡依舊繼續蟬聯2010《IEAT調查報告》之綜合貿易競爭力前二名，可謂實至名歸。

■趨勢六：產品力優勢和顧客維繫力強依舊為台灣貿易業者關鍵能力前二名

在2009《IEAT調查報告》企業市場優勢關鍵能力分析中，產品力優（48.37%）與顧客維繫力強（57.64%）為15項指標中的前兩名；此外，在2010《IEAT調查報告》企業市場優勢關鍵能力分析中，顧客維繫力強（57.64%）與產品力優（53.92%）亦為15項指標中的前兩名，凸顯該兩項關鍵能力已成為貿易業者所認知的優勢競爭能力。隨著時代斧鑿的刻痕向前穿梭，台灣製造的品牌印象已由「貧居鬧市無人問」昇華至「貴在深山有遠親」，舉例而言：宏碁（ACER）與華碩（ASUS）從筆電代工到行銷全球；捷安特（Giant）從全球知名製造商到品牌商，這些出眾的台灣廠商不僅在技術上不斷精進，更在品質上吹毛求疵，希冀在未來歷史詮釋該產品定位時，將以人性化、流行感與精品做為產品的記憶亮點。顧客與廠商之間的信賴感，是在不斷穿梭的現代與過去中構築而成，廠商長期的生存和發展，受到價值鏈上各種角色、力量的作用，要長期有效地開展市場行銷活動必須維繫良好的顧客關係，台灣人由於自小受儒家文化的影響，了解到與人相處必須以誠、以禮與以情相待，因此在與利害關係人相處上，不僅將其視為顧客，更視為夥伴，期望與顧客由價值分享者轉為價值共同體。

第25章

2010 IEAT 調查報告對台灣貿易業者建議

　　2010《IEAT調查報告》經由「國家競爭力」、「貿易自由度」、「貿易便捷度」、「貿易難易度」、「貿易風險度」之「一力四度」架構對38個貿易地區進行貿易環境與風險評估結果，參酌業者佈局重要市場與新興市場的經驗，對台灣貿易商提出下列八項建議，希冀對其在「深耕台灣、逐鹿亞太、佈局全球」的策略規劃中有所裨益。

■建議一：積極佈局新興市場，掌握先佔卡位優勢

　　根據2010《IEAT調查報告》綜合貿易競爭力排名顯示，前十名皆屬於IEAT調查報告所歸納的「重要市場」，此結論與2009《IEAT調查報告》相同，雖然新興市場在綜合貿易競爭力上排名皆落後重要市場，但中國大陸及印度、巴西龐大內需市場商機，中東地區蘊藏豐富石油，基礎建設不斷優化，使得新興市場逐漸吸引貿易商佈局眼光。

　　早期台灣企業佈局中國大陸，由於較跨國企業進入得早，隨著中國大陸市場崛起，台灣企業在先佔卡位優勢（preemptive advantage）下，搶佔很大的商機。先佔卡位優勢可享有品牌忠誠度、獨占利潤與學習效果等利益，因此具有策略雄心的貿易商，應將報告中列入極力推薦或值得推薦行列的貿易地區列為主要佈局貿易地區，尤其是2010《IEAT調查報告》列入十大重點拓銷市場的新興貿易地區，諸如：中國大陸、印尼、俄羅斯、韓國、越南、印度、卡達、巴西。

■建議二：加速東協區域佈局，掌握整合貿易契機

　　根據經濟部投資審議委員會（2009）資料顯示，累計至2008年底，台灣對東協國家投資僅12.95億美元，而對中國大陸之投資為755.51億美元，另根據經濟部國際貿易局（2009）資料顯示，2008年對東協十國進出口總額為646.06億美元，而中國大陸的進出口總額為982.73億美元，顯示台灣企業佈局重心仍為中國大陸，為減少台灣企業過分依賴中國大陸可能導致的風險，以及著眼於東協未來之發展，台灣企業應加強對東協市場的開拓與經營。

　　2009年5月馬英九總統提出「台灣地理中心論」的想法，一掃過去台灣被邊緣化的陰霾，台灣地緣位置的東、西、南、北四方，分別是全球第一大經濟體的美國、第三大經濟體的中國大陸、第五大的東協以及第二大的日本，另外，從台灣對全球經濟體的貿易依賴度而言，也呈現美消亞長的現象，台灣對東協的貿易額已超過美國，這都說明東協市場的重要性，相信20年前佈局中國大陸的效應，未來將在東協再次得到應證。

■建議三：加強中東地區拓銷，分享油元造富商機

　　根據2010《IEAT調查報告》顯示，在26個新興市場貿易地區中，以色列、阿曼、科威特、阿聯大公國、卡達以及沙烏地阿拉伯等六國屬中東地區。從佈局態勢而言，中東地區蘊藏豐富石油，由於石油美元的造富效應，促使中東地區基礎建設支出龐大，支撐該地區的繁榮發展。然自1991年台灣和沙烏地阿拉伯斷交之後，台灣對中東地區的重要性有所偏失，大部分台灣貿易商因未能熟知當地人文、宗教等因素，以致多採取貿易觀望的態度，但日本、韓國、義大利等企業早已進入中東地區搶占商機。

　　根據世界經濟論壇於2009年10月8日公布之《2009年金融發展指數報告》（*The Financial Development Index 2009*）指出，沙烏地阿拉伯在金融穩定度（financial stability）排名第六，金融取得（financial access）排名第十，顯示其金融自由化的環境，將有助於貿易活動的開展。由於未來中東國家勢必會致力於國家基礎建設，進而帶動中東相關產業的興起，例如：營建業、基礎工業等，對台灣貿易商而言，就可在上述產業中，發掘出相對的貿易商機。

■建議四：開拓伊斯蘭教市場，聚焦清真文化利基

　　根據2010《IEAT調查報告》結果顯示，在貿易難易度評估指標中，「該國或該地區取得產品合格證明難易程度」排名第一，就此指標而言，印度及印尼等伊斯蘭教國家，在38個貿易地區中排名居後，分別為第34及35名，顯示要取得其產品合格認證明是極為困難的。而全球伊斯蘭教人口約為13億人口，印尼與印度為全球重要的伊斯蘭教市場，面對如此龐大的伊斯蘭教市場，各國為搶占此一利基市場，紛紛爭取通過清真（Halal）食品認證，此認證代表該食品從貨源、製程到包裝都符合伊斯蘭教規範的過程。

　　根據行政院農業委員會於2008年3月28日表示，目前台灣肉牛產業已申請Halal清真牛肉認證，這是台灣畜產品第一件通過Halal驗證的優質肉品；此外，台灣凱馨公司生產的優質雞肉亦於2008年6月18日榮獲Halal清真食品認證，成為台灣第一家獲得Halal認證的優良雞肉製造商。因此建議台灣貿易業者，除了上述肉類品外，應積極為其他食品申請Halal清真食品認證，以台灣食品業者的「精、細、實、嚴」生產製造流程，必然能夠獲得伊斯蘭教市場的認同。

■建議五：朝向服務貿易轉型，提高貿易附加價值

　　隨著全球經濟跨入新的發展階段，台灣的經濟態勢起伏和貿易環環相扣，根據行政院主計處統計，出口貿易佔台灣經濟比重高達65％，顯示貿易是台灣的生存命脈，此外，台灣GDP有七成為服務業所貢獻，然而，在出口組成項目中服務貿易卻遠不及於商品貿易，在台灣出口格局當中，商品貿易總是佔有主導地位，2008年以來全球受到金融海嘯肆虐所帶來的影響，焦點大多在於商品貿易上所受到的衝擊，因此我們更應該意識到促進服務貿易出口具有重要經濟意義，據世界銀行研究指出，由美國及OECD國家數據顯示，服務貿易受到金融危機的影響遠小於商品貿易。以美國為例，截至2009年4月，美國商品進口、出口年增率比上年同期減少34％及26％；但服務貿易的進口、出口減幅僅分別下降不到10％；以重要市場印度為例，印度因為致力承包美國的服務外包和資訊技術服務出口，相較於其他對美出口以商品為主的國家，印度對美出口的下降幅度相對較低。根據以上經驗，世界銀行研究報告（2009）指出，服務貿易相對於商品貿易表現較佳，原因在於：服務貿易較少依賴外部資金、服務貿易的景氣循環較低，因此服務貿

易不易受到景氣波動影響，更進一步提高附加價值，由於台灣在服務業成熟，未來可以朝向服務業出口方向努力，開拓另一個領域的商機。

因此，台灣需要更深刻認識到服務貿易出口對整個出口甚至於台灣內部經濟發展的重要意義，台灣的服務業貿易仍然有很大的成長空間，且服務貿易擁有較商品貿易更大的彈性；所以，政府應該透過政策引導，同時在相關鼓勵措施、人才培訓與供給、經營技術研發創新等相關配套挹注資源，針對我較具發展潛力的服務產業進行有效之競爭力提升。此外，台灣亦應把握當前國際服務業重新佈局的難得機遇，採取積極的措施承接國際服務業的轉移，藉此來促進台灣服務業貿易的出口，以提升對整個出口和經濟發展的促進作用。總而言之，在整體策略佈局上，可以先從相關基礎設施健全著手，如在相關政策、法令上進行檢討、修訂，同時加強未來服務業所需之人才，例如：創意、行銷、藝術、文化、歷史、語言、資訊等培育，並將有關資源進行整合，透過短期行動方案來貫徹長期之發展目標。

■建議六：建立供需協同機制，強化貿易互賴關係

根據2010年《IEAT調查報告》結果顯示，在企業市場優勢關鍵能力分析指標中，「顧客維繫力強」排名為第一位，可見此指標與企業獲利能力息息相關。對於台灣貿易商而言，在拓銷佈局方面，不能只是找尋當地的貿易商進口販售，單純的下單、出貨、驗收、請款，若想增加與其他競爭業者的實力，與客戶的維繫與服務之重要性與日俱增。

對此，建議貿易商可以參考聯強之補貨模式，根據聯強董事長杜書伍所曾提出之「池塘理論」，基於每家經銷商銷售的狀況不同，相同產品在不同經銷商庫存勢必不同，對此貿易商就可以善加利用「池塘理論」中所提及庫存管理之核心概念，從差異化與甩開競爭者的角度出發，藉由「賣多少，補多少」的訴求，主張透過高頻度補貨，進而降低經銷商庫存風險，協助經銷商解決庫存管理問題。就像是一個大池塘的角色，統一存放與調配所有的水；再視各個小池塘的需要，以最快速的方式供應，如此才能真正做到貨暢其流。而要成功扮演此角色，建議貿易商應預測未來客戶的商品需求，負起替顧客補貨責任，在供應鏈中，成員間互享訊息，亦即藉由補貨管理，分析客戶的需求產品款式、需求週期、需求數

量、客戶銷售地點與產品的關係，維持長久穩定的策略合作關係。

另一方面，建議貿易業者可以藉由協同規劃、預測與補貨（collaborative planning, forecasting and replenishment；CPFR）的概念，透過與供應商協同合作及資訊分享，並藉由所共享的資訊適時補貨以減少庫存、物流及運輸成本，使供應鏈之流程更有效率。例如，特力集團（B&Q）便是將CPFR概念有效運用之企業，透過供應商使用單一介面以獲得標準化資訊，提高供應商作業效率並減少錯誤，並藉由庫存與銷售資料分析的功能，協助廠商適度調整內部生產作業，立即做出供貨反應，縮短供貨反應準備時間，降低庫存量，以及透過電子化交易，提升與供貨廠商間的運作效率，並進一步透過資訊分享與分析，達到銷售預測與降低庫存的目的。故貿易業者可參考此一模式，透過與供應商建立協同機制以降低與供應商間的溝通成本，大幅提升整體供應鏈的競爭力。

■建議七：摒除單打獨鬥模式，創造策略聯盟綜效

根據2010《IEAT調查報告》中調查樣本企業經營所遇到困擾問題分析，其中經營困境排名第一名為「同業競爭」，可見台灣業者對於競爭的壓力及影響企業營運的績效感受甚深，與其在競爭激烈的商場上孤軍奮戰，不如透過與同業整合或進行策略性合作，來增加市場議價力，同時提升對該產業相關貿易資訊取得機會。因此，改變與競爭對手的關係成為現今許多企業的重要課題。

台灣業者如何與同業創造良性競爭而不淪為惡性競爭，群聚發展對擁有眾多中小企業的台灣提供一個新競爭模式，便是水平整合策略。台灣同業水平整合成功的案例眾多，例如：玻璃產業的台明將企業股份有限公司便是同業整合相當成功的案例，台明將是利用產業群聚以小搏大，其方式以台明將代表群聚廠商接單，並依產能分配給群聚廠商，因此，廠商可共享群聚所帶來的好處。此外，由巨大、美利達兩大自行車業者龍頭於2000年創立的A-Team（社團法人台灣自行車協進會），透過自行車廠商以及相關零件廠商間的緊密合作與交流，進而提升產品價值、產業競爭力，以期將台灣塑造成專業高級自行車的製造島。巨大董事長劉金標（2009）表示：「巨大與美利達雖然在全球市場上競爭，但在台灣卻持續透過A-Team交流合作，對建立台灣成為自行車島很有幫助」。目前工具機、手工具廠也成立M-Team、T-Team等，讓此成功的經驗不只侷限在自行車產業。另外，

台灣業者除考慮與同業發展合作關係外，亦可往異業結盟合作模式努力，透過各自資源、通路的結合，進而擴大彼此的商業活動、利益範圍，創造雙贏局面。

■建議八：善用公協會建置資源，延攬卓越貿易人才

根據2010《IEAT調查報告》結果顯示，在調查企業經營遇到的困擾問題當中，「缺乏人才」此項因素在經營困境當中排名第四名，另外，在企業市場優勢關鍵能力分析調查中，「具專業人才」排名第13名，可見一般企業對於貿易經營人才上的需求，也因此發現企業在專業人才上的匱乏，台灣近年來出現「畢業生找不到工作，企業找不到人才」的弔詭現象，因此，實有必要透過產、學、研合作或是提供企業實習機會，讓青年學子提早熟悉實際工作流程；另外，可強化大專院校設置的育成中心管道，藉由學校與企業共同合作創造更多元的人才培訓機制；亦可透過民間團體、公會、協會等機構獲得所需專業人才。例如，台北市進出口商業同業公會開設許多貿易培訓課程，長年對於貿易專業人才的培訓與養成不遺餘力，此外，企業亦可多加運用IEAT的「國際貿易人才庫」獲得符合企業需求的人才。

2010 IEAT 調查報告對政府貿易政策建言

　　2010《IEAT調查報告》針對38個貿易地區進行貿易環境與風險評估，希望為台灣貿易商提供重要暨新興市場相關資訊，並協助其拓展台灣十大重點拓銷市場，亦希冀政府能夠察納雅言、諮諏善道，研擬有利於台灣貿易商全球佈局的貿易拓銷政策。2010《IEAT調查報告》對政府貿易政策提出下列七端建言。

■建言一：建請政府藉由簽訂兩岸經濟合作架構協議（ECFA）促進與其他國家簽訂自由貿易協定（FTA）

　　台灣貿易依存度較高，對外出口占國內生產毛額70％以上，是一個高度出口導向型的國家，近年來國際間經濟區域整合成為經貿活動的重點，國家與國家之間簽署區域貿易協定（Regional Trade Agreements；RTA）與雙邊自由貿易協定（Free Trade Agreement；FTA），使得簽署國之間享有較優惠的貿易待遇。有鑒於亞洲的東協自由貿易區（AFTA）與東協加一、東協加三相繼成型，彼此之間的關稅減免甚至零關稅，對於以出口貿易為動能的台灣而言，無疑是一大挑戰。

　　2010年3月20日，經濟部長施顏祥指出：「兩岸簽署ECFA後，台灣經濟成長率將增加1.65％到1.72％，並提高2％就業率」；德意志銀行（Deutsche Bank）首席經濟學家Michael Spencer於2010年4月1日亦指出：「短期內，台灣GDP成長率可望因ECFA簽訂，每年增加2％至3％，等到相關產業佈局中國大陸完善後，每年可受惠ECFA的程度將提高至4％」；另外，摩根大通（JP Morgan）指出：「ECFA長期效應包括:(1)台灣經濟成長率提升2％；(2)吸引約90億美元資金投資台灣；(3)增進台灣與區域貿易夥伴關係，例如：韓國、新加坡亦有機會與台灣簽署類似的自由貿易協定」。由上述可知，從近期效益來看，台灣經濟活動可望透過簽署ECFA而更加活絡；從遠期效益來看，兩岸簽署ECFA可望實現台灣與重要

經貿地區的經濟體簽訂FTA。

　　然而，現階段受制於兩岸諸多因素阻礙，致使台灣未能與重要經貿地區的經濟體簽訂FTA。基於比較利益原則，兩岸互補、互利的產業分工和蓬勃發展的經貿關係，使兩岸具有經濟整合的現實基礎，因此建請政府積極與中國大陸協商簽訂「經濟合作架構協議」（Economic Cooperation Framework Agreement：ECFA），希冀藉由兩岸的經貿合作，同時促進台灣與其他貿易地區簽訂FTA。

■建言二：建請政府建立因應東協區域經濟整合對策機制

　　2010年1月1日，東協與中國大陸形成「東協加一自由貿易區」，台灣隨即面臨東協加一自由貿易區內貿易零關稅的威脅，台灣相較其他國家多出6％至10％的關稅，使得台灣企業喪失外貿競爭力，而輸在起跑點上。根據前經建會主委陳添枝（2010）指出：「當以東協為主軸的東亞FTA網絡形成後，使得中國大陸、日本、韓國與東協的連結更加緊密，屆時台灣地位將遭弱化，使台灣產業生產鏈遭邊緣化」，此外，2010年3月29日，經濟部國際貿易局局長黃志鵬出席「優質平價新興市場推動方案-行銷服務列車」說明會亦指出：「東協加N的經濟區塊正在成形，中國大陸、日本與韓國洽談自由貿易協定，已有具體規劃，這些經濟發展的變數，將對台灣的未來帶來很大的衝擊。如何突破，尋求新的利基，正是推動優質平價新興市場推動方案的最大原動力，希冀能帶領台商再創另一次台灣經濟奇蹟」。

　　另外，根據台經院院長洪德生（2009）亦表示：「若台灣能藉由ECFA的簽署進一步連結東協經濟體，將使台灣GDP受益。而洽簽FTA最佳策略是多軌並進，透過ECFA達到台灣全面性與全球經貿接軌，將是上上之策」，故建請政府建立因應東協區域經濟整合對策機制小組，藉由經濟部、外交部、陸委會、勞委會、公協會、學界等各司其職，進一步整合與協商，再者，該跨部會小組亦可對東協加一所造成的企業衝擊研擬對策，以降低對產業的影響。

■建言三：建請政府協助台商與中國大陸企業共同佈局國際市場

　　已融入全球市場經濟的中國大陸，其「計劃經濟」足以改變全球經濟佈局。

在2006至2010年的「十一五」規劃形塑出中國大陸經貿發展的新脈絡與新思維，在「十一五」規劃期間，中國大陸產生許多質變，在生產端由「中國製造」到「中國創造」；在貿易端由「出口市場」到「內需市場」；在價值創造上由「代工製造」到「品牌製造」，質變的過程往往蘊含著新的商機、契機、轉機與生機。許多大陸企業亦在中國大陸政府政策引導之下，快速茁壯並發展自有品牌，且逐漸在國際上嶄露頭角，其速度與成果令世人驚豔。企業想要在國際市場佔有一席之地，需耗費龐大的資金與漫長的時間，並非一蹴可幾。然而，中國大陸企業受惠於政府支持而有爆發式的成長，但仍缺乏企業的營運經驗，台灣企業雖然缺少龐大資源投入，卻擁有相對於大陸企業的經營Know How、人才與國際觀。因此，建請政府協助台商與中國大陸企業共同佈局國際市場，並運用台灣優質化人才、效率化經營、系統性研發與國際化視野，與中國大陸品牌發展力、策略前瞻力、高效執行力，共創「兩岸和，贏天下；企業合，賺全球」。

■建言四：建請政府將貿易業整合納入兩岸搭橋計畫

　　台灣為典型缺乏天然資源的島國，內需市場較小，無法撐起成長動能，因此貿易對於台灣之影響極大。截至2008年止，台灣貿易依存度已連續五年超過100％，甚至2008年高達126.78％。為擴大兩岸產業交流，經濟部推動「一年交流、兩年洽商，三年合作」的兩岸搭橋計畫，目的在增進兩岸產業合作，營造開放且友善之產業發展環境，進而創造合作商機，共同攜手進行全球佈局。以成效來看，2009年6月9日台灣LED照明產業表示，透過此搭橋計畫預估每年產值將有30％之成長；而2009年12月17日台灣中藥產業表示，目前全球草藥產業市場正以年平均成長率12％的速度快速成長，而台灣90％以上之中藥材皆來自中國大陸，透過搭橋計畫，台灣中藥業者可增加商機和利潤，而中國大陸廠商可透過台灣廠商於新藥開發及管理能力之經驗上，增加產品良率、擴大市場規模。2009年舉辦的11場兩岸搭橋計劃，除了促成近500家兩岸企業商談，超過100家進行企業合作，簽訂43件合作意向書，為兩岸廠商增加市場規模以及商機，然而，截至2010年1月止，經濟部尚未將貿易業列入此搭橋計畫中，但基於前述之貿易對台灣的重要性，因此建請政府將貿易業納入此兩岸搭橋計畫中，以期未來提高貿易商機，創造兩岸雙贏局面。

■建言五：建請政府協助企業取得國際重大工程標案

根據IMF（2007）預測：「GCC國家在2006年至2010年期間，在基礎設施等領域的投資金額達7,000億美元」，各國都在追求多元化發展，開始著重觀光、金融、文化產業、服務業等建設，故GCC國家7,000億美元的投資方向主要包括基礎設施建設、房地產開發建設、石油和天然氣開發生產、輸送管線、煉製加工項目、港口碼頭修建等。而台灣爭取國際標案時，所面對的對手都是世界知名大廠，企業受限於本身資源不足，經常鎩羽而歸，故建請政府主動領導且協助企業取得國際重大工程標案。例如在開拓卡達市場方面，新加坡政府在2006年開始大力支持給予協助，幾乎每一、兩個月就帶領眾多政府官員與企業主們，前進杜哈尋找機會，因此，舉凡卡達自由貿易區的規劃、卡達ICT軟體設計等建案，都成為新加坡的囊中物，且持續增加中。

台灣雖然在國際搶標腳步不及日本、韓國等國家，但是在新興國家持續發展基礎建設的前景下，台灣仍有機會獲取商機。例如，2009年2月資策會在經濟部指導下率領由國內資通訊及投資業者組成的「中東市場商機拓銷團」，遠赴沙烏地阿拉伯與卡達，拜會其相關部會首長及當地大型ICT廠商，以整體方式行銷台灣資訊化經驗，成果斐然，「中東市場商機拓銷團」團長暨資策會董事長陳瑞隆指出：「中東國家普遍對台灣IT產業的發展相當敬佩，對台灣廠商提供之相關資訊化社會的服務亦深具信心」，故面對中東海灣地區國家最近積極發展之「e-Gov電子化政府」、「金融」、「醫療」等專案建設，台灣廠商深具競爭實力，又台灣網通大廠智邦科技於2009年3月17日在台灣資策會協助下，成功取得卡達電信商Wimax金額約200萬美元之設備訂單，可以說是成功寫照。故台灣應將此成功經驗複製到其他產業上，由政府領軍，以更強而有力的支持與資源爭取國際標案，拓銷國際市場。

■建言六：建請政府加強推動台灣企業建立自有品牌力度

政府於1980年首度提出「全面提升產品形象計畫」與「自創品牌貸款」，2003年提出「發展國際品牌計畫」，2006年擬定「品牌台灣發展六年計畫」，政府積極打造台灣品牌的策略雄心清晰可見。根據2010《IEAT調查報告》顯示，台

灣貿易商其國際市場優勢關鍵能力指標中，台灣品牌具知名度在15項調查指標中名列第12名，比2009《IEAT調查報告》之排名下滑四名，此現象值得關切。

此外，根據世界品牌實驗室（World Brand Lab）發表《2009年亞洲品牌500強》報告顯示，前100強品牌中，台灣僅鴻海榜上有名，該名單中日本品牌53個、中國大陸品牌26個、韓國品牌10個、香港品牌有3個、印度品牌3個、中東地區品牌3個，新加坡與台灣皆只有一個上榜，顯示台灣品牌發展仍有待加強。韓國政府為推動韓國國家形象，自2001年起，每年投入新台幣17億元，推動「Dynamic Korea」提升韓國品牌形象，成效顯著。然而，台灣的「品牌台灣發展計畫」，自2006年至2012年預計投入20億新台幣協助廠商發展，辦理政策說明與知識分享活動，更與國科會合作推動本土品牌個案研究，由於品牌計畫的投入無法立竿見影，需長遠時間方能看到成效，建請政府擴大「品牌專案計畫」投入，提升台灣品牌的國際競爭力。

■建言七：建請政府提升服務貿易之比重與地位

服務貿易於全球經貿地位日趨重要，近年來全球服務貿易迅速成長，服務貿易結構轉向新興知識與技術密集服務，隨著全球服務市場開放的進程，跨境服務與外包活動日漸活絡，服務貿易範疇、種類與內容持續增加中，此種無形貿易成為推動全球貿易成長的主要力量。然而，台灣服務貿易領域的發展卻不如國際間的蓬勃。

根據2010《IEAT調查報告》資料顯示，2008年服務貿易出口佔全球比重以美國14.0％最高，若從亞洲四小龍來觀察，香港2.4％居冠，其次為韓國2.0％及新加坡的1.9％，而台灣則僅佔全球服務貿易比重0.9％，若從亞洲四小龍2004至2008年服務貿易出口成長率指標而言，新加坡以49.3％拔得頭籌、韓國46.0％位居第二、香港41.8％位列第三，而台灣僅25.0％的成長率敬陪末座。新加坡的服務貿易出口高速成長，探究其背後原因在於新加坡政府採取製造業與服務業的發展政策並重，而批發零售業、商務服務業、交通與通訊業、金融服務業為該國四大服務業龍頭，也是確立新加坡亞洲金融、航運、貿易中心之地位，而新加坡的願景為打造亞洲地區的服務重鎮，因而建立強大的服務業引擎。

　　建議台灣政府應積極將「文化創意產業」列為台灣服務貿易對外拓銷之重點產業，加強服務貿易之協助力度與資源投入規模，以服務貿易為提升出口之動能，使台灣提升國際競爭能力，再創貿易新高峰。

第 **6** 篇

貿易資訊新時勢
2010 IEAT 38個貿易地區資訊揭露

Opportunities
in Emerging Markets

第 27 章

2010 IEAT調查報告
綜合貿易競爭力彙總表

■綜合貿易競爭力計算說明

綜合貿易競爭力 = 【國家競爭力×20%】+【四度貿易實力×80%】
四度貿易實力=【貿易自由度×30%】+【貿易便捷度×20%】
【貿易難易度×15%】+【貿易風險度×35%】

【①新加坡、②香港】

貿易地區		① 新 加 坡		綜合貿易競爭力		98.480
國家競爭力	項目	基本條件	機構評比	加權平均	綜合排名	A01/38
	分數	65.888	99.000	82.444		極力推薦
貿易自由度	項目	❶數量限制	❷價格限制	❸法規限制	❹政府限制	加權平均
	分數	4.056	3.996	3.959	3.824	3.940
	排名	02	01	01	01	01
貿易便捷度	項目	❶市場便捷	❷邊境便捷	❸基建便捷	❹流程便捷	加權平均
	分數	4.127	4.087	3.791	4.212	4.073
	排名	01	01	01	01	01
貿易難易度	項目	❶許可成本	❷資訊成本	❸投資成本	❹經商成本	加權平均
	分數	3.916	4.001	4.131	4.100	4.070
	排名	01	01	01	01	01
貿易風險度	項目	❶政治風險	❷經濟風險	❸政策風險	❹支付風險	加權平均
	分數	3.881	3.773	3.790	3.411	3.761
	排名	01	01	01	02	01

貿易地區		② 香 港		綜合貿易競爭力		95.300
國家競爭力	項目	基本條件	機構評比	加權平均	綜合排名	A02/38
	分數	60.461	92.943	76.702		極力推薦
貿易自由度	項目	❶數量限制	❷價格限制	❸法規限制	❹政府限制	加權平均
	分數	4.140	3.959	3.852	3.820	3.907
	排名	01	02	02	02	02
貿易便捷度	項目	❶市場便捷	❷邊境便捷	❸基建便捷	❹流程便捷	加權平均
	分數	4.004	3.914	3.676	4.011	3.922
	排名	02	02	02	02	02
貿易難易度	項目	❶許可成本	❷資訊成本	❸投資成本	❹經商成本	加權平均
	分數	3.647	3.856	3.816	3.823	3.799
	排名	02	02	02	02	02
貿易風險度	項目	❶政治風險	❷經濟風險	❸政策風險	❹支付風險	加權平均
	分數	3.807	3.739	3.725	3.467	3.719
	排名	02	02	02	01	02

貿易地區		③ 英　　國		綜合貿易競爭力		91.012
國家競爭力	項目	基本條件	機構評比	加權平均	綜合排名	A03/38
	分數	70.727	92.943	81.835		極力推薦
貿易自由度	項目	❶數量限制	❷價格限制	❸法規限制	❹政府限制	加權平均
	分數	3.833	3.471	3.588	3.500	3.575
	排名	03	05	04	04	04
貿易便捷度	項目	❶市場便捷	❷邊境便捷	❸基建便捷	❹流程便捷	加權平均
	分數	3.837	3.776	3.662	3.828	3.700
	排名	03	03	03	03	03
貿易難易度	項目	❶許可成本	❷資訊成本	❸投資成本	❹經商成本	加權平均
	分數	3.310	3.220	3.378	3.316	3.325
	排名	10	08	07	08	08
貿易風險度	項目	❶政治風險	❷經濟風險	❸政策風險	❹支付風險	加權平均
	分數	3.687	3.590	3.660	3.340	3.604
	排名	03	03	03	03	03

【③英國、④美國、⑤加拿大】

貿易地區		④ 美　　國		綜合貿易競爭力		90.184
國家競爭力	項目	基本條件	機構評比	加權平均	綜合排名	A04/38
	分數	74.713	95.929	85.321		極力推薦
貿易自由度	項目	❶數量限制	❷價格限制	❸法規限制	❹政府限制	加權平均
	分數	3.736	3.528	3.534	3.512	3.557
	排名	05	04	05	03	05
貿易便捷度	項目	❶市場便捷	❷邊境便捷	❸基建便捷	❹流程便捷	加權平均
	分數	3.627	3.552	3.482	3.597	3.576
	排名	05	05	05	05	05
貿易難易度	項目	❶許可成本	❷資訊成本	❸投資成本	❹經商成本	加權平均
	分數	3.371	3.460	3.575	3.496	3.503
	排名	08	05	05	04	05
貿易風險度	項目	❶政治風險	❷經濟風險	❸政策風險	❹支付風險	加權平均
	分數	3.613	3.449	3.544	3.314	3.510
	排名	04	05	04	04	04

貿易地區		⑤ 加　拿　大		綜合貿易競爭力		89.945
國家競爭力	項目	基本條件	機構評比	加權平均	綜合排名	A05/38
	分數	70.514	97.123	83.818		極力推薦
貿易自由度	項目	❶數量限制	❷價格限制	❸法規限制	❹政府限制	加權平均
	分數	3.762	3.648	3.696	3.435	3.618
	排名	04	03	03	05	03
貿易便捷度	項目	❶市場便捷	❷邊境便捷	❸基建便捷	❹流程便捷	加權平均
	分數	3.667	3.610	3.435	3.659	3.607
	排名	04	04	06	04	04
貿易難易度	項目	❶許可成本	❷資訊成本	❸投資成本	❹經商成本	加權平均
	分數	3.524	3.571	3.619	3.514	3.566
	排名	03	03	04	03	03
貿易風險度	項目	❶政治風險	❷經濟風險	❸政策風險	❹支付風險	加權平均
	分數	3.590	3.315	3.444	3.246	3.434
	排名	05	09	09	06	06

貿易地區		⑥ 日　本		綜合貿易競爭力		87.069
國家競爭力	項目	基本條件	機構評比	加權平均	綜合排名	A06/38
	分數	78.182	89.701	83.942		極力推薦
貿易自由度	項目	❶數量限制	❷價格限制	❸法規限制	❹政府限制	加權平均
	分數	3.439	3.324	3.322	3.308	3.336
	排名	09	09	09	10	09
貿易便捷度	項目	❶市場便捷	❷邊境便捷	❸基建便捷	❹流程便捷	加權平均
	分數	3.543	3.544	3.415	3.581	3.527
	排名	07	06	07	06	06
貿易難易度	項目	❶許可成本	❷資訊成本	❸投資成本	❹經商成本	加權平均
	分數	3.328	3.347	3.443	3.440	3.411
	排名	09	06	06	06	06
貿易風險度	項目	❶政治風險	❷經濟風險	❸政策風險	❹支付風險	加權平均
	分數	3.521	3.319	3.451	3.195	3.404
	排名	07	08	07	08	08

貿易地區		⑦ 澳　洲		綜合貿易競爭力		86.528
國家競爭力	項目	基本條件	機構評比	加權平均	綜合排名	A07/38
	分數	66.991	95.332	81.161		極力推薦
貿易自由度	項目	❶數量限制	❷價格限制	❸法規限制	❹政府限制	加權平均
	分數	3.382	3.232	3.211	3.168	3.228
	排名	10	14	14	17	14
貿易便捷度	項目	❶市場便捷	❷邊境便捷	❸基建便捷	❹流程便捷	加權平均
	分數	3.490	3.439	3.368	3.471	3.451
	排名	11	10	10	11	10
貿易難易度	項目	❶許可成本	❷資訊成本	❸投資成本	❹經商成本	加權平均
	分數	3.411	3.567	3.641	3.425	3.530
	排名	06	04	03	07	04
貿易風險度	項目	❶政治風險	❷經濟風險	❸政策風險	❹支付風險	加權平均
	分數	3.587	3.473	3.445	3.272	3.476
	排名	06	04	08	05	05

貿易地區		⑧ 荷　蘭		綜合貿易競爭力		84.603
國家競爭力	項目	基本條件	機構評比	加權平均	綜合排名	A08/38
	分數	68.450	94.564	81.507		極力推薦
貿易自由度	項目	❶數量限制	❷價格限制	❸法規限制	❹政府限制	加權平均
	分數	3.488	3.428	3.332	3.256	3.352
	排名	06	07	07	12	07
貿易便捷度	項目	❶市場便捷	❷邊境便捷	❸基建便捷	❹流程便捷	加權平均
	分數	3.558	3.344	3.238	3.434	3.420
	排名	06	15	15	12	12
貿易難易度	項目	❶許可成本	❷資訊成本	❸投資成本	❹經商成本	加權平均
	分數	3.192	3.163	3.250	3.223	3.220
	排名	13	11	09	12	12
貿易風險度	項目	❶政治風險	❷經濟風險	❸政策風險	❹支付風險	加權平均
	分數	3.391	3.192	3.372	3.085	3.291
	排名	10	11	10	14	12

貿易地區		⑨ 德　國		綜合貿易競爭力		84.251
國家競爭力	項目	基本條件	機構評比	加權平均	綜合排名	A09/38
	分數	71.083	90.725	80.904		極力推薦
貿易自由度	項目	❶數量限制	❷價格限制	❸法規限制	❹政府限制	加權平均
	分數	3.375	3.280	3.310	3.182	3.275
	排名	11	11	10	14	13
貿易便捷度	項目	❶市場便捷	❷邊境便捷	❸基建便捷	❹流程便捷	加權平均
	分數	3.517	3.403	3.414	3.487	3.482
	排名	10	08	08	10	09
貿易難易度	項目	❶許可成本	❷資訊成本	❸投資成本	❹經商成本	加權平均
	分數	3.157	3.169	3.165	3.149	3.160
	排名	15	10	12	14	13
貿易風險度	項目	❶政治風險	❷經濟風險	❸政策風險	❹支付風險	加權平均
	分數	3.483	3.172	3.309	3.098	3.304
	排名	09	12	11	13	10

貿易地區		⑩ 法　國		綜合貿易競爭力		83.668
國家競爭力	項目	基本條件	機構評比	加權平均	綜合排名	A10/38
	分數	75.976	79.378	77.677		極力推薦
貿易自由度	項目	❶數量限制	❷價格限制	❸法規限制	❹政府限制	加權平均
	分數	3.274	3.277	3.208	3.179	3.223
	排名	14	12	15	16	15
貿易便捷度	項目	❶市場便捷	❷邊境便捷	❸基建便捷	❹流程便捷	加權平均
	分數	3.389	3.386	3.310	3.421	3.380
	排名	14	13	12	14	14
貿易難易度	項目	❶許可成本	❷資訊成本	❸投資成本	❹經商成本	加權平均
	分數	3.127	3.073	3.059	3.095	3.082
	排名	16	13	15	16	15
貿易風險度	項目	❶政治風險	❷經濟風險	❸政策風險	❹支付風險	加權平均
	分數	3.492	3.370	3.510	3.185	3.420
	排名	08	06	05	09	07

貿易地區		⑪ 西 班 牙		綜合貿易競爭力		81.175
國家競爭力	項目	基本條件	機構評比	加權平均	綜合排名	A11/38
	分數	69.233	77.842	73.537		極力推薦
貿易自由度	項目	❶數量限制	❷價格限制	❸法規限制	❹政府限制	加權平均
	分數	3.320	3.218	3.250	3.329	3.278
	排名	13	15	13	08	12
貿易便捷度	項目	❶市場便捷	❷邊境便捷	❸基建便捷	❹流程便捷	加權平均
	分數	3.369	3.373	3.243	3.432	3.361
	排名	15	14	14	13	15
貿易難易度	項目	❶許可成本	❷資訊成本	❸投資成本	❹經商成本	加權平均
	分數	3.186	2.987	3.126	3.180	3.130
	排名	14	14	14	13	14
貿易風險度	項目	❶政治風險	❷經濟風險	❸政策風險	❹支付風險	加權平均
	分數	3.268	3.086	3.211	3.114	3.185
	排名	14	14	14	12	14

【⑨德國、⑩法國、⑪西班牙】

貿易地區		12 以 色 列		綜合貿易競爭力		80.984
國家競爭力	項目	基本條件	機構評比	加權平均	綜合排名	A12/38
	分數	51.956	77.757	64.856		極力推薦
貿易自由度	項目	❶數量限制	❷價格限制	❸法規限制	❹政府限制	加權平均
	分數	3.484	3.463	3.453	3.367	3.434
	排名	07	06	06	06	06
貿易便捷度	項目	❶市場便捷	❷邊境便捷	❸基建便捷	❹流程便捷	加權平均
	分數	3.333	3.263	3.164	3.281	3.272
	排名	16	16	17	16	16
貿易難易度	項目	❶許可成本	❷資訊成本	❸投資成本	❹經商成本	加權平均
	分數	3.375	3.188	3.164	3.294	3.238
	排名	07	09	13	09	09
貿易風險度	項目	❶政治風險	❷經濟風險	❸政策風險	❹支付風險	加權平均
	分數	3.283	3.194	3.289	3.133	3.240
	排名	13	10	12	11	13

貿易地區		13 卡 達		綜合貿易競爭力		80.046
國家競爭力	項目	基本條件	機構評比	加權平均	綜合排名	A13/38
	分數	51.867	64.022	57.944		極力推薦
貿易自由度	項目	❶數量限制	❷價格限制	❸法規限制	❹政府限制	加權平均
	分數	3.242	3.271	3.331	3.331	3.305
	排名	15	13	08	07	10
貿易便捷度	項目	❶市場便捷	❷邊境便捷	❸基建便捷	❹流程便捷	加權平均
	分數	3.452	3.406	3.299	3.376	3.393
	排名	12	12	13	15	13
貿易難易度	項目	❶許可成本	❷資訊成本	❸投資成本	❹經商成本	加權平均
	分數	3.444	2.984	3.194	3.265	3.221
	排名	05	15	10	11	11
貿易風險度	項目	❶政治風險	❷經濟風險	❸政策風險	❹支付風險	加權平均
	分數	3.374	3.339	3.226	3.215	3.304
	排名	11	07	13	07	09

貿易地區		14 阿 曼		綜合貿易競爭力		79.530
國家競爭力	項目	基本條件	機構評比	加權平均	綜合排名	B01/38
	分數	39.216	57.452	48.334		值得推薦
貿易自由度	項目	❶數量限制	❷價格限制	❸法規限制	❹政府限制	加權平均
	分數	3.441	3.424	3.265	3.316	3.338
	排名	08	08	12	09	08
貿易便捷度	項目	❶市場便捷	❷邊境便捷	❸基建便捷	❹流程便捷	加權平均
	分數	3.520	3.459	3.493	3.549	3.509
	排名	09	09	04	07	07
貿易難易度	項目	❶許可成本	❷資訊成本	❸投資成本	❹經商成本	加權平均
	分數	3.510	3.324	3.309	3.453	3.384
	排名	04	07	08	05	07
貿易風險度	項目	❶政治風險	❷經濟風險	❸政策風險	❹支付風險	加權平均
	分數	3.347	3.147	3.461	3.176	3.300
	排名	12	13	06	10	11

貿易地區		15 馬來西亞		綜合貿易競爭力		76.188
國家競爭力	項目	基本條件	機構評比	加權平均	綜合排名	B02/38
	分數	51.742	79.463	65.603		值得推薦
貿易自由度	項目	❶數量限制	❷價格限制	❸法規限制	❹政府限制	加權平均
	分數	3.364	3.286	3.270	3.261	3.285
	排名	12	10	11	11	11
貿易便捷度	項目	❶市場便捷	❷邊境便捷	❸基建便捷	❹流程便捷	加權平均
	分數	3.015	3.111	3.061	3.007	3.042
	排名	26	20	20	25	22
貿易難易度	項目	❶許可成本	❷資訊成本	❸投資成本	❹經商成本	加權平均
	分數	2.960	2.856	2.978	2.893	2.931
	排名	23	21	17	23	20
貿易風險度	項目	❶政治風險	❷經濟風險	❸政策風險	❹支付風險	加權平均
	分數	3.091	2.951	3.014	3.014	3.025
	排名	16	18	17	16	16

貿易地區		16 阿聯大公國		綜合貿易競爭力		75.820
國家競爭力	項目	基本條件	機構評比	加權平均	綜合排名	B03/38
	分數	50.052	74.259	62.156		值得推薦
貿易自由度	項目	❶數量限制	❷價格限制	❸法規限制	❹政府限制	加權平均
	分數	3.129	2.963	3.066	3.230	3.104
	排名	20	22	19	13	18
貿易便捷度	項目	❶市場便捷	❷邊境便捷	❸基建便捷	❹流程便捷	加權平均
	分數	3.530	3.528	3.404	3.504	3.498
	排名	08	07	09	09	08
貿易難易度	項目	❶許可成本	❷資訊成本	❸投資成本	❹經商成本	加權平均
	分數	3.105	2.921	2.974	3.084	3.019
	排名	17	19	18	17	16
貿易風險度	項目	❶政治風險	❷經濟風險	❸政策風險	❹支付風險	加權平均
	分數	2.995	2.875	2.851	2.851	2.907
	排名	21	21	26	24	23

貿易地區		17 中國大陸		綜合貿易競爭力		75.434
國家競爭力	項目	基本條件	機構評比	加權平均	綜合排名	B04/38
	分數	75.549	54.552	65.050		值得推薦
貿易自由度	項目	❶數量限制	❷價格限制	❸法規限制	❹政府限制	加權平均
	分數	3.217	3.211	3.194	3.131	3.182
	排名	17	16	16	18	16
貿易便捷度	項目	❶市場便捷	❷邊境便捷	❸基建便捷	❹流程便捷	加權平均
	分數	3.025	3.012	2.969	3.067	3.022
	排名	25	24	23	22	24
貿易難易度	項目	❶許可成本	❷資訊成本	❸投資成本	❹經商成本	加權平均
	分數	2.990	2.973	3.003	3.049	3.010
	排名	21	16	16	19	17
貿易風險度	項目	❶政治風險	❷經濟風險	❸政策風險	❹支付風險	加權平均
	分數	3.051	3.011	2.962	2.984	3.009
	排名	19	16	18	19	17

〔15 馬來西班、16 阿聯大公國、17 中國大陸〕

277

貿易地區		18 韓　　國		綜合貿易競爭力		75.105
國家競爭力	項目	基本條件	機構評比	加權平均	綜合排名	B05/38
	分數	68.414	80.487	74.451		值得推薦
貿易自由度	項目	❶數量限制	❷價格限制	❸法規限制	❹政府限制	加權平均
	分數	3.000	2.962	2.931	2.808	2.911
	排名	22	23	25	32	25
貿易便捷度	項目	❶市場便捷	❷邊境便捷	❸基建便捷	❹流程便捷	加權平均
	分數	3.164	3.168	3.043	3.112	3.128
	排名	19	19	22	20	19
貿易難易度	項目	❶許可成本	❷資訊成本	❸投資成本	❹經商成本	加權平均
	分數	3.082	2.734	2.938	3.125	2.985
	排名	18	26	19	15	18
貿易風險度	項目	❶政治風險	❷經濟風險	❸政策風險	❹支付風險	加權平均
	分數	3.049	2.811	2.943	2.802	2.926
	排名	20	25	20	26	22

貿易地區		19 南　　非		綜合貿易競爭力		74.909
國家競爭力	項目	基本條件	機構評比	加權平均	綜合排名	B06/38
	分數	57.365	68.629	62.997		值得推薦
貿易自由度	項目	❶數量限制	❷價格限制	❸法規限制	❹政府限制	加權平均
	分數	3.000	2.973	3.034	3.007	3.008
	排名	22	20	21	23	23
貿易便捷度	項目	❶市場便捷	❷邊境便捷	❸基建便捷	❹流程便捷	加權平均
	分數	3.306	3.249	3.189	3.279	3.265
	排名	17	17	16	17	17
貿易難易度	項目	❶許可成本	❷資訊成本	❸投資成本	❹經商成本	加權平均
	分數	3.223	2.757	2.912	3.070	2.983
	排名	12	25	20	18	19
貿易風險度	項目	❶政治風險	❷經濟風險	❸政策風險	❹支付風險	加權平均
	分數	3.086	2.953	2.955	2.901	2.992
	排名	17	17	19	22	18

貿易地區		20 俄　羅　斯		綜合貿易競爭力		74.119
國家競爭力	項目	基本條件	機構評比	加權平均	綜合排名	B07/38
	分數	67.098	32.797	49.947		值得推薦
貿易自由度	項目	❶數量限制	❷價格限制	❸法規限制	❹政府限制	加權平均
	分數	3.079	2.932	3.072	3.086	3.049
	排名	21	24	18	20	20
貿易便捷度	項目	❶市場便捷	❷邊境便捷	❸基建便捷	❹流程便捷	加權平均
	分數	3.430	3.411	3.322	3.526	3.429
	排名	13	11	11	08	11
貿易難易度	項目	❶許可成本	❷資訊成本	❸投資成本	❹經商成本	加權平均
	分數	2.993	2.865	2.900	2.968	2.929
	排名	20	20	22	20	21
貿易風險度	項目	❶政治風險	❷經濟風險	❸政策風險	❹支付風險	加權平均
	分數	3.137	3.013	3.070	2.991	3.067
	排名	15	15	15	18	15

貿易地區		㉑ 義 大 利		綜合貿易競爭力		73.984
國家競爭力	項目	基本條件	機構評比	加權平均	綜合排名	B08/38
	分數	70.443	67.861	69.152		值得推薦
貿易自由度	項目	❶數量限制	❷價格限制	❸法規限制	❹政府限制	加權平均
	分數	3.183	2.999	2.968	3.043	3.029
	排名	18	19	23	22	22
貿易便捷度	項目	❶市場便捷	❷邊境便捷	❸基建便捷	❹流程便捷	加權平均
	分數	3.122	3.088	3.073	3.089	3.097
	排名	20	21	19	21	20
貿易難易度	項目	❶許可成本	❷資訊成本	❸投資成本	❹經商成本	加權平均
	分數	2.915	2.817	2.902	2.898	2.890
	排名	24	22	21	22	23
貿易風險度	項目	❶政治風險	❷經濟風險	❸政策風險	❹支付風險	加權平均
	分數	2.932	2.811	2.854	2.878	2.874
	排名	26	24	25	23	26

貿易地區		㉒ 沙烏地阿拉伯		綜合貿易競爭力		73.756
國家競爭力	項目	基本條件	機構評比	加權平均	綜合排名	B09/38
	分數	46.440	69.994	58.217		值得推薦
貿易自由度	項目	❶數量限制	❷價格限制	❸法規限制	❹政府限制	加權平均
	分數	3.159	2.966	2.986	3.073	3.034
	排名	19	21	22	21	21
貿易便捷度	項目	❶市場便捷	❷邊境便捷	❸基建便捷	❹流程便捷	加權平均
	分數	3.095	3.081	3.054	3.127	3.092
	排名	21	22	21	19	21
貿易難易度	項目	❶許可成本	❷資訊成本	❸投資成本	❹經商成本	加權平均
	分數	3.286	3.155	3.190	3.281	3.227
	排名	11	12	11	10	10
貿易風險度	項目	❶政治風險	❷經濟風險	❸政策風險	❹支付風險	加權平均
	分數	3.062	2.861	2.881	2.976	2.954
	排名	18	23	23	20	20

貿易地區		㉓ 波 蘭		綜合貿易競爭力		72.418
國家競爭力	項目	基本條件	機構評比	加權平均	綜合排名	B10/38
	分數	61.742	61.889	61.815		值得推薦
貿易自由度	項目	❶數量限制	❷價格限制	❸法規限制	❹政府限制	加權平均
	分數	3.221	3.012	3.110	3.088	3.101
	排名	16	18	17	19	19
貿易便捷度	項目	❶市場便捷	❷邊境便捷	❸基建便捷	❹流程便捷	加權平均
	分數	2.912	2.871	2.941	2.912	2.909
	排名	31	30	25	30	28
貿易難易度	項目	❶許可成本	❷資訊成本	❸投資成本	❹經商成本	加權平均
	分數	2.985	2.809	2.881	2.888	2.888
	排名	22	23	26	24	24
貿易風險度	項目	❶政治風險	❷經濟風險	❸政策風險	❹支付風險	加權平均
	分數	2.941	2.882	2.824	2.951	2.899
	排名	24	20	28	21	24

〔㉑義大利、㉒沙烏地阿拉伯、㉓波蘭〕

【24 土耳其、25 匈牙利、26 智利】

貿易地區		24 土 耳 其		綜合貿易競爭力		71.893
國家競爭力	項目	基本條件	機構評比	加權平均	綜合排名	B11/38
	分數	53.041	57.708	55.375		值得推薦
貿易自由度	項目	❶數量限制	❷價格限制	❸法規限制	❹政府限制	加權平均
	分數	3.183	3.127	3.054	3.180	3.126
	排名	18	17	20	15	17
貿易便捷度	項目	❶市場便捷	❷邊境便捷	❸基建便捷	❹流程便捷	加權平均
	分數	3.050	2.985	2.938	3.033	3.010
	排名	23	26	26	24	25
貿易難易度	項目	❶許可成本	❷資訊成本	❸投資成本	❹經商成本	加權平均
	分數	2.892	2.962	2.892	2.940	2.917
	排名	26	17	24	21	22
貿易風險度	項目	❶政治風險	❷經濟風險	❸政策風險	❹支付風險	加權平均
	分數	2.939	2.806	2.808	3.041	2.888
	排名	25	26	29	15	25

貿易地區		25 匈 牙 利		綜合貿易競爭力		70.603
國家競爭力	項目	基本條件	機構評比	加權平均	綜合排名	B12/38
	分數	51.956	71.103	61.529		值得推薦
貿易自由度	項目	❶數量限制	❷價格限制	❸法規限制	❹政府限制	加權平均
	分數	2.723	2.677	2.878	2.897	2.820
	排名	28	32	27	27	28
貿易便捷度	項目	❶市場便捷	❷邊境便捷	❸基建便捷	❹流程便捷	加權平均
	分數	2.932	2.845	2.718	2.957	2.878
	排名	30	31	33	27	31
貿易難易度	項目	❶許可成本	❷資訊成本	❸投資成本	❹經商成本	加權平均
	分數	2.994	2.731	2.776	2.867	2.829
	排名	19	28	28	27	27
貿易風險度	項目	❶政治風險	❷經濟風險	❸政策風險	❹支付風險	加權平均
	分數	2.990	2.922	2.923	2.846	2.935
	排名	23	19	21	25	21

貿易地區		26 智 利		綜合貿易競爭力		70.312
國家競爭力	項目	基本條件	機構評比	加權平均	綜合排名	B13/38
	分數	53.201	80.316	66.759		值得推薦
貿易自由度	項目	❶數量限制	❷價格限制	❸法規限制	❹政府限制	加權平均
	分數	2.795	2.691	2.786	2.879	2.796
	排名	27	30	30	28	29
貿易便捷度	項目	❶市場便捷	❷邊境便捷	❸基建便捷	❹流程便捷	加權平均
	分數	2.952	2.914	2.627	2.914	2.870
	排名	29	28	36	29	32
貿易難易度	項目	❶許可成本	❷資訊成本	❸投資成本	❹經商成本	加權平均
	分數	2.864	2.657	2.693	2.869	2.766
	排名	27	31	31	26	29
貿易風險度	項目	❶政治風險	❷經濟風險	❸政策風險	❹支付風險	加權平均
	分數	2.914	2.757	2.857	2.781	2.841
	排名	27	28	24	28	27

貿易地區		27 墨 西 哥		綜合貿易競爭力		69.139
國家競爭力	項目	基本條件	機構評比	加權平均	綜合排名	B14/38
	分數	65.674	58.220	61.947		值得推薦
貿易自由度	項目	❶數量限制	❷價格限制	❸法規限制	❹政府限制	加權平均
	分數	2.703	2.738	2.727	2.898	2.777
	排名	30	27	32	26	30
貿易便捷度	項目	❶市場便捷	❷邊境便捷	❸基建便捷	❹流程便捷	加權平均
	分數	2.854	3.000	2.874	2.875	2.893
	排名	32	25	27	32	30
貿易難易度	項目	❶許可成本	❷資訊成本	❸投資成本	❹經商成本	加權平均
	分數	2.766	2.734	2.820	2.769	2.784
	排名	33	26	27	31	28
貿易風險度	項目	❶政治風險	❷經濟風險	❸政策風險	❹支付風險	加權平均
	分數	2.831	2.680	2.906	2.771	2.803
	排名	30	30	22	29	28

貿易地區		28 科 威 特		綜合貿易競爭力		68.900
國家競爭力	項目	基本條件	機構評比	加權平均	綜合排名	B15/38
	分數	45.586	61.718	53.652		值得推薦
貿易自由度	項目	❶數量限制	❷價格限制	❸法規限制	❹政府限制	加權平均
	分數	2.976	2.810	2.792	2.934	2.866
	排名	23	26	28	25	26
貿易便捷度	項目	❶市場便捷	❷邊境便捷	❸基建便捷	❹流程便捷	加權平均
	分數	3.063	3.062	2.946	3.063	3.040
	排名	22	23	24	23	23
貿易難易度	項目	❶許可成本	❷資訊成本	❸投資成本	❹經商成本	加權平均
	分數	2.905	2.714	2.887	2.881	2.862
	排名	25	29	25	25	26
貿易風險度	項目	❶政治風險	❷經濟風險	❸政策風險	❹支付風險	加權平均
	分數	2.848	2.661	2.786	2.786	2.776
	排名	29	31	30	27	29

貿易地區		29 巴 西		綜合貿易競爭力		68.455
國家競爭力	項目	基本條件	機構評比	加權平均	綜合排名	B16/38
	分數	60.710	45.338	53.024		值得推薦
貿易自由度	項目	❶數量限制	❷價格限制	❸法規限制	❹政府限制	加權平均
	分數	2.882	2.707	2.959	2.714	2.824
	排名	26	28	24	34	27
貿易便捷度	項目	❶市場便捷	❷邊境便捷	❸基建便捷	❹流程便捷	加權平均
	分數	3.202	3.232	3.145	3.159	3.186
	排名	18	18	18	18	18
貿易難易度	項目	❶許可成本	❷資訊成本	❸投資成本	❹經商成本	加權平均
	分數	2.833	2.605	2.651	2.790	2.713
	排名	30	34	33	29	32
貿易風險度	項目	❶政治風險	❷經濟風險	❸政策風險	❹支付風險	加權平均
	分數	2.721	2.803	2.719	2.719	2.741
	排名	33	27	32	31	32

〔27墨西哥、28科威特、29巴西〕

【30 泰國、31 奈及利亞、32 印度】

貿易地區		③0 泰　　國		綜合貿易競爭力		68.320
國家競爭力	項目	基本條件	機構評比	加權平均	綜合排名	B17/38
	分數	62.133	73.577	67.855		值得推薦
貿易自由度	項目	❶數量限制	❷價格限制	❸法規限制	❹政府限制	加權平均
	分數	2.718	2.682	2.737	2.777	2.735
	排名	29	31	31	33	32
貿易便捷度	項目	❶市場便捷	❷邊境便捷	❸基建便捷	❹流程便捷	加權平均
	分數	2.966	2.944	2.756	2.966	2.919
	排名	27	27	32	26	27
貿易難易度	項目	❶許可成本	❷資訊成本	❸投資成本	❹經商成本	加權平均
	分數	2.833	2.679	2.686	2.851	2.757
	排名	29	30	32	28	30
貿易風險度	項目	❶政治風險	❷經濟風險	❸政策風險	❹支付風險	加權平均
	分數	2.636	2.583	2.573	2.718	2.619
	排名	35	33	35	32	35

貿易地區		③1 奈及利亞		綜合貿易競爭力		66.899
國家競爭力	項目	基本條件	機構評比	加權平均	綜合排名	B18/38
	分數	47.401	20.000	33.700		值得推薦
貿易自由度	項目	❶數量限制	❷價格限制	❸法規限制	❹政府限制	加權平均
	分數	2.968	2.923	2.919	2.976	2.944
	排名	24	25	26	24	24
貿易便捷度	項目	❶市場便捷	❷邊境便捷	❸基建便捷	❹流程便捷	加權平均
	分數	2.957	2.903	2.806	2.903	2.903
	排名	28	29	29	31	29
貿易難易度	項目	❶許可成本	❷資訊成本	❸投資成本	❹經商成本	加權平均
	分數	2.855	2.952	2.895	2.781	2.863
	排名	28	18	23	30	25
貿易風險度	項目	❶政治風險	❷經濟風險	❸政策風險	❹支付風險	加權平均
	分數	2.994	2.871	3.022	3.000	2.971
	排名	22	22	16	17	19

貿易地區		③2 印　　度		綜合貿易競爭力		66.692
國家競爭力	項目	基本條件	機構評比	加權平均	綜合排名	B19/38
	分數	63.521	43.632	53.576		值得推薦
貿易自由度	項目	❶數量限制	❷價格限制	❸法規限制	❹政府限制	加權平均
	分數	2.889	2.567	2.655	2.824	2.723
	排名	25	34	34	31	33
貿易便捷度	項目	❶市場便捷	❷邊境便捷	❸基建便捷	❹流程便捷	加權平均
	分數	3.027	2.833	2.822	2.955	2.929
	排名	24	33	28	28	26
貿易難易度	項目	❶許可成本	❷資訊成本	❸投資成本	❹經商成本	加權平均
	分數	2.759	2.734	2.641	2.725	2.698
	排名	34	27	34	33	34
貿易風險度	項目	❶政治風險	❷經濟風險	❸政策風險	❹支付風險	加權平均
	分數	2.810	2.561	2.847	2.742	2.747
	排名	31	34	27	30	31

貿易地區		33 越 南		綜合貿易競爭力		63.604
國家競爭力	項目	基本條件	機構評比	加權平均	綜合排名	C01/38
	分數	53.984	39.366	46.675		勉予推薦
貿易自由度	項目	❶數量限制	❷價格限制	❸法規限制	❹政府限制	加權平均
	分數	2.511	2.576	2.689	2.678	2.636
	排名	33	33	33	35	34
貿易便捷度	項目	❶市場便捷	❷邊境便捷	❸基建便捷	❹流程便捷	加權平均
	分數	2.704	2.733	2.714	2.741	2.733
	排名	36	35	30	35	35
貿易難易度	項目	❶許可成本	❷資訊成本	❸投資成本	❹經商成本	加權平均
	分數	2.810	2.795	2.725	2.699	2.741
	排名	31	24	29	35	31
貿易風險度	項目	❶政治風險	❷經濟風險	❸政策風險	❹支付風險	加權平均
	分數	2.729	2.643	2.704	2.686	2.695
	排名	32	32	33	33	33

貿易地區		34 埃 及		綜合貿易競爭力		63.398
國家競爭力	項目	基本條件	機構評比	加權平均	綜合排名	C02/38
	分數	47.081	34.930	41.005		勉予推薦
貿易自由度	項目	❶數量限制	❷價格限制	❸法規限制	❹政府限制	加權平均
	分數	2.529	2.509	2.571	2.836	2.632
	排名	32	35	36	30	35
貿易便捷度	項目	❶市場便捷	❷邊境便捷	❸基建便捷	❹流程便捷	加權平均
	分數	2.781	2.834	2.771	2.829	2.802
	排名	34	32	31	33	33
貿易難易度	項目	❶許可成本	❷資訊成本	❸投資成本	❹經商成本	加權平均
	分數	2.786	2.614	2.636	2.726	2.682
	排名	32	33	35	32	35
貿易風險度	項目	❶政治風險	❷經濟風險	❸政策風險	❹支付風險	加權平均
	分數	2.857	2.754	2.724	2.676	2.771
	排名	28	29	31	34	30

貿易地區		35 印 尼		綜合貿易競爭力		62.548
國家競爭力	項目	基本條件	機構評比	加權平均	綜合排名	C03/38
	分數	54.073	40.305	47.189		勉予推薦
貿易自由度	項目	❶數量限制	❷價格限制	❸法規限制	❹政府限制	加權平均
	分數	2.628	2.696	2.788	2.853	2.765
	排名	31	29	29	29	31
貿易便捷度	項目	❶市場便捷	❷邊境便捷	❸基建便捷	❹流程便捷	加權平均
	分數	2.744	2.636	2.679	2.667	2.690
	排名	35	36	35	36	36
貿易難易度	項目	❶許可成本	❷資訊成本	❸投資成本	❹經商成本	加權平均
	分數	2.731	2.628	2.703	2.713	2.699
	排名	35	32	30	34	33
貿易風險度	項目	❶政治風險	❷經濟風險	❸政策風險	❹支付風險	加權平均
	分數	2.513	2.529	2.453	2.607	2.516
	排名	36	35	36	35	36

【33 越南、34 埃及、35 印尼】

貿易地區		36 阿　根　廷		綜合貿易競爭力		61.836
國家競爭力	項目	基本條件	機構評比	加權平均	綜合排名	C04/38
	分數	53.201	40.134	46.668		勉予推薦
貿易自由度	項目	❶數量限制	❷價格限制	❸法規限制	❹政府限制	加權平均
	分數	2.394	2.424	2.598	2.674	2.556
	排名	34	36	35	36	36
貿易便捷度	項目	❶市場便捷	❷邊境便捷	❸基建便捷	❹流程便捷	加權平均
	分數	2.828	2.776	2.682	2.828	2.788
	排名	33	34	34	34	34
貿易難易度	項目	❶許可成本	❷資訊成本	❸投資成本	❹經商成本	加權平均
	分數	2.515	2.364	2.360	2.552	2.441
	排名	37	36	37	37	37
貿易風險度	項目	❶政治風險	❷經濟風險	❸政策風險	❹支付風險	加權平均
	分數	2.697	2.508	2.677	2.576	2.626
	排名	34	36	34	36	34

貿易地區		37 菲　律　賓		綜合貿易競爭力		55.476
國家競爭力	項目	基本條件	機構評比	加權平均	綜合排名	D01/38
	分數	43.131	36.295	39.713		暫不推薦
貿易自由度	項目	❶數量限制	❷價格限制	❸法規限制	❹政府限制	加權平均
	分數	2.303	2.309	2.521	2.479	2.433
	排名	35	37	37	37	37
貿易便捷度	項目	❶市場便捷	❷邊境便捷	❸基建便捷	❹流程便捷	加權平均
	分數	2.533	2.394	2.514	2.543	2.504
	排名	37	38	37	37	37
貿易難易度	項目	❶許可成本	❷資訊成本	❸投資成本	❹經商成本	加權平均
	分數	2.714	2.514	2.507	2.663	2.586
	排名	36	35	36	36	36
貿易風險度	項目	❶政治風險	❷經濟風險	❸政策風險	❹支付風險	加權平均
	分數	2.286	2.143	2.219	2.419	2.253
	排名	38	38	38	38	38

貿易地區		38 柬　埔　寨		綜合貿易競爭力		51.690
國家競爭力	項目	基本條件	機構評比	加權平均	綜合排名	D02/38
	分數	42.205	20.085	31.145		暫不推薦
貿易自由度	項目	❶數量限制	❷價格限制	❸法規限制	❹政府限制	加權平均
	分數	2.029	2.088	2.076	2.081	2.073
	排名	36	38	38	38	38
貿易便捷度	項目	❶市場便捷	❷邊境便捷	❸基建便捷	❹流程便捷	加權平均
	分數	2.343	2.529	2.493	2.503	2.450
	排名	38	37	38	38	38
貿易難易度	項目	❶許可成本	❷資訊成本	❸投資成本	❹經商成本	加權平均
	分數	2.244	2.103	2.029	2.201	2.124
	排名	38	37	38	38	38
貿易風險度	項目	❶政治風險	❷經濟風險	❸政策風險	❹支付風險	加權平均
	分數	2.435	2.392	2.431	2.539	2.439
	排名	37	37	37	37	37

第 28 章

2010 IEAT 調查報告參考文獻

■中文研究報告

1. 中華民國工商協進會（2008），印尼經濟復甦的挑戰與商機研究報告。
2. 中華民國全國工業總會（2008），2008年國內企業出口貿易障礙報告。
3. 中華經濟研究院（2008），全球金融風暴對亞洲經濟之衝擊與因應。
4. 中華經濟研究院（2009），2008年東亞貿易對經濟之影響分析。
5. 中華經濟研究院（2009），東協與中國大陸（東協加一）的貿易關係變化分析。
6. 台北市進出口商業同業公會（2009），2009全球重要暨新興市場貿易環境及風險調查報告：貿易領航展商機。
7. 台灣區電機電子工業同業公會（2009），2009東南亞暨印度投資環境與風險調查：東協佈局新契機。
8. 台灣區電機電子工業同業公會（2009），2009中國大陸地區投資環境與風險調查：兩岸合贏創商機。
9. 行政院文化建設委員會（2009），2008台灣文化創意產業發展年報。
10. 紡織綜合所（2008），台灣織布業發展回顧與展望。
11. 財團法人金屬工業研究發展中心（2009），2008年台灣鋼鐵產業回顧與展望。
12. 財團法人國家政策基金會（2009），台商應積極拓展中國大陸內需市場。
13. 經濟部投資業務處（2008），大陸地區投資環境簡介。
14. 經濟部投資業務處（2008），巴西投資環境簡介。
15. 經濟部投資業務處（2008），印尼投資環境簡介。
16. 經濟部投資業務處（2008），沙烏地阿拉伯投資環境簡介。
17. 經濟部投資業務處（2008），阿聯大公國投資環境簡介。
18. 經濟部投資業務處（2008），以色列投資環境簡介。
19. 經濟部投資業務處（2008），印度投資環境簡介。
20. 經濟部投資業務處（2008），俄羅斯投資環境簡介。
21. 經濟部投資業務處（2008），南非投資環境簡介。

22. 經濟部投資業務處（2008），泰國投資環境簡介。

23. 經濟部投資業務處（2008），馬來西亞投資環境簡介。

24. 經濟部投資業務處（2008），越南投資環境簡介。

25. 經濟部能源局（2009），2008年經濟部能源局年報。

26. 經濟部國際貿易局（2002），2001年國際貿易情勢回顧與展望。

27. 經濟部國際貿易局（2005），2004年國際貿易情勢回顧與展望。

28. 經濟部國際貿易局（2006），2005年經濟部國際貿易局年報。

29. 經濟部國際貿易局（2008），中華民國97年對外貿易發展概況。

30. 經濟部國際貿易局（2008），我國與巴西雙邊投資經貿概況。

31. 經濟部國際貿易局（2009），2006年國內企業出口市場貿易障礙調查報告。

32. 經濟部國際貿易局（2009），2008年中華民國對外貿易發展概況。

33. 經濟部國際貿易局（2009），台、沙雙邊經貿關係，雙邊經貿。

■中文雜誌、期刊

1. 中華經濟研究院（2009），貿易趨勢預測季刊，第50期。

2. 中華經濟研究院（2009），貿易趨勢預測季刊，第51期。

3. 中華經濟研究院（2009），貿易趨勢預測季刊，第52期。

4. 《天下雜誌》（2008），埃及，金字塔變身經濟虎，第394期，4月號。

5. 《天下雜誌》（2009），東亞整合，台灣的關鍵五年，第434期，11月號。

6. 《天下雜誌》（2009），破解金磚密碼：力用巴西，第425期，7月號。

7. 台灣區機器工業同業公會（2009），台灣機械工業產銷現況。

8. 行政院經濟建設委員會（2007），醫療觀光服務發展國際經驗與台灣發展利基與面臨之挑戰（下），台灣服務業發展簡訊雙月刊，12月號。

9. 《東亞經貿投資研究季刊》（2009），中國，第44期。

10. 《東亞經貿投資研究季刊》（2009），印度，第44期。

11. 《東亞經貿投資研究季刊》（2009），馬來西亞，第44期。

12. 《東亞經貿投資研究季刊》（2009），越南，第44期。

13. 《商業周刊》（2009），非懂不可ECFA，第1138期，9月號。

14. 《商業周刊》（2007），黑金新絲路，第997期，1月號。

15. 《商業周刊》（2009），米果之子，第1134期，8月號。

16. 《商業周刊》（2009），重返金磚四國，第1139期，9月號。

17. 《商業周刊》（2009），搶賺金磚復甦財，第1140期，9月號。

18. 郭輝勤（2008），創意經濟學，我識出版社。

19. 《貿易雜誌》（2008），**荃瑞企業——在地化專業行銷征服海外市場**，第202期，4月號。

20. 《貿易雜誌》（2008），**越是辛苦的地方，越是有機會成長及獲利**，第201期，3月號。

21. 《貿易雜誌》（2008），**開成興業——小徽章國際化，就是一筆大生意**，第200期，2月號。

22. 《貿易雜誌》（2009），**深耕台灣單車旅遊——對外提升品牌力**，第208期，10月號。

23. 《貿易雜誌》（2009），**興采實業——讓紡織品舊瓶新裝**，第220期，10月號。

24. 《遠見雜誌》（2006），**2008投資潮進場**，第242期，8月號。

25. 《遠見雜誌》（2007），**全球卡達熱**，第250期，4月號。

26. 《遠見雜誌》（2009），**第五塊金磚**，第281期，11月號。

■中譯專書

1. Kotler P.（2007），Think ASEAN，溫瑞芯譯，**《科特勒帶你發現新亞洲：九大策略，行銷到東協》**，聯經出版公司。

2. Agtmael v. A.（2007），The Emerging Markets Century：How a New Breed of World Class Companies is Overtaking the World，蔣永軍譯，**《世界是新的：新興市場崛起與爭鋒的世紀》**，東方出版社。

3. Agtmael v. A.（2008），The Emerging Markets Century，陳儀譯，**《新興市場的新世紀》**，大塊文化。

4. Grove A.（1996），Only The Paranoid Survive，王平原譯，**《十倍速時代》**，大塊文化。

5. John H.（2005），The Creative Economy：How People Make Money from Ideas，洪慶福、孫薇薇、劉茂玲譯，**《創意經濟：如何點石成金》**，上海三聯出版。

6. Luce E.（2009），In Spite of the Gods：The Strange Rise Of Modern India，吳湘湄譯，**《印度的奇特崛起》**，晨星出版。

7. Mahbubani K.（2008），The New Asian Hemisphere: The Irresistible Shift of Global Power to the East，羅耀宗譯，**《亞半球大國崛起：亞洲強權再起的衝擊與挑戰》**，天下雜誌出版。

8. Wugayan A.（2007），Marketing In The Emerging Markets Of Islamic Countries，褚耐安譯，**《伊斯蘭市場的崛起及其行銷策略》**，長智文化。

9. 宋鴻兵（2008），**《貨幣戰爭》**，遠流出版。

10. 蕭富元等著（2008），Innovation From Poverty：India changes the world，**《貧窮創新——印度改變世界》**，天下雜誌出版。

■英文研究報告

1. Asian Development Bank（2009），Asian Development Outlook 2009 Update。

2. Business Environment Risk Intelligence（2009），Historical Ratings Research Package 2009。

3. Coface（2009），The Handbook of Country Risk 2009。

4. Economist Intelligence Unit（2009），Global outlook。

5. Global Insight（2009），World Overview。

6. Global Insight（2010），World Overview。

7. Goldman Sachs（2003），Dreaming with BRICs：The Path to 2050。

8. HSBC（2010），HSBC Emerging Markets Report。

9. International Institute for Management Development，Lausanne（2009），World Competitiveness Yearbook 2008。

10. International Labour Organization（2010），Global Employment Trends。

11. International Monetary Fund（2008），2009 Index of Economic Freedom。

12. International Monetary Fund（2009），World Ecinomoc Outlook。

13. International Monetary Fund（2010），World Economic Outlook。

14. Josef W.（2009），Patients Beyond Borders：Everybody's Guide to Affordable, World-class Medical Tourism，Lightning Source Inc出版。

15. Merrill Lynch（2009），2011 Growth Outlook First Cut。

16. Merrill Lynch（2009），Global Economics Mid-Year Update。

17. Organisation for Economic Co-operation and Development（2009），OECD Economic Outlook。

18. The Boston Consulting Group（2009），The 2009 BCG 100 New Global Challengers。

19. The Fraser Institute（2009），Economic Freedom of the World-2009 Annual Report。

20. The Heritage Foundation（2009），2009 Index of Economic Freedom。

21. The Word Bank（2009），2009 Global Economic Prospects。

22. The Word Bank（2009），Global Development Finance。

23. The World Bank（2009），Doing Business 2009。

24. The Word Bank（2010），2010 Global Economic Prospects。

25. United Nations Conference on Trade and development（2008），Creative Economy Report 2008。

26. World Economic Forum（2009），The Financial Development Index 2009。

27. World Economic Forum（2009），The Global Competitiveness Report 2007–2008。

28. World Economic Forum（2009），The Global Competitiveness Report 2009–2010。

29. World Economic Forum（2009），The Global Enabling Trade Report 2009。

30. World Trade Organization（2001），International Trade Statistic 2000。

31. World Trade Organization（2002），International Trade Statistic 2001。

32. World Trade Organization（2003），International Trade Statistic 2002。

33. World Trade Organization（2004），International Trade Statistic 2003。

34. World Trade Organization（2005），International Trade Statistic 2004。

35. World Trade Organization（2006），International Trade Statistic 2005。

36. World Trade Organization（2007），International Trade Statistic 2006。

37. World Trade Organization（2008），International Trade Statistic 2007。

38. World Trade Organization（2009），International Trade Statistic 2008。

國家圖書館出版品預行編目資料

全球新興市場覓商機：全球重要暨新興市場貿
易環境與風險調查. 2010 = Opportunities
in Emerging Markets：2010 Survey on Global
Trade Environments in Key and Emerging
Markets /臺北市進出口商業同業公會編著.
初版. -- 臺北市：北市進出口公會出版
：商周編輯顧問發行, 民99. 04
　面；　公分
參考書目：面
　ISBN 978-986-84093-9-2（平裝）
1. 國際經濟 2. 國際貿易 3. 國際市場
552. 1　　　　　　　　　　99006363

IEAT Country Report 系列 2

全球新興市場覓商機
Opportunities in Emerging Markets

作　　　者◎台北市進出口商業同業公會
出　　　版◎台北市進出口商業同業公會
發 行 人◎劉國昭
總 策 劃◎黃俊國
策　　　劃◎關小華
編　　　輯◎許玉鳳、吳燕惠
地　　　址◎104台北市松江路350號5樓
電　　　話◎（02）2581-3521~7
傳　　　真◎（02）2536-3328
公會網址◎http://www.ieatpe.org.tw
公會書廊網址◎http://www.ieatpe.org.tw/bookstore
劃撥帳號◎0113726-6
戶　　　名◎台北市進出口商業同業公會

發　　　行◎商周編輯顧問股份有限公司
總 編 輯◎孫碧卿
副 總 監◎羅德禎
資深編輯◎賴以玲
地　　　址◎台北市民生東路二段141號4樓
電　　　話◎(02)2505-6789
傳　　　真◎(02)2507-6773
劃撥帳號◎18963067
戶　　　名◎商周編輯顧問股份有限公司

ISBN　978-986-84093-9-2
出版日期◎99年4月初版1刷
定　　　價◎600元